壬辰战争期间明鲜军政合作问题研究

陈尚胜　石少颖　主编

山东大学出版社
SHANDONG UNIVERSITY PRESS
·济南·

图书在版编目(CIP)数据

壬辰战争期间明鲜军政合作问题研究/陈尚胜,石少颖主编. —济南:山东大学出版社,2022.6
ISBN 978-7-5607-7318-6

Ⅰ.①壬… Ⅱ.①陈…②石… Ⅲ.①壬辰卫国战争(1592-1598)-研究 Ⅳ.①K312.34

中国版本图书馆 CIP 数据核字(2022)第 126691 号

责任编辑	肖淑辉
封面设计	张 荔
出版发行	山东大学出版社
社 址	山东省济南市山大南路 20 号
邮政编码	250100
发行热线	(0531)88363008
经 销	新华书店
印 刷	济南巨丰印刷有限公司
规 格	720 毫米×1000 毫米 1/16 18.75 印张 346 千字
版 次	2022 年 6 月第 1 版
印 次	2022 年 6 月第 1 次印刷
定 价	68.00 元

本书系国家社会科学基金重大项目“壬辰战争史料的搜集、整理、翻译和研究”(17ZDA223)阶段性成果之一

目 录

前 言

壬辰战争是发生于16世纪末东北亚地区的一场国际战争，日本太閤丰臣秀吉派大军进攻朝鲜，并试图进攻明朝。朝鲜国土大半沦陷，明朝应朝鲜之求派兵援救，最终迫使日本于1598年从朝鲜撤兵。这场战争反映了16世纪末东北亚史的基本结构和区域国际关系的演变，是我们研究近世东亚国际秩序变动具有分水岭意义的重大课题。

任何有关战争史的研究并不仅仅局限于孤立的"军事史"范畴，战争史的研究必定要涉及参战国家政治、军事等各方面的互动关联。我们要想深入研究壬辰战争，不仅要对参战国家的军事战备、战争决策、用兵战术、后勤运筹进行研究，同时对参战各国的战时政治状况也要兼具必要的认识。本书以《壬辰战争期间明鲜军政合作问题研究》命名，主要关注壬辰战争期间明朝与朝鲜两国在军政合作中涉及的具体问题。本书所录文章分别从明朝、朝鲜两国不同的角度，重点讨论了战争初期朝鲜请援明朝之细节、明朝主要官员对待议和之态度、朝鲜战时军事整顿之明鲜协作、明鲜战时之粮饷运筹以及战后明军撤军善后事宜等问题。这些题目基本上贯穿了从战争发生到结束的时间范围，因而对于我们整体把握战争进程，也非常具有代表性。

《万历二十年明朝援朝与朝鲜请援问题再析》一文通过对明朝、朝鲜两国官方与个人记录的梳理、对照和考证，理清了围绕"明朝援朝"和"朝鲜请援"两大问题各自展开的时间脉络，认为朝鲜在运用"事大字小"原则解决危机时是有层次和保留的。明朝在朝鲜告急、请援、请"内附"等问题上的反应具有主动性和灵活性。

《壬辰战争初期朝鲜王朝弃守问题研究——以汉城和平壤为例》一文围绕汉城和平壤两座重要城池的"弃守"问题，对朝鲜王朝战时战略决策问题进行了讨论。文章认为，朝鲜王朝的两次"弃守"对战争初期朝鲜的社会秩序、对日防御、请兵外交以及明军入援后朝鲜的粮饷供应、明军与朝军的军事合作都产生了深远影响，直接反映出了朝鲜君臣在战争中的利益选择。

《明朝首辅赵志皋与万历明日和议》一文以明朝首辅赵志皋为主要研究对象，提出赵志皋推动明日和议的原因主要在于明朝远征兵力与粮饷耗费巨大。加之，万历皇帝逐渐倾向于支持和议，这就使得在因“国本之争”而激化的君臣矛盾下，赵志皋必然选择要支持皇帝。基于这些考察，文章认为，万历援朝时期复杂的政治态势直接影响了赵志皋在明日和议问题上的抉择取向。

《壬辰战争和谈时期朝鲜军事整顿研究》一文提出，明日议和开启之后，明朝提出并参与了朝鲜军事整顿，标志着明朝和朝鲜两国的军事合作进入了一个新的阶段。明朝与朝鲜之间有关军事整顿事务的互动存在着友好与摩擦，展现了明朝与朝鲜封贡关系的深层内涵。

《上谷世家：万历抗倭援朝名将董一元家族研究》一文根据正史、实录、档案、相关方志、奏疏、诗文、长城沿边碑刻等多种史料及作者本人的田野调查，对壬辰战争后期参战的将领董一元及宣府镇董氏将门进行了考察。文章对于乾隆《宣化县志》载兵部尚书石星“以(董)一奎曾援朝鲜”之说进行了辨误，通过董氏门下“夷丁”构成，分析了董氏将门作战之特点，并且提出其他边镇将门也曾蓄养壮健“夷丁”、充作先锋精骑，他们在朝鲜战场上风驰电掣，终使不长于马战的倭军走不迭。

《壬辰战争后期(1597～1598)明军粮饷问题研究》一文考察了壬辰战争后期明朝和朝鲜在御倭粮饷问题上所展开的分工合作，着重分析了双方在合作中所遇到的问题及原因。文章同时指出，在御倭明军粮饷供给问题的背后，明朝和朝鲜双方均需平衡封贡关系中道德责任与各自国家利益二者间的关系。

《壬辰战后援朝明军善后事宜研究(1599～1601)》一文将明军善后事宜分为撤兵、留兵和查勘功罪三个方面，文章提出，壬辰战争后期，将明军主力撤归国内的呼声一度现于明廷；战争结束后，战后援朝明军善后事宜讨论的重点逐渐转向留兵问题。东征明军善后事宜处理体现了明朝内部不同政见之间、明朝与朝鲜两国利益之间的多重博弈。

本书所收录的七篇文章，是从山东大学中外关系史近几届硕士毕业论文及未发表论文中选取并重新修订完成的。2017年，以陈尚胜教授为首席专家的中外关系史团队获得国家社会科学基金重大项目“壬辰战争史料的搜集、整理、翻译和研究”之立项。为配合该项目的研究和交流，我们邀请国内外知名学者，一起参与“壬辰战争研究(国际)工作坊”的学术讨论。在会议期间，我们还举办了中外关系史研究生论坛（壬辰战争史研究方向），面向中外高校研究生同学开展研讨。除此之外，我们通过日常的研究生教学、读书班讨论，也遴选出一些壬辰战争史研究新课题，并鼓励和指导研究生撰写成毕业论文。

这本论文集既是我们所承担的国家社科重大项目的阶段性成果，也是山东大学中外关系史学科近年来教学科研成果的呈现。我们希望通过这本论文集，将青年学子的最新研究成果积极推介给国内外学界；同时，也希望通过这些学术思考的呈现，就教于方家学者，获取到更多对话的声音，从而在与学者们不断的学术交流中，共同推进国内外有关壬辰战争史的研究。

石少颖

2022 年 6 月

万历二十年明朝援朝与朝鲜请援问题再析

司晓明

万历二十年(1592)①春,在逐步完成国内统一后,彼时日本的实际统治者——太閤丰臣秀吉动员全国力量,大举进犯朝鲜,意图“假道入明”,壬辰战争②爆发。朝鲜王朝承平日久,湎于党争,疏于军备,民不知兵,在突如其来的入侵面前迅速溃败,三都尽失,八道几没。自四月接战起,遣使向明朝告急、请援与请“内附”之议纷纷现于朝堂,先后付诸实施。而明朝出于维护自身安全与拯救“属国”危机的双重目的,亦自五月起着手准备,于是年夏、冬先后两次出兵援朝(本文称之为“应急出兵”与“正式出兵”),最终帮助朝鲜在休战和谈阶段前控制住战局。

壬辰战争毫无疑问地引起了东亚格局的新变动,使之前以明朝为中心的东亚旧秩序转变为17世纪的东亚新秩序体制。③ 丰臣秀吉发动的侵略战

---

① 是年为朝鲜宣祖二十五年,日本文禄元年,公元1592年,干支“壬辰”。出于中国学界习惯,本文正文均以明朝纪年标注,注释按照各自纪年标注。

② 壬辰战争(1592～1598)因爆发于明朝和朝鲜王朝所用干支纪年法中的壬辰年而得名。这场战争整体而言可划分为三个时段,即战争第一阶段(万历二十年四月至二十一年七月)、休战和谈阶段(万历二十一年七月至二十五年正月)、战争第二阶段(万历二十五年正月至万历二十六年十二月)。因而在朝鲜半岛和日本的历史记载中,又分别以两次战端开启的干支或年号,将其称为“壬辰倭乱”和“丁酉倭乱”(合称“壬辰・丁酉倭乱”),“文禄之役”和“庆长之役”(合称“文禄・庆长之役”)。中国方面则沿用历史上“援朝鲜”“万历东征”“万历朝鲜之役”等称谓,将这场战争整体称为“万历援朝御倭战争”。上述不同称谓反映了中、朝(韩)、日三方对于这段历史的不同侧重,本文使用较为中立的“壬辰战争”进行表述。

③ 参见[韩]崔官:《壬辰倭乱——四百年前的朝鲜战争》,金锦善、魏大海译,北京:中国社会科学出版社,2013年,第6页。

争完全违反华夷秩序的礼制原则，导致诸多影响深远的国际政治后果。[①] 学界有关这场战争对参战各方及近世东亚国际秩序之深远影响的论述已有很多，不再更多列举。而在壬辰战争的重要意义背后，需要注意的是，这场战争之所以从两国间的侵略与反侵略战争转变为三国间的区域性国际战争，其关键恰恰在于明朝的及时入援，这正是我们研究明朝援朝与朝鲜请援问题的重要性所在。

另外，自美国学者费正清(John King Fairbank)以来，学界对于朝贡制度的研究得到了日本、韩国和中国学者的关注与重视。[②] 以朝贡制度来构建的东亚地区传统国际秩序的主要结构可以用"封贡体系"("封贡关系"体系，即"册封—朝贡关系"体系)这一名称来表达。[③] 从封贡关系的一般特征看，典型的封贡关系涵盖军事关系(请求援兵与派遣援兵)，明朝与朝鲜之间的关系被视作典型的封贡关系，其理由之一便体现在军事关系上。当日本入侵朝鲜时，朝鲜请求明朝出兵。[④] 在封贡关系下，"事大字小"是明朝与朝鲜关系的具体表现与基本策略，朝鲜以此寻求明朝保护，明朝则以保护朝鲜利益不受侵犯为己任。[⑤] 壬辰战争是传统东亚秩序历史上较为少见的由中国直接出兵援助一国抗击他国侵略的案例，是对"以大字小"的贯彻。[⑥] 以此观之，对入援与请援问题的研究，有助于理解明朝与朝鲜间封贡关系的典型性，以及两国安全合作机制的具体运作模式。

最后，从国际关系学视角出发，入援与请援是两国对集体安全原则的实践，而其战略行为背后的政治动因，也能够反映战时外交、地缘政治等一系列国际关系学概念。[⑦] 中国及其"藩邦"的适当军事力量是"天朝礼治体系"得以建立与开展的重要条件[⑧]，而要确保东亚区域安全和国际秩序稳定，明

---

① 参见陈文寿：《近世初期日本与华夷秩序研究》，香港：香港社会科学出版社有限公司，2002年，第27页。

② 参见陈尚胜：《中国传统对外关系研究刍议》，《安徽史学》2008年第1期。

③ 参见陈尚胜：《朝贡制度与东亚地区传统国际秩序——以16～19世纪的明清王朝为中心》，《中国边疆史地研究》2015年第2期。

④ 参见[韩]全海宗：《韩中朝贡关系概观——韩中关系史鸟瞰》，《中韩关系史论集》，全善姬译，北京：中国社会科学出版社，1997年，第130～163页。

⑤ 参见孙卫国：《论事大主义与朝鲜王朝对明关系》，《南开学报》2002年第4期。

⑥ 参见陈康令：《礼和天下：传统东亚秩序的长稳定》，上海：复旦大学出版社，2017年，第89页。

⑦ 参见王翔宇：《"万历援朝"的东亚国际关系透视》，《日本研究》2012年第4期。

⑧ 参见黄枝连：《天朝礼治体系研究(中卷)：东亚的礼义世界——中国封建王朝与朝鲜半岛关系形态论》，北京：中国人民大学出版社，1994年，第558页。

朝与东亚邻国间要有反应及时的双边以及多边关系事务处理机制[①]。研究这一问题，能够在一定程度上为处理好本国安全利益与地区安全合作之间的关系提供历史经验。

就万历二十年明朝援朝与朝鲜请援这一问题，中韩学界不少学者已有讨论。[②] 然而，现有研究主要存在以下问题：一是在朝鲜请"内附"与请援的关系上有一些不确切的结论；二是多从朝鲜使臣、史料入手解读明朝出兵问题，对朝鲜请援在明朝出兵上的作用有所夸大；三是缺乏对于双方决策出台、实施过程的完整考察，从而忽视明朝援朝的主动性、系统性。基于此，本文有必要综合明朝、朝鲜双方史料，通过梳理和考证，重新审视入援与请援问题，并特别关注决策出台与实施的真正时间，以及彼时"朝鲜—辽东—北京"之间的信息传递时间差，从而推导出事件间真实的内在逻辑。

一、朝鲜请"内附"与明朝的应对

在讨论万历二十年明朝援朝与朝鲜请援时，朝鲜的请"内附"与明朝的应对是一个绕不开的问题。有学者认为，"倡议'渡辽内附'只不过是为了吸引明援军而提出的一种策略"，"是宣祖军事上老谋深算的一种想法"。[③] 亦

---

① 参见陈尚胜：《朝贡制度与东亚地区传统国际秩序——以16～19世纪的明清王朝为中心》，《中国边疆史地研究》2015年第2期。

② 除通史类著述外，代表性研究如下。[韩]孙钟声：《壬辰倭乱时对明外交——以请兵外交为中心》，国史编纂委员会编：《国史馆论丛》第14辑，汉城：国史编纂委员会，1990年，第148～180页；[韩]崔孝轼：《明朝出兵参与平定壬辰倭乱缘起考》，北京大学韩国学研究中心编：《韩国学论文集》第8辑，北京：民族出版社，2000年，第134～151页；万明：《万历援朝之战与明后期政治态势》，《中国史研究》2001年第2期；刘宝全：《壬辰倭乱期朝、明关系史研究》，北京：民族出版社，2005年；武晓燕：《明朝出兵援朝抗倭与朝鲜使者郑崐寿——读〈韩国文集丛刊·柏谷集〉札记》，《内蒙古师范大学学报》（哲学社会科学版）2005年第4期；武晓燕：《明万历援朝抗倭初期的几个问题——以韩国文献为基本史料》，内蒙古师范大学硕士学位论文，2005年；陈尚胜：《字小与国家利益：对于明朝就朝鲜壬辰倭乱所做反应的透视》，《社会科学辑刊》2008年第1期；朱法武：《论明神宗与援朝御倭战争》，《东岳论丛》2010年第1期；魏鹏、颜廷宏：《壬辰战争前后明政府决策失误探究》，《北方论丛》2011年第3期；孙卫国：《兵部尚书石星与明代抗倭援朝战争》，中国朝鲜史研究会等编：《朝鲜·韩国历史研究》第14辑，延吉：延边大学出版社，2013年，第69～106页；卢丙生：《壬辰倭乱期间朝鲜遣使中国研究》，吉林大学硕士学位论文，2013年；刘香儒：《万历援朝东征时期的庙堂策划》，东北师范大学硕士学位论文，2013年；[韩]朴益信：《再论明代兵部尚书石星在朝鲜历史上的地位》，浙江大学硕士学位论文，2013年；刁书仁：《壬辰战争中日本"假道入明"与朝鲜的应对》，《外国问题研究》2017年第4期；解祥伟：《壬辰战争初期朝鲜国王内附问题考议》，《史学集刊》2017年第4期；丁秋瑾：《朝鲜王朝的"请援"与明朝出兵援朝》，山东大学硕士学位论文，2017年；吴政纬：《从汉城到燕京：朝鲜使者眼中的东亚世界（1592～1780）》，上海：上海人民出版社，2020年。

③ [韩]崔孝轼：《明朝出兵参与平定壬辰倭乱缘起考》，北京大学韩国学研究中心编：《韩国学论文集》第8辑，北京：民族出版社，2000年，第134～151页。

有学者认为,“朝鲜国王为成功内附,开启了朝鲜对明请援的第一步”①。以此观之,学界对于朝鲜请援与请“内附”之间的关系存在两种截然相反的认识。究其原因,或与二者的时间线交错有很大关系,因此本文在讨论援朝与请援问题前,需要先对朝鲜的请“内附”过程进行梳理,对请“内附”与请援之间的关系进行再认识。

1.战局迫使朝鲜国王请求“内附”

万历二十年四月十三日,日军大举进犯朝鲜,仅两日间,沿海的釜山镇、东莱府接连陷落。是时,朝鲜王朝国内“升平二百年,民不知兵,郡县望风奔溃”②,“自此陷败之报续至,都城大震”③。面对突如其来的入侵与溃败,宣祖国王“意欲镇定”,做出军事调整与部署,“然皆无见兵”,至二十八日,尚州、忠州已尽陷于日军之手。④ 尚州保卫战与忠州保卫战的接连失利,宣告了宣祖在战争初期军事调整与部署的失败,同时也意味着日军自登陆以来,半月间兵锋已直指汉城。而朝鲜方面在这两场保卫战失利之后,已不可能再于外围组织起拱卫国都的有效防线,汉城陷落已是必然。

早在尚州败报传至京城后,宣祖似乎已经预料到忠州也将不守、汉城难以保全,“内间已有去邠之意,惟首相(按:领议政李山海)知之”⑤,“遂贸绳鞋等远行诸具,又命司仆寺整立马,以待不时之用”⑥,这正是宣祖离京“去邠”的肇始。虽然此时“去邠”之意尚未明确提出,但宣祖此举仍为大臣所疑。如杞城府院君俞泓就指出,“绳鞋非宫禁所用,白金非御敌之物”,恳请宣祖“固守京城,同死社稷”。宣祖为此辩解:“绳鞋乃贸给征兵,白金乃变前所贸。此是造言,卿勿疑也。”⑦二十八日,忠州败报传来,“上召大臣、台谏入对,始发去邠之议,大臣以下皆涕泣,极言其不可”,唯有李山海及时任左议

---

① 解祥伟:《壬辰战争初期朝鲜国王内附问题考议》,《史学集刊》2017 年第 4 期。

② 《朝鲜王朝实录·宣祖实录》卷 26,宣祖二十五年四月壬寅条。韩国国史编纂委员会网站公布的古籍原本扫描件:http://sillok.history.go.kr/search/inspectionMonthList.do? id=kna。(浏览时间:2021 年 4 月 23 日)

③ 《朝鲜王朝实录·宣祖修正实录》卷 26,宣祖二十五年四月朔庚寅条。韩国国史编纂委员会网站公布的古籍原本扫描件:http://sillok.history.go.kr/search/inspectionMonthList.do? id=knb。(浏览时间:2021 年 4 月 23 日)

④ 参见《朝鲜王朝实录·宣祖修正实录》卷 26,宣祖二十五年四月朔庚寅条。

⑤ 《朝鲜王朝实录·宣祖修正实录》卷 26,宣祖二十五年四月朔庚寅条。

⑥ (朝鲜王朝)朴东亮:《寄斋史草》(下),《壬辰日录》卷 1,宣祖二十五年四月二十一日条。韩国古典综合数据库网站公布的圈点本:https://db.itkc.or.kr/dir/item? itemId=BT#dir/node?grpId=&itemId=BT&gubun=book&depth=5&cate1=Z&cate2=&dataGubun=%EC%B5%9C%EC%A2%85%EC%A0%95%EB%B3%B4&dataId=ITKC_BT_1341A_0020_000_0020&upSeoji=ITKC_BT_1305A&viewSync=OT。(浏览时间:2021 年 4 月 23 日)

⑦ 《朝鲜王朝实录·宣祖修正实录》卷 26,宣祖二十五年四月庚寅条。

政的柳成龙等人支持宣祖“去邠”,致使“上色变,遽还内”,但“去邠之议已决”。[①] 纵然遭到多数大臣的反对,两日后宣祖一行仍仓促出发,个中原因除其早已没有坚守意志外,还有日军压境面前守城可能性的渐次丧失:“盖是时,城中士庶皆已奔溃,虽欲固守,势有不可为矣。”[②]由此可见,推动宣祖从考虑“去邠”到决意“去邠”的,是战争初期日军的迅猛攻势,以及随之不断恶化的战局。

五月初一日,宣祖于离京“去邠”途中召见大臣,商讨今后去向,“内附”之议首次出现。《宣祖修正实录》载:

> 是朝,上召见大臣李山海、柳成龙,引手叩膺呼苦曰:“李某、柳某,事乃至此,予何往乎?毋惮忌讳,悉心以言。”又招尹斗寿进前问之。诸臣俯伏流涕,不能遽对。上顾问李恒福曰:“承旨意如何?”对曰:“可且驻驾义州,若势穷力屈,八路俱陷,则便可赴诉天朝。”斗寿曰:“北道士马精强,咸兴、镜城皆天险,足恃,可逾岭北行。”上曰:“承旨言如何?”成龙曰:“不可,大驾离东土一步,则朝鲜非我有也。”上曰:“内附本予意也。”成龙曰:“不可。”恒福曰:“臣之所言非直欲渡江也,从十分穷极地说来也。”与成龙反覆争辨。成龙曰:“今东北诸道如故,湖南忠义之士不日蜂起,何可遽论此事?”李山海终不对。成龙退而责恒福曰:“何为轻发弃国之论乎?君虽从死于道路,不过为妇寺之忠。此言一出,人心瓦解,谁能收拾?”恒福谢之。[③]

大臣的意见集中于两条道路。其一以都承旨李恒福为代表,主张“西行”前往义州。义州与明朝辽东隔鸭绿江相望,因而这条道路其实为朝鲜君臣留有万不得已时可向明朝“内附”的选择,即李恒福所谓的“若势穷力屈,八路俱陷,则便可赴诉天朝”,“非直欲渡江也,从十分穷极地说来也”。其二以海原府院君尹斗寿为代表,主张“北行”前往咸镜道。咸镜道与女真人地盘接壤,虽有纵深,但无退路,因而这条道路其实暗含坚守国土之意。前者虽由李恒福提出,但实际宣祖心中已有考虑,李山海也表示默许。而柳成龙则对此激烈反对,理由是此时朝鲜的咸镜道、平安道、黄海道、江原道等东部和北部地区尚未落入敌手,而义兵已在全罗道等敌后地区展开抗争,时下战局虽然不利,仍不至于“弃国”,而“此言一出,人心瓦解”,反不利于抗敌

① 《朝鲜王朝实录·宣祖实录》卷26,宣祖二十五年四月丁巳、宣祖二十五年四月戊午条;《朝鲜王朝实录·宣祖修正实录》卷26,宣祖二十五年四月庚寅条。

② 《朝鲜王朝实录·宣祖实录》卷26,宣祖二十五年四月丁巳、宣祖二十五年四月己未条。

③ 《朝鲜王朝实录·宣祖修正实录》卷26,宣祖二十五年五月庚申条。

卫国。

朝鲜君臣在"西行"和"北行"上态度不一，而五月初的战局还给宣祖留有重新进行军事调整与部署的机会，因此在之后近一个月内，"内附"之议在朝堂上归于沉寂，代之以对"轻动去邠之计"[①]的责任追究。

五月初一日傍晚，君臣一行抵达"松都"开城，暂且驻驾，观望汉城战况，并于次日在开城南大门"召见军民父老，谕以死守之义"[②]。其间，宣祖认为"此处无险隘，临津则已守之"[③]，遂决定移驾"西京"平壤，"遣杞城府院君俞泓、吏曹参判李恒福、信城君珝、定远君琈等先往平壤，修治城池，为死守之计，且使召募西兵，以待乘舆"[④]。然而战局却在宣祖离京"去邠"后加速恶化，汉城于五月初二日傍晚便已陷落，宣祖于次日在开城获悉此事，"促驾疾驱，自开城四日而至平壤"[⑤]。

汉城陷落时，都元帅金命元、副元帅申恪等人率众退守位于汉城和开城之间的临津江。五月初七日，君臣一行抵达平壤，于此前后，宣祖又围绕临津江防线逐步展开新一轮的调整部署，然而却不可谓成功。先是依备边司所启，分金命元统兵职权，令都巡察使韩应寅"总大军而行，凡策应直前之事，任意行之"，只将"临津、豆只、洛河沿江上下把截等事"交由金命元负责，令其专掌防御。[⑥] 后又因与前线通信不畅，误斩了本有战功的副元帅申恪。事实上，位于临津江前线的金命元本已做好沿江防御，日军"到南岸，相持八九日不能渡"[⑦]，然而韩应寅于十七日来到后贸然出击，非但兵败，而且直接造成精心构筑的临津江防线失守。临津师溃后，朝鲜方面虽然试图继续组织汉滩江防线，但已没有战略意义，日军"长驱阑入黄海郡县"[⑧]。至六月初八日，日军先锋部队已经逼近大同江边，朝鲜君臣所在的平壤岌岌可危。

临津师溃后，随着日军的继续推进，战局的不断恶化，"内附"之议伴随着向明朝请援的声音再次重现朝堂。五月末[⑨]，圣节使柳梦鼎、书状官闵梦龙从平壤出发，此行除前往北京恭贺"圣节"外，还被宣祖委以向明朝中央请"内附"与请援的任务。《宣祖修正实录》载：

---

① 《朝鲜王朝实录·宣祖实录》卷 26，宣祖二十五年五月戊辰条。
② 《朝鲜王朝实录·宣祖实录》卷 26，宣祖二十五年五月辛酉条。
③ 《朝鲜王朝实录·宣祖实录》卷 26，宣祖二十五年五月辛酉条。
④ 《朝鲜王朝实录·宣祖实录》卷 26，宣祖二十五年五月壬戌条。
⑤ 《朝鲜王朝实录·宣祖修正实录》卷 26，宣祖二十五年五月庚申条。
⑥ 《朝鲜王朝实录·宣祖实录》卷 26，宣祖二十五年五月乙亥条。
⑦ 《朝鲜王朝实录·宣祖修正实录》卷 26，宣祖二十五年五月庚申条。
⑧ 《朝鲜王朝实录·宣祖实录》卷 27，宣祖二十五年六月丙申条。
⑨ 参见(朝鲜王朝)朴东亮:《寄斋史草》(下)，《壬辰日录》卷 1，宣祖二十五年五月二十九日条。

> 梦鼎为使未发而上出幸，梦鼎只赍表咨文，与译官等随驾至平壤。大臣以为告急使臣当行启请，且停节使，适韩应寅自燕京回言："阙送节使则皇朝必致疑也。"乃议复遣。上面谕梦鼎曰："到京师尔可先言欲内附意。"梦鼎曰："中朝疑我款贼，若不请援而先请内附，则恐滋其惑。须枚举倭变节次具咨辽镇，仍请接援，然后内附之言可继也。"上然之，具咨以送。①

六月初二日，朝鲜君臣于平壤商讨今后去向。平安道都巡察使李元翼指出："守城与移驻必须速决，若以死守之则可为也，不然亦随宜处置。"②宣祖希望离开平壤，先往宁边，进而前往位于平安道东部的江界，或前往位于咸镜道的咸兴。然而，"若向江界，狄踰虽峻，亦不可恃，北有野人，乘时窃发"③，江界乃是"穷边苦寒之地，风土极恶，粮道难继"④，故"大臣多言入关北便，上从之"⑤。但丰原府院君柳成龙反对前往咸镜道："今上西狩，本欲倚仗上国耳。今深入北道，中间贼兵限隔，天朝声闻阻绝，若又不幸贼兵北犯，则其危迫又甚。"⑥兵曹判书李恒福、大司宪李德馨亦"极言北行失计"⑦，宣祖遂陷入犹豫。君臣对"守城与移驻"的意见不一，对离开平壤后最终去往何处的意见更为不一，最终勉强得出平壤无法坚守、国王与世子分驻、世子光海君前往江界的草议，然而宣祖本人的去向仍未议定。

六月初八日，日军先锋部队逼近大同江边，平壤城中渐乱，战局对朝鲜方面日益不利。初十日，宣祖决定前往咸兴："副提学沈忠谦与两司各率僚属，日三请避于北道，议遂定。乃以李希得为北道巡检使，使之先往，措置行在诸事。"⑧然而次日在左议政尹斗寿的建议下，宣祖又改决定为前往位于平安道西北、鸭绿江畔的义州。对此，尹斗寿的理由是："宁边古称铁瓮城，姑避于此以观贼势。脱有危急，渐向龙湾，得近天朝，兼请救兵。"⑨由此可见，直到六月上旬宣祖离开平壤前往宁边时，"内附"之议都未真正进入到决策流程中。宣祖始终在前往江界与前往咸兴之间犹豫，甚至一度决定"北行"，临行时方才改为"西行"前往义州，其目的却也是出于请援，而非"内附"。以

---

① 《朝鲜王朝实录·宣祖修正实录》卷26，宣祖二十五年五月庚申条。
② 《朝鲜王朝实录·宣祖实录》卷27，宣祖二十五年六月庚寅条。
③ 《朝鲜王朝实录·宣祖实录》卷27，宣祖二十五年六月庚子条。
④ 《朝鲜王朝实录·宣祖实录》卷27，宣祖二十五年六月庚寅条。
⑤ 《朝鲜王朝实录·宣祖修正实录》卷26，宣祖二十五年六月己丑条。
⑥ 《朝鲜王朝实录·宣祖修正实录》卷26，宣祖二十五年六月己丑条。
⑦ 《朝鲜王朝实录·宣祖修正实录》卷26，宣祖二十五年六月己丑条。
⑧ 《朝鲜王朝实录·宣祖实录》卷27，宣祖二十五年六月戊戌条。
⑨ 《朝鲜王朝实录·宣祖实录》卷27，宣祖二十五年六月己亥条。

此观之，五月末柳梦鼎使团被委以的请“内附”任务，更像是宣祖对于明朝是否能够接纳自己“内附”态度的试探，而非已经决定。

六月十一日，宣祖一行离开平壤，前往宁边，并于途中正式派遣李德馨作为请援使赴辽请援。十三日，宣祖一行抵达宁边，以该地物资匮乏为由，决定让世子暂时留驻宁边，之后则往江界方向建立“分朝”，继续组织抵抗；而宣祖自己则“即往博川，过嘉山，至定州”①，即继续“西行”，必要时则考虑入辽“内附”。是日，宣祖与大臣就今后去向整日争论，共有三个层次。

首先，宣祖是否离开宁边继续前行，以及国王与世子是否分驻的问题。右议政崔兴源提出，“今者有移驻定州之教，人心骚动，商量处之可也”②，恳请宣祖暂且留驻宁边。领中枢府事郑澈认为，“世子留驻则力分，朝廷恐不成模样，人心亦且摇动也”③。宣祖自己十分坚定，李恒福与知事韩准等人表示支持。

其次，在决定分驻的基础上，国王与世子分别前往何处的问题。崔兴源建议宣祖前往咸兴，郑澈建议宣祖前往江界，韩准建议宣祖经定州前往义州、世子前往咸兴，沈忠谦亦赞成世子前往咸兴。对此，宣祖同样十分坚定，认为“平壤失守则咸镜道亦不能全”④，自己执意“西行”，同时派世子前往江界。

最后，在宣祖继续“西行”的基础上，讨论能否入辽“内附”的问题。对此事的争论最为激烈。概言之，崔兴源等人的反对理由主要集中于“祖宗宗社将何所托”“入辽之意出而人心解体”“前有通信之事，天朝今虽包容，其必受与否未可必也，若贼兵蹑后则必不受之”“辽东人心极险”四点。⑤ 李恒福“力争于大臣”，认为“进驻义州，迎接天兵，不幸则内附，徐图复国，未为失计”。⑥宣祖认为，“予之所往，贼亦能往，在本国则无容足之地”，在这种情形下，“与其死于贼手，无宁死于父母之国”，甚至后悔没有更早地入辽“内附”。⑦ 同时，宣祖又指出，入辽“内附”不仅仅是个人避难，还能够效仿明初永乐年间，“安南国尝亡其国，自为入朝，天朝发兵送之，安南得以复国”⑧之旧例。这实属托词，因为永乐皇帝出兵的结果是安南一度被直接纳入明朝管辖：“安南

① 《朝鲜王朝实录·宣祖实录》卷27，宣祖二十五年六月辛丑条。
② 《朝鲜王朝实录·宣祖实录》卷27，宣祖二十五年六月辛丑条。
③ 《朝鲜王朝实录·宣祖实录》卷27，宣祖二十五年六月辛丑条。
④ 《朝鲜王朝实录·宣祖实录》卷27，宣祖二十五年六月辛丑条。
⑤ 《朝鲜王朝实录·宣祖实录》卷27，宣祖二十五年六月辛丑条。
⑥ 《朝鲜王朝实录·宣祖修正实录》卷26，宣祖二十五年六月己丑条。
⑦ 《朝鲜王朝实录·宣祖实录》卷27，宣祖二十五年六月辛丑条。
⑧ 《朝鲜王朝实录·宣祖实录》卷27，宣祖二十五年六月辛丑条。

尽平，群臣请如耆老言，设郡县。（按：永乐五年）六月朔，诏告天下，改安南为交阯，设三司。”①

是夜，宣祖最终不顾多数大臣的反对，决意轻装简从入辽“内附”，并做出安排，“今后令世子权摄国事，除拜、官爵、赏罚等事皆便宜自断”②。次日，宣祖“遂定渡辽之计”，“命大臣修内附咨文，送辽东都司”，“命领议政崔兴源、参判尹自新等奉庙社主，陪世子往保江界，分朝臣以从之”。③ 至此，不断恶化的战局迫使请“内附”决策最终出台。由此可见，宣祖向明朝请“内附”一事的真正开端应在六月中旬。

2.明朝对朝鲜“内附”请求的应对

事实上，明朝对朝鲜迅速溃败、“三都”接连放弃、宣祖一路“西行”这些反常现象产生怀疑，先于接到朝鲜“内附”请求，明朝就已经在考虑如果宣祖败退辽东，应该如何应对。辽东巡抚郝杰提出：“朝鲜君臣倭至即遁，一矢不交，此中不可尽测。但恐国王兵败，率众入辽，拒之不仁，纳之难处，应作何酌议？”④兵部据此上奏：

> 朝鲜世祚东方，号称大国，何得一遇倭至，望风而逃？殊可骇异。倘彼国社稷失守，奔而来奔，在守臣拒之则栖依无所，外服失仰赖之心；纳之则事体非轻，臣子无擅专之理。又况倭奴谲狡异常，华人多为向导，万一乘机闯入其间，贻害非细……其朝鲜国王果兵力不支，率众内向，该镇遣得当人员宣谕朝廷至意，使之来奔则复国无期，倭奴遂占固守。目今援兵渐集，倭自败回，且令驻扎彼国险隘处所，以俟天兵之援；仍谕令多遣陪臣，号召倾国勤王之师，以图恢复故疆，不得甘心败亡。万一国王危亟来奔，情难尽拒，合无俯念，恭顺有年，敕令容纳，亦预酌量，名数无过百人。其或倭奴诈为朝鲜降人来投辽左者，沿江一带详加严审，设法剿除，毋得擅纳逋逃，别生他衅。⑤

在接到朝鲜“内附”请求前，兵部的应对预案有两大核心：一是令朝鲜君臣重整旗鼓、坚守待援，不要主动放弃国土；二是如果情况紧急，宣祖不得不入辽“内附”时，那么随行人员不得超过百人，并严加排查身份。七月初二

---

① （清）张廷玉等：《明史》卷321《安南传》，北京：中华书局，1974年，第8315页。

② 《朝鲜王朝实录·宣祖实录》卷27，宣祖二十五年六月辛丑条。

③ 《朝鲜王朝实录·宣祖实录》卷27，宣祖二十五年六月壬寅条。

④ （明）宋应昌：《经略复国要编》卷首《部垣台谏条议疏略》，吴丰培主编：《壬辰之役史料汇辑》（上），北京：全国图书馆文献缩微复制中心，1990年，第63页。

⑤ （明）宋应昌：《经略复国要编》卷首《部垣台谏条议疏略》，吴丰培主编：《壬辰之役史料汇辑》（上），第64～66页。

日，万历皇帝下诏，避重就轻，虽未明确回应兵部的应对预案，但也在尚未接到朝鲜请求前，为可能出现的“内附”情况留有回旋的余地：“倭陷朝鲜，国王逃避，可悯。援兵既遣，仍谕彼国大臣集兵固守，控险隘，以图恢复，岂得坐视丧亡？其余酌议具奏。”[①]

以此观之，当宣祖决意“内附”，及时向辽东都司呈递请求“内附”的咨文便十分必要。六月十四日，宣祖于宁边决意“内附”后，当天傍晚便按照计划抵达博川，次日夜行，于十六日“鸡鸣入郡”[②]，抵达嘉山，是日终到定州。在此途中，宣祖于十四日傍晚在博川接到海平府院君尹根寿传来的消息，“知天兵渡江在于今日”[③]，方才有所镇定。由于宣祖一行仓促出发，日夜兼程，十四日便令起草的请求“内附”咨文迟迟未就，十七日于定州方才拟定，“令通事赍去，李德馨虽已到辽东，使译官到辽东传给李德馨”[④]，由先前赴辽的请援使李德馨负责呈递，“且谕李德馨力陈危迫之状”[⑤]。二十一日，李德馨抵达辽东都司衙门，先后呈递宣祖的正式请援咨文与请求“内附”咨文，兹摘录后者如下：

> 续该平壤留镇将议政府左议政尹斗寿驰报内，诸将于本月十四日鸡鸣潜师砍贼，一营鏖杀殆尽，夺马一百余匹，以此士气稍振。而奈六月以来经旬不雨，江上诸滩一时皆落，积败之余，军卒单弱，不能分守许多城滩坚牢。贼于本日申时后至城滩直渡，平壤城亦不能支撑，诸将退迤安州、晴川江云。当职得此究详，平壤虽陷，据守之处尚有晴川江、嘉山江等处，倘蒙天兵及此来到，则庶望遮截歼杀，而师期未定，贼锋日逼，敝邦性命迫在朝暮。兼且当职自罹变故，惊忧成疾，将无心以倡率士众，以效藩屏之任，不获已令第二子珲权摄国事，往保疆界，而当职被贼穷迫，敝邦之内投身无所，自以家口若干愿得内附，乞即转奏施行。小国戴大国如仰父母，子有急难，舍父母何往？倘或圣旨未下，贼锋日迫，则当职欲渡江待命，作急处置。[⑥]

宣祖在咨文中对平壤陷落的经过及请求“内附”的原因进行了说明，以

---

① 《明神宗实录》卷250，万历二十年七月己未条，台北：“中央研究院”历史语言研究所，1966年，第4648页。

② 《朝鲜王朝实录·宣祖实录》卷27，宣祖二十五年六月癸卯条。

③ 《朝鲜王朝实录·宣祖实录》卷27，宣祖二十五年六月壬寅条。

④ 《朝鲜王朝实录·宣祖实录》卷27，宣祖二十五年六月乙巳条。

⑤ 《朝鲜王朝实录·宣祖修正实录》卷26，宣祖二十五年六月己丑条。

⑥ （明）侯继高：《全浙兵制》卷2《附录近报倭警》，《四库全书存目丛书》子部第31册，济南：齐鲁书社，1995年，第191页。

“小国戴大国如仰父母”来恳请明朝接纳其“内附”请求。此外,宣祖考虑到对“内附”的处理并非辽东地方所能擅自决断,其转呈咨文与等待旨意都需要时间,而此时战局瞬息万变,宣祖前往义州后随时有可能渡江,故而向辽东地方申请“渡江待命,作急处置”的特别许可。对此,辽东都司给予口头上的准许:“即当转报上司,回报未来之前,事势若急,则渡江避兵自当任意,常时视同一家,到此宁有阻拦之理?”①

辽东都司第一时间将此咨文转呈郝杰,郝杰又将此事连同择地安置的应对方案一并汇报给明朝中央:“国王被逐,穷迫而归,事出异常,情非得已,合无俯进所请?听职等择应住城堡暂行安置,俟彼国平宁,仍行复国,以守世业,此非职等所敢擅便者也。”②七月十六日,兵部将朝鲜请求“内附”一事及郝杰的应对方案上奏,并补充了对宣祖一行的优待举措:“国王来投江上,择居完固城堡,司道躬为存慰,一应供膳从厚,随行人马给以刍粮,用示抚恤,无容狡倭混入。”③万历皇帝以“王来,择善地居之”④作为批复,实际上允许了宣祖一行在紧急情况下入辽“内附”。

但是,朝鲜国王向明朝请求“内附”一事最终却不了了之,这是因为明朝的应急出兵及时地给予了宣祖坚守国土的信心。六月十五日至十九日间,戴朝弁、史儒、王守官、郭梦征以及辽东副总兵祖承训,先后带领三批辽东援军渡过鸭绿江,抵达义州。二十四日,宣祖在义州龙湾馆接见来援的明朝参将郭梦征,被问及自己今后“又将向何处”,答道:“事迫,然后当决去留,予亦未知定向何处。”⑤事实上,自二十二日抵达义州之后,宣祖一行并未立即渡江入辽,这似乎是因为李德馨的请“内附”行动尚未传回结果。但当二十六日,“闻天朝见本国内附咨,将处本国于宽奠堡空廨”时,宣祖“遂为久住义州之计”,“内附”一事自此不了了之。⑥

壬辰之役初期,朝鲜迅速溃败,在尚州保卫战与忠州保卫战接连失利后,宣祖于四月末离京“去邠”,经开城前往平壤,向明朝请“内附”的声音最早出现于此,但只是宣祖对于大臣态度的一种试探,并不具有决策意义。随后近一个月内,朝鲜君臣寄希望于临津江防线,请“内附”之议归于沉寂。临津师溃后,随着日军继续推进、战局不断恶化,此议伴随着向明朝请援的声音再次重现朝堂。五月末,柳梦鼎使团赴京恭贺“圣节”,被宣祖委以向明朝

① 《朝鲜王朝实录·宣祖实录》卷27,宣祖二十五年六月乙巳条。
② (明)侯继高:《全浙兵制》卷2《附录近报倭警》,《四库全书存目丛书》子部第31册,第192页。
③ 《明神宗实录》卷250,万历二十年七月癸酉条,第4660页。
④ 《明神宗实录》卷250,万历二十年七月癸酉条,第4660页。
⑤ 《朝鲜王朝实录·宣祖实录》卷27,宣祖二十五年六月壬子条。
⑥ 《朝鲜王朝实录·宣祖实录》卷27,宣祖二十五年六月甲寅条。

中央请“内附”与请援的任务，此处则更像是对于明朝态度的先行试探，并非已经决定，因为请“内附”决策的激烈讨论与最终出台是在六月中旬宣祖撤离平壤之后。

以此观之，请“内附”具有独立的决策出台与实施过程。从时间上看，宣祖同意请援（五月下旬，详见后文）在前，决定请“内附”（六月中旬）在后，因而不能从时间逻辑上构成朝鲜为请“内附”而向明朝请援。从结果上看，虽然最终宣祖因为明朝及时出兵援救而放弃了“内附”想法，但考虑到请“内附”艰难的决策出台过程，亦不能简单地从结果论出发，倒放电影似地将之理解为这是朝鲜请援的一种策略。请“内附”与请援之间的关系，严格来说只是在时间线上有所重合，二者各自具有独立的决策出台与实施过程，并非一者为目的，一者为手段。

从决策出台过程看，请“内附”争论最多，过程反复，决定最晚，可见其决策阻力之大。而决策阻力恰恰反映了决策对封贡关系常态的冲击程度，“内附”并非是封贡关系的固有内容，参照永乐年间安南旧例，这种冲击程度甚至可以用“打破”来形容。这也解释了为何大臣对宣祖“西行”如此敏感，以及多数大臣自始至终都强烈反对请“内附”，而宣祖本人亦直至六月中旬撤离平壤后方才下定决心。另外，安置于“宽奠堡空廨”只是辽东都司的临时性处理，并非七月间明朝中央的最终应对方案，内容上也与后者的优待举措不符。宣祖自然清楚此时请“内附”咨文尚未转呈至明朝中央，但他不待正式回应便决定“久住义州”，表面上是对辽东都司的安置方案不满，实则却是在明军入援后迅速顺水推舟。种种可见，对于朝鲜君臣而言，请“内附”乃万不得已时的最下之策，这背后是其对于本国利益的极力维护。

明朝在接到朝鲜请“内附”前，就已经开始讨论应对方案，这出于其对朝鲜战局的准确把握。辽东都司在接到请“内附”咨文后第一时间做灵活处理，而在尚未完全消除对朝鲜的怀疑时，明朝中央一方面就已决定接纳其“内附”并给予优待，另一方面则加强对“内附”人员的筛查、限定。这些灵活的应对方式既能够体现明朝对于本国安全利益的维护，也能够反映其在封贡关系下对朝鲜国王安危的努力保障。

二、明朝应急出兵与朝鲜王朝请援

万历二十年夏、冬，明朝先后由祖承训、李如松率军援朝，与之相对应的是朝鲜前后两个阶段的请援行动。有研究以朝鲜方面的记载为中心，强调其请援对于明朝出兵的重要作用。[①] 这似乎形成了一种援朝明军就是被朝鲜使臣“请来”的认识，然而观诸双方的史料记载，结论却并非如此。以下将通过系统审视朝鲜如何从告急走向请援，以及明朝在其中的应对与应急出兵过程，分析其在援朝问题上的主动性与灵活性。

1.朝鲜王朝向明朝“泛然告急”

向明朝请援的声音第一次出现在朝鲜王朝的朝堂上，是当年四月二十九日，即忠州败报传至京城之后，宣祖离京“去邠”前夕。史载：

> 先一日，上以柳成龙为留都大将，李诚中、丁胤福为左右统御使。都承旨李恒福启曰：“今国事已去，若有请救中原之举，则周旋应对之间不可无柳成龙，请勿令留都。”遂以右议政李阳元代之。[②]
>
> 初昏，召宰执，议出避。上御东厢，地坐，张灯烛，宗室河源君、河陵君等侍坐。大臣启：“事势至此，车驾暂出幸平壤，请兵天朝以图收复。”[③]

所谓“请救中原”与“请兵天朝”，即指向明朝请援，而李恒福便是最早提出向明朝请援的朝鲜大臣。然而，此议虽于四月末提出，但却并未马上展开实施，甚至于都没有在朝野间引起波澜。究其原因，恰如李恒福自己所言，向明朝请援只不过是一种潜在的可能性而已，并非是已经利益可见的首选之策。故而朝鲜君臣选择先行离京“去邠”，同时继续调集人马，重新组织防线，进一步观望局势。

半壁江山尚在，朝鲜选择先行向明朝告急，而非立即请援，此举与其说是在向“上国”寻求安全上的保护，反倒更像是在履行向“上国”报告“倭情”的义务。五月初二日，刚刚于壬辰之役前作为陈奏使出使过明朝的韩应寅提出“宜速移咨告急”，宣祖“已令为之”。[④] 这是最早出现的朝鲜向明朝告急的记载，言语寥寥。而明朝中央最早接到有关朝鲜战局的咨文则是在五月初十日：“朝鲜国王咨称，倭船数百，直犯釜山，焚烧房屋，势甚猖獗。”[⑤]从内容上看，并考虑到彼时咨文传递的时间差问题，此处两条记载并非相互对应，朝鲜宣祖向明朝最初的“倭情”报告应远早于五月初二日，大概就在日军登陆之初，尚州、忠州失守之前。

---

① 参见丁秋瑾：《朝鲜王朝的“请援”与明朝出兵援朝》，山东大学硕士学位论文，2017年。

② (朝鲜王朝)朴东亮：《寄斋史草》(下)，《壬辰日录》卷1，宣祖二十五年四月三十日条。

③ (朝鲜王朝)柳成龙：《惩毖录》卷1，姜亚沙、经莉、陈湛绮编：《朝鲜史料汇编》第18册，北京：全国图书馆文献缩微复制中心，2004年影印本，第304～305页。

④ 《朝鲜王朝实录·宣祖实录》卷26，宣祖二十五年五月辛酉条。

⑤ 《明神宗实录》卷248，万历二十年五月己巳条，第4616页。

辽东都司是明朝位于东北地区的战略前哨，也是与朝鲜之间的信息中继点。就此时朝鲜战局而言，这代表着更加迅捷的可诉渠道，能够在一定程度上缓解明朝中央“远水不救近火”的尴尬。朝鲜方面显然也考虑到这一点，是年四月内就已经开始差人向辽东都司咨报“倭情”。五月初三日，尹斗寿于宣祖离京“去邠”途中再次建言：“辽东咨文，急定译官，先为驰送告急。”①此议得到准许，宣祖派遣司译院判官韩润辅等人持咨文前往辽东都司，同时由平安道义州镇节制使（义州牧使）黄琎另路呈报明朝边将。五月二十日左右，辽东都司接到黄琎与韩润辅转呈的告急咨文，兹摘录如下：

> 先该本年四月内，庆尚道观察使等官金睟节次飞报倭寇声息，已行差官咨报都司。去后随有本贼不计其数陆续抛泊，连陷沿海釜山、东莱等镇，厮杀将领等官，径入里面直路地方，陷没密阳、尚州、忠州等十余郡县，直捣京邑，势极猖獗，各处将领等官不能抵敌。本国以兵势单弱，不获背城一战，避驻于迤西，本国平壤府。贼已入国都，抢掠府库、人畜，今次封进圣节方物等件，苍黄之际未及般运，遂致并陷贼中。举国越在草莽，至于享上仪牧未遑改备，实所痛心。盖缘彼贼去年来到本国海面，累次恐喝，要犯天朝，已令边将据义斥绝，为彼贼所仇怨，却受凶锋，终有此患。本国仰荷字小之仁，久无边患，民不习兵，一朝警急，莫能支吾。②

可见，朝鲜方面在向明朝告急时，点明本国之所以“久无边患”，正是因为仰赖明朝的“字小之仁”，而自己如今横遭兵祸，亦是因为“据义斥绝”日本“假道入明”的无理要求。壬辰之役前的朝日通交使明朝此时陷入对朝鲜“倭情”真伪的怀疑中，史载：

> 时辽东闻倭犯我国，未久又闻都城不守，车驾西迁，既又闻倭兵已至平壤，甚疑之，以为倭变虽急，不应猝遽如此，或云我国为倭先导。③
>
> 时变起仓卒，讹言传播。辽左煽言，朝鲜与日本连结，诡言被兵，国王与本国猛士避入北道，以他人为假王，托言被兵，实为日本向导。流言闻于上国，朝廷疑信相半。④

---

① 《朝鲜王朝实录·宣祖实录》卷 26，宣祖二十五年五月壬戌条。

② （明）侯继高：《全浙兵制》卷 2《附录近报倭警》，《四库全书存目丛书》子部第 31 册，第 185～186 页。

③ （朝鲜王朝）柳成龙：《惩毖录》卷 1，姜亚沙、经莉、陈湛绮编：《朝鲜史料汇编》第 18 册，第 323 页。

④ 《朝鲜王朝实录·宣祖实录》卷 26，宣祖二十五年五月戊子条。

结合这一背景来看，朝鲜五月初的告急咨文更像是因明朝怀疑自己“导倭入寇”而进行的自我辩护，全然不见请援意味。这源于此时朝鲜君臣对于明军（特别是辽广兵）军纪的不信任、对自己能够控制战局的自信以及对明朝是否能够出兵援救的怀疑。临津师溃前，反对请援的尹斗寿就曾对支持请援的李恒福有如下解释：

> 大司宪李恒福言于朝曰：“今日之贼非我国独敌，请速求救于天朝。”尹斗寿以为：“今我军防守临津，足以防御；朝廷又已遣人于下三道，兵必大至；北道之兵亦不久当集，大军厚集，自当有为。况天朝发兵救援固未可期，而上国之兵一入我境，则厥后难处之忧万倍于此，岂可轻举此事乎？”恒福遂退。①

再如实录所记：

> 时或欲请兵天朝。大臣以为，辽广之人性甚顽暴，若天兵渡江，蹂躏我国，则浿江（按：大同江）以西未陷诸郡尽为赤地。两议争论，日久不决。②
>
> 备边司启请移咨辽东请援，时上下忧惶，未有定计……堂议皆谓不然，概言天朝必不肯来救，假令来救，当出辽广兵马。辽广兵，胡□类也，必见横暴。今只有平安一路干净，复为汉兵侵扰，公私则必赤地乃已，此策甚迂也。③

在这样的心态下，朝鲜方面自然只有向明朝告急，请援则迟迟没有开始实施，而对于辽东都司出兵援救的试探，朝鲜边臣亦消极对待：

> 宽奠堡总兵召义州牧使黄琎，谓曰：“尔国受兵，自上国不可不救，俺当不日领兵过江，尔其以此意急急启知。”琎曰：“我国虽猝被兵祸，举国奔播，然弊境兵足以当贼，岂劳大人之救乎？”总兵笑而去……当贼犯边之初，朝廷移咨辽东，厥后仓卒，未得续报，驾到平壤，只遣译官泛然告急。至是辽东大人诘问于义州，上又命柳根详对前后曲折。④

---

① （朝鲜王朝）朴东亮：《寄斋史草》（下），《壬辰日录》卷1，宣祖二十五年五月十九日条。

② 《朝鲜王朝实录·宣祖实录》卷26，宣祖二十五年五月戊子条。

③ 《朝鲜王朝实录·宣祖修正实录》卷26，宣祖二十五年五月庚申条。

④ （朝鲜王朝）朴东亮：《寄斋史草》（下），《壬辰日录》卷1，宣祖二十五年五月十九日条。

2.明朝应急出兵"在未请之先"

(1)明朝接到告急后的应对措施

五月初十日,兵部上奏日军登陆朝鲜并与之接战的消息。如前文所言,这是壬辰之役爆发后,朝鲜方面通过辽东都司转呈明朝中央的第一封战报。兵部认为,"声东击西,倭奴故态,分道入寇,难保必无,所有沿海一带地方,防范机宜均应亟行申饬"[①]。万历皇帝对此迅速做出反应,诏令兵部加强北部沿海各处防御:"这倭报紧急,你部里便马上差人于辽东、山东并沿海省、直等处,着督、抚、镇、道等官严加操练,整饬防御,毋致疏虞。"[②]

北部沿海各处地方官员、将领纷纷采取措施,加强海防。如蓟辽总督蹇达奏请将"保定总兵倪尚忠移驻天津,总管二镇兵马"[③];山东巡抚孙鑛、按察使鲍希颜、巡按李时孳奏请"于保甲军余中简选壮丁,分拨防守,乞留民屯屯粮银四万,并事例班价给饷"[④];辽东巡抚郝杰"严行各道并将领等官,查将沿海城堡,分拨兵马贴守,使处处有备,各该海岛、海岸屯寨、人畜,酌量缓急,收敛趋避",同时令"海盖道右参政郭性之移驻金、复州,分守道右参议荆州俊驻适中地方,各相机战守"[⑤];辽东总兵杨绍勋"督发选锋右营原任游击葛逢夏,统领官军一千员名,驰赴海盖道,酌会复州参将王善政,主兵分防金、盖等处;督阵原任游击刘仲文,统领官军一千员名,驰赴分守道,酌会宽奠副总兵佟养正,主兵分防江沿台等处",并请"选熟知倭情将官统兵一二枝于山海关驻扎,如有紧急,不待调遣,即行出关",其所需钱粮同时调拨。[⑥]

在巩固海防的同时,明朝方面也在密切关注着朝鲜战局。辽东地区位于明朝的边境前线,"壤接朝鲜,实系唇齿之地,彼国被倭抢掠,颇为肘腋之忧,即今犯辽虽无确形,防备不可不预"[⑦],出于"守土有责"的本职,以及自身安全利益的需要,辽东地区的官员、将领需要更加及时、全面地掌握朝鲜局势。为此,杨绍勋建议,应立即"选差能干智勇将官二员,前往朝鲜国内,探听两地胜负的息,不时塘报,如事体重大,具本奏闻",分守道与辽东都司随即差选杨五典、张奇功前往,杨绍勋后又令冯千历持辽东都司咨文前往义

---

① (明)侯继高:《全浙兵制》卷2《附录近报倭警》,《四库全书存目丛书》子部第31册,第186页。
② (明)侯继高:《全浙兵制》卷2《附录近报倭警》,《四库全书存目丛书》子部第31册,第186页。
③ 《明神宗实录》卷248,万历二十年五月庚辰条,第4620~4621页。
④ 《明神宗实录》卷249,万历二十年六月丙午条,第4639页。
⑤ (明)侯继高:《全浙兵制》卷2《附录近报倭警》,《四库全书存目丛书》子部第31册,第187页。
⑥ (明)侯继高:《全浙兵制》卷2《附录近报倭警》,《四库全书存目丛书》子部第31册,第187页。
⑦ (明)侯继高:《全浙兵制》卷2《附录近报倭警》,《四库全书存目丛书》子部第31册,第187页。

州，“爪探贼情向往，但有西向，紧急消息驰报”。[①] 之后又发展为采用“节次递报”的方式探听朝日战况，由佟养正差人，“百里为一拨，节次递报，然后明知贼住之所”，“自义州抵平壤，分为五拨，以便飞报”。[②]

针对朝鲜“导倭入寇”的流言，明朝中央和辽东地方均有派人核验的行动。兵部尚书石星密令辽东方面，派遣林世禄、崔世臣，“以采审贼情为名，实欲驰至平壤，请与国王相会，审其真伪而归”[③]。巡按御史李时孳派遣宋国臣持咨文前往朝鲜，面见宣祖，“托以传咨，委来探审”[④]。兵部后又派遣黄应旸、夏时、徐一贯前往朝鲜，面见宣祖，“索倭书验之”[⑤]。

由于此时朝鲜向明朝只有告急而无请援，故明朝除加强自身防御、派出哨探人员外，唯有寄希望于朝鲜君臣能够重整旗鼓，稳定局势。一方面，兵部在获悉日军进犯朝鲜伊始，便“移文辽东巡抚衙门，转行朝鲜国王，督率官曹，务期截堵，果有入犯声息，即便报知”[⑥]。另一方面，明朝此时只能隔江陈兵，观察形势变化，等待朝鲜请援，尚不能立即出兵援救。五月间，杨绍勋于辽东边境“整搠兵马，多张旗帜，布列沿海地方，遥为声援，一以助朝鲜敌忾之气，一以寝倭奴入寇之谋”[⑦]。

(2)明朝决定先行出兵援救朝鲜

五月间，在接到日军登陆朝鲜并与之接战的消息后，明朝中央便有了最早的出兵动议。兵部奏请：“移文各该地方衙门，用心操练兵马，整饬器械船只，修葺城池，加谨提防，一面另图奋力征剿。”[⑧]针对出兵与否的问题，大臣各抒己见。例如，山西道御史彭好古认为：“今日御倭之计，迎敌于外，毋使入境，此为上策；拒之于沿海，毋使深入，是为中策；及至天津、淮扬之间而后御之，是无策矣。”[⑨]所谓“迎敌于外，毋使入境”，即指出兵救援。

再观辽东地方，杨绍勋“督令辽阳副总兵祖承训相机应援”[⑩]，这与前文

---

① (明)侯继高:《全浙兵制》卷2《附录近报倭警》,《四库全书存目丛书》子部第31册,第186～187页。

② 《朝鲜王朝实录·宣祖实录》卷27,宣祖二十五年六月己亥条。

③ 《朝鲜王朝实录·宣祖实录》卷26,宣祖二十五年五月戊子条。

④ 《朝鲜王朝实录·宣祖实录》卷27,宣祖二十五年六月丙午条。

⑤ 《朝鲜王朝实录·宣祖修正实录》卷26,宣祖二十五年六月己丑条。

⑥ (明)侯继高:《全浙兵制》卷2《附录近报倭警》,《四库全书存目丛书》子部第31册,第186页。

⑦ (明)侯继高:《全浙兵制》卷2《附录近报倭警》,《四库全书存目丛书》子部第31册,第186页。

⑧ (明)宋应昌:《经略复国要编》卷首《部垣台谏条议疏略》,吴丰培主编:《壬辰之役史料汇辑》(上),第49页。

⑨ (明)宋应昌:《经略复国要编》卷首《部垣台谏条议疏略》,吴丰培主编:《壬辰之役史料汇辑》(上),第51页。

⑩ (明)侯继高:《全浙兵制》卷2《附录近报倭警》,《四库全书存目丛书》子部第31册,第187页。

中所引述的宽奠堡副总兵佟养正与义州牧使黄琎间的对话，都能够证明五月间辽东方面也已有出兵援朝的动议。暂时没有成行的原因就在于其充分条件和必要条件都不具备，即形势是否需要，朝鲜是否请援，为此只能一边进行哨探，一边等待请援。况且，此时辽东地方尚未获得明朝中央的出兵许可，因此纵然出兵态度积极，也暂时只能做好“守土”的文章。

六月初二日，兵部奏请：“即行辽东抚镇各官，速发精兵一二枝，于鸭绿江岸一带多列旗鼓、火器，一足应援该国，一足振我先声，过寇流突，即行截杀。”[①]万历皇帝就兵部奏议传旨如下：

> 朝鲜素效恭顺，为我属国，有寇岂宜坐视？著辽东抚镇官，即发精兵一二枝应援，仍发银二万两解赴彼国犒军，大红纻丝二表礼慰劳国王。还宣谕海上诸国，合兵捣虚，剿此凶逆，以图廓清。年例银亦准给发。[②]

由此，先于接到朝鲜请援，亦先于林世禄（崔世臣）、宋国臣、黄应旸（夏时、徐一贯）等三批人员完成对朝鲜“导倭入寇”的核验、归报复命，明朝方面“发精兵一二枝应援”的方案已由万历皇帝颁旨。需要注意的是，此处的“应援”在语境上已不再是隔江陈兵、“坐视”战局发展的含义，而是一个涵盖出兵援救、犒赏朝军、慰劳国王，乃至联合周边各朝贡国共同驱逐侵朝日军的援救草案。

赐予朝鲜宣祖以示慰劳之意的“大红纻丝二表里”，由此时正在北京出使的谢恩使申点使团即刻携带归国[③]，一同带回的还有对宣祖“务力战剿贼”以待援的叮咛劝勉。明朝中央也向申点确认了已经责成辽东地方发兵救援朝鲜的消息，《明神宗实录》载：

> 兵部言，朝鲜陪臣闻倭夷荼毒声息，哭泣乞归。命即遣还，先已发兵救援。仍慰谕国王，毋诿强弱不敌，务力战剿贼，以副朝廷怀远之意。[④]

出兵援救的决策虽已做出，但此时横亘在明朝与朝鲜之间的，还有一个程序正当性问题。六月二十一日，兵部在向万历皇帝转呈辽东巡抚郝杰的咨文时，提出了“此在本国未请之先”的程序问题。《明神宗实录》载：

---

① （明）侯继高：《全浙兵制》卷2《附录近报倭警》，《四库全书存目丛书》子部第31册，第190页。

② （明）侯继高：《全浙兵制》卷2《附录近报倭警》，《四库全书存目丛书》子部第31册，第190页。

③ 《朝鲜王朝实录·宣祖实录》卷28，宣祖二十五年七月庚辰条：“回还谢恩使申点赍钦赐大红纻丝二表里，将越江，礼曹以阙门外祗迎，启禀。”

④ 《明神宗实录》卷249，万历二十年六月壬寅条，第4637页。

兵部言，昨发精兵二枝，沿江为朝鲜应援，此在本国未请之先。今巡抚郝杰咨称，朝鲜请兵甚急，先差游击止于鸭绿江，未敢前进。夫存亡呼吸，尚可牵制如此乎？乞敕相机援剿。奉旨：援兵久遣，岂容迟误，今后各边镇紧急事务，毋拘奏请，致误军机。①

可见，当辽东巡抚郝杰向明朝中央送出这封咨文时，已经接到了朝鲜方面非正式的出兵援救请求，但所做的仅是“先差游击止于鸭绿江，未敢前进”而已。对此，郝杰认为，此时朝鲜已是危急存亡关头，出兵一事不能再因循流程，为之掣肘，故而向万历皇帝请求一个“相机援剿”的许可。单就此处而言，这或是因为万历皇帝六月初二日的旨意尚未传达到辽东，抑或是因为郝杰考虑到“此在本国未请之先”而再次向万历确认，究竟为何则要结合朝鲜方面的记载进行分析。

六月十四日傍晚，已经离开平壤的朝鲜宣祖于博川接到尹根寿驰启：

宽奠堡差人刘魁，持宽奠参将佟养正牌文到义顺馆，有镇守总兵杨绍勋会同两院，已发兵前往义州策应等语。刘魁言，天兵明日日夕到江上，明明当渡，祖副总承训亦于今日当到江沿堡云。②

这批援军随行携带“恩赐犒军银两多至二万”③，据此可知，正是六月初二日明朝中央决定调发的那批辽东援军，他们已于六月中旬渡江。这意味着在此之前辽东方面已经接到了万历皇帝六月初二日的旨意，而郝杰“乞敕相机援剿”则是对出兵援救“在本国未请之先”这一非常之举再次进行确认。另外，尚未接到朝鲜正式的请援咨文就调兵渡江，虽违反正常程序，但事实上郝杰却像万历皇帝一样不拘泥于成规，而是根据战争形势，在“乞敕相机援剿”的同时便已调兵渡江，方有上述尹根寿的驰启。

这批援军是壬辰之役中明朝方面最早派出的援救力量，就其出兵过程而言，特别是与后面的正式出兵相比，带有明显的应急特征，故本文称之为“应急出兵”。援军由辽阳副总兵祖承训指挥，麾下包括戴朝弁、史儒、王守官、郭梦征等将，于六月十五日至十九日间，分三批渡过鸭绿江，抵达义州。

① 《明神宗实录》卷249，万历二十年六月己酉条，第4642页。

② 《朝鲜王朝实录·宣祖实录》卷27，宣祖二十五年六月壬寅条。

③ 《朝鲜王朝实录·宣祖实录》卷27，宣祖二十五年六月壬寅条。

七月中旬，祖承训率领这批援军参加了壬辰之役中的第一次平壤之战，兵败返辽。①

3.朝鲜王朝开始向明朝请援

(1)李恒福、李德馨促成向明朝请援

前文已述，向明朝请援的声音第一次出现在朝鲜王朝的朝堂上，是当年四月二十九日，忠州败报传至京城之后，宣祖离京"去邠"前夕，是由李恒福最早提出的。但是，直至接到临津师溃的消息前，朝鲜君臣出于对自己能够控制战局的自信，以及对明军军纪和能否出兵的担忧，"只遣译官泛然告急"，迟迟没有向明朝请援。对此，李恒福曾据理力争。《再造藩邦志》载：

> 临津未败之前，刑曹判书李恒福以备边司有司堂上，言于朝曰："今八道溃裂，无复收拾，虽有智者，亦未知为国家计。昔以孔明之智，及荆州失守，刘先主无托身用武之地，则请求救于孙将军，卒成赤壁之捷，以基鼎足之势。以我国之力，无可为之势，不如急遣一使，吁告天朝，请兵来援，以冀万一，则此策之上也。"廷臣闻之，皆以迂阔，或云虽奏天朝，焉肯出兵来救？假令出兵，当出辽广兵马，辽左之人与獭无异，必有凭陵横暴侵扰之患。今七道皆为灰烬，一国之中一片干净地，只是平安一道，复为天兵蹂躏，则更无着足之处，此策决不可用。恒福连二日争之，不能得。②

可见，临津师溃前，朝鲜大臣普遍反对向明朝请援，李恒福作为最早提议请援的朝鲜大臣，进入五月后曾试图推动请援的开展，但由于反对意见过大，未能成行。大臣们的态度发生逆转是在临津师溃后，李德馨追上离京"去邠"的朝鲜君臣一行，加入支持向明朝请援的阵营，与李恒福"同力争辨"。《再造藩邦志》载：

> 后五日，李德馨以贼兵充斥，不得达贼阵，自中路还入行在，来寓于恒福所在。夜间，恒福言于德馨曰："我以乞援天朝之策扬言于朝，廷臣

---

① 对于第一次平壤之战的经过、战果以及明朝方面的经验总结，本文在此不再展开论述，相关研究可见"台湾三军大学"编：《中国历代战争史》第14册，北京：军事译文出版社，1983年；武国卿：《中国战争史》第6卷，北京：人民出版社，2016年；于海洋：《明抗倭援朝战争中的平壤战役研究》，辽宁大学硕士学位论文，2015年；解祥伟：《万历援朝战争初期祖承训平壤之战考述》，纪宗安、马建春主编：《暨南史学》第16辑，广州：暨南大学出版社，2018年，第56～72页。

② (朝鲜王朝)申炅：《再造藩邦志》卷1。韩国古典综合数据库网站公布的圈点本：https://db.itkc.or.kr/dir/item?itemId=GO#/dir/node?dataId=ITKC_GO_1335A_0010_000_0010。(浏览时间：2021年4月23日)

皆言不可，无有与我同者，此计如何等亡耳？宁且痛陈危迫形势，抵死请援，以决一死耳。"德馨然之。恒福曰："君意如此，则明日与我同力争辨如何?"德馨许之。翌日，恒福与德馨同诣备边司，极陈利害，诸人稍稍与之合。大臣曰："试具由启禀可也。"仍令恒福具草以入，上即允之。[①]

四月间，尚州之战后，日军第一军团指挥官小西行长遣人传信："朝鲜若有意讲和，可令李德馨于二十八日会我于忠州。"因彼时"(按：朝鲜王朝)事急计窘，意或因此缓兵，德馨亦自请行"，故"遣同知李德馨使倭军"。[②] 但李德馨南下和谈的使命未能完成，"以贼兵充斥，不得达贼阵，自中路还入行在，来寓于恒福所在"，方有上述二李说服朝鲜君臣之事，而这正是朝鲜向明朝展开请援行动的开端。《朝鲜宣祖修正实录》载：

会李德馨追到，议与恒福合，遂共力争于朝堂。大臣以二人望重，始听许论启。上从之，即遣人移咨辽东，告急请兵，此请援天朝之始也。[③]

此处，无论是《朝鲜宣祖实录》《朝鲜宣祖修正实录》，还是《寄斋史草》《再造藩邦志》等史料，均未明确记载二李"共力争于朝堂"、宣祖"遣人移咨辽东，告急请兵"的具体日期，故而需要结合他处的记载略作推论。通过检阅《朝鲜宣祖实录》，可知李德馨自四月领命后，重新出现在朝堂上的日期是五月二十日。[④] 那么，由"恒福连二日争之，不能得"，"后五日，李德馨以贼兵充斥，不得达贼阵，自中路还入行在"可知，李恒福于宣祖离京"去邠"途中再次提议向明朝请援的日期应在五月十三日之前，即临津师溃前，此次提议未能成功说服多数大臣。而二李"共力争于朝堂"、朝鲜君臣最终同意向明朝请援的日期则应在五月二十日之后，即临津师溃后，自此朝鲜王朝正式做出向明朝请援的决策，并付诸行动。

(2)申点、柳梦鼎在北京的请援行动

事实上，明朝方面最早接到的请援并非朝鲜君臣决策后的产物，而是壬辰之役爆发时身在明朝境内的朝鲜使臣的自发行为。

壬辰之役爆发前一年十月，宣祖派遣陈奏使韩应寅等人出使明朝，"陈奏日本恐胁我国，欲入寇大明等情，且辨咨内流言之诬"。万历皇帝对此极

---

① (朝鲜王朝)申炅：《再造藩邦志》卷1。
② 《朝鲜王朝实录·宣祖修正实录》卷26，宣祖二十五年四月庚寅条。
③ 《朝鲜王朝实录·宣祖修正实录》卷26，宣祖二十五年五月庚申条。
④ 参见《朝鲜王朝实录·宣祖实录》卷26，宣祖二十五年五月己卯条。

为重视，“出御皇极殿，引使臣，慰谕勤恳，赏赉加厚，降敕奖论”，“皇帝久不御朝，外国使臣亲承临问，前所未有也”。为此，宣祖“续遣申点等谢恩，令奏贼情，比前加详”。① 壬辰之役爆发时，谢恩使申点等人已经身在明朝，兵部尚书石星向其出示辽东都司转呈的朝鲜告急咨文，申点“闻倭夷荼毒声息，哭泣乞归”②，并“呈文兵部，先请援兵”③，后携万历皇帝赐予宣祖的慰劳品以及明朝已经出兵援救的消息归国。对于申点自发请援的行为，朝鲜方面评价甚高，史载：“壬辰乱初，申点在玉河馆，闻倭变，号哭请兵。其后大兵之出来者，皆点之力。”④

然而，需要注意的是，申点的请援行动并非是朝鲜君臣决策后的产物，不能以此来论证朝鲜王朝的决策应对是否准确、迅速。由于现存史料不足，申点究竟于何时“呈文兵部，先请援兵”，以及在多大程度上影响了明朝的应急出兵决策，是存疑的。

现有记载中，最早派往明朝的、带有请援任务的朝鲜使臣，应是五月末作为圣节使出使明朝的柳梦鼎，以及随行的书状官闵梦龙。⑤《朝鲜宣祖修正实录》载：

> 梦鼎为使未发而上出幸，梦鼎只赍表咨文，与译官等随驾至平壤。大臣以为，告急使臣当行，启请且停节使。适韩应寅自燕京回，言阙送节使，则皇朝必致疑也，乃议复遣。上面谕梦鼎曰：“到京师，尔可先言欲内附意。”梦鼎曰：“中朝疑我款贼，若不请援而先请内附，则恐滋其惑。须枚举倭变节次，具咨辽镇，仍请接援，然后内附之言可继也。”上然之，具咨以送。⑥

柳梦鼎使团并非是专门派往明朝的请援使团，而是以例行的圣节使身份兼具请援任务。这虽然存在时间上的巧合，但是也反映出当朝鲜做出请援决策伊始，其形势和需求尚不迫切，故而并未派遣专门的请援使，也尚未发出正式的请援咨文。行前，柳梦鼎向宣祖提议，应向辽东都司详尽咨报“倭情”，同时请援，宣祖采纳其议，“具咨以送”。柳梦鼎使团抵达北京的具体日期失载，只能结合其他事件略作推论。《朝鲜宣祖修正实录》载：

---

① 《朝鲜王朝实录·宣祖修正实录》卷25，宣祖二十四年十月癸巳条。
② 《明神宗实录》卷249，万历二十年六月壬寅，第4637页。
③ 《朝鲜王朝实录·宣祖修正实录》卷26，宣祖二十五年六月己丑条。
④ 《朝鲜王朝实录·宣祖修正实录》卷38，宣祖三十七年六月乙酉条。
⑤ 参见（朝鲜王朝）朴东亮：《寄斋史草》（下），《壬辰日录》卷1，宣祖二十五年五月二十九日条。
⑥ 《朝鲜王朝实录·宣祖修正实录》卷26，宣祖二十五年五月庚申条。

> 朝论亦多异同，石星锐意应援。我使申点方在会同馆，星呼至庭，出辽东报变文书示之，点即号恸，朝夕大临，呈文兵部，先请援兵。柳梦鼎继至，哭诉于兵部，请速发救兵。星感其意，皆复帖慰谕，比之申包胥，星意益坚。兵部奏遣指挥黄应旸来觇，上迎见于龙湾馆，应旸索倭书验之。①

可见，柳梦鼎使团抵京日期大概于申点在北京自发请援之后、兵部派遣黄应旸等人前往朝鲜之前。前者有《明神宗实录》六月十四日的记载为证："兵部言，朝鲜陪臣(按：申点)闻倭夷荼毒声息，哭泣乞归。"②后者据《朝鲜宣祖实录》记载，黄应旸、夏时、徐一贯等人大概于七月初一日抵达朝鲜，次日见到宣祖。③ 故而柳梦鼎使团抵京日期大概在六月中旬之后，即其"哭诉于兵部，请速发救兵"在明朝中央已经决定出兵援救朝鲜之后。战后论功时，朝鲜方面评价柳梦鼎："当壬辰赴京之日，多有周旋请兵之事。"④但究其请援行动所发挥的作用，同样是缺乏史料证明的。可以确信的是，至少明朝的应急出兵与其请援行动无关。

(3)李德馨在辽东的请援行动

五月下旬，临津师溃后，李恒福、李德馨就向明朝请援之事，"共力争于朝堂"，朝鲜君臣此时方才接纳此议。但一时之间，尚能据守平壤，调集军队，重新布防，形势看似仍有转机，请援似乎尚未迫在眉睫。因此，朝鲜暂未派遣专门的请援使，也暂未发出正式的请援咨文，只有兼具请援任务、携带口信赴京的圣节使柳梦鼎而已，这种态势一直持续至宣祖撤离平壤。其间，宣祖与柳成龙先后在平壤会见了辽东都司派遣的林世禄、崔世臣，柳成龙借机通过二人向辽东转达请援之意："天兵之来，一刻甚急，大人须急还，以速师期。"⑤

六月初八日，日军先锋部队进至大同江边，驻扎屯兵，时而于江边集结，时而向城中放炮。十一日，宣祖撤离平壤，前往宁边，于途中正式派遣李德馨赴辽，作为请援使向明朝请援。史载：

> 朝廷又以请兵天朝事莫重焉，岂可只送译官而望其救乎？遂遣大

---

① 《朝鲜王朝实录·宣祖修正实录》卷26，宣祖二十五年六月己丑条。

② 《明神宗实录》卷249，万历二十年六月壬寅条，第4637页。

③ 参见《朝鲜王朝实录·宣祖实录》卷28，宣祖二十五年七月戊午、宣祖二十五年七月己未条。

④ 《朝鲜王朝实录·光海君日记》卷19，光海君四年七月十七日条。韩国国史编纂委员会网站公布的古籍原本扫描件：http://sillok.history.go.kr/search/inspectionMonthList.do? id=koa。(浏览时间：2021年4月23日)

⑤ 《朝鲜王朝实录·宣祖实录》卷27，宣祖二十五年六月己亥条。

司宪李德馨，称请援使，急往辽东。[①]

贼报日急而天兵尚未出，上下遑遑，莫知为计。上召群臣问策，李恒福、李德馨曰："事急矣，臣等请入天朝，上书求救。"二人争往至夜分，上犹沉吟不决。沈忠谦曰："臣闻天下之事，势而已。今势若可救，微二臣往，兵自当出；势不可救，虽二臣并往，无益也。二臣在国，人固信服；在中朝则不过一介陪臣，中朝何知其贤否，而肯为此二臣者，回已定之论？况恒福方在本兵，尤不可远离，无已则德馨可遣。"上曰："吾意政如此矣。"于是，乃遣德馨。[②]

时，李恒福、李德馨夜请对："上进住宁边，臣等亲往乞师辽东。"因争请自往。副提学沈忠谦以为，恒福方在本兵，不可遣。于是，遂遣德馨。将发，恒福送之南门。德馨曰："恨无快马兼程而进也。"恒福即解所乘马与之曰："兵不出，君当索我于泉下，无相见也。"德馨曰："兵不出，吾当弃骨于卢龙，再不渡鸭水也。"二人洒涕而别。[③]

李德馨此行不仅拥有请援使专名，而且持有宣祖写给明朝的正式请援咨文。其"受命之后，缘一路夫马几尽逃散，艰难得行"，于六月十五日抵达义州，适逢史儒、戴朝弁正领一千名援朝明军渡江。[④] 由于李德馨出发时平壤尚未陷落，渡江前亦尚未获悉平壤陷落的消息，故而他还当场请求明军加快行军速度，以解平壤之围。此次接触后，李德馨亦有新的认识与担忧："天将号令严明，虽一草一粒，不许士卒滥取侵扰，我军万无所虑，而一路继饷似甚可虑。"[⑤]随后渡江，"倍道以去"，"越江四日半"后，即六月二十一日，抵达辽东都司衙门。[⑥]

李德馨先向辽东都司呈递宣祖的正式请援咨文：

先该本月日期不等，当职节将倭贼紧急缘由，并乞划拨军兵，星驰来救等情咨报本司，去后贼势日益炽盛，已迫平壤府。就着各该将官召集军兵，据守京城，以待天兵之来救。当职暂避贼锋，移驻中路城镇。迩来贼报日急，愈难抵敌，必须仰仗天威，方可望其剿灭。窃念小邦猥蒙皇眷，视同内服，不期本贼逞凶至此，亦天朝之所轸念而矜悯者也。

---

① （朝鲜王朝）朴东亮：《寄斋史草》（下），《壬辰日录》卷2，宣祖二十五年六月十一日条。

② （朝鲜王朝）申炅：《再造藩邦志》卷1。

③ 《朝鲜王朝实录·宣祖修正实录》卷26，宣祖二十五年六月己丑条。

④ 参见《朝鲜王朝实录·宣祖实录》卷27，宣祖二十五年六月乙巳条。

⑤ 《朝鲜王朝实录·宣祖实录》卷27，宣祖二十五年六月乙巳条。

⑥ 参见《朝鲜王朝实录·宣祖实录》卷28，宣祖二十五年七月庚申条；《朝鲜王朝实录·宣祖实录》卷27，宣祖二十五年六月乙卯条。

乞速多拨精锐，星夜驰来，趁期援救，俾敝邦宗祀少延血食，不胜恳祈之至。为此专差陪臣吏曹判书李德馨驰驿前去，烦为救援施行。[①]

其中提到，六月间宣祖曾就“倭贼紧急缘由”以及请援一事向辽东都司发出过咨文，此处对应的是柳梦鼎行前“须枚举倭变节次，具咨辽镇，仍请接援”的提议，以及《明神宗实录》六月二十一日的记载：“今巡抚郝杰咨称，朝鲜请兵甚急，先差游击止于鸭绿江，未敢前进。”据此推测，柳梦鼎的行前提议大概于五月末至六月初付诸实施，此后朝鲜方面“只送译官而望其救”，虽有请援意图，但未遣专使，未发专咨。辽东方面大概于六月上中旬、李德馨抵达之前，就已接到朝鲜的非正式请援，但仍缺乏正式请援这一必要的出兵名分，这才有“朝鲜请兵甚急，先差游击止于鸭绿江，未敢前进”的矛盾。因此就实际意义而言，李德馨的请援使行虽晚于明朝应急出兵一步，但客观上却为明朝“在本国未请之先”的举措补上了名分。

随后，李德馨自己又向分守道呈文请援：

切照倭贼当初下海，约船四百余只，猝陷庆尚道釜山、东莱、密阳等巨镇，里面郡邑人民不习兵革，先自惊溃。贼锋甚急，入径路，国王遣巡边使李镒，召集本道兵马，备御尚州地方；继遣都巡边使申砬，统率都内精兵及忠清、全罗、庆尚等道军马，控扼贼路要害，不幸两将俱见摧败，举国人心益至沮丧。贼兵乘胜分道，进薄京城，国王不获已出避平壤府，纠合将卒，把截西路临津、东北路大滩。彼时江原、黄海等道军马齐赴战处，忠清、全罗等道将领官亦抄得数万余兵，约以刻日进攻。小邦意谓收合见兵，足以备御，而寡君且以此贼之故，致劳于父母之国，委为未安，拟将本国军马效死遮遏，不敢便请天兵。不幸五月十八日，临津将卒渡江交锋，被贼截没，贼亦后援日添，其众渐多，我军相持浃月，不能抵敌，各自退保。伊贼直捣平壤府，分兵阑入江原等道，全罗、忠清军马亦因贼兵横截中路，不得入援。国王饬令诸将拒守大同江，伊贼进逼城下，先使千余人列屯江岸，张皇声势，或令其徒隔江叫喊，显发凶悖犯顺之说。小邦愈切痛惋，一日羞与并生，只缘屡败之余，军势极弱，民情不固，以小邦兵力终无讨灭此贼之期。寡君移向迤西州郡，调兵逆援，且要驻扎上国附近地方，恳乞天兵来救垂亡。卑职蒙差出来义州镇，又见国王驰谕，贼兵已于本月十四日，直渡大同江上流江东县境浅滩，统出平壤界西，孤城被围，日益危蹙，寡君昼夜忧悯，惟望天兵及期应援。

① （明）侯继高：《全浙兵制》卷2《附录近报倭警》，《四库全书存目丛书》子部第31册，第188页。

且见贼兵势甚炽盛，除结阵大同江边，潜渡浅滩骑步数千外，闻有屯聚中和等处不记其数，必须发兵满万，可期绝灭。前日陪臣未详贼势，误以为数千兵马裕于抵当老寇，轻率呈禀，好生未便。国王委遣卑职，将前项缘由备呈本道根前。目今小邦所倚以为藩卫者，只大同江以西地面而已，不幸此道又不保守，则小邦君臣终无寄命之地。存亡之机决于呼吸，若待题请调发，必无所及，其在天朝仁覆恤小之义，亦宜矜怜体念，划即申报，多拨精锐，星驰赴援，使小邦余众得免破亡。①

李德馨的呈文与宣祖的咨文有所不同，可以视作是对宣祖请援咨文的补充。

首先，李德馨就临津师溃前朝鲜方面迟迟未有请援作了详细解释，即本以为“收合见兵，足以备御”，故不想“以此贼之故，致劳于父母之国”，但不料战局不断恶化，“以小邦兵力终无讨灭此贼之期”，方才遣使请援。抛开朝鲜君臣对明军的信任问题，李德馨的解释比较客观地反映了朝鲜君臣在请援问题上的心态变化。

其次，宣祖的请援咨文写于李德馨出发之时，即六月十一日，随后平壤战局加速恶化，宣祖于十四日决定渡辽内附，命修内附咨文，后令译官携至辽东，追上并转交李德馨，一同呈递辽东都司。故而在李德馨向分守道的呈文中，就有来自宣祖“驰谕”的、对战局的补充。

最后，李德馨的呈文将请援问题从“无到有”上升到“少到多”，即“必须发兵满万，可期绝灭”。这是因为此时明朝已经出兵，援朝明军已经渡江，但数量却不为朝鲜君臣所满意。六月十六日，在义州“迎慰”的尹根寿向宣祖汇报，沈喜寿“以请兵事驰往汤站”，援朝明军即将渡江，“但兵数不满所请”，为此尹根寿“欲更渡江，恳请于佟、史两将”。② 其后恰有宣祖“驰谕”李德馨事，故其呈文中便有“前日陪臣未详贼势，误以为数千兵马裕于抵当老寇，轻率呈禀，好生未便”之语。

四五月间，朝鲜向明朝“只遣译官泛然告急”。从朝鲜方面记载看，这一做法没有出现决策讨论记录，只有决策实施记录，可见与向明朝请援、请“内附”相比，告急并未遇到什么决策阻力，得以迅速实施。这是因为，告急更像是封贡关系中朝鲜向明朝报告“倭情”的义务在战时的延伸，而请援则是“小邦”在军事、安全上的一项权利，对于这项权利，朝鲜一度并未决定行使。请

---

① (明)侯继高：《全浙兵制》卷2《附录近报倭警》，《四库全书存目丛书》子部第31册，第188～190页。

② 《朝鲜王朝实录·宣祖实录》卷27，宣祖二十五年六月甲辰条。

援的声音虽然最早出现于四月末五月初，但很快便又归于沉寂，真正转入到决策讨论阶段，则是在五月中旬临津江防线被攻破后。临津师溃前，朝鲜君臣出于对自己能够控制战局的自信，对明军（特别是辽广兵）军纪的不信任，以及对明朝能否出兵援救的怀疑，普遍反对向明朝请援。五月下旬，临津师溃的消息传来，请援一事方才重启讨论。在战局压力下，朝鲜于五月末开始实施第一阶段请援行动，先后有赴京的柳梦鼎与赴辽的李德馨肩负使命。另外，于战前出使明朝的申点亦自发地在京展开请援。

明朝面对朝鲜的“泛然告急”，却令辽东地方“在本国未请之先”实施援救。五月间，在接到朝鲜告急咨文后，明朝迅速做出反应，采取了一系列措施，如巩固北部海防，加强情报搜集，派人核验流言，隔江陈兵以为声援等，同时辽东地方也做好了紧急出兵的准备。这一时间，对于辽东边将的援救试探，朝鲜边臣却因请援尚未有定论而消极对待，辽东地方亦因明朝中央尚未决定援朝而按兵不动。五六月间的朝鲜战局异常紧张，战报纷飞，决策频仍，不少事件的时间线交错，加之彼时“朝鲜—辽东—北京”间存在信息传递时间差，致使援朝与请援的时间节点需要谨慎得出。六月初二日，先于接到朝鲜正式请援咨文，明朝中央就已决定出兵援救。十五日起，辽东援军陆续得渡，而此时柳梦鼎尚未抵达北京，李德馨亦未抵达辽东。

系统审视明朝应急出兵的全过程，可见其在援朝问题上的主动性与灵活性。明朝方面对于朝鲜战局有一系列的决策应对，应急出兵只不过是其中一环。出兵是维护自身安全与拯救“属国”危难的主动选择，而非对朝鲜请援的被动接受，其证据便是当辽东援军渡江时，两位请援使臣均未抵达出使目的地。同时，“此在本国未请之先”，即在接到朝鲜正式请援咨文前出兵援救，看似是对两国交往原则的打破，实则却反映了明朝在危机处理上的成熟与灵活。

三、明朝正式出兵与朝鲜王朝请援

万历二十年七月，祖承训兵败平壤，标志着明朝应急出兵告一段落。此后，朝鲜为使明朝再次出兵援救，继续展开请援行动。特别是于八月下旬启程赴京的郑崐寿使团，往往被认为促成了明朝正式出兵。[①] 判断朝鲜这一阶

---

① 参见武晓燕：《明朝出兵援朝抗倭与朝鲜使者郑崐寿——读〈韩国文集丛刊·柏谷集〉札记》，《内蒙古师范大学学报》（哲学社会科学版）2005 年第 4 期；武晓燕：《明万历援朝抗倭初期的几个问题——以韩国文献为基本史料》，内蒙古师范大学硕士学位论文，2005 年；孙卫国：《兵部尚书石星与明代抗倭援朝战争》，中国朝鲜史研究会等编：《朝鲜·韩国历史研究》第 14 辑，延吉：延边大学出版社，2013 年，第 69～106 页。

段请援的作用及其与明朝正式出兵的关系，需要完整把握明朝正式出兵的酝酿准备过程与时间表。

1.明朝正式出兵的酝酿准备过程

(1)明朝内部就正式出兵与否的争论

六月二十七日，兵部奏请："遣知兵文武大臣各一员，统领蓟辽南北兵马直抵朝鲜，存属国以固门庭。"[①]这既是明朝应急出兵的后续，也是其正式出兵的先声。另遣善于用兵的文官、武将担任统帅，意味着兵部希望组建一套独立于辽东地方的指挥体系；援救力量的构成不再局限于辽东总兵下辖的部队，而是涵盖包括辽东镇、蓟州镇下辖的北兵、南兵等部队。这标志着明朝的援朝御倭战争由辽东应急走向局部动员，由此展开了正式出兵前的讨论与准备。

万历皇帝命科道官会商论议，具本以奏。兵科都给事中许弘纲题：

> 该部谓，中国御倭当于门庭。夫边鄙，中国门庭也，四夷则篱辅耳。闻守在四夷，不闻为四夷守。朝鲜虽忠顺，然被兵则慰谕，请兵则赴援，献俘则颁赏，尽所以待属国矣。望风逃窜，弃国授人，渠自土崩，我欲一苇障之乎？夫倭未弱于虏也，在虏则欲抚之大军之前，在倭则欲歼之累胜之后。倏重倭也，即虞内地不支；倏轻倭也，即欲立功异域，又臣等所大惑矣。[②]

许弘纲反对明朝出兵援朝，其核心在于"边鄙"之地才是国之门庭，而周边"四夷"只是国之藩篱，"闻守在四夷，不闻为四夷守"，认为明朝并没有义务为朝鲜出兵，这反映出的是一种"内外"和"华夷"的思想。兵部对此予以反驳：

> 至倭遂寇辽，其祸犹浅，若有朝鲜以与我邻，是我之女直、蒙古矣。况朝鲜不战而逃，深为可异。故欲及其未灭，发兵讨之，万一变出意外，则必设文武大臣，而后事权归一，肤功可奏。且使倭闻而寝谋，或更得朝鲜，所以不战之情，不徒瞶瞶，凭一二侦卒语也。承平既久，尺伍耗尽，昨沈思孝乞浙直援兵矣，蹇达请募南兵防海矣，彭国光揭无一兵矣，无米何炊？谓平日所养之兵何为此？可以诘边吏非所以为朝廷计也。[③]

兵部坚持主张出兵援朝的原因是，与日本直接入侵相比，其吞并朝鲜的

---

① 《明神宗实录》卷249，万历二十年六月乙卯条，第4644页。
② 《明神宗实录》卷250，万历二十年七月庚申条，第4649页。
③ 《明神宗实录》卷250，万历二十年七月丙寅条，第4653～4654页。

后果更为严重，会极大地危害自身的安全利益，成为周边继女真、蒙古之后的又一股直接威胁势力，朝鲜的迅速溃败与“导倭入寇”的流言更加剧了这种隐忧。为此，明朝赶在朝鲜一息尚存之际迅速出兵，是为解燃眉之急，也是为确认和评估朝鲜局势。倘若应急出兵的规模无法完成援救的目的，那么正式出兵则是不可避免的。

争论持续一个月后，七月二十六日，因朝中声音不一，言官多有反对，兵部题奏：“征倭遣文武大臣，已会府部九卿科道官酌议，诸臣所议不同，大臣且宜缓遣。”[①]但是，万历皇帝却坚定拍板：“念朝鲜被陷，国王请兵甚急，既经会议，宜速救援，无贻他日边疆患。”[②]此处的“宜速救援”，所指的便是正式出兵援朝。

八月初，明朝中央获悉祖承训平壤兵败，辽东应急出兵援朝失败，旋即加速推进正式出兵援朝。第一时间，万历皇帝“赐行人薛藩品服，奉敕宣谕朝鲜”[③]，传达明朝已在进行正式出兵准备，希望朝鲜能够继续坚持抵抗之意。敕文如下：

> 皇帝敕谕朝鲜国王。尔国世守东藩，素效恭顺，衣冠文物，素称乐土。近闻倭奴猖獗，大肆侵凌，攻陷王城，掠占平壤，生民涂炭，远近骚然，国王西避海滨，奔越草莽。念兹沦荡，朕心恻然。昨传告急声息，已敕边臣发兵救援。今特差行人司行人薛藩特谕尔国王，当念尔祖宗世传基业，何忍一朝轻弃？亟宜雪耻除凶，力图匡复。更当传谕该国文武臣民，各坚报主之心，大奋复仇之义。朕今专遣文武大臣二员，统率辽阳各镇精兵十万，往助讨贼，与该国兵马前后夹攻，务期剿灭凶残，俾无遗类。朕主天明命，君主华夷，方今万国咸宁，四溟安静，蠢兹小丑，辄敢横行。复敕东南边海诸镇，并宣谕琉球、暹罗等国，集兵数十万同征日本，直捣巢穴，务令鲸鲵授首，海波晏然。爵赏茂典，朕何爱焉？夫恢复先世土宇，是为大孝；急救君父患难，是为至忠。该国君臣素知礼义，必能仰体朕心，光复旧物，俾国王还都，仍保宗庙社稷，长守藩屏，庶慰朕恤远字小之意。[④]

八月中旬，宋应昌以兵部右侍郎之职，出任备倭经略之差，即“遣知兵文武大臣各一员”中的文官统帅。然而，宋应昌的走马上任并未及时平息明朝

---

① 《明神宗实录》卷250，万历二十年七月癸未条，第4665页。

② 《明神宗实录》卷250，万历二十年七月癸未条，第4665页。

③ 《明神宗实录》卷251，万历二十年八月壬辰条，第4674页。

④ 《朝鲜王朝实录·宣祖实录》卷30，宣祖二十五年九月己未条。

内部就正式出兵与否的争论，表现在其上任之初的言官参劾。九月初九日，宋应昌因被言官参劾，上书请辞经略防倭之命，万历皇帝"嘉其忠信任事，不宜困言自阻，不允辞"[①]。十五日，宋应昌"以御史郭实论经略不可者七，再陈不任，乞议别简贤能"，万历皇帝则再次表达了对正式出兵的支持："应昌特遣经略，止为郭实一言，畏避不去，沿海边务责成何人？浮言重于朝命，国纪谓何？倭报已急，著即启行。九卿科道官依违观望，不必会议。郭实逞私阻挠，降极边杂职用，再有渎扰并究。"[②]此事过后，明朝内部就正式出兵与否的争论基本得到平息。

(2)明朝围绕正式出兵而进行的准备

命令辽东地方先行应急出兵之后，在展开上述讨论的同时，明朝中央就已经开始在辽东、蓟镇、山东等相关地区进行一系列的军政人员调动。七月初六日，升右副都御史、辽东巡抚郝杰为兵部右侍郎，总督蓟辽、保定军务。[③]初九日，升山东按察使鲍希颜为都察院右佥都御史，巡抚辽东，赞理军务。[④]十一日，铸造蓟镇海防道关防。[⑤] 十二日，升工部郎中冯时泰为山东右参议，分巡辽海道。[⑥] 八月初一日，命福建都司李继春为山东都司掌印官，命辽东副总兵李平胡为协守蓟镇中路副总兵。[⑦] 八月初六日，起任原蓟辽总督顾养谦为兵部右侍郎，刻期到任。[⑧] 初十日、十二日，先后任命镇守蓟镇、永平总兵官张邦奇为左军都督府都司佥书，调任山西总兵王保为镇守蓟镇、永平、山海关总兵官。[⑨] 十三日，工部右侍郎宋应昌改任兵部右侍郎；五日后，又命其前往保定、蓟镇、辽东等处，经略备倭事宜；又五日后，铸造经略关防。[⑩] 以此为标志，"遣知兵文武大臣各一员"，组建正式出兵援朝的中枢指挥体系，已经完成一半。与之相应的，在辽东、蓟镇、山东等相关地区，部分具有海防、御倭经验的官员、将领得到了升任或调任。

宋应昌就任备倭经略后，明朝围绕正式出兵而进行的准备明显加快，除

---

① 《明神宗实录》卷252，万历二十年九月乙丑条，第4692页。

② 《明神宗实录》卷252，万历二十年九月辛未条，第4694页。

③ 参见《明神宗实录》卷250，万历二十年七月癸亥条，第4651页。

④ 参见《明神宗实录》卷250，万历二十年七月丙寅条，第4653页。

⑤ 参见《明神宗实录》卷250，万历二十年七月戊辰条，第4655页。

⑥ 参见《明神宗实录》卷250，万历二十年七月己巳条，第4655～4656页。

⑦ 参见《明神宗实录》卷251，万历二十年八月戊子条，第4670～4671页。

⑧ 参见《明神宗实录》卷251，万历二十年八月癸巳条，第4675页。

⑨ 参见《明神宗实录》卷251，万历二十年八月丁酉条，第4678页；《明神宗实录》卷251，万历二十年八月己亥，第4681页。

⑩ 参见《明神宗实录》卷251，万历二十年八月庚子条，第4681页；《明神宗实录》卷251，万历二十年八月乙巳条，第4682页；《明神宗实录》卷251，万历二十年八月庚戌条，第4682页。

自五月起一直在进行的巩固海防之外，还表现为征兵遣将、铸造军器、调发战船。八月十九日，保定督抚衙门奏请于河间、真定、保定三地召募北兵三千。[①] 二十二日，万历皇帝命各地督抚官员招募选拔将才，“不必拘数，务得真才济用，无以虚文塞责，仍严举主赏罚之令”[②]。二十五日，宋应昌奏请拨发粮饷，用以制造兵器、火炮，万历皇帝命发马价银二十万两。[③] 九月十七日，浙江巡抚常居敬因浙船难以涉海，遂调沙船、叭喇唬船八十艘，并随船水手、军械、粮饷，由内河赶赴天津。[④] 凡此种种，不尽列举，俱收于《明神宗实录》与《经略复国要编》。由此可见，宋应昌就任备倭经略后，明朝围绕正式出兵而进行的准备明显加快，只待“遣知兵文武大臣各一员”中的武官统帅到任。

九月十六日，宁夏城破，叛将伏诛，哱拜、刘东旸之乱平定，万历三大征之首的宁夏之役告捷，这使明朝能够集中精力东顾，也使万历皇帝收获一位合适的武官统帅人选。九月二十四日，明朝中央获悉宁夏之役告捷。[⑤] 十月十六日，万历皇帝以提督陕西讨逆军务总兵官李如松充任提督蓟辽、保定、山东等处防海御倭总兵官。二十七日，铸造提督关防。[⑥] 至此，明朝完成正式出兵援朝的中枢指挥体系构建，标志着正式出兵已由酝酿准备到提上日程，稳步实施。

2.祖承训兵败后朝鲜的请援行动

(1)祖承训兵败后朝鲜向辽东的请援

七月十七日，祖承训因轻敌冒进、不谙地形、与朝鲜军队配合不利，兵败平壤。二十日，祖承训退还辽东，明朝应急出兵以意外失利退兵而告终。随后一个多月内，朝鲜就明朝继续出兵救援，陆续向明朝有多次请援行动。

祖承训兵败回师伊始，宣祖国王便派遣兵曹参知沈喜寿，赶赴位于鸭绿江西岸的九连城，呈文于辽东总兵杨绍勋，恳请“申敕祖总兵留击箕城(按：平壤)”，后又派遣左议政尹斗寿、译官洪秀彦再度呈文请留。[⑦] 对此，杨绍勋答复，“暑月出师，连日下雨，弓箭破尽，道路泥淖，人马难行，加以你国(按：朝鲜)人民奔溃不战，是天时、地利、人和并失之也。不得已待后日疮痍苏

① 参见《明神宗实录》卷251，万历二十年八月丙午条，第4681页。

② 《明神宗实录》卷251，万历二十年八月己酉条，第4682页。

③ 参见《明神宗实录》卷251，万历二十年八月壬子条，第4684～4685页。

④ 参见《明神宗实录》卷252，万历二十年九月癸酉条，第4695页。

⑤ 参见《明神宗实录》卷252，万历二十年九月庚辰条，第4700页。

⑥ 参见《明神宗实录》卷253，万历二十年十月壬寅条，第4711页；《明神宗实录》卷253，万历二十年十月癸丑条，第4714页。

⑦ 参见《朝鲜王朝实录·宣祖实录》卷28，宣祖二十五年七月丁丑条。

起，弓箭修正，人心镇定，整齐军马，更来助战，你国放心”，“将士已死，见存军卒亦多裹疮者，不可又令赴战，令他（按：祖承训）回来，更换他兵。留二枝军马于义州防护国王，若有急变，即令策应。又请南兵步军五千，已到关上”，“观你国所报，肃宁、安州储谷甚尠云，五千军马粮料难可办出，驻在义州，急则进前”。[①] 杨绍勋点明祖承训撤军只是暂时性的，并未影响明朝援朝的总体计划，撤军一为修整待援，特别是等待前来增援的南兵步军；二为静候更适宜北兵骑兵作战的时节；三因朝鲜粮料供给不力，明朝援军难以大举前进。这是辽东方面对于明朝应急出兵的经验总结，较为公允，但未能终止重启后的朝鲜请援行动。

七月二十七日，备边司认为，已筹粮料现在可供明朝援军三千人数月之用，“请分陪臣三员，杨、祖两总兵及察院（按：辽东巡按御史李时孳）处，请炮手、南兵数千”，此议得到宣祖同意。[②]

前往驻扎在九连城、辽东总兵杨绍勋处请援的是朝鲜户曹判书李诚中。李诚中向杨绍勋恳告，“近日来，凶贼似是探听大军卷还，连日出城耀兵，不于此时更发精锐四五千，协心剿灭，使贼势鸱张，则其为毒害诚恐不止于小邦”，“发兵救援已有明旨。今则水潦向干，粮料略备，足以支四五千兵马之食。兼且此处大将收合散亡数万，全罗、庆尚等道义兵数万，亦来压京城。此时速发精锐，协同歼灭，一日为急，若待秋深，恐后时无及，愿老爷快赐抄发”。[③] 对此，杨绍勋予以答复，“（按：祖承训）非取回也，乃换兵也。一千兵留驻义州，防护国王；五百留驻九连城；又于马头山、江沿台各留五百军；南兵、炮手五百亦已来到，合三千五百，为你国留驻待边，汤站、凤凰城、长奠等处亦留三千军。今则霖雨频数，道路泥泞，天时地利不顺，何以行兵？秋凉后水潦尽干，方可大发军，前进剿灭，今则不可行军。若大军留在义州及你国地方，待路干则你国粮料不敷”，“发兵救援已有明旨，我天朝无有内外之别，宁有终始之异乎？今则天时地利如此，决不可行军。多定摆拨儿，布在一路，达于节度使留驻处，如有紧急声息来到，虽天雨路泥，即当驰救”，同时指出朝鲜方面应多备粮料。[④] 杨绍勋随后又向李诚中出示“报上司手本”，即自己所呈的下一步出兵方案，以打消李诚中的顾虑。

八月初二日，朝鲜兵曹参知沈喜寿又赴辽东都司请援。与此同时，备边司启请：“闻佟参将在狄江之边云，速为请兵之意作呈文，令尹根寿往请何

---

① 《朝鲜王朝实录·宣祖实录》卷 28，宣祖二十五年七月丁丑条。
② 参见《朝鲜王朝实录·宣祖实录》卷 28，宣祖二十五年七月甲申条。
③ 《朝鲜王朝实录·宣祖实录》卷 28，宣祖二十五年七月丁亥条。
④ 《朝鲜王朝实录·宣祖实录》卷 28，宣祖二十五年七月丁亥条。

如?”此议亦得到宣祖同意。[①] 礼曹判书尹根寿随即领命出发,过江前往佟养正处请援。尹根寿反复恳请佟养正速发援军:“平壤之贼,天兵攻城之后,震慑不敢出城者数日,其后连日出来,四散抢掠。贼若西向,则此不但小邦之虞,仰老爷速发赴援。”佟养正则同样答以“待秋高一路爽快,可发兵赴援”,叮嘱朝鲜方面多备粮料。至于援军人数,佟养正予以答复,“或为六千,或万兵,都在上司定夺。今则不比前日,当出万全,期于荡平”,“其(按:南兵、炮手)数三千,其中六百则今日到汤站,其余自海州次第当来。骆参将、谷游击、叶游击(按:骆尚志、谷燧、叶邦荣)各领一千,叶游击先到,而骆、谷二将领兵来到”。[②]

在佟养正处,尹根寿还见到了即将领兵前往义州、保护宣祖的明朝游击张奇功。张奇功告诉尹根寿:“俺领一千军马,当驻扎义州,你国粮料不敷,则大军未到前,恐虚费粮料,仍欲住扎夹江,与大军一时过江。”[③]这显然是朝鲜君臣所不能接受的,遂又差译学林应瑞等人呈文于张奇功,恳请其迅速渡江。[④] 尹根寿赴佟养正处请援途中,曾偶遇明朝游击倪尚忠。倪尚忠建议尹根寿:“请兵于将官,事未易就;察院体天子巡狩,呈文察院,可得速发。”尹根寿就此归报宣祖,宣祖同意就张奇功领兵前来义州护卫一事,前往辽东巡按御史李时孳处请援:“沈喜寿方在辽东,速制呈文,差通事送之,俾呈察院。”[⑤]

八月初四日,都巡察使李元翼状启“凶贼示将上京”之事。备边司认为,“倭书”内容十分不当,如果转呈明朝将官,或能够促使其迅速发兵征讨:“书契问及之辞尤为愤惋,此书契不合我邦等闲看过,其所悖慢犯顺之语,天朝将官见之则亦必痛心,举兵而来也。”遂建议“令李德馨往见杨总兵,示此书契,兼陈举兵宜早之意”,得到宣祖同意。[⑥] 次日,宣祖再令遣使,“持倭书契,速请天兵五千”[⑦]。

大司宪李德馨持“倭书”渡江后,先前往佟养正处。佟养正阅后,“以凶悖之书为信,更无他意,至以欲速雪愤,正如风火为言,且教以移咨都司”[⑧],可见朝鲜的请援策略在一定程度上取得了效果。对此,备边司认为,“中朝声息之报急于星火,德馨虽急行,必不及佟参将处置之速也”,意欲借助佟养

① 参见《朝鲜王朝实录·宣祖实录》卷29,宣祖二十五年八月己丑条。
② 《朝鲜王朝实录·宣祖实录》卷29,宣祖二十五年八月庚寅条。
③ 《朝鲜王朝实录·宣祖实录》卷29,宣祖二十五年八月庚寅条。
④ 参见《朝鲜王朝实录·宣祖实录》卷29,宣祖二十五年八月壬辰条。
⑤ 《朝鲜王朝实录·宣祖实录》卷29,宣祖二十五年八月庚寅条。
⑥ 《朝鲜王朝实录·宣祖实录》卷29,宣祖二十五年八月辛卯条。
⑦ 《朝鲜王朝实录·宣祖实录》卷29,宣祖二十五年八月壬辰条。
⑧ 《朝鲜王朝实录·宣祖实录》卷29,宣祖二十五年八月癸巳条。

正进行请援，即“以前呈文之意更构，参将前呈文，令李德馨更为致恳，速招察院、总兵、都司；而又作咨文，添入贼书及恳佟参将转报之意，令沈喜寿极力周旋”[①]。

这一建议得到宣祖同意，于是李德馨再次渡江面见佟养正，“陈小邦事势危机，乞速来援之意”，并希望通过佟养正转呈杨绍勋“倭书”及请援咨文。[②] 佟养正答复，“贼书其日已为驰报，今此呈文亦即禀报”，“杨总兵委因调兵进去，近日道路渐干，当不久出”，并强调自己同样希望尽快发兵征讨，同时许发张奇功麾下小股援军，先行渡江支援。[③] 八月十一日，张奇功渡江进驻义顺馆，麾下一千援军则沿鸭绿江西岸驻扎，其本人则向工曹判书韩应寅承诺：“南兵、炮手三千名内，六百名已到夹江，南兵若齐到，非久当过江。”[④]

八月十二日，朝鲜方面收到辽东总兵杨绍勋的咨文：

> 本国素效忠顺，被此倭奴残虐，兹我字牧之仁，固不容已。昨命特遣师，不能全利，今之掣师回还，是岂竟忘之乎？屡被陪臣所恳，亦不免自惭军功之不即效也。义州之兵已经选发，岂谓迟滞至此？深为可恨，又督限赴之矣。[⑤]

所谓“义州之兵”，即指本应发往义州、护卫宣祖的张奇功麾下一千援军。杨绍勋在咨文中一面佯作委屈、自惭、无奈，一面则延续一贯基调，即“在我将调火器手通齐，候风高土凝，为尔恢复属土”[⑥]，仍未给出明确的出兵时间表。而这也是祖承训兵败后，辽东地方在出兵援朝上的态度由积极转向消极的有力反映。

同日，朝鲜司谏李幼澄渡江，向佟养正汇报前线最新战况，并希望其“将此闷迫之意申报上司，速发见有四五千军马，及时援救”，佟养正则仍答以“南兵六百今日进驻夹江，随当陆续来到”。[⑦] 八月十四日，宣祖派尹斗寿向患病的张奇功问安，张奇功避而不见，仅通过译官传话：“前因天不助顺，未能成功，上国亦甚耻之，必须换他利健兵马，事出万全，方可进剿。至于师期，兵家之事，何可预说？祖爷当率蓟镇兵二千四百，南军、炮手六百，本镇

---

① 《朝鲜王朝实录・宣祖实录》卷 29，宣祖二十五年八月癸巳条。
② 参见《朝鲜王朝实录・宣祖实录》卷 29，宣祖二十五年八月甲午条。
③ 参见《朝鲜王朝实录・宣祖实录》卷 29，宣祖二十五年八月甲午条。
④ 《朝鲜王朝实录・宣祖实录》卷 29，宣祖二十五年八月戊戌条。
⑤ 《朝鲜王朝实录・宣祖实录》卷 29，宣祖二十五年八月己亥条。
⑥ 《朝鲜王朝实录・宣祖实录》卷 29，宣祖二十五年八月己亥条。
⑦ 《朝鲜王朝实录・宣祖实录》卷 29，宣祖二十五年八月庚子条。

三千,共六千兵马,趁即来赴矣。”①

同日,韩应寅欲渡江面陈佟养正,“先发六百南兵,以救目前之急”,然而此行遇阻:

> 臣(按:韩应寅)渡两江,至狄江岸,水手拿船,皆在那边,不许趁时过涉。俄而有夜不收乘船来到,谓臣曰:“宰相不须过江,只译官一人可赍呈文去。”盖佟总兵知臣前往,以酬答为难,只教译官来也。臣令译官赵安仁先往总兵所,细陈陪臣不可不面诉之意,总兵始许渡来。②

此行过程中,韩应寅偶遇徐一贯,欲“以呈文内事意详细恳陈,使之从傍赞助”,但徐一贯却道明佟养正的心思:

> 后运南兵想到山海地面,若过十个日子方可齐到,见在六百名不可先发,况以数少步军不可当鸱张之贼。佟爷虽欲曲从,不得自擅,然可报上司定夺,俺当致力云。③

佟养正答复韩应寅,“前者因你们恳请,不计天时地利,轻易进兵,毕竟溃还,今当再举,须出万全”,“判书(按:韩应寅)所言果为恳恻,权在上司,我何敢擅?且今见摆拨儿所报,贼势不至甚急,俺当观势处之”,“南兵想已过关,与新调辽镇兵马一时并进,当扫荡平壤之贼”。④

同日,持平具宬渡江前往南兵首领、参将骆尚志处请援,骆尚志亦答以“用兵之道,贵得天时地利,不可容易。前日祖爷之往,亦不度时相势,轻进失措,必须万全,方可举事”⑤。

(2)赴辽请援无果后郑崐寿赴京请援

祖承训兵败回师后,朝鲜方面接连向辽东地方请援,但始终未见援兵发出。在这种情况下,宣祖国王决议派遣请兵陈奏使郑崐寿、书状官沈友胜以及随行通事、译官韩润辅、赵安仁等,赴京向明朝中央请援。

八月二十四日,郑崐寿等人向朝鲜君臣辞行。宣祖令起草请援奏文,同时拨发“人情银”七十两以备此行不时之用,并再三勉励郑崐寿。史载:

> 上谓使曰:“卿之所受之任极为重大,卿其勉之!”又曰:“国之存亡在卿此行。”又曰:“事若得成,卿之功也。懋哉懋哉!”又曰:“卿其好为

---

① 《朝鲜王朝实录·宣祖实录》卷29,宣祖二十五年八月辛丑条。
② 《朝鲜王朝实录·宣祖实录》卷29,宣祖二十五年八月辛丑条。
③ 《朝鲜王朝实录·宣祖实录》卷29,宣祖二十五年八月辛丑条。
④ 《朝鲜王朝实录·宣祖实录》卷29,宣祖二十五年八月辛丑条。
⑤ 《朝鲜王朝实录·宣祖实录》卷29,宣祖二十五年八月壬寅条。

往还!"终始丁宁,至再至三,戒饬责望之意至深切矣。[①]

宣祖此时已经获悉七月间明朝中央就是否正式出兵援朝的争论,既担忧明朝"以西贼(按:宁夏哱拜、刘东旸叛乱)为忧,恐未可发兵";又担忧明朝受祖承训轻进兵败的影响,即便再次出兵,也不为朝鲜收复平壤等失地,遂叮嘱郑崐寿将"倭留此,明年正月欲犯辽"之意奏报明朝,"欲使天兵及正月出"。[②] 由此处宣祖"欲使天兵及正月出"的想法以及左议政尹斗寿"唐兵(按:明军)霜落则出来"[③]的观点,可见朝鲜君臣在七八月间向辽东请援的过程中,逐渐接受了辽东方面所给出的,明朝再次出兵将选择秋冬天寒地冻、利于骑兵作战之时的答复。同时,朝鲜君臣对于郑崐寿此行的请援数量和救援方式都有设想。宣祖认为,"以大举之意达之,贼若留京畿,则万兵不足以讨之"[④],"请兵不下五万,然后可以剿灭"[⑤];左副承旨吴亿岭建议,"多请兵置之辽东,不足则继援,疲弊则相递"[⑥];尹斗寿也建议,"天朝大发兵,或屯辽东,或渡鸭江,轮兵攻贼"[⑦]。此外,在明朝应急出兵遭遇失利后,朝鲜君臣也注意到自己难以确保援朝明军的粮饷供给,于是在郑崐寿请援时特别强调这一问题。宣祖提出,"粮饷并为载来,我国残破之余,无粮可虑"[⑧],"若以粮饷并运,则(按:明军)多多益善"[⑨]。

八月二十五日,郑崐寿使团出发,渡鸭绿江,进入明朝境内。二十八日,路遇奉万历皇帝之命宣谕朝鲜的明使薛藩,郑崐寿令韩润辅告以自己此行目的,薛藩则回复:"石尚书待吾还,欲为出兵,汝等入往,吾当随行。"[⑩]如前节所述,薛藩此行是为传达明朝已在进行正式出兵准备,希望朝鲜能够继续坚持抵抗之意,而此处薛藩亦告知郑崐寿,石星欲待其宣谕返回后出兵。二十九日,郑崐寿一行于怀远馆见到先前就已赴辽请援的李幼澄,李幼澄告知

---

① (朝鲜王朝)郑崐寿:《柏古集》卷3《赴京日录》。韩国古典综合数据库网站公布的圈点本:https://db.itkc.or.kr/dir/item? itemId=MO#/dir/node? dataId=ITKC_MO_0211A_0050_010_0010。(浏览时间:2021年4月23日)

② (朝鲜王朝)郑崐寿:《柏古集》卷3《赴京日录》;《朝鲜王朝实录·宣祖实录》卷29,宣祖二十五年八月辛亥条。

③ (朝鲜王朝)郑崐寿:《柏古集》卷3《赴京日录》。

④ (朝鲜王朝)郑崐寿:《柏古集》卷3《赴京日录》。

⑤ 《朝鲜王朝实录·宣祖实录》卷29,宣祖二十五年八月辛亥条。

⑥ (朝鲜王朝)郑崐寿:《柏古集》卷3《赴京日录》。

⑦ 《朝鲜王朝实录·宣祖实录》卷29,宣祖二十五年八月辛亥条。

⑧ (朝鲜王朝)郑崐寿:《柏古集》卷3《赴京日录》。

⑨ 《朝鲜王朝实录·宣祖实录》卷29,宣祖二十五年八月辛亥条。

⑩ (朝鲜王朝)郑崐寿:《柏古集》卷3《赴京日录》。

郑崐寿,"杨总兵及巡按等处再三请兵而无决语,盖无朝廷明旨,不敢发也"[①]。结合前节所述,明朝中央此时虽已做出正式出兵的决定,但仍处于在山东、蓟镇等关内地区征兵遣将、铸造军器、调发战船、筹措粮饷的阶段,辽东地方确实尚未接到再行出兵的朝廷明旨,不敢擅自发兵合乎事理。但倘若结合此前辽东地方在应急出兵上的积极表现,则不难看出祖承训兵败既使其在明朝内部面临压力,又使其明白援朝御倭并非依靠辽东一地之力就能完成,这是一场需要明朝中央进行通盘考虑和动员的战争,而这恰是明朝酝酿、准备正式出兵的过程较为漫长的原因。

九月初一日,郑崐寿一行抵达辽东都司衙门,"以文书未勘合",停留三日方行。初七日行至广宁,初九日渡大凌河,初十日过宁远卫。十一日,路遇完成出使任务后返回朝鲜的圣节使柳梦鼎一行。按照宣祖在郑崐寿出发前的安排,为使其在与明朝官员沟通时更加游刃有余,柳梦鼎使团中的通事李海龙随即加入郑崐寿使团中,一同赴京请援。郑崐寿一行于十二日抵达山海关,随后愈发快马加鞭,仅十五日一天便前行一百三十里,最终于十八日傍晚抵达北京玉河馆(会同南馆),见到与石星私交甚笃的会同馆副使施允济。[②] 至此,郑崐寿使团历时二十四天抵达北京,开始向明朝中央请援。

郑崐寿抵京后的第一阶段行动围绕呈递朝鲜请援奏文和请求明朝再次出兵而展开。九月十九日,施允济"请以奏文示石爷",郑崐寿"以未达圣聪为辞,又请往见石老,恳陈闷迫之意",并遣李海龙向鸿胪寺呈递请援奏文。二十日,石星通过施允济向郑崐寿求见请援奏文,鉴于此时请援奏文已经呈递,郑崐寿便另具草本,再呈石星。二十一日,石星召朝鲜通事前去问话,问及朝鲜战局与郑崐寿此行情况,大惊失色,当即决定"先送黄应旸往谕杨总兵元及巡按、巡抚等处,发辽东兵七八千先击之,亦将于五日内调发继援"[③]。二十二日,万历皇帝对朝鲜请援奏文进行批复:"兵部看了作速说。"[④]接连三日,郑崐寿又先后向礼部和兵部呈文,"请速行发兵,以拯小邦之急",礼部尚书则告以"兵部宋侍郎发去,自当斟酌贼势而行"。[⑤] 如前节所述,九月二十四日,明朝中央获悉宁夏之役告捷。次日,施允济第一时间便将此事告知郑崐寿,"宁夏贼刘东旸已就擒,朝廷必专意攻倭"[⑥]。石星的态度、万历皇帝的批复、施允济传递的消息,都为郑崐寿吃了一剂定心丸,打消了朝鲜方面对

---

① (朝鲜王朝)郑崐寿:《柏古集》卷3《赴京日录》。

② 参见(朝鲜王朝)郑崐寿:《柏古集》卷3《赴京日录》。

③ (朝鲜王朝)郑崐寿:《柏古集》卷3《赴京日录》。

④ (朝鲜王朝)郑崐寿:《柏古集》卷3《赴京日录》。

⑤ (朝鲜王朝)郑崐寿:《柏古集》卷3《赴京日录》。

⑥ (朝鲜王朝)郑崐寿:《柏古集》卷3《赴京日录》。

明朝“以西贼为忧，恐未可发兵”的担忧，也使郑崐寿的请援目标从“出兵与否”转向“出兵多少”与“何时出兵”。

郑崐寿抵京后的第二阶段行动围绕确认明朝出兵的数量和时间而展开。九月二十六日，施允济告知郑崐寿，作为对万历皇帝批复的处理，石星“欲以一二万为覆本”，即派出一二万明军援救朝鲜，这显然与朝鲜君臣五六万乃至十万的数量期许不符，郑崐寿对此“深以为闷”，试图通过施允济向石星陈情，但未能如愿。[①] 二十八日，石星于兵部坐堂，根据施允济的建议，郑崐寿亲自前往兵部，“呈文二本入送”，“问答之辞详在状启及别纸，痛哭一场，恳乞兵马”。石星大为感动，“泣下沾襟”，但“不为明言出师之期”，加之郑崐寿又见“中国兵马亦不足，未易调发”，心情极为焦虑、压抑，继续呈文请援。[②] 石星则授意施允济将调兵援救朝鲜的覆本透露给郑崐寿，十月初，郑崐寿见到覆本，“观其事势，终必讲和而后已”，自忖明朝内部“主和”之意占据上风，“反复寻思覆本文意，无先送二万兵之语，则责通事诘副使，欲更呈文问于尚书”。施允济遂又向郑崐寿出示石星先发辽东援军的手本草稿，确有“一万七千六百名先打发”与“大军亦令随后调遣”之事，此意一面题奏，一面移咨辽东。[③] 三日后，兵部正式题奏，“请令总兵杨绍勋领各道兵马，过鸭绿讨剿倭寇”。这一方面源于石星先发辽东援军的建议，另一方面也源于辽东总兵杨绍勋刚刚传来的朝鲜最新战报，“近来贼势转炽，咸镜一道俱陷，临海、顺和二王子见虏，宣陵见掘，康陵丁字阁被火”[④]。

突然恶化的朝鲜战局使明朝方面的出兵准备迅速加快。继十月初八日，兵部奏请由杨绍勋统领各道兵马援救朝鲜后，十六日，万历皇帝正式任命刚刚从宁夏战场得胜归来的李如松为提督蓟辽、保定、山东等处防海御倭总兵官，二十七日铸造提督关防。[⑤] 如前节所述，至此，明朝完成了正式出兵援朝的中枢指挥体系构建，标志着正式出兵已由酝酿准备到提上日程，稳步实施。

值得注意的是，自十月初八日至二十七日二十天时间里，郑崐寿在北京的行动转向采购弓角等军需品，以及“先通出兵曲折”[⑥]，即向石星介绍朝鲜地理情况：

---

① 参见(朝鲜王朝)郑崐寿:《柏古集》卷3《赴京日录》。

② 参见(朝鲜王朝)郑崐寿:《柏古集》卷3《赴京日录》。

③ 参见(朝鲜王朝)郑崐寿:《柏古集》卷3《赴京日录》。

④ (朝鲜王朝)郑崐寿:《柏古集》卷3《赴京日录》。

⑤ 参见《明神宗实录》卷253，万历二十年十月壬寅条，第4711页;《明神宗实录》卷253，万历二十年十月癸丑条，第4714页。

⑥ (朝鲜王朝)郑崐寿:《柏古集》卷3《赴京日录》。

以诸道形势言之。自平壤而黄海,而开城,而京畿,而王京,而忠清,而庆尚为一路,大军乘胜长驱,可以直进。惟咸镜一道别在东北隅,与平安道阳德、孟山、江界等邑境壤相接,切近于义州,须以天兵一万自为一军,由平安傀路通道以行,以我军为向导,协力进讨,则剿歼可期矣。其一带长路,连江原道之岭东,达于庆尚左道,转而进焉,其势如建瓴于高屋,蔑不济矣。诸道既皆荡平,而王京可保克复;诸道有未尽平,则王京不可保其重恢。①

郑崐寿在京行动内容的变化,说明其在见到明朝中央的出兵决议与人员安排后,请援预期已基本达成。十月二十七日,石星于兵部坐堂,向郑崐寿告以“二万兵已过江,大兵当于十二月初,大将李如松领去”,郑崐寿则以“忠厚之意,视前十倍”来评价此时明朝中央的出兵态度,并于两日后离京返程。②

六七月间,明朝中央在辽东应急出兵后就已进入正式出兵的讨论与准备中,最终兵部的主张得到批准,宋应昌于八月中旬出任备倭经略。应急出兵失败后,无论是明朝中央还是辽东地方,都深知援朝绝非一地之力所能为,因此对正式出兵的准备明显更为全面、有序。至于其酝酿周期较长,既有准备上迟迟不充分的原因,也有避免与宁夏东西两线分兵、等待适宜骑兵作战时节的原因。九月中旬,宁夏之役告捷,一个月后,从宁夏战场归来的李如松出任提督,明军中枢指挥系统组建完毕,而大军最终于年末渡江。以此观之,自六月下旬至年末,明朝正式出兵经历了一个完整而系统的讨论、准备与实施过程。

七月中旬,祖承训兵败返辽,明朝应急出兵失败。朝鲜随即开始第二阶段请援行动,包括七八月间向辽东地方的频繁遣使,以及八月下旬向明朝中央派遣郑崐寿正式请援。在这其中,朝鲜请援使臣所发挥的作用主要体现在完善明朝所掌握的朝鲜信息,甚至是为本国采购弓角等军需品上。但是,对于郑崐寿等人(也包括朝鲜第一阶段请援使臣)的请援作用,不应直接从其个人文集中的记述或朝鲜史料中的赞誉出发,进行评价。

这是因为纵观朝鲜第二阶段请援全过程,其核心议题无外乎明朝再次出兵的数量与时间。七八月间向辽东地方的频繁遣使最终无一达到目的,

---

① (朝鲜王朝)郑崐寿:《柏古集》卷2《呈兵部尚书石星文》。韩国古典综合数据库网站公布的圈点本:https://db.itkc.or.kr/dir/item? itemId=MO#dir/node? grpId=&itemId=MO&gubun=book&depth=5&cate1=Z&cate2=&dataGubun=%EC%B5%9C%EC%A2%85%EC%A0%95%EB%B3%B4&dataId=ITKC_MO_0211A_0040_040_0020。(浏览时间:2021年4月23日)

② 参见(朝鲜王朝)郑崐寿:《柏古集》卷3《赴京日录》。

证明了朝鲜第二阶段向辽东的请援以失败而告终。至于随后的郑崐寿赴京请援,在慷慨激昂背后,实际亦没有在援军数量上争取到行前朝鲜君臣所期望的结果。事实上,石星所谓的两万辽东援军并未先发,李如松所率的大军直至是年十二月二十五日才渡江赴朝。以此观之,郑崐寿的请援行动究竟在多大程度上影响了明朝决策是存疑的。至于这一阶段朝鲜一直寻求的明军尽快来援,自七八月间至"霜落"再至年终岁末,实际却是在请援交涉过程中,逐步接受和被纳入了明朝正式出兵的时间表。

四、结论

壬辰战争是东亚地区传统国际秩序历史上较为少见的由中国直接出兵援助一国抗击他国侵略的案例。而明朝与朝鲜王朝之间的关系被视为典型的封贡关系,其显要特征之一便是涵盖军事关系,即请求援救与出兵援救。因此,对万历二十年明朝援朝与朝鲜请援问题的研究,有助于理解朝明封贡关系的典型性,以及两国安全合作机制的具体运作模式。

从朝鲜方面看,向明朝告急、请援与请"内附"虽然在决策出发点上一致,即运用封贡关系来维护本国安全利益,但是却在层次关系上存在递进,其背后原因是三者给本国安全带来的风险程度不同。告急并不存在显而易见的风险;请援则需要承担明军入援带来的风险,如援朝明军(特别是辽广兵)军纪问题、两国后勤合作问题等;请"内附"更是需要承担亡国的风险,一如永乐年间安南旧例。在此情况下,三项决策的讨论过程、出台时间、实施过程都带有明显的阶段性,具体而言,朝鲜向明朝的请援过程亦带有阶段性。朝鲜第一阶段请援开始于使臣的自发行为,并非是朝鲜君臣决策后的产物,而随后的遣使请援则经历了从"兼使、口信试探"到"译官、未持专咨"再到"专使、请援专咨"的过程。在封贡关系下,"事大字小"是朝鲜与明朝关系的具体表现和基本策略,然而朝鲜在运用"事大字小"原则解决危机时是有层次和保留的,背后出发点则是对其本国安全利益的考量。

明朝则既要考虑本国安全利益,又要拯救"属国"安全危机,这是在履行封贡关系中的"上国"义务,也是在维护以封贡制度构建的东亚地区传统国际秩序及其集体安全原则。基于此,明朝出兵援朝具有主动性,并非是由朝鲜请援所推动的、被动的过程。一方面,明朝自接到朝鲜告急起便有一系列的主动应对措施。另一方面,明朝应急出兵并非是朝鲜第一阶段(柳梦鼎、李德馨)请援促成的,正式出兵亦非是第二阶段(向辽东、郑崐寿)请援促成的。

朝鲜向明朝请援与请"内附"都是两国封贡关系中的罕见事件,在处理方式上无太多常例可循，因而无论是辽东地方还是明朝中央，都优先从现实利益出发，以解“属国”燃眉之急和维护自身安全利益为目的积极处理，在尚未接到正式的请援、请“内附”咨文前，就先行出兵援救，允许宣祖入辽。以此观之，咨文虽然是两国间交往的一种名分，但在紧急状态下并非不可通融，明朝在封贡关系下处理同周边国家关系时具有现实性和灵活性。

16 世纪末的东亚已然成为一个有机整体，面对来自日本的挑战，明朝具备较强的应急能力，其作为东亚封贡体系核心国的权威不容动摇。[①] 以本文观之，明朝在应对周边战争危机时，其决策是主动的、灵活的，其反应亦是迅速的、系统的。明朝能够及时掌握朝鲜战局情况，得益于封贡关系下两国间的信息传递机制——“倭情”报告（朝鲜向明朝的告急），也得益于明朝主动进入朝鲜搜集情报。在此基础上排除时间差因素，明朝的决策应对是较为迅速的。应急出兵是明朝整个援朝方案中的一环，并非与正式出兵割裂，而整个援朝方案则是系统的。当然，这并非是要忽视明朝在兵力集结等具体问题上的不力之处，但仅就这一时期明朝的援朝决策而言，依旧可以认为其具备较强的处理地区安全事务的能力。

---

① 参见郑洁西：《跨境人员、情报网络、封贡危机：万历朝鲜战争与 16 世纪末的东亚》，上海：上海交通大学出版社，2017 年，“前言”第 3～4 页。

壬辰战争初期朝鲜王朝弃守问题研究

——以汉城和平壤为例

赵雨晗

朝鲜宣祖二十五年(明万历二十年、日本文禄元年、1592)四月十三日,日本太閤丰臣秀吉"分渠帅行长、清正等帅舟师逼釜山镇"[①],壬辰战争正式爆发。战争爆发仅过半月,日军便即将兵临朝鲜王京汉城城下。朝鲜军队的节节败退使得朝鲜王廷急需对是否弃守[②]王京做出选择。面对日军凶猛的进攻态势,宣祖率王室成员及诸大臣于四月三十日从王京撤出,防守汉江的朝军随之不战自败,日军轻易攻入朝鲜王京。以宣祖为中心的朝鲜中央决策层自王京撤出后,先到开城,再次撤到平壤。汉城和平壤二城的弃守争论是战争初期主要的政治、军事焦点问题,它涉及朝鲜王朝的军事防御能力、军队战斗力及其应对危机的组织能力;直接反映出朝鲜君臣的宗社观念和利益选择;同时,壬辰战争第一阶段的战役主要围绕收复平壤和汉城这两座朝鲜中枢城市而展开,其战争进程中的战术选择、粮饷转运及朝军配合等问题,皆与朝鲜王朝对此两座城市弃守决策后的影响息息相关。

回顾学界对朝鲜王朝在战争初期弃守问题的研究,我国对此问题的考察多呈现在朝军军事失利的表现上[③];韩国学者对战争初期朝鲜军队失利、

---

① (清)张廷玉等:《明史》卷320《朝鲜传》,北京:中华书局,1974年,第8291~8292页。

② 为行文简练,后文"放弃防守"皆以"弃守"代之。

③ 参见柳树人:《壬辰抗倭战争》,韩俊光主编:《延边历史研究》第2辑,延吉:延边历史研究所,1988年;刘子敏、苗威:《明代抗倭援朝战争》,香港:香港亚洲出版社,2006年;张声振:《中日关系史》,长春:吉林文史出版社,1986年;姜龙范、刘子敏:《明代中朝关系史》,牡丹江:黑龙江朝鲜民族出版社,1999年;汪向荣、汪皓:《中世纪的中日关系》,北京:中国青年出版社,2001年;王小甫:《中韩关系史》,北京:社会科学文献出版社,2014年;郑梁生:《壬辰倭寇》,《明代中日关系研究》,台北:文史哲出版社,1990年。

王京失陷后的社会情形关注较多[①]；还有一些学者关注于战前的情报和武器对战争初期朝鲜迅速溃败的影响[②]。朝鲜王朝的两次弃守行为虽然决策过程短、行动速度快，但对战争初期朝鲜的社会秩序、对日防御、请兵外交以及战争第一阶段明军入援后朝鲜的粮饷供应、明军与朝军的军事合作都产生了深远影响。战争初期，朝鲜王廷的弃守决策主要体现在对王京汉城和平壤城防御布置上，本文拟以这两座城池为突破口，以"事前—事中—事后"的逻辑，研究剖析弃守决策的背景、原因、形成过程及其影响。

一、朝鲜王朝撤离王京前的军事危局

壬辰战争的爆发，从今天的视角来看，并非无迹可寻。在宣祖二十四年(1591)日、朝双方通信使互访中，日本的用兵意图已显露端倪。但由于双方外交中存在误解和隐瞒、对马岛主出于自身利益从中斡旋、朝鲜党争影响下对真实信息的遮蔽等诸多因素的影响[③]，朝鲜并未对日本"假道入明"的计划提高警惕，依旧升平度日。直至宣祖二十五年四月十三日，日本"以玄苏、平行长、平清正、平义智等为将，大举入寇，贼船蔽海而来"[④]，朝鲜举国上下顿时方寸大乱。对于无所防备的朝鲜来说，壬辰战争确是一场突如其来的战争。

1.朝鲜地方军政的脆弱

四月十三日拂晓，日军从釜山登陆后，四面围城。釜山佥使郑拨急忙召回城外居民，擒拿倭馆四人，沉战船三艘，闭门死守准备应战。十四日黎明，

---

① [韩]李章熙：《壬辰倭乱史研究》，韩国首尔：亚细亚文化社，2007年；[韩]赵湲来：《新观壬辰倭乱研究史》，韩国首尔：亚细亚文化社，2005年；刘在春：《1592年日本与朝鲜王朝战争时期汉江防御理论与防御设施建设研究》，《人文学科研究》47，2015年；[韩]李昊俊：《壬辰倭乱时期庆尚地区的战斗和军事体制》，《军史》77，2010年；[韩]金镇洙：《壬辰倭乱时期朝鲜军队的反应——以庆尚左兵朴晋和权应铢的活动为中心》，《军史》84，2012年；[韩]李丙焘：《韩国史大观》，[韩]许宇成译，台北：中正书局，1961年；[韩]徐仁汉：《壬辰战争初期的失败及其教训》，《军史》12，1986年；[韩]金成羽：《官军为何在壬辰倭乱时期软弱无能》，《历史和现实》87，2013年。

② 郑梁生：《明万历年间朝鲜哨报倭情始末》，《中日关系史研究论集》，台北：文史哲出版社，1990年，第87～121页；刁书仁：《朝鲜对日本"假道入明"的应对》，《读书》2012年第10期；Kenneth M.Swope，"Crouching Tigers, Secret Weapons: Military Technology Employed During the Sino-Japanese-Korean War, 1592～1598"，*The Journal of Military History*，2005(1)。

③ 参见朱莉丽：《通信使与壬辰战争前的朝日交涉及信息传递——以〈金鹤峰海槎录〉的记载为中心》，《史林》2018年第5期。

④ 《朝鲜王朝实录·宣祖实录》卷26，宣祖二十五年四月十三日壬寅条，韩国国史编纂委员会网站点校本，http://sillok.history.go.kr/id/kna_12504013_001。(浏览时间：2020年11月25日)

日军“据高大喊，放丸如雨，无发不中”[①]，攻城势猛。守城的朝军以箭矢为主要武器，“贼中矢者死者甚众”[②]，然而，箭矢不久便用完，朝军难以抵抗下去。城遂陷，郑拨也中丸而死。几乎同时，日军攻陷了釜山附近的西生浦和多大浦，多大佥使尹兴信战死。紧接着，日军自釜山直抵东莱城下，一时间狼奔豕突，势甚猖獗。东莱府使宋象贤闻日军入侵后，“尽驱境内民兵，及招旁县兵入城分守”[③]，还曾于城外“治堑设栅”[④]并自守南门，但依然未有效阻击日军。日军于十五日上午攻陷东莱府，府使宋象贤、别将洪允宽战死。其后，“贼分道长驱，连陷诸邑，无一人敢拒者”[⑤]。日军强悍的作战能力以及狠辣的屠城手段，令承平已久的朝鲜军民惊骇不已。日军在进攻东莱前甚至以一红衣青巾的木偶人便使得城中震骇，奔走嚎哭。[⑥]

恐慌的气氛蔓延在朝鲜军民之中。不仅民众四处逃窜，就连朝鲜的很多官员、将领也匆忙逃跑。除上述几位朝鲜将官在日军入侵时奋勇抵御外，大部分朝军官员临战脱逃，不负抵御之责。庆尚道左兵使李珏“自兵营驰入，俄闻釜山陷，恇挠失措，托言我大将当在外犄角，即出陈于苏山驿，象贤苦留同守，不从”[⑦]。其时，密阳府使朴晋闻釜山陷落后，率军驰援，至苏山与李珏兵合一处后，听闻东莱亦陷，特意嘱咐李珏：“苏山不守，岭南非我有也。我扼其前，公可据其后。我败，公可救；我胜，公可夹攻，慎勿负。”[⑧]李珏表面应允，却在朴晋与日军交战时再度逃去。朴晋与日军交战失利后，退无后援，亦奔还。苏山失守后，日军直抵鹊院，再次与朴晋相遇，朴晋于关隘处设防，亦未成功阻敌，无奈“驰还密阳，纵火焚军器、仓库，弃城入山”[⑨]。四月十七日，继梁山和鹊院失陷后，密阳亦失守，此时的李珏再一次“不为城守计，夜出其妾，取库藏木千匹与之载去，珏亦乘晓逃去”[⑩]。庆尚道左水使朴泓与

---

① （朝鲜王朝）赵庆男：《乱中杂录》卷1《壬辰上》，宣祖二十五年夏四月十三日条，《壬辰倭乱史料丛书·历史》第7册，韩国晋州：韩国国立晋州博物馆，2002年，第49页。

② 《朝鲜王朝实录·宣祖修正实录》卷26，宣祖二十五年四月庚寅条，韩国国史编纂委员会网站点校本，http://sillok.history.go.kr/id/knb_12504014_001。（浏览时间：2020年11月25日）

③ 《朝鲜王朝实录·宣祖修正实录》卷26，宣祖二十五年四月庚寅条。

④ （朝鲜王朝）朴东亮：《寄斋史草》（下），《壬辰日录》卷1，宣祖二十五年四月十四日条，《大东野乘》卷52，汉城：朝鲜古书刊行会，1910年，第243页。

⑤ 《朝鲜王朝实录·宣祖修正实录》卷26，宣祖二十五年五月一日庚申条。

⑥ 参见（朝鲜王朝）赵庆男：《乱中杂录》卷1《壬辰上》，宣祖二十五年夏四月十三日条。

⑦ 《朝鲜王朝实录·宣祖修正实录》卷26，宣祖二十五年四月庚寅条。

⑧ （朝鲜王朝）朴东亮：《寄斋史草》（下），《壬辰日录》卷1，宣祖二十五年四月十五日条，《大东野乘》卷52，第244页。

⑨ （朝鲜王朝）柳成龙：《惩毖录》卷1，姜亚沙、经莉、陈湛绮编：《朝鲜史料汇编》第18册，北京：全国图书馆文献缩微复制中心，2004年，第288页。

⑩ 《朝鲜王朝实录·宣祖修正实录》卷26，宣祖二十五年四月庚寅条。

李珏如出一辙，在釜山陷落后，不敢与日军交锋，弃城而逃，退至庆州后闻日军逼近，一路北逃至王京，成为最早向朝鲜王廷通报敌情之人。[①]

李珏与朴泓之辈的逃窜行为在当时的情景下并非个例：

> 当时监司金睟，分付各邑守令，相继入送，而或中逃去，或出门辄走。草溪守李惟俭，放其军使之散，继而逃。蔚山守李彦诚，在东莱为贼所执，后二日脱还，兵使水使相继弃镇。其他佥使万户，难以悉记，自釜山至此，一无交战者。[②]

不战而逃成为战争初期朝鲜王朝军队中稀松平常之事。此外，庆尚道右水师元均在日军登陆后，认为朝军难以抵抗日军，便将朝鲜水军的战舰、战具皆沉入水中，解散水军万余人，自己在沿海处寻安全之处，躲避日军袭击。如此沉船散兵的行为，不仅自毁战力，还引发了当地民众大乱。总之，在日军进攻的四五天里，庆尚南道的朝鲜将士、官员和百姓固然有战死殉国者，但多数则是弃城避难，朝军整体望风溃败、难以御敌，酿成了"贼分道长驱，连陷诸邑，无一人敢拒者"[③]的局面。时人赵庆男悲叹道："哀我军民，尚安所恃赖，而不逃且散哉，狂澜横溃，莫可堤防，城无荷戈之卒，邑无效死之臣，贼之所到，如入无人之境，遂使岭南一道，陷为贼薮，土崩瓦解，莫保朝夕，此何等时变耶！"[④]

2.朝鲜王廷御敌政策的失败

四月十七日下午，朝鲜王廷从败逃至王京的庆尚道左水使朴泓口中得知釜山陷落。此后，岭南各地相继陷落，急报纷纷而至。此时的日军已过密阳、大邱，直逼尚州。朝鲜王廷仓促之下，紧急组织了一套阻击日军继续北上的防御指挥体系：

> 以李镒为巡边使，下中路；成应吉为左防御使，下左道；赵儆为右防御使，下西路；刘克良为助防将，守竹岭；边玑为助防将，守鸟岭；起复前江界府使边应星为庆州府尹……以权征为京畿巡察使。[⑤]

同时，朝鲜王廷采纳申砬与备边司的建议，免去洪汝谆兵曹判书一职，

---

① 参见(朝鲜王朝)柳成龙：《惩毖录》卷1，《朝鲜史料汇编》第18册，第289页。

② (朝鲜王朝)朴东亮：《寄斋史草》(下)，《壬辰日录》卷1，宣祖二十五年四月十五日条，《大东野乘》卷52，第244页。

③ 《朝鲜王朝实录·宣祖修正实录》卷26，宣祖二十五年五月一日庚申条。

④ (朝鲜王朝)赵庆男：《乱中杂录》卷1《壬辰上》，宣祖二十五年五月初五日条，《壬辰倭乱史料丛书·历史》第7册，第74页。

⑤ 《朝鲜王朝实录·宣祖修正实录》卷26，宣祖二十五年四月癸卯条。

以金应南代之，以沈忠谦为参判，并起复金命元为都元帅防守汉江。朝鲜王廷如此布局，意在守住左、中、右三路自庆尚道抵达王京汉城的必经之路。其中，对保卫王京最为关键的防御线是李镒所驻守的尚州和申砬所驻守的忠州。李镒为朝鲜王朝北境防边将领，曾率兵抵御攻陷朝鲜庆源府的女真酋长尼汤介。申砬战前曾任晋州判官牧使、北兵使，在防卫女真的战争中斩杀首领尼汤介，因此受宣祖器重并结为姻亲。申、李二人皆是朝鲜名将，朝鲜王廷派此二人前往对保卫王京安全最为关键的尚州与忠州组织防御，以期能有效阻击日军的强势进攻。

(1)尚州失陷

日军行军迅速，但此时的朝鲜王朝地方军队却混乱不堪。朝鲜王廷任命的诸多将领都面临着兵士稀少或无兵可带的尴尬局面，有的将军甚至连军官也需“自择”。史载：

> 李镒欲率京中精兵三百名去，取兵曹选兵案视之，皆闾阎、市井、白徒、胥吏，儒生居半。临时点阅，儒生具冠服，持试卷，吏戴平顶巾。自愬求免者，充满于庭，无可遣者。[①]

可见，李镒驰驻尚州前，从王京中基本挑选不出真正意义上有作战能力的士兵。汉城及其邻近地区的士兵名册也与实际情况严重不符。[②] 这使得李镒在领命三天之后仍未能出发，只好率壮骑军官及射手六十余人先行，其他人则由别将俞沃随后领去。李镒在前往尚州的行军途中又陆续收兵四千余人。

其时，小西行长率领的日军已经攻陷大邱，正逼近距尚州东南不远处的善山。李镒将临时组织的军队“习阵于州北川边，依山为阵”[③]。李镒此举无疑将尚州直接暴露在日军面前，一部分日军毫无阻挡地进入尚州城内，而处在北部山上的朝鲜军队看到城内烟火，才意识到日军已入尚州城。李镒派一军官前去探查，直接被埋伏在山下的日军用鸟铳射杀。史载：

> (日军)以鸟铳十余冲之，中者即毙，镒急呼军人发射矢，数十步辄坠，不能伤贼。贼已分出，左右翼持旗帜绕军后，围抱而来。[④]

由上述史料可知，日军的突袭使得李镒所率领的朝军惊慌失措。日军

---

① (朝鲜王朝)柳成龙:《惩毖录》卷1,《朝鲜史料汇编》第18册,第290～291页。

② 参见[加]塞缪尔·霍利:《壬辰战争》,方宇译,北京:民主与建设出版社,2019年,第112页。

③ 《朝鲜王朝实录·宣祖修正实录》卷26,宣祖二十五年四月庚寅条。

④ (朝鲜王朝)柳成龙:《惩毖录》卷1,《朝鲜史料汇编》第18册,第297页。

组织严密、行动有序，先以鸟铳手于阵前开道，持刀枪者随后，士兵分三队包抄，这是日军在长达一个世纪的内战中摸索出来的最有效的军队组织方式。[①] 朝军的箭矢难以射中数十步外的敌人，无从抵抗日军鸟铳的火力，在与鸟铳的较量中渐落下风。主将李镒落荒而逃，士兵也都各自逃命，生还者无几。李镒一路北逃，本欲退守鸟岭，听闻申砬已到忠州，又直奔忠州而去。尚州一战，李镒与日军正面交锋，他在尚州城的军队布防上却出现严重失误，导致日军轻易地攻下尚州。朝鲜王廷据尚州阻敌、以卫王京的意图亦未实现。

(2)忠州之败

四月二十一日，三道巡边使申砬肩负着朝鲜王廷的重托离开王京，宣祖赐予他最高统帅和处置权，自李镒以下不听令者皆可斩之。柳成龙为其招募了八千兵力：

> 都中武士、材官，并外司庶流、闲良人能射者数千人，令朝官各出战马一匹助之行。[②]

对于军备废弛、兵力紧张的朝鲜王朝来说，这是一支装备相对优良、素质相对较高的骑兵部队。申砬抵达忠州后，所率兵士与忠清道郡县兵来汇合者，大抵一万人，数量和战力皆优于李镒向尚州进发时所率军队。这是因为朝鲜王廷相信申砬的领兵能力，希望其领重兵布防忠州，作为李镒之军在尚州的后方倚靠：

> 初朝廷闻贼兵盛，忧李镒独力难支，以申砬一时名将，士卒畏服，使引重兵随其后，欲两将协势。[③]

换言之，申砬是阻挡日军北上、守护王京的最后一道屏障，被朝鲜王廷寄予厚望。

二十六日，申砬至忠州，本想“遮截鸟岭”，但因“道险多阻，骑射不便，还退忠州”[④]，将朝军置于忠州盆地西侧位于平原上的丹月驿。鸟岭，位于朝鲜庆尚道闻庆县与忠清道槐山郡交界处，地势高峻险要，为进出忠州的咽喉要道，是一处可据险而守的战略要道。其时，参谋官金汝岉建议申砬守鸟岭，

---

① 参见[加]塞缪尔・霍利：《壬辰战争》，第 116 页。

② 《朝鲜王朝实录・宣祖修正实录》卷 26，宣祖二十五年四月庚寅条。

③ (朝鲜王朝)柳成龙：《惩毖录》卷 1，《朝鲜史料汇编》第 18 册，第 302 页。

④ (朝鲜王朝)赵庆男：《乱中杂录》卷 1《壬辰上》，万历二十年宣祖二十五年夏四月二十六日条，《壬辰倭乱史料丛书・历史》第 7 册，第 61 页。

但并未被申砬采纳：

> (金汝岉)曰："贼势极大，难以婴锋。鸟岭天险也，若不固守，则为彼所据矣。不若进至鸟岭，伏兵峡中。俟贼入谷，然后据两岸乘高射之，蔑不济矣。若不能当其锋，则退而入卫京师，亦一道也。"然砬曰："彼步我骑，迎入广野。以铁骑蹙之，无不胜也。"[①]

申砬的作战经验建立在常年与游牧民族的骑兵交战之中，所率军队也以骑兵为多，他对自己长期率领的保卫朝鲜王朝北境的骑兵信心十足，故置兵于有利骑兵作战的平原。申砬弃鸟岭天险不守，究其原因是他缺少对日军战术和实力的了解，盲目以为骑兵战力高于日军步兵。二十七日，日军安然顺利地通过了鸟岭天险。二十八日，日军进驻忠州，大肆屠杀焚舍，而此时朝军位于一处叫弹琴台的平地。弹琴台位于忠州西北约四公里的犬门山上，日军从忠州东南而来，申砬的排兵布阵与李镒异曲同工，完全无法有效防护忠州。位于山地平原上的朝鲜军队很快被冲上来的日军包围，毫无退路。弹琴台位于山上，朝军无处可逃，毗邻犬门山的达川江成为大多朝军的葬身之地。最终，申砬与金汝岉投江而死，李镒从东边山谷间脱走。朝军士兵战死后多数沉入江中，流尸蔽江而下，军资器械一时俱尽。

尚州与忠州的快速失险未能有效阻击或延缓日军进攻时间，使朝鲜王朝在战争初期丧失了防御主动权。两次防御战的失利，暴露出朝军虚弱的战力和朝鲜将领对日军作战方式的陌生，朝军的组织力和战斗力也因此再度严重溃散。这样的结果是超出朝鲜王廷预料的，被寄予厚望的两名大将一死一逃，两场防御战迅速溃败，朝鲜王廷的应敌防御变得更加无从下手。

3.军事危局产生的原因

日军以不到半月的时间即从庆尚道一路兵临朝鲜王京，军事危局下的朝鲜王朝摇摇欲坠。这与当时朝鲜军队的战备、武器、情报和军事体系都有直接关系。笔者认为，朝鲜军队战力虚弱主要可归咎于以下四个方面。

(1)战备严重不足

朝鲜战前准备敷衍，导致战争初期战备资源不足，领兵将领也缺乏对日军作战方式的认识和带领朝军对抗日军的能力。朝鲜军备废弛并非一朝一夕之事，承平之时尚可维持局面，一旦面临大战，军队中的问题便暴露出来。在战前与日本的交涉中，朝鲜王廷其实已隐约察觉到日本的企图，备边司也提出修整防备工事的建议，但奈何各地增筑修备徒有其表，皆不能守御。

---

① (朝鲜王朝)申炅：《再造藩邦志》卷1，壬辰四月二十六日，《壬辰倭乱史料丛书·历史》第9册，韩国：韩国国立晋州博物馆，2002年，第95页。

史载：

修筑湖岭城邑。备边司议："倭长于水战，若登陆，则便不利，请专事陆地防守。"乃命湖岭大邑城增筑修备，而庆尚监司金睟尤致力奉行，筑城最多。永川、清道、三嘉、大丘[邱]、星州、釜山、东莱、晋州、安东、尚州左右兵营，皆增筑设堑。然以豁大容众为务，不据险阻，迁就平地，所筑高者不过二、三丈，壕堑仅存摸样，徒劳民兴怨，而识者知其决不能守御矣。[①]

尚州和忠州惨败的李镒和申砬曾在战前被派往诸道检视军备：

遣大将申砬、李镒巡视诸道兵备，镒往两湖，砬往京畿、海西，阅月而还。所点视者，弓矢、枪刀而已，郡邑皆文具避法。[②]。

由此可知，朝鲜在战前所派巡视者未认真履责，被巡视之地也敷衍了事。此种督导战备流于形式，对整饬军队战备未起任何作用。除必要的军事工程外，士兵、军械也严重不足。釜山之战时，朝军曾全力阻挡日本进攻，奈何箭矢等重要战略物资很快消耗殆尽。

更为严重的是，朝鲜中央派遣至地方领兵御敌的将领在出发时几乎无法组建一支编制齐备的正规军队。李镒于王京出发时，只率壮骑军官六十余人和三百兵力仓促驰赴；申砬所率军队在整体素质上高于李镒所率之军，但也不过数千人而已。王廷所派将领到达负责守御之地时发现情况更为糟糕。李镒到达尚州时，当地士兵四散逃走，百姓大举避入山林，虽反复晓谕，但无人应募，只好"发仓廪，诱募散民"[③]，才得数百人。忠州之战的时候，金汝岉在家书中写道："三道征兵，无一人至者。"[④]可以说，当时朝鲜的整体境况是："贼未至，而士民率先逃窜，藏伏山林，为苟活偷生之计，使守令无民，将帅无军，将谁与御敌乎。"[⑤]另外，李镒开放米仓、谷仓，诱募散民，仓促合编的六千余人多为普通农民，不习军旅，缺乏战斗力，朝鲜军队"以不教之民，当无敌之贼，无可为者矣"[⑥]。

---

① 《朝鲜王朝实录·宣祖修正实录》卷25，宣祖二十四年七月一日条。

② 《朝鲜王朝实录·宣祖修正实录》卷26，宣祖二十五年二月壬辰条。

③ 《朝鲜王朝实录·宣祖修正实录》卷26，宣祖二十五年四月庚寅条。

④ （朝鲜王朝）申炅：《再造藩邦志》卷1，壬辰四月二十八日，《壬辰倭乱史料丛书·历史》第9册，第96页。

⑤ （朝鲜王朝）赵庆男：《乱中杂录》卷1《壬辰上》，宣祖二十五年五月初五日条，《壬辰倭乱史料丛书·历史》第7册，第75页。

⑥ 《朝鲜王朝实录·宣祖修正实录》卷26，宣祖二十五年四月庚寅条。

兵力紧张的朝军还缺乏真正善于排兵布阵、领兵应敌的将领。许多将领军事素质不高，或轻敌冒进，或畏葸不前。望风溃逃者比比皆是，“列阃[①]为国家干城，而或望风奔溃，或恇怯退缩，守令为一邑君长，而率皆搬移妻子，焚弃兵库，无一人抗义奋忠，先登击贼者”[②]，这使本就孱弱的军事防备体系缺乏将领组织，难以有效运转。在明军入援后，宣祖与柳成龙对本国将领有过一番总结：

> 上曰：“予见异于是。我国之军，或愚蠢无知，或顽悍巧诈，无可精炼之势。以我国之军，决不可为中原事业。”成龙曰：“将才不出，故如此矣。”[③]

由此可见，朝鲜君臣也认识到朝军中将才的缺乏使得军队战力虚弱，难以守卫国土。

(2)军情哨报滞后

情报获取渠道不充分、对所得情报不重视以及交战中缺乏哨探人员，导致朝鲜对战争动态把握迟滞。这使得本就对日军作战方式与习惯知之甚少的朝鲜将领，基本无法提前掌握日军动向。

釜山佥使郑拨死守釜山城，英勇殉国，是前期朝鲜军队中值得肯定的将官之一。然其时郑拨也未在第一时间提高警惕，辨认敌情。史载：

> 至是釜山佥使郑拨率舟师，方大猎于绝洋岛，宿醉未解。十三日巳刻，有人来言海宗荒唐船出来云。拨曰：“岁遣船久不来，今始到矣。”不以为意，稍近，自倭船连放铳筒，拨始知其为贼，仓惶还阵，才入城中，贼已下岸。[④]

这就使得朝军在防御准备严重不足且毫无防备的情形下匆忙应战。日军登陆之初，朝军对日军来袭人数的掌握也存在严重偏差。史载：

> 是月十三日，乘晓雾渡海，釜山候吏初见先来四百余艘，转报主镇，边将只据初报为实数，兵使状启：“贼艘不满四百，一艘不过载数十人，

① 阃：指领兵在外的将帅或外任大臣。

② (朝鲜王朝)赵庆男：《乱中杂录》卷1《壬辰上》，宣祖二十五年五月初五日条，《壬辰倭乱史料丛书·历史》第7册，第75页。

③ 《朝鲜王朝实录·宣祖修正实录》卷45，宣祖二十六年闰十一月壬午条。

④ (朝鲜王朝)朴东亮：《寄斋史草》(下)，《壬辰日录》卷1，宣祖二十五年四月十三日条，《大东野乘》卷52，第243页。

计其大略，约可万人。”[①]

但其实这只是最初登陆日军人数。据学者统计，日本国内为发动此战实际动员的兵力有 33 万人[②]，而首批登陆的日军陆军大约有 15 万人[③]。此数字与朝军辗转上报人数相差甚远。

在战争初期，朝军不仅自身缺乏哨报人员，无法及时掌握日军动态，且朝鲜将领并未意识到掌握日军动态情报的重要性。李镒和申砬都对来报人员不屑一顾，甚至任意斩杀。其时，李镒驻军尚州城外，倭寇到善山后，有百姓报告倭寇已近，李镒在没有探查情报真伪的情况下，以惑众为由将报告者斩杀，以致此后百姓不敢再奏报贼情。此种情势下，“镒军无斥候，百姓又不敢告，贼兵已屯州南二十里川上而不知也”[④]。

无独有偶，申砬到达忠州查看日军情形时，有与他关系亲密的下属军官前来密告日军已过鸟岭的消息，申砬不但不重视，竟“以为妄言而斩之”[⑤]。这固然与其性格暴虐，经常杀人立威的作风有关，但也反映出他轻视日军的心态，对日军此次侵略规模的认识严重不足，仍以为是过去时常骚扰沿海或登陆劫掠的普通倭寇。

其实，申砬对日军的轻蔑早已有之。战前，申砬奉命巡视边备，回到王京复命时，柳成龙曾暗示早晚会与日本一战，需早做准备，但申砬却毫不在意：

> 既复命，四月一日，砬来见余于私第，余问：“早晚有变，公当任之。公料今日贼势难易如何？”砬甚轻之，以为不足忧。余曰：“不然，往者倭但恃短兵，今则兼有鸟铳长技，不可轻视。”砬遽曰：“虽有鸟铳，岂能尽中？”余曰：“国家升平久，士卒怯弱，果然有急，极难支吾。意数年后人颇习兵，或还收拾未可知，其初则吾甚忧之。”砬都不省悟而去。[⑥]

申砬对日军鸟铳有如此侥幸的看法与论断，对本国军队战力未有客观清醒的认知，可见他确实对日军的作战方式和能力毫无了解，也不以为意。申砬严重轻敌和对军事情报的忽视，不仅使朝军在忠州之战中惨遭失利，还因其未将日军即将侵袭之事告知百姓，使得“忠州士民、官属，恃大军来镇，皆不

---

① 《朝鲜王朝实录·宣祖修正实录》卷 26，宣祖二十五年四月庚寅条。

② 参见“台湾三军大学”编：《中国历代战争史》第 14 册，北京：中信出版社，2003 年，第 388 页。

③ 参见柳树人：《壬辰抗倭战争》，韩俊光主编：《延边历史研究》第 2 辑，第 18 页。

④ （朝鲜王朝）柳成龙：《惩毖录》卷 1，《朝鲜史料汇编》第 18 册，第 296 页。

⑤ 《朝鲜王朝实录·宣祖修正实录》卷 26，宣祖二十五年四月庚寅条。

⑥ （朝鲜王朝）柳成龙：《惩毖录》卷 1，《朝鲜史料汇编》第 18 册，第 284 页。

避乱，尽被屠夷，甚于他邑”[①]。

(3)军事装备差距大

军事装备是决定战争成败的重要因素。战争初期是日军与朝军自身常年常备、常用武器的较量。后期由于明朝的入援以及双方通过不断作战进行的武器流动，在武器装备上都各有借鉴。相比之下，战争初期双方使用的武器更能对比出他们在军事装备上的差距。

16世纪后期，欧洲军事技术，尤其是火枪和大炮，对亚洲各国的战争和军队建设影响深远。[②] 日本和朝鲜在16世纪亚洲军事技术变革的洪流中走向不同的方向。朝鲜并未深入参与这次军事技术变革，其武器主要依然由尖刺棍棒、短柄双刃剑、弓箭、各种长矛等传统冷兵器组成。其中也有些许火器，比如“天、地、玄、黄、胜”等字铳筒、震天雷等[③]，但朝鲜并不重视火药武器的利用，火器应用较少且设备老旧。日军与朝军最大的不同在于，除刀、剑、箭、铜制铁炮等一般传统武器外，还用日本鸟铳和佛郎机装备了军队。日本更大程度地参与了这次亚洲军事技术革命，是因为在日本战国时代，各大名为扩大地盘，在不断内斗中发现火器能在战争中迅速制胜，于是日本国内开始重视火器并引进了欧洲的火绳枪技术，把握住了武器革新的潮流。日本的国内战争成为新武器的试验场，日军得以通过作战改良欧洲的火绳枪，形成了发射迅速、不易走火的日本铁炮。[④] 铁炮就是明朝和朝鲜文献中所称的日军鸟铳，其有大、中、小三种口径，小口径射程一百至二百米，最远有五百米，命中率以百米内较高。柳成龙曾言：

> 倭奴习于攻战，而器械精利。古无鸟铳，而今有之。其致远之力，命中之巧，倍蓰于弓矢。我若相遇于平原广野，两阵相对，以法交战，则敌之极难。盖弓矢之技不过百步，而鸟铳能及于数百步，来如风雹，其不能当必矣。[⑤]

明朝文献也对鸟铳的威力有所记载。《神器谱》载：“倭奴止(只)以飞峦岛鸟铳手三千凭为前驱，悬军深入，不劳余力，抗我两国。我以两国全力，不能制倭死命。猋驰电击而前，从容振旅而退，不但诸酋尽全首领，至于倭众亦觉

---

① 《朝鲜王朝实录·宣祖修正实录》卷26，宣祖二十五年四月庚寅条。

② Kenneth M. Swope, “Crouching Tigers, Secret Weapons: Military Technology Employed During the Sino-Japanese-Korean War, 1592-1598”, *The Journal of Military History*, 2005(1).

③ 参见柳树人：《壬辰抗倭战争》，韩俊光主编：《延边历史研究》第2辑，第142页。

④ 参见梁修齐：《铁炮传入日本及其影响》，东北师范大学硕士学位论文，2012年，第30～31页。

⑤ (朝鲜王朝)柳成龙：《惩毖录》卷4，《朝鲜史料汇编》第18册，第444页。

无多损失。则鸟铳之利于军用也，亦甚彰彰明着矣。”[①]《西园闻见录》也载：“倭制火铳，其药极细，以火酒渍之，故其发速，又人善使之，故发必中。”[②]可见，日军的主要制胜武器火铳体型轻、威力大、射速快，便于携带和使用。火铳对弓箭的优势和压制，是日军得以迅速进军的重要原因之一。

（4）军事体制有疏漏

就当时朝鲜的军事体制而言，王廷派遣将官前往南方诸道阻敌属于“客将驰下”，这对不谙地形、不熟风土的外地将领来说颇有难度。究其根本，当时的朝鲜奉行被称为“制胜方略”的军事体制，经常在作战中出现将兵不相知、军队不相援的情况，这就使得朝鲜王廷原定的阻敌计划难以在各地有效展开。朝鲜遭壬辰兵燹后，柳成龙曾批驳此种军事体制不如从前的镇管制度：

> 而中世以后，良法美制，一切废隳。士大夫只以琱琢文华，粉饰虚谈为务，其于经世之虑，一不加意。不独此也，又有轻虑浅谋之人，自任己意，尽毁祖宗之制。而做出新规名之曰《制胜方略》。其初，见乙卯倭变，为此一时救急之策，不知此才可以应小小之贼，非所以制御大敌之术。其后两南监兵使，人人各持所见而奋其管窥，杜撰添加，浑称之曰《制胜方略》。于是，举世宗之如孙吴兵法，一切通行。国事之所以至此者，虽他事之失甚多，而大概《制胜方略》误之也。[③]

《制胜方略》指导下的朝鲜地方军队和地方行政是两套系统，互不约束和管辖。朝鲜王朝将地方军队的指挥权从道府抽离，建立了一个独立的指挥系统。同时，兵权被打散，归属于本道兵使和水使，其上级是助防将、防御使、巡边使、都元帅，层层统辖，诸道均不能干涉。这种制度本意是将军队化整为零，分散地方起兵叛乱的风险。但在战时状态下，此种兵制的弊端则显现出来。

一是军政互不统属。军队将领在上级无人辖制时，可全凭个人主观意愿行动。在战争初期，李珏、朴泓之类的将领之所以敢一撤千里，无视宋象贤、朴晋等地方府使约束，正是这一弊端的体现。

---

① （明）赵士祯：《神器谱补遗·恭进合机铳疏》，郑诚整理：《明清稀见兵书四种》（上），长沙：湖南科学技术出版社，2018年，第316页。

② （明）张萱：《西园闻见录》卷56《防倭》，《续修四库全书》第1169册，上海：上海古籍出版社，2002年，第388页。

③ （朝鲜王朝）柳成龙：《西厓集》卷7《请修举镇管之制启》，《韩国历代文集丛书》数据库：https://db.itkc.or.kr/dir/item? itemId＝MO＃/dir/node? dataId＝ITKC_MO_0224A_0070_010_0090。（浏览时间：2021年5月22日）

二是军权被过度分散后，容易形成僵硬的运行体系，导致军队组织效率低。史载：

以一道之军预为分属于巡边使，防御使，助防将，兵水使。才闻贼报，不察贼众多寡、贼情如何、地势险易，一例征发，皆聚境上。故巡边使所属之军屯于一处以待巡边使，兵使虽欲用之而不得。防御使所属之军则又屯于一处以待防御使，水使虽欲用之而不可。其他助防将、兵水使所属之军无不如此。故每一调发，一道俱动，无复后力，而庆尚道则自闻庆以南郡邑无一人矣。①

分属不同上级将领的士兵亦互不统属，这种情形在承平之时能有效降低将领对士兵的私人影响力，但在战时状态下则有可能使得分属不同将领的军队各自为政。分属各个将领的一地之军能否在紧急时刻做到守望相助，更多地依赖将领的主观意愿和个人能力。而上述史料也证明朝军在战争初期并未能做到配合默契。

三是经常会出现兵在而将不在、将未到而贼先到的局面。“一有警急，则必将远近俱动，使无将之军，先聚于原野之中，以待将帅于千里之外。将不时至，而贼锋已逼，则军心先动，必溃之道也。”②在战争初期，这种“兵待将来”的被动成军模式严重阻碍了朝军阻敌，将领未到敌军先到的情况屡屡发生。

初，庆尚监司金睟闻贼变，即依《制胜方略》分军，移文列邑，各率所属兵进屯信地。故岭底闻庆以下诸守令，皆领兵赴大丘[邱]，屯兵露次原野，无所统属，以待巡边使来。而贼锋遽逼，众军惊动，中夜自溃，守令等单骑奔还。③

既而朝廷遣将于千里之外，不能朝闻夕至。而无将之军，处处屯聚，无约束、无纪律、无号令，纷纭暴露于原野之中。一日二日，待将不至，以至于三日四日之久，而贼锋已迫，饥渴继之，则鸟惊兽骇，相率而溃散，土崩瓦解，不可收拾。④

---

① （朝鲜王朝）柳成龙：《西厓集》卷7《请修举镇管之制启》，《韩国历代文集丛书》数据库：https://db.itkc.or.kr/dir/item? itemId=MO#/dir/node? dataId=ITKC_MO_0224A_0070_010_0090。（浏览时间：2021年5月22日）

② （朝鲜王朝）柳成龙：《惩毖录》卷1，《朝鲜史料汇编》第18册，第283页。

③ 《朝鲜王朝实录·宣祖修正实录》卷26，宣祖二十五年四月庚寅条。

④ （朝鲜王朝）柳成龙：《西厓集》卷7《请修举镇管之制启》，《韩国历代文集丛书》数据库：https://db.itkc.or.kr/dir/item? itemId=MO#/dir/node? dataId=ITKC_MO_0224A_0070_010_0090。（浏览时间：2021年5月22日）

士兵聚集荒野等待将领到来的局面在尚州之战时也曾出现。李镒到达尚州之前，原本从各地驰援尚州的驻军因等待巡边使到来，毫无组织地在原野上驻扎，互相无所统属，夜晚又因恐惧敌军而自溃，领兵者纷纷逃窜，各军将士也逃散一空。所以，李镒到达尚州附近时，不见任何朝鲜军队，尚州牧使金澥也遁入山谷。不得已“夜搜索村落间，得数百人，皆农民也。镒又发仓廪，诱募散民，得数百人，仓卒编伍”[①]。

总之，《制胜方略》指导下的朝鲜军事体制，以“分军”为特点，客观上存在调兵成军的漏洞，加之战争状态下诸多将领利用这一漏洞随意撤退奔散，朝军在战争初期对日军毫无抵抗之力，出现一溃千里的局面是必然的。

壬辰战争初期，朝鲜的迅速溃败是弃守决策最重要的历史背景。其溃败包括地方军政的溃散和王廷派遣将领构筑防御线的双重失败。就作战准备时间而言，庆尚道诸府县因事发突然而措手不及，无力抵抗日军；而此后由朝鲜王廷派遣将官指挥的尚州和忠州防御战则是经过了筹划组织和调兵布防，这说明排除战争突发的因素，朝军在战争初期尚没有与日军正面作战取得胜利的实力，自身作战无力是朝鲜王廷弃守决策最根本的推动原因。从现实层面讲，两次防御战的失败使原本就兵力短缺的朝鲜军队损兵折将，日军很快兵临城下。从心理层面看，尚州与忠州的失败严重打击了朝鲜王廷对军队的信心。如果选择继续以王京汉城为第三道防御线再展开一次防御战，王京是否有守住的可能、王室是否能得以保全？这是当时朝鲜王廷最担心的问题。结合前期军队的表现，朝鲜王廷最终选择了放弃王京汉城。可以说，弃守决策是朝鲜王朝军事危机下的直接产物。

分析朝鲜军队败退的原因可知，相比于日军，朝鲜军队武器落后、对情报哨探信息的缺乏和不重视必然使其难以抵挡日军的进攻。同时，朝鲜错失了在战前加强军事防御的机会，其依照《制胜方略》建立的军制体系的弊端和漏洞在战争中暴露无遗。即使依靠地利优势的忠州和尚州之战，朝军依然无法应对作战经验丰富的日军。李镒和申砬作为这两次防御战的主要将领，出现较大的指挥失误，难辞其咎。朝军的失利还反映出其在武器、情报、军制和防御各方面的不足和漏洞。所以，战争初期朝军的溃败是必然的。朝鲜王廷在独立抵御日军时期，其军事能力与水平在忠州和尚州之战中已完全展现出来。这两场防御战的失败基本宣告了朝鲜军队在陆地作战上无阻敌之力，也给以宣祖为决策中心的朝鲜王廷蒙上了心理阴影。

突如其来的战争使朝鲜王朝陷入严重的军事危局之中，是理解朝鲜王

① 《朝鲜王朝实录·宣祖修正实录》卷 26，宣祖二十五年四月庚寅条。

廷弃守决策的重要历史背景。日军用半个多月的时间席卷了朝鲜的半壁江山，一方面使朝鲜王朝的王京岌岌可危，是“弃”还是“守”，亟待朝鲜抉择；另一方面，朝鲜军队在陆地阻击日军的接连失利和巨大颓势，进一步诱发了朝鲜王朝弃守开城和平壤的选择。客观来说，朝鲜军队的种种问题很难在战时状态下迅速扭转，在后续的交战中依然出现各种失误。朝鲜王廷无法依赖如此战力虚弱的军队来保护自身安全，弃守决策能保证王廷暂时解除存亡危机，有其历史合理性。但一味地弃守是否就能保证朝鲜王廷的长期安全？弃守决策对战争进程和局势又会产生哪些影响？这是我们下文将要考察的问题。

二、朝鲜王朝弃守汉城决策的形成及影响

汉城，即朝鲜王京，本为百济故都慰礼城，新罗时置为汉阳郡，高丽时改为汉阳府。[①] 其地“北镇华山，有龙盘虎踞之势，南以汉江，为襟带左控关岭，右环渤海，其形胜甲于东方，诚山河百二之地也”[②]。朝鲜太祖三年(1394)定都于此，“以均四方来廷之道里，以建万世不拔之宏基”[③]，次年改名为汉城府。至壬辰战争爆发之时，汉城作为朝鲜王朝的国都已有二百余年。城内宫殿、社稷、两班衙署及道路等建筑完备、规划有序，无论从政治意义还是经济、文化价值上，都是朝鲜王朝最重要的城市。

如前文所述，朝鲜在战争初期迅速陷入军事危局，王京汉城危在旦夕，对王京的“弃”与“守”成为朝鲜面临的重大选择。汉城作为国都对朝鲜的意义不言而喻，但面对日军的快速进军，守城与王廷存亡似乎不能兼得。弃守王京汉城是朝鲜弃守决策的第一次实施，即我们接下来将要重点探讨的问题。

1.“去邠”的讨论与实施

日军从釜山登陆后，迅速向北推进，行军最快的小西行长相继攻克东莱、梁山、密阳、大邱等地。随着尚州、忠州相继失守，王京汉城的守卫形势已岌岌可危。

事实上，国都的防御部署问题，在王廷没有接到忠州败报时已提上日

---

① 魏嵩山：《三千里江山回顾：朝鲜王朝政区建置沿革》，上海：上海人民出版社，1997年，第22页。

② (朝鲜王朝)卢思慎：《东国舆地胜览》卷1《京都上》，首尔大学校藏奎章阁本，第1册，第1页a。

③ (朝鲜王朝)卢思慎：《东国舆地胜览》卷1《京都上》，首尔大学校藏奎章阁本，第1册，第1页b。

程。申砬在到达忠州后即密奏王廷，“贼势日盛，请退守都城”[①]。但如何落实国都的防御工作，朝鲜王廷无计可施。史载：

> 时诸臣日聚阙下，讲备御之策。而计无所出，环坐恇攘而已。或建议曰：“贼善用枪刀，而我无坚甲可以御之，故不能当。以厚铁为满身长甲，被入贼阵，则无隙可刺，而我可胜矣。”众曰：“然。”于是大聚工匠，昼夜打造。或以为不可曰：“与贼交锋，云合鸟散。贵于捷疾，既被满身之厚甲，其重不可胜，身且不能运，何望杀贼乎。”数日后亦罢。又台谏请见大臣言计。其中一人盛气斥大臣之无谋，座上问有何策乎？其人对曰：“何不汉江边多设高棚，使贼不得上，而俯射之耶？”或曰：“贼之鸟铳，亦不能上耶？”其人默然而退，闻者传以为笑。庙堂之上，或有坐睡低头者，或有袖手冷笑者，或有哄然辨争者，或有攒眉饮泣颠倒失常者，凡事有同群儿，争辩闲谈，国事可知。[②]

朝鲜君臣对于怎样防守汉城、阻挡日军渡过汉江，无法拿出一套切实可行的方案，“穿厚甲”“搭高棚”等建议都极不成熟且无法操作。承平两百多年的王朝缺乏能在战时状态下谋篇布局的军事人才，党争已久的王廷缺乏果断的决策能力，也未有应对危机的防御机制。通过上述史料亦可看到，当时的朝鲜王廷一片混乱。值此国家危难时刻，朝鲜王廷之上充斥着争强好胜、浑水摸鱼、置身事外者，映射出当时朝鲜王朝混乱无序、缺乏生机的政治生态。为应对日军即将兵临城下的情势，朝鲜王廷临时授命了一批以文官为主的将领：

> 以右相李阳元为守城大将，李戬、边彦琇、申恪为左、右、中卫大将，商山君朴忠侃为京城巡检使，漆溪君尹卓然为副，起复前判书金命元为都元帅守汉江。[③]

将领虽已任命，但“无兵可用”是汉城防守最大的困难。王廷虽然在接到战报后，即刻“征四方兵”“征诸道兵入援”，但所征兵数寥寥无几。如前文所述，巡边使李镒出发时汉城已兵力极少，所领朝军人员混杂且战力堪忧。如今，保卫汉城亦需兵力，但聚兵却更为艰难。此时的汉城“外方兵未集，都

① 《朝鲜王朝实录·宣祖修正实录》卷26，宣祖二十五年四月庚寅条。

② （朝鲜王朝）申炅：《再造藩邦志》卷1，壬辰四月十五日，《壬辰倭乱史料丛书·历史》第9册，第82页。

③ 《朝鲜王朝实录·宣祖修正实录》卷26，宣祖二十五年四月庚寅条。

城前后括丁几尽”[①]，可谓势单力薄。面对汉城附近兵源紧缺的局面，兵曹参议沈忠谦提出“贼势渐逼，都城单弱，宜征诸道兵入援，分屯城外，以示固守之意”[②]，而商山君朴忠侃认为其他郡县兵力也需保卫其境，故再次从其他各道征兵的建议未被采纳。在此种情形下，汉城无法调集充裕兵力，不得不“令城底士民各守其面，令都民家出木防牌”[③]。王京防守虚弱至此，是否“去邠”，成为朝鲜君臣迫在眉睫的决策。

“去邠”[④]原为《孟子·梁惠王下》中典故，后发展为君王离开都城之意。查阅《宣祖实录》对“去邠”一事的记载可发现，朝鲜君臣探讨去邠一事是在四月二十八日，“忠州败报至，上召大臣、台谏入对，始发去邠之议”[⑤]。但就宣祖本人来说，撤离王京的想法其实早已有之。《宣祖修正实录》中记载：“自尚州败报至……内间已有去邠之意，惟首相知之。”[⑥]由于《宣祖实录》和《宣祖修正实录》对此时间记载皆不清楚，笔者结合其他史料进行了合理推测。首先，王廷对是否“去邠”的讨论不应早于收到尚州败报之时。据《乱中杂录》记载，日军四月二十五日攻陷尚州，二十七日陷忠州，二十八日自忠州向京城进军。可见，日军攻陷尚州和忠州所用时间很短，极有可能两地失陷战报于同一时间送抵汉城，或者王廷获悉两处失陷的战报时间非常相近，而战报送达最早也要在四月二十六日。其次，结合四月二十九日去邠之议已定，三十日宣祖已经出发的实情可知，朝鲜君臣关于去邠的探讨不会早于四月二十六日，最晚即在四月二十八日。

当宣祖将“去邠”之计宣之于口时，一些王廷大臣极言不可。弃守王京之计划遭到了臣子们的果断拒绝，甚至语出威胁之意。史载：

> 领中枢府事金贵荣启曰：“宗庙园陵皆在此，去将何往？当固守京城，以竢外援。”右承旨申碟启曰：“殿下若不听臣，终至播越，则臣家有八十老母，欲自刎于宗庙大门之外，不敢从殿下去也。”修撰朴东贤启曰：“殿下一出城，则人心不可保，荷辇之夫亦将委诸路隅而走矣。”仍失声痛哭。上色变，遽还内。[⑦]

---

① 《朝鲜王朝实录·宣祖修正实录》卷26，宣祖二十五年四月庚寅条。

② 《朝鲜王朝实录·宣祖实录》卷26，宣祖二十五年四月条。

③ 《朝鲜王朝实录·宣祖修正实录》卷26，宣祖二十五年四月庚寅条。

④ 此处用“大王去邠”之典，大王亶父居邠，狄人攻之，大王事狄人以皮帛犬马珠玉之物皆不可，是知狄人贪图土地，大王最后离邠，民众皆从之，迁于岐山之下，遂成周邦。关于此事最早的文献参见《孟子·梁惠王下》《庄子·让王》。

⑤ 《朝鲜王朝实录·宣祖实录》卷26，宣祖二十五年四月丁巳条。

⑥ 《朝鲜王朝实录·宣祖修正实录》卷26，宣祖二十五年四月庚寅条。

⑦ 《朝鲜王朝实录·宣祖实录》卷26，宣祖二十五年四月丁巳条。

大臣们认为朝鲜宗庙社稷在此，去邠是置祖辈先贤于不顾的背祖行为，且一旦国王离开京城，则朝鲜百姓人心不安。当时朝鲜王廷的诸多大臣极言“去邠”不可为之，唯早知宣祖心思的领议政李山海支持宣祖“去邠”。李山海在众人面前不发表反对意见，只哭诉哀叹，对坚决反对“去邠”的承旨申䃲说：“古亦有避去者云。”[①]如此，群臣将反对“去邠”的怒火转移到对李山海的弹劾中，上书请求罢免李山海的领议政之职，宣祖断然拒绝。

通过上述分析可知，朝鲜王朝关于是否“去邠”的争论双方是宣祖与反对去邠的大臣之间。李山海并非为矛盾焦点，只是“去邠”矛盾焦点下的投射品。持反对意见的大臣在无法使宣祖回心转意的情形下，遂归罪于领议政李山海，希望通过李山海的下台，削弱宣祖“去邠”的决心。可惜，反对者并未达成此效果，宣祖不可能降罪自己唯一的支持者。

梳理史料可发现，关于“去邠”的讨论前后只有几天的时间。四月三十日早晨，宣祖已动身离京，持反对意见的大臣再群情激愤也无力阻止。究其原因，最根本的还是“时城中士庶皆已奔溃，虽欲固守，势有不可为矣”[②]，形势使然，当时的朝鲜王朝即使有固守之意，也无固守之力。王京汉城附近兵力甚少，且很多人四散奔逃，城内人士纷纷逃跑避战，社会秩序严重不稳。在宣祖决定“去邠”后，掌令权慄仍上书请守京城，柳成龙回应道：“恢言甚忠，但事势不得不然。”[③]可见，“去邠”在当时是一个不得不为的决定。另外，宣祖本人“去邠”之意十分坚决，且为离京早已做了相应的物资准备，全无守城之意。史载：

> 杞城府院君俞泓上疏，请固守京城，同死社稷，且曰：“绳鞋非宫禁所用，白金非御敌之物。方羽檄交急，而辄命贸易，殿下安得为此亡国之举乎?”上召见慰谕曰：“予舍此安之？绳鞋乃贸给征兵，白金乃变前所贸。此是造言，卿勿疑也。[④]

绳鞋和白金显然是为“去邠”所做的准备，可见宣祖本人产生“去邠”的意愿比公开讨论“去邠”一事更早，故宣祖看似与大臣商议，实则内心已确定“去邠”之计。面对大臣语言上的反对和劝谏，宣祖用了相当牵强的理由安抚大臣：“岁星所在之国，伐之者必有其殃。今岁星在于燕分，贼当自灭。”[⑤]所谓

---

① 《朝鲜王朝实录·宣祖实录》卷 26，宣祖二十五年四月丁巳条。
② 《朝鲜王朝实录·宣祖实录》卷 26，宣祖二十五年四月丁巳条。
③ 《朝鲜王朝实录·宣祖修正实录》卷 26，宣祖二十五年四月庚寅条。
④ 《朝鲜王朝实录·宣祖修正实录》卷 26，宣祖二十五年四月庚寅条。
⑤ 《朝鲜王朝实录·宣祖实录》卷 26，宣祖二十五年四月丁巳条。

“自灭”，不过是朝鲜君臣在无奈现实下互相安慰的借口和托词。

朝鲜王廷对是否“去邠”的争论虽然激烈，但基于王京的客观情形和宣祖“去邠”的决心，群臣不得不向宣祖妥协，转而劝谏宣祖立国本，以安人心。史载：

> 大臣进前，上谓大臣曰：“国危如此，不可更存形迹，卿等谓谁可立者？”大臣皆曰：“此非臣下所敢知，当断自圣衷。”如是者数四，夜漏已深，上犹不决。山海局蹐，欲逊避，䃏曰：“今日必得请，然后乃可退也。”大臣复就座。上微哂曰：“光海君聪明好学，予欲立而为国本，于卿等意如何？”大臣以下一时起拜曰：“宗社生民之福也。”①

建储一事是在王廷决定或者默认了“去邠”事宜之后进行的讨论，提出建储一事的申䃏正是此前以家人性命威胁宣祖固守京城之人。申䃏在听到宣祖为“去邠”所作的安排后立刻提出，当下人心危惧，非建储无以镇服，请宣祖早定大计，以图国祚长久。申䃏在其后的讨论中表现得十分积极，竟说出“今日必得请，然后乃可退也”之语，颇有不达目的誓不罢休之意。战前，朝鲜王朝内部激烈的党争一直围绕是否立光海君为储君而展开。宣祖此前并不中意光海君，此时迫于形势只好同意册立光海君为储君，以求平息众臣对“去邠”的愤懑之情。从史料中描述宣祖“哂曰”一状也能窥探宣祖的无奈。笔者认为，紧急立储一事，是以申䃏为代表的反对“去邠”的朝鲜臣子，在其无力也无法阻止宣祖离京之时，相机与宣祖进行的政治交换，以此来达成大臣们此前一直希望册立光海君为储君的意愿，并为自身从反对到默认“去邠”的转变找到合理的说辞。“去邠”与建储的决策形成可以说是朝鲜君臣间的一次相互妥协。

综上，对于“去邠”一事，以宣祖和领议政李山海最为积极，其余大臣起初皆表示反对。但这种反对并未起到实质性的作用，朝鲜君臣关于是否“去邠”的分歧，以宣祖立光海君为世子而暂时消弭。究其本质，“去邠”之计在朝鲜无固守汉城之能力，宣祖无固守京城之心，群臣亦无固守京城之良策的“三无”情形下，终成定局。

2.弃守汉城的影响

四月三十日晓，天还未明，宣祖率王廷众人仓皇离宫：

> 上已出御仁政殿，百官人马阗咽于殿庭。是日大雨终日，上及东宫御马，中殿御屋轿，淑仪以下到洪济院。雨甚，舍轿乘马，宫人皆痛哭步

① 《朝鲜王朝实录·宣祖实录》卷26，宣祖二十五年四月丁巳条。

从，宗亲、文武扈从者数不满百。[①]

当天适逢大雨，至傍晚抵达临津江时，君臣皆狼狈不堪，沮丧不已，“上对侍臣俯伏痛哭良久，左右皆流涕，不能仰视”[②]。诚然，在日军闪电式进军的速度下，王京在客观条件上确实存在战守艰难，甚至可能出现君王被俘的情况，宣祖的“去邠”之计在战略上有一定的合理性。但也应该注意到，这一决策直接对战时的朝鲜王朝带来了诸多负面影响。撤出的王廷一路狼狈，被弃守的王京也是一片混乱。

(1)汉城人心离散

宣祖率王廷离京，使原本就人心惶惶的汉城秩序全无。宫廷、官府遭到抢掠焚烧，书籍被毁、器物被抢、宫殿遭焚，社会动乱随即爆发。一时间民愤汹汹，留都军将亦难以阻止。史载：

> 车驾将出，都中有奸民先入内帑库宝物者。已而驾出，乱民大起。先焚掌隶院、刑曹，以二局公、私奴婢文籍所在也；遂大掠宫省、仓库，仍放火灭迹，景福、昌德、昌庆三宫一时俱烬，昌庆宫即顺怀世子嫔攒宫所在也。历代宝玩及文武楼、弘文馆所藏书籍，春秋馆各朝《实录》，他库所藏前朝史草，《承政院日记》皆烧尽无遗，内外仓库、各署所藏并被盗。先焚临海君家，兵曹判书洪汝谆家亦被焚，以二家常时好多畜财故也。留都大将斩数人以警众，乱民屯聚不能禁。[③]

这里的“乱民”多是对朝鲜王廷仓皇逃离而不满的汉城百姓，火烧宫殿等诸多暴力行为是汉城百姓对王廷悄然撤离的不满与报复。其时，王廷决定离京，却不许士民出城。王京汉城“闭四门，禁人出避，都中士民夜缒城出，有眷属相失者”[④]。这种“只许州官放火，不许百姓点灯”的行径是汉城民愤汹涌的原因之一。汉城乱象亦不是突然爆发的，在宣祖撤出王京之前，汉城的社会早有崩溃迹象，“怯贼处处间出，掠人财货，妇女或被掠，哭声满路”[⑤]，“卫士尽散，宫门不下钥，禁漏不传更”[⑥]。只是当时王廷上下正准备“去邠”相关事宜，根本无暇理会王京因日军入侵造成的社会恐慌与混乱局面。

---

① 《朝鲜王朝实录·宣祖实录》卷26，宣祖二十五年四月己未条。
② 《朝鲜王朝实录·宣祖实录》卷26，宣祖二十五年四月己未条。
③ 《朝鲜王朝实录·宣祖修正实录》卷26，宣祖二十五年四月庚寅条。
④ 《朝鲜王朝实录·宣祖修正实录》卷26，宣祖二十五年四月庚寅条。
⑤ 《朝鲜王朝实录·宣祖修正实录》卷26，宣祖二十五年四月庚寅条。
⑥ 《朝鲜王朝实录·宣祖实录》卷26，宣祖二十五年四月戊午条。

“古之当大乱，能守国者，以其上有效死之志，下有死长之心故也。”[①]朝鲜国王在战时未有“效死之志”，王京百姓何来“死长之心”。留在王京的百姓自然对王廷非常失望，继而丧失抵抗决心和意志。正因如此，日军渡汉江后毫不费力地进入汉城。史载：

计堞三万余，而守城人口仅七千，率皆乌合，皆有缒城逃散之心。上番军士虽属于兵曹，而与下吏相与为奸，受赂私放者甚多，官员不问去留，临急皆不可用，军政解弛一至于此。[②]

日军进城后，“贼守城门，凡带贼帖者不禁，故我民皆受贼帖”[③]，朝鲜百姓竟多数选择了顺从日军的统治。

(2)京畿防守有名无实

朝鲜王廷的撤离造成朝鲜军队对汉江和王京的防守松懈不堪。汉江是拱卫朝鲜王京的天险，本应是日军进军中的一道较难突破的防线，但因朝军防守疏忽，意志懈怠，被日军轻易突破。史载：

贼至汉江南，都元帅金命元率兵千余，屯济川亭。贼发砲飞丸，乱落亭上，命元不敢拒敌，悉沉军器于江中，退赴行在，贼遂渡江。[④]

作为天险的汉江未起到抵挡或减缓日军进军速度的作用。宣祖一行在五月二日停驻开城时，与朝鲜大臣讨论过守汉江及守王京的事宜，但因开城府也无多余兵力支援，亦没有拿出具体可行的防守策略。汉江虚疏的防守也使日军轻而易举地扫平京畿周围之地。史载：

五月二日，日军已渡过汉江，初二日，贼兵大进。汉滨、广津、麻田、沙平、铜雀等处，一时乘桴乱涉，守江之兵皆散。

日军顺利渡江，这是连他们自己都未曾预料到的结果。日军感叹：“丽国可谓无人，险岭无兵，长江不守，若有一夫当之，则吾难至矣。”[⑤]汉江失守后，原本奉命留守王京的几位朝鲜大将直接弃守王京，“李阳元等弃城走，金

---

① (朝鲜王朝)赵庆男：《乱中杂录》卷1《壬辰上》，宣祖二十五年五月初五日条，《壬辰倭乱史料丛书·历史》第7册，第75页。

② (朝鲜王朝)柳成龙：《惩毖录》卷1，姜亚沙、经莉、陈湛绮编：《朝鲜史料汇编》第18册，第299页。

③ 《朝鲜王朝实录·宣祖修正实录》卷26，宣祖二十五年五月庚申条。

④ 《朝鲜王朝实录·宣祖修正实录》卷26，宣祖二十五年五月庚申条。

⑤ (朝鲜王朝)赵庆男：《乱中杂录》卷1《壬辰上》，宣祖二十五年五月初二日条，《壬辰倭乱史料丛书·历史》第7册，第66页。

命元、申恪等各自逃散，京城遂空”[①]。兵临城下的日军见王京无人可守，还十分奇怪，疑有埋伏，不敢轻易进入。故日军先派遣了数十人入城探视，一番探查发现果真无一军后，方才入城。

虽然不能将汉城的溃败完全归责为王廷离京，但宣祖仓皇撤离的决策确实使军士丧失抵抗的意志和信心。据记载，时有人在田间望见宣祖车架，遂痛哭：“国家弃我辈而去，我辈何所恃而生也。”[②]上行下效，战场逃跑似乎开始有据可依。宣祖一行于四月三十日离京，五月三日日军即进入汉城。京畿附近的留守朝军不战而败，日军渡汉江、抵王京，未遇到任何反抗。汉江作为战略防御的要地，没有发挥任何阻敌之用。

(3)朝鲜王廷矛盾尖锐

宣祖携王廷一行人在撤离途中几近离散，“銮舆播越，举国奔窜，自有此东方，夷祸之惨，莫今日若也”[③]。撤离途中，连绵阴雨，随行人员意志消沉，一路行进艰难。“过惠阴岭，大雨如注。宫人皆骑弱马，以青白之物，蒙其头面，号哭而行。”[④]跟随王廷撤离的官僚队伍在途中亦开始出现混乱，有再次逃回汉城者，亦有因脚程慢而中途掉队的。宿卫将卒秩序全无，一度出现随行下人哄抢宣祖膳食的场面。“坡州牧使、长湍府使预设御厨，将进供，扈卫下人乱入抢食，上供遂阙，长湍府使惧而逃。”[⑤]行至临津江时，雨还未停，撤离王京的朝鲜王廷“上下相失，莫知所之”[⑥]。

除此之外，自五月初二日宣祖抵达开城后，因立储而暂时平缓的对“去邠”之计的争论和攻讦再起波澜，王廷内部矛盾愈加汹涌。朝鲜诸臣开始对此前支持宣祖“去邠”的领议政李山海，展开接连不断地攻击和弹劾：

> 两司论山海首倡去邠，请远窜。引见六承旨及扈驾诸臣于府厅，时议方攻去邠之失，以为计出于李山海，人心愤惋，至有扑杀之议。两司方草启辞，并论其交通宫掖事未毕，右副承旨申磼、兵曹正郎具宬请对，乞诛山海，两司亦袖启草入对。磼、宬极言其交通宫禁，去邠误国之罪，

① 《朝鲜王朝实录·宣祖实录》卷26，宣祖二十五年五月壬戌条。

② （朝鲜王朝）申炅：《再造藩邦志》卷1，壬辰四月二十八日，《壬辰倭乱史料丛书·历史》第9册，第103页。

③ （朝鲜王朝）赵庆男：《乱中杂录》卷1《壬辰上》，宣祖二十五年五月初五日条，《壬辰倭乱史料丛书·历史》第7册，第74页。

④ （朝鲜王朝）申炅：《再造藩邦志》卷1，壬辰四月二十八日，《壬辰倭乱史料丛书·历史》第9册，第103页。

⑤ 《朝鲜王朝实录·宣祖修正实录》卷26，宣祖二十五年四月庚寅条。

⑥ （朝鲜王朝）申炅：《再造藩邦志》卷1，壬辰四月二十八日，《壬辰倭乱史料丛书·历史》第9册，第103页。

且请历问于入侍台官。大司宪金瓒、执义权悰、司谏李硘、掌令郑姬藩、李有中、持平李庆禩、献纳李廷臣，皆言其可杀。[1]

此时的朝鲜诸臣不仅是弹劾李山海之罪，更有坚决扑杀李山海以慰舆情的意图。诸臣提出："自上有去邠之计，皆此人为之也。终使君父失国颠沛，庙社陷于贼薮，二百年休养生灵尽为鱼肉。忘君负国，阶乱速祸之罪极矣。"[2]作为"去邠"决策实际主导者的宣祖，自然不能任由支持自己决策的李山海被杀。从五月初到中旬，从开城至平壤，朝鲜君臣围绕处置李山海的问题争论良久，宣祖几度驳斥诸臣严惩李山海的提议，朝鲜王廷的君臣关系在一路颠簸中紧张异常。宣祖每次对李山海的维护，都招致大臣的不满。一些大臣在弹劾李山海的同时，也公开指责宣祖意志不坚，贪生推责：

不念垂堂之戒，轻动去邠之计……我祖宗经营之业，一朝尽为灰烬。此皆盈庭臣子不能回天之罪，虽斩万段，少不足惜；而殿下千秋万岁之后，亦将何颜见先王于九原哉……至于庙堂筹划，惟以偷靡为事，形迹是避，无复忠义激劝，振发进取之意，何莫非殿下守志未固之致也。[3]

面对大臣的严词指责，宣祖提出去尊号，以示自省，但内心气愤不已，君臣间离心倾向愈加明显。有不少主张扑杀李山海的大臣选择脱离王廷一行，纷纷上疏言志："父母所在之地，贼皆屠灭，愿归省。"[4]宣祖本打算允许这些要求"归省"的大臣离去，但奈何上疏者甚多，若作为国家肱股的议政大臣全都离去，谁又来支持和维护朝鲜王室对国家的统治呢？宣祖面对众多大臣泄愤似的请求，不再轻言允许，但不辞而别者依然不减。最终，宣祖与朝臣各退一步，李山海未遭扑杀，但被定罪削职。君臣间的紧张关系暂时缓解。

在笔者看来，"去邠"本身是不得众臣支持的临时之计，因日军即将兵临城下而不得不为。它挑战了朝鲜士大夫们视宗庙社稷为本的传统家国观念，且王京中两百年的宗祠、宫殿与衙署毁于一旦，朝鲜诸臣深感受辱，对李山海的疯狂攻击杂糅了大臣们的愤怒、羞愧以及不满之情，意图通过弹劾李山海发泄不满，进而使得宣祖认识到"去邠"之计的错误，对臣子们妥协屈服。但"扑杀"李山海未成，宣祖亦始终未有较大让步。宣祖与大臣们的矛

---

① 《朝鲜王朝实录·宣祖实录》卷26，宣祖二十五年五月辛酉条。

② 《朝鲜王朝实录·宣祖实录》卷26，宣祖二十五年五月辛未条。

③ 《朝鲜王朝实录·宣祖实录》卷26，宣祖二十五年五月戊辰条。

④ （朝鲜王朝）朴东亮：《寄斋史草》（下），《壬辰日录》卷1，宣祖二十五年五月十四日条，《大东野乘》卷52，第259页。

盾日益扩大，朝堂纷争纷至沓来，不仅浪费了朝鲜决策层大量的精力，也使君臣渐有离心趋势，对处于战时状态下的朝鲜百害而无一利。

一言以蔽之，朝鲜王朝弃守王京的决策，乃是为保全朝鲜王廷而不得不为的权宜之计。在这其中，日军强悍的战力是外部威胁因素，宣祖个人强烈的“去邠”意志则是内部催化剂。大臣们虽对“去邠”之计多有争论，但并无多少实际意义。其一在于，朝鲜王廷最早于四月二十六日收到尚州败报后对是否“去邠”开始进行讨论，二十九日王廷便已确定“去邠”，三十日早晨宣祖动身离京。换言之，大臣们对“去邠”的讨论至多只有三天时间，其中还包括劝说宣祖建储以安人心的事宜。如此短时间的争论并未起到影响决策的作用。其二，反对“去邠”的大臣无法提出其他保全王京或是抵御日军的方案，对阻止宣祖“去邠”有心无力。这背后反映出朝鲜对王京无固守之力。汉城附近不仅兵力甚少且民众四散奔逃，城内人士纷纷逃跑避战。所以，无论从客观实际，还是从宣祖本身的意志来说，“去邠”都是一个不得不为的决定。

“去邠”是不得不为的权宜之计，但并不代表它是一个值得称赞的好计策。王京危机本身就说明了朝鲜王朝在战争初期的颓势，“去邠”之计虽暂时保全了王廷无虞，但并不能改变王朝的颓势，反而引起诸多问题，甚至是客观上给日军以方便。其一，留在王京的朝鲜百姓对王廷极其失望，失去王廷庇护的朝鲜百姓焚烧书籍，破坏宫廷，社会失序，使得日军未到而王京自乱。在日军渡汉江后，汉城民众也多无抵抗意志，日军毫不费力地占领了朝鲜王京。其二，王廷的撤离也使原本奉命防守汉江和京城的朝军松懈不堪，汉江作为天险基本未起到任何抵挡日军前进或减慢进军速度的作用。汉江失守后，留守王京的朝鲜大将上行下效，弃城而逃。笔者认为，不能将朝鲜京畿的溃败全部归责为王廷离京，但宣祖仓皇撤离的决策确实使军士丧失抵抗的意志和信心。其三，以宣祖为中心的朝鲜王廷在撤离途中几近离散，宣祖一行在撤离途中遭遇连绵阴雨，随行人员意志消沉，行进艰难。王廷内部矛盾骤然紧张。一些官员将王廷所陷惨状归因于支持宣祖“去邠”的领议政李山海，对他进行了为期半个月的弹劾，从五月初到五月中旬，从开城至平壤，朝鲜君臣围绕处置李山海的问题争论良久，宣祖几度驳斥诸臣严惩李山海的提议，君臣关系一度紧张异常。虽然最终宣祖与朝臣各退一步、互相妥协，但朝鲜王廷在撤离途中耗费大量精力于此。宣祖对李山海的维护激化朝堂的纷争、君臣离心，对处于战时状态下的朝鲜王朝百害而无一利。朝鲜弃守王京这一决策是战争初期朝鲜无力阻挡日军的反映，也是朝鲜军队战力低下的写照。“去邠”之计暂缓了王室危机，从长期存续以与日军作长期较量的角度来看，是朝鲜王朝的图存之道；但王京沦陷、百姓离散却是国家之殇。

三、朝鲜王朝弃守平壤决策的形成及影响

平壤是朝鲜最为古老的城池之一，历史渊源颇深。“自檀君肇国，箕子受封，皆都平壤。”[①]卫满朝鲜在此建都，称为“王俭城”。西汉灭卫满朝鲜后，在朝鲜半岛北部设立四郡，平壤属于乐浪郡。高句丽向南扩张领土时，“长寿王十五年自国内城迁都之”[②]。唐朝灭亡高句丽后，于平壤设置安东都护府。此后平壤一度经战争破坏，但在高丽时代再次繁盛，定其为“西京”。朝鲜王朝时期，平壤成为平安道首府，有“两西重镇”[③]之称，亦有“陪都”的美誉。平壤之所以备受王朝青睐，很大程度上是因为其地理位置“负山阻水，控制西北，俯瞰长江，远临旷野”[④]，曾多次抵御北方外敌入侵，是朝鲜半岛北部地区的兵家必争之地。在壬辰战争中，对平壤城的争夺一直是壬辰战争初期朝鲜、明朝、日本三国实力此消彼长的“晴雨表”。简而言之，平壤与王京汉城的地位不相上下，二者对朝鲜王朝的安危存亡同样重要。

朝鲜王廷自四月三十日撤离王京后，于五月一日抵达开城。在开城短暂停留两天后，又于五月三日再次启程，途中“务为前进，不为进膳”[⑤]，在途经金郊驿、兴义、宝山馆、安城、龙泉、凤山、洞仙岭、黄州和中和后，于五月七日抵达平壤，与日军的距离有所拉开，确保了朝鲜王廷的暂时安全。然而，朝鲜王廷在一月后的六月十四日却再次撤离，继弃守王京后再次弃守平壤城。朝鲜王廷为何弃守平壤？其决策过程和影响与弃守王京又有哪些不同？

1.宣祖对平壤的选择与放弃

宣祖“去邠”之后，去向何处是首要问题。宣祖一行自四月三十日撤离王京，五月一日到达开城并短暂停留两日。其时，开城军民皆希望王廷留驻于此，纷纷表示：“上既离京城，京城已溃矣。若复离此，尤难收拾，愿留镇

---

① 佚名撰：《朝鲜志》卷上《丛书集成初编》本，北京：中华书局，1985年，第1页。

② （朝鲜王朝）卢思慎：《东国舆地胜览》卷51《平安道》，首尔大学校藏奎章阁本，第24册，第3页b。

③ 两西：指朝鲜王朝的平安道（关西）和黄海道（海西）。

④ （朝鲜王朝）卢思慎：《东国舆地胜览》卷51《平安道》，首尔大学校藏奎章阁本，第24册，第7页a。

⑤ 《朝鲜王朝实录·宣祖实录》卷26，宣祖二十五年五月癸亥条。

之。"[①]宣祖也"召见父老军民,谕以死守之义"[②]。然而,兵曹判书金应南、率兵驰援的咸镜南道兵使申硈皆认为开城"城池龃龉,守卫孤虚"[③],不是王廷驻扎的最佳之地。申硈面见宣祖使亦进言:"在此不得措置,行幸西京,则足以为之矣。"[④]更关键的是,五月三日王廷接到了日军攻陷王京的败报,宣祖立刻提出"再此为何,速避为当"[⑤],王廷遂连夜撤离了开城。

开城不可久驻,平壤便成为朝鲜臣子向宣祖力荐的留驻之地。尹斗寿以高丽显宗遭兵燹后坚守平壤、继而使国家中兴为例,向宣祖进言:"都城虽失守,平壤则可守矣。"[⑥]黄海监司赵仁得也认为:"大驾既离京城,则当留驻平壤,而今则行色甚疾,人心摇动,百官及军马,皆饥困落后……平壤城郭险固,可以守城。"[⑦]宣祖亲问赵仁得平壤囤粮情况,询问平壤是否会出现绝粮的情形,赵仁得表示平安道有储备军粮,并且已在运输途中,这令宣祖大为满意。[⑧] 除此之外,王廷最终选择驻扎平壤,以图休整恢复,还因平壤城前有大同江流经,可作为天然防御线以拱卫城池。此时的日军尚在京畿道,与平安道之间还隔有黄海道。王廷驻扎平壤,从各方面看来,都较为合适。于是宣祖在到达平壤前,便先遣王子与大臣前去布置安排,以作接应。史载:

> 遣杞城府院君俞泓、吏曹参判李恒福、信城君珝、定远君琈等先往平壤,修治城池,为死守之计,且使召募西兵,以待乘舆。[⑨]

可见,平壤城在五月初就开始有计划有组织地展开防守战备工作。王廷到达平壤后,与日军前线拉开了一定距离,获得了喘息时间,进行了多方面的调整和调配:对前线将官军士的胜败进行了赏罚,开始着手解决军队粮饷问题,调配各郡县的粮饷以供军用,亦对抵御日军有了具体的应对与布局。全国各道朝军的对日反击和勤王行动也都有进展。总之,自"去邠"以来惊慌失措的局面暂时稳定下来,平壤成为战时朝鲜王朝临时的决策中心。

宣祖在开城时曾说:"此处无险隘,临津则已守之矣。左右前后,亦当结

---

① 《朝鲜王朝实录·宣祖实录》卷26,宣祖二十五年五月辛酉条。
② 《朝鲜王朝实录·宣祖实录》卷26,宣祖二十五年五月辛酉条。
③ 《朝鲜王朝实录·宣祖实录》卷26,宣祖二十五年五月辛酉条。
④ 《朝鲜王朝实录·宣祖实录》卷26,宣祖二十五年五月壬戌条。
⑤ 《朝鲜王朝实录·宣祖实录》卷26,宣祖二十五年五月壬戌条。
⑥ 《朝鲜王朝实录·宣祖实录》卷26,宣祖二十五年五月癸亥条。
⑦ 《朝鲜王朝实录·宣祖实录》卷26,宣祖二十五年五月乙丑条。
⑧ 参见《朝鲜王朝实录·宣祖实录》卷26,宣祖二十五年五月乙丑条。
⑨ 《朝鲜王朝实录·宣祖实录》卷26,宣祖二十五年五月壬戌条。

阵，可尽调黄海、平安兵马以来。”[①]大司宪金瓒也曾言：“临津迫近，必有拱御可也。”[②]可见，面对已攻陷王京的日军，宣祖和朝臣尤其重视临津江一带的布防，意图依靠地利优势阻拦日军继续前进。到达平壤后，宣祖并未降罪于从王京败退下来的都元帅金命元，因其恰好逃往临津江，便命其与申硈同守临津，以遏日军西上之路。同时征调京畿、黄海两道士兵把守临津，还将准备入援平壤的朝军都调往临津江沿线防守。史载：

> 时江边所征土兵，入援平壤者，皆赴临津，行朝无将领。庆尚监司李圣任，路中递职，还入朝，以圣任为将，使领江边土兵八百名，赴临津。[③]

而在金命元和申硈之上，王廷又另差文武将官协同防守。以韩应寅为诸道都巡御史、李荐为防御使，领兵五千前往临津江。由此可见，朝鲜王廷对临津江防线是寄予厚望的。但事与愿违，宣祖在布防临津江上耗神费力、自信满满，却也因临津江防线被突破，而再次萌生弃守平壤的念头。

临津江的防守在初期看起来也颇有成效，据都元帅金命元上报：

> 臣率李蕡、刘克良以下诸将二十余人，军士千余人，把住临津，设伏碧蹄等处，多斩获。李阳元亦率李镒、申恪以下诸将十余人，军士五千余人，驻兵大滩，方图进取。[④]

王廷众人听闻后，一时间“莫不欢喜，皆以为不久当回銮”[⑤]，对临津江一带的防御信心十足，甚至有大臣提出朝军应主动进攻的提议，不满于金命元一味重兵防守的状态。备边司多次弹劾金命元：“师久不用，锐气渐挫。都元帅持重兵，坐守江上，为日已久。”[⑥]备边司认为，日军孤军深入，此时已疲累泄气，强劲势头被连日征战所消耗殆尽，正是朝军攻其不备的好时机。王廷听从备边司的意见，连续降旨金命元，责备其玩忽职守、不思破敌进取。为了贯彻主动进攻的策略，王廷于十四日谕韩应寅曰：“今贼势已摧，而都元帅金

① 《朝鲜王朝实录·宣祖实录》卷26，宣祖二十五年五月辛酉条。

② 《朝鲜王朝实录·宣祖实录》卷26，宣祖二十五年五月乙丑条。

③ 《朝鲜王朝实录·宣祖实录》卷26，宣祖二十五年五月壬申条。

④ （朝鲜王朝）朴东亮：《寄斋史草》（下），《壬辰日录》卷1，宣祖二十五年五月十二日条，《大东野乘》卷52，第257～258页。

⑤ （朝鲜王朝）朴东亮：《寄斋史草》（下），《壬辰日录》卷1，宣祖二十五年五月十二日条，《大东野乘》卷52，第258页。

⑥ 《朝鲜王朝实录·宣祖实录》卷26，宣祖二十五年五月庚午条。

命元，久无所为。卿可刻日讨贼，不可坐受命元节制，以误军机。"[①]王廷此举意图明显，是将韩应寅置于金命元之上，取代其执行备边司提出的主动出击计划，临津江的布防从防御转变为进攻。临津江一线布防看似坚实，实则虚疏。临津江防线较长，当时朝军数量不足，王廷还要求裁撤军中老弱病残等无战斗力的士兵，无法做到处处布防，各布军防守之处相隔甚远。朝军的武器也还有很多缺口，需要从周围郡县紧急征集。即使从周围调集武器，也不是装备精良、作战经验丰富的日军的对手。[②] 军心不稳、将领统属混乱、粮草待筹、信息不畅等都是临津江布防中存在的隐患。

事实证明，朝鲜军队此时的确没有与日军一战的实力。五月十七日，日军假意后撤，吸引朝军渡江，韩应寅率朝军渡江杀敌，被日军大举围歼，朝军"四散奔走，尽投江而死"[③]。临津江之战失败后，未参战的副元帅李蕡、都巡检使李阳元不战而逃，临津江流域的防线随即全部崩溃。不仅如此，由于朝鲜王廷本对于临津江一线的防御抱有极大信心，故没有在其后方布置纵深防御。当临津江一线失守后，"平安监司宋言慎、兵使李润德面无人色，俱失精魄，着绳鞋以行"[④]。朝鲜王廷只得仓促布置新一轮防御，但其防御组织和动员力远不能达到临津江时的水准。日军渡过临津江后再次向西而来时，对此时的朝鲜来说，"西路再无一兵一马可以横遏西向之贼，国势无复可为，行在诸臣惟忧愁度日，亦无策可施"[⑤]。朝鲜王廷短暂的"平静"再次被打破，宣祖萌生了从平壤撤退的想法。

2.关于弃守平壤的争论

(1)平壤弃守之争

六月初，朝鲜君臣围绕是否撤出平壤展开了讨论：

> 上引见李希得、李元翼、洪汝谆、李恒福、李德馨、郑昆(崐)寿。两司、大臣亦请对，从之。上曰："卿等有何言？"元翼曰："守城节次，今已为之，而但守城与移驻，必须速决。若以死守之，则可为也。不然，亦随宜处置。"恒福曰："兵曹乃是该官，而时未知决定，故不能措置。凡事须

---

① (朝鲜王朝)朴东亮：《寄斋史草》(下)，《壬辰日录》卷1，宣祖二十五年五月十四日条，《大东野乘》卷52，第258页。

② 参见《朝鲜王朝实录·宣祖实录》卷26，宣祖二十五年五月乙亥条。

③ (朝鲜王朝)朴东亮：《寄斋史草》(下)，《壬辰日录》卷1，宣祖二十五年五月十七日条，《大东野乘》卷52，第260页。

④ (朝鲜王朝)朴东亮：《寄斋史草》(下)，《壬辰日录》卷1，宣祖二十五年五月十六日条，《大东野乘》卷52，第260页。

⑤ (朝鲜王朝)申炅：《再造藩邦志》卷1，壬辰五月初六日，《壬辰倭乱史料丛书·历史》第9册，第136页。

预为，可以有为，猝然则无可为。”汝谆曰：“朝因传教，出见宾厅，则事急后动驾云。事急则不可为！”元翼等曰：“速决可矣。”上呼昆（崐）寿曰：“有何言？”昆（崐）寿曰：“移彼，则先为晓谕。”上曰：“议论不一。予意则此非万全之地，君臣不可同为贼锋之鱼肉。予欲移驻，而大臣不从”。①

从这则史料可看出：首先，平壤对守城是有所准备的，并非毫无计策可施，与王京当时所面临的不得不退的局面有所不同。其次，朝鲜王臣对于是否守城提出了诸多看法，但并没有产生激烈的争论。李元翼认为应速速决断，李恒福、洪汝谆则认为要从长计议，郑崐寿提出应提前晓谕各方。换言之，此时朝鲜臣子对于守城与移驻不再像“去邠”之时如此敏感。“弃”与“守”在此时只是一个选择，无关是非对错。再次，宣祖此时弃守的态度已然明确，“君臣不可同为贼锋之鱼肉”的凿凿之语看出，他完全不相信平壤城有坚守成功的可能。此次讨论不是宣祖征求群臣意见，更像是在争取并不全力反对弃守平壤的大臣的支持。

与“去邠”时宣祖与大臣的意见对立不同，关于是否弃守平壤这一问题，形成意见对立的在于朝鲜诸臣之间。一方是以尹斗寿和柳成龙为代表，主张坚守城池；另一方是以郑澈与李德馨为代表，主张宣祖移驻。史载：

> 上命群臣议去就。尹斗寿曰：“一城之人皆曰愿与大驾死守此城，大驾若出，则当一时皆溃云。人心如此，若能协守，足以抵敌。况以事势言之，此城之外，不知何地可避，何地为固也？”上曰：“卿之言，大沓沓也。”②
>
> 前议政郑澈赞前进之计，左议政尹斗寿主守城之议。成龙右斗寿议，谓澈曰：“平时意相公慷慨，不避险易，不图今日有此议也。此地守城与京城不同，前阻江水，北近辽界，若坚守数日，则天兵必来救，犹可借以却贼。不然，从此至义州更无可据之地，势必至于亡国也。”尹斗寿亦诮澈顺旨失计，澈不变。③

尹斗寿认为，平壤之民愿死守城池，如果一再退缩，将失信于人，致使人心不复。结合前期的准备，平壤有守城的实力和民心。他还提出，退出平壤后，王廷再无可据之地，无异于自认亡国。柳成龙认为，平壤可以坚守的原因在于，平壤与王京不同，前有大同江阻挡，北边近辽东，坚守数日可待明军

---

① 《朝鲜王朝实录·宣祖实录》卷27，宣祖二十五年六月庚寅条。

② （朝鲜王朝）朴东亮：《寄斋史草》（下），《壬辰日录》卷2，宣祖二十五六月初二日条，《大东野乘》卷52，第265页。

③ 《朝鲜王朝实录·宣祖修正实录》卷26，宣祖二十五年六月己丑条。

入援。但宣祖对二人意见不以为然,尹斗寿与柳成龙始终无法说服宣祖守城。

与此同时,李德馨等人则支持宣祖移驻。宣祖曾问其平壤城是否可守,李德馨对曰:“诸将皆败,势已倾矣,且无可任之将。”[①]防守汉城时无兵可用,防守平壤时无将可用,此种情形更加坚定了宣祖撤出平壤的决心。史载:

> 上又与群臣议去就。时上颜色惨沮,语甚悲切,臣僚不敢仰视。郑澈出谓尹斗寿曰:“左相之言,好则好矣。独不见天颜乎?为臣子者,安忍挽留,强欲守城乎?”斗寿厉声曰:“公何为误国之言也?若使京城早有固守之计,岂至于今日乎?公不欲守此城,奉驾独去之可也。”澈无以应。[②]

郑澈犀利地点出了宣祖一心想要移驻,臣子无法强力挽留。可见,宣祖个人的意志在几次撤退中均起着决定性的作用。正如当时放弃王京一样,客观形势虽然使固守王京不太现实,但宣祖的一意孤行也是“去邠”中重要的主导力量。当再次面对是否坚守平壤的问题时,虽平壤城内的民众“皆曰愿与大驾死守此城”[③],且平壤“四面绝险,易以防守,军士过万,城中壮士,不下数千,粮食且多”[④],都无法转还宣祖坚决的移驻之意。

六月八日,日军先锋到达大同江边栽松亭前,三处屯兵,传书于朝鲜王廷请求会面。李德馨与平调信、玄苏会面于江上。日军以敞开朝鲜入明之路、保护宣祖去安全之地为条件,欲与朝鲜讲和。主张留驻的柳成龙为挽回宣祖心意,以日军讲和的条件劝宣祖留守平壤,却适得其反。史载:

> 丰原府院君柳成龙前守守城之计,与三司相争,至是与诸臣直入上前……成龙启之曰:“贼有书,将成和还去,愿上留此,勿为西幸。”自献曰:“若以为自此西去,则城池、器械无及此之处,不可去此云则诚然矣。若以贼请和之书为可信云,则贼在东莱、在尚州亦皆有书而渐渐深入,是以书而欺我也。其书则固不可信,信此而为不可去之计,则似乎左矣。”上顾自献曰:“是言为然。”[⑤]

---

① 《朝鲜王朝实录·宣祖实录》卷27,宣祖二十五年六月庚寅条。

② (朝鲜王朝)朴东亮:《寄斋史草》(下),《壬辰日录》卷2,宣祖二十五六月初二日条,《大东野乘》卷52,第265页。

③ (朝鲜王朝)朴东亮:《寄斋史草》(下),《壬辰日录》卷2,宣祖二十五六月初二日条,《大东野乘》卷52,第265页。

④ (朝鲜王朝)朴东亮:《寄斋史草》(下),《壬辰日录》卷2,宣祖二十五六月初一日条,《大东野乘》卷52,第263页。

⑤ 《朝鲜王朝实录·宣祖实录》卷27,宣祖二十五年六月戊戌条。

柳成龙以留在平壤可与日军讲和、暂停交战为由，希望扭转宣祖弃守平壤的想法，显然是不明智的。宣祖和臣子们都非常清楚，日军的最终目标是入侵明朝，绝非真心讲和，只是意图以较小的代价开道明朝。日军讲和为假，吞并为真。所以，柳成龙的“信此而为不可去之计”完全无法说动宣祖及诸臣子留守平壤。

随着事态发展，起初坚决支持守城的左相尹斗寿也有所松动，“左相尹斗寿之意，盖欲固守此城，而今则亦不以为断不可去”①。其实，许多朝鲜朝臣很清楚，“今者国家大计不过数策，坚守平壤以待天兵，此最上策”②。但宣祖毫无留驻之心，更无守城之意。客观上说，准备月余的平壤城守城能力远胜于之前的王京汉城，但宣祖和多数君臣在此时失去了御敌之勇气和信念，平壤城内纵然有所准备，也无济于事。对比“去邠”时朝鲜臣子的激烈反对及事后强烈谴责来看，朝鲜王廷在撤离平壤一事上虽依然有纷争，但已缓和许多，弃城不再是不能为众人接受的选择，多数臣子并不反对从平壤撤出。故而，宣祖弃守平壤意图的实现比“去邠”之时顺利许多。

(2)撤退路线之争

与“去邠”时多数臣子反对的情形不同，此次许多朝鲜臣子希望宣祖速速移驾，“朝议或请幸江界，或请幸咸兴。副提学沈忠谦与两司各率僚属，日三请避于北道”③。大臣们对撤退路线的讨论似乎更加激烈。

对这一问题的讨论，在王廷撤出王京、未抵达开城之时，便进行过一次。其时，大臣们分为两方，一方以李恒福、李山海为代表，主张西去义州。理由是一旦有国土不保之虞，可就近求助明朝；另一方以尹斗寿、柳成龙为代表，主张北去咸镜道，因“北道士马精强，咸兴、镜城皆天险足恃，可逾岭北行”④。双方对撤退路线的争辩，本质上是对是否“内附”明朝的争论。以柳成龙为代表的朝臣以“大驾离东土一步，则朝鲜非我有也”⑤的理由坚决反对“内附”，并认为东北诸道还未遭侵袭，南方义兵已起，怎能轻易提出弃国之论？当时的争论只停留在口头上，因朝鲜王廷选择在平壤驻守，遂平息下去。而当弃守平壤成为定论后，对撤退路线则必须要有所决断，“北去”还是“西向”，再次成为争论的焦点。

朝鲜王廷在决定弃守平壤后，再次形成“北去”和“西向”两种撤退路线

① 《朝鲜王朝实录·宣祖实录》卷27，宣祖二十五年六月庚寅条。
② 《朝鲜王朝实录·宣祖实录》卷27，宣祖二十五年六月庚子条。
③ 《朝鲜王朝实录·宣祖实录》卷27，宣祖二十五年六月戊戌条。
④ 《朝鲜王朝实录·宣祖修正实录》卷26，宣祖二十五年五月庚申条。
⑤ 《朝鲜王朝实录·宣祖修正实录》卷26，宣祖二十五年五月庚申条。

意见。只不过随着战局的变化,“北去”和“西向”两个方案双方的支持者却发生了转变。柳成龙的立场从支持“北去”转变为支持“西向”,与李恒福、李德馨一道成为建议宣祖“西向”的支持者。史载:

> 余(柳成龙)曰:“车驾西狩,本欲倚仗天兵,以图兴复耳。今既请兵于天朝,而顾深入北道,中间贼兵限隔,天朝声问亦无可通之路,况望恢复乎?且贼散出诸道,安如北道必无贼兵?若不幸既入其处,而贼兵随至,则他无去路,只有北虏而已,何处可依?其为危迫,不亦甚乎?今朝臣家属,多避乱于北道,故各顾私计,皆言向北便。若不幸既入其处,而贼兵随至,则他无去路,只有北虏而已,何处可依?其为危迫,不亦甚乎?今朝臣家属,多避乱于北道,故各顾私计,皆言向北便。臣有老母,亦闻东出避乱。虽不知在处,而必流入于江原、咸镜之间,臣亦以私计言之,则岂无向北之情哉?只以国家大计,不与人臣同,故敢此恳陈耳。”①

柳成龙向宣祖力陈“西向”可倚仗明朝以图复兴,而臣子们多数赞同“北去”,希望与逃往北境的家人团聚。更关键的是,当时并不能确定咸镜道未遭日军侵袭。总之,撤退路线应从国家大计出发而非顺从私计。柳成龙立场的转变是因时局不同。在刚撤离王京时,他支持宣祖“北去”,意在阻止宣祖“内附”,防止宣祖弃国而去。但事态发展至此,弃守平壤后,朝鲜境内再也无险可守,向明请援才是救国之法。因此,柳成龙的立场发生了转变。

宣祖本人早有“内附”之意,故此前一直希望前往义州,也就是“西向”,以便尽快达成“内附”的愿望,并催促明朝出兵救援朝鲜。宣祖曾多次问询曾作为谢恩使的郑澈关于江界的情况,但每次都得到否定答案:

> 领府事郑澈赴行在,上久然后召见,伏庭痛哭。上命升座,询问曰:“吾欲幸江界,地形如何?”澈对以其地隘塞贫瘠,决不可容行在,控制他方。其后上屡问,对如前。②

郑澈因赞同宣祖“北去”而力陈江界偏僻贫瘠,而当时朝鲜王廷的主流声音也正是“北去”。以尹斗寿、郑澈、韩准为首“朝臣多言入关北便”③,反对“西向”。尹斗寿提出:“自古居天下之首,则事可为矣;入于一隅,则无以号

① 《朝鲜王朝实录·宣祖修正实录》卷26,宣祖二十五年六月己丑条。
② 《朝鲜王朝实录·宣祖修正实录》卷26,宣祖二十五年六月己丑条。
③ 《朝鲜王朝实录·宣祖修正实录》卷26,宣祖二十五年六月己丑条。

令。”[1]而大多数主张“北去”的王臣，正如柳成龙所言，以为“北道地僻路险，可以避兵”[2]，且希望与家人团圆。但事实是，加藤清正所率日军已侵入咸镜道，只是因为道路不通、朝鲜国内无人奏报，朝鲜王廷还未获知消息。在双方争论不休时，郑崐寿提出宣祖与世子两宫分立的办法，请世子前往江界请兵，宣祖则北去咸镜道。[3] 最终，宣祖同意了尹斗寿提出的折中方案，先去宁边观察情形，再做打算：

> 左议政尹斗寿请对曰：“宁边古称铁瓮城，姑避于此以观贼势。脱有危急，渐向龙湾，得近天朝，兼请救兵。”上从之。[4]

六月十一日，宣祖从平壤撤离，出发向宁边。大臣崔兴源、俞泓、郑澈等随行，尹斗寿与金命元、李元翼留守平壤，柳成龙因接待明朝来使亦留下。在离开平壤之际，宣祖正式授命李德馨担任请援使，赴辽请援。六月十三日，宣祖抵达宁边，发现此地几乎无人防守，情形怆然。城中的官吏和民众皆逃入山谷避难，衙署只有五六人而已。原想于宁边观贼势的想法落空了，宣祖“内附”之心更为坚决。

在宁边，朝鲜君臣针对是否“内附”入辽的问题，再度陷入激烈的争论。即便崔兴源、李恒福列举诸多入辽不便之处，也难以动摇宣祖坚决内附的心情。此时宣祖已下定决心，“与其死于贼手，无宁死于父母之国”[5]，还后悔因大臣谋议不一而对“内附”一事迟迟未行，应及早赴辽。所以，纵然臣子们对“内附”持有强烈的异议，但宣祖心意已定且异常坚决。这注定了反对“内附”者们在此次争论中的失败。因宣祖决心“内附”，朝鲜王廷弃守平壤后的撤退路线也由“北去”变为“西向”，即前往义州。宣祖在宁边讨论后，便将国事交付于世子手中，“令世子权摄国事，除拜、官爵、赏罚等事皆便宜自断事”[6]，自己彻底做好了“内附”明朝的准备。

一言以蔽之，朝鲜王廷于宁边讨论的最终决策，即宣祖入辽，世子北去。值得注意的是，王廷诸多臣子选择追随世子北去，并未与宣祖一同前往义州。宣祖一行于六月十四日从宁边出发，一路经博川、嘉山、定州、宣川、龙川，于六月二十三到达义州。而此时的义州也是空城一座。史载：

---

① 《朝鲜王朝实录·宣祖实录》卷27，宣祖二十五年六月庚寅条。

② （朝鲜王朝）柳成龙：《惩毖录》卷1，《朝鲜史料汇编》第18册，第327页。

③ 参见《朝鲜王朝实录·宣祖实录》卷27，宣祖二十五年六月庚寅条。

④ 《朝鲜王朝实录·宣祖实录》卷27，宣祖二十五年六月己亥条。

⑤ 《朝鲜王朝实录·宣祖实录》卷27，宣祖二十五年六月辛丑条。

⑥ 《朝鲜王朝实录·宣祖实录》卷27，宣祖二十五年六月辛丑条。

牧使黄琎、判官权晫亲率官人及衙婢数人，以供御厨，从官散处城内空家。刍薪不继，虽为行在，阒然若空城矣。[①]

至此，朝鲜王廷完成了其从王京汉城到中朝边界的转移。历经一路撤退，出发时以宣祖为中心、由诸大臣、王室成员共同组成的朝鲜王廷一行人，至此已寥无几人，且主要以王廷宦官、掖庭员和司仆员为主。[②] 宣祖不禁感叹，士大夫竟不如身边始终不离的内侍官。离开宣祖的士大夫多数选择追随世子之行，在宁边继续支撑着朝鲜的艰难时局。从王京到平壤，再从平壤到义州，宣祖被迫撤离，看似可怜无奈，但也一直与日军保持安全距离，从未与日军正面交锋。其中，两度弃城的行为在庙堂争论纷纷，在民间怨声载道，但对宣祖本人来说，确实是确保自身性命的关键之举。

3.弃守平壤的影响

平壤对于战时朝鲜王朝的意义非凡。俞泓、崔滉曾说："今者国家大计不过数策，坚守平壤以待天兵，此最上策。"[③]李恒福直言，平壤一旦失守，则朝鲜再无可保全之地。郑澈亦承认："临津则贼为主，我为客；平壤则我为主，而贼为客矣。"[④]平壤绝非王京汉城，也与临津江防御不同。然而，朝鲜王朝诸臣在知晓平壤之重要与坚守之可能下，仍然选择弃守平壤，这不得不说是朝鲜君臣集体缺乏应敌勇气和信念下的一次决策失误。为求一时安稳，不思长远御敌之局。弃守平壤后，朝鲜国土近三分之二落入日军手中，朝鲜境内也再无战略要地可供王廷据守；而弃守平壤所引起的一系列连锁反应，更对战局影响深远。

(1)粮草供应困难

朝鲜王廷暂驻平壤的一个月里，人心稍有安定，国家政务逐渐恢复运行。为抵御日军持续进攻、尽快收复失地，朝鲜王廷一到平壤便开始筹措粮饷，并将筹粮、运粮作为第一要务。史载：

始车驾至平壤，廷议皆以粮饷为忧，尽取列邑田税，输到平壤。[⑤]

军粮措置，若有未尽，更为议启。今日之事，无有大于此者[⑥]。

---

① 《朝鲜王朝实录·宣祖实录》卷27，宣祖二十五年六月庚戌条。
② 参见《朝鲜王朝实录·宣祖修正实录》卷26，宣祖二十五年六月己丑条。
③ 《朝鲜王朝实录·宣祖实录》卷27，宣祖二十五年六月庚子条。
④ 《朝鲜王朝实录·宣祖实录》卷27，宣祖二十五年六月辛丑条。
⑤ (朝鲜王朝)柳成龙：《惩毖录》卷1，《朝鲜史料汇编》第18册，第337页。
⑥ 《朝鲜王朝实录·宣祖实录》卷26，宣祖二十五年五月己卯条。

当时的平壤在全国调粮困难的情形下，城内粮食充足。[1] 然而，宣祖撤出平壤后，“城中积粮数十万石，皆为贼有，倭将遂据平壤”[2]。其时，日军也面临粮草匮乏的困境。日军入汉城后，立刻搜刮汉城内的粮食以充军粮，还曾因“粮饷亦窘，将欲穷追大驾所在”[3]。一位被日军掳走又逃出的黄海道黄州郡人士曾言：“贼兵别无后继，粮亦将尽。”[4]此时，宣祖尚在平壤，日军在粮饷艰难又四处掳掠无所得之时，还曾“盛沙藁荐，大积江边，以示于我有若积谷者然”[5]。可见，未至平安道，日军已面临严重的粮草危机。平壤城内积粮丰厚，宣祖却弃城而去；日军在粮饷告急的情势下占领了平壤，利用城内所屯粮草缓解了自身的粮食危机。朝鲜王廷用来补给朝军的粮草竟补给了日军，实在是战时朝军的一大损失。

同时，从平壤再往西北一带“风土极恶，粮道难继”[6]，“粮饷亦少，据守为难”[7]。朝鲜王廷还未来得及使用平壤内所屯余粮，在弃守平壤后又陷入粮饷不足、调粮困难的局面。更为关键的是，一旦明军来援，为明军筹措粮饷将更为艰难。此前，朝鲜向明朝告急后，明廷于六月初二日“令辽东抚镇发精兵二枝，应援朝鲜”[8]。六月十四日，首批应援朝鲜的明军已抵达鸭绿江边。尹根寿将此消息告知在博川的宣祖后，朝鲜王廷虽一时振奋，但很快陷入难以筹粮的困境中。[9] 六月十五日，宣祖与诸臣讨论明军入援后的犒劳事宜时，柳成龙直言平安道各州府只能供给明军的三日粮，还提到“平壤则有四万余石，若及到平壤则无患矣”[10]。也就是说，明军须到达平壤后，朝鲜王朝才能用平壤城内的军粮实现供给明军军粮的计划。而平安道其余诸地则存粮少、调粮难。史载：

> 上引见从臣。柳成龙曰：“清川江边，一为决战，则庶可矣。”沈信谦言：“本郡军粮，有五六百石，而定州则全无云。”上曰：“到今日，始言定

---

① 参见(朝鲜王朝)朴东亮：《寄斋史草》(下)，《壬辰日录》卷2，宣祖二十五六月初二日条。

② 《朝鲜王朝实录·宣祖修正实录》卷26，宣二十五年六月己丑条。

③ (朝鲜王朝)赵靖：《黔涧先生文集》，《辰巳日录》，壬辰五月初三日，《韩国历代文集丛书》数据库：https://db.itkc.or.kr/dir/item? itemId=MO#/dir/node? dataId=ITKC_MO_0256A_0060_000_0010。(浏览时间：2021年5月22日)

④ 《朝鲜王朝实录·宣祖实录》卷27，宣祖二十五年六月己亥条。

⑤ 《朝鲜王朝实录·宣祖实录》卷27，宣祖二十五年六月戊戌条。

⑥ 《朝鲜王朝实录·宣祖实录》卷27，宣祖二十五年六月庚寅条。

⑦ 《朝鲜王朝实录·宣祖实录》卷27，宣祖二十五年六月庚子条。

⑧ 《明神宗实录》卷249，万历二十年六月庚寅条，台北：“中央研究院”历史语言研究所，1962年，第4630页。

⑨ 参见《朝鲜王朝实录·宣祖实录》卷27，宣祖二十五年六月己亥条。

⑩ 《朝鲜王朝实录·宣祖实录》卷27，宣祖二十五年六月癸卯条。

州无粮，何耶？”成龙曰：“义州则遣洪世恭矣，犹不能措置云矣。”上曰：“二千军往还之粮，亦不得措备乎？”郑澈等曰：“博川、宁边则军粮稍有所储云矣。”[①]

从朝鲜君臣的上述对话中可知：定州、义州无粮，博川、宁边稍有所储，既要供给朝鲜王廷，又要犒赏来援明军，着实难以应对明军入援后对日作战的粮草需求。此后，朝鲜王廷因为明军供粮而产生的担忧，贯穿于朝鲜请兵与明朝出兵前后。朝鲜在粮草供应上不利，也直接影响到明军在江边屯兵而不进，明军就粮饷问题多次与朝鲜拉扯反复，甚至影响了明军出兵的时间、数量和行军路线。

自六月十四日就屯兵鸭绿江的明军，因等待朝鲜备齐粮草而迟迟未动。六月十七日，朝鲜为催促明军尽快入援，主动提出：“兵马粮饷一应杂物，预先措置，使不烦扰。”[②]六月十八日，祖承训告知朝鲜弘文馆副应教沈喜寿：“今明日，军马当渡江，只备粮草以待。”[③]六月二十日，朝鲜右副承旨李𥕐请求已率军到达义州的明朝参将郭梦征、王守官出兵平壤，参将曰：“今若打粮[④]，明当起身云。”[⑤]六月二十四日，宣祖到达义州后，在接受明朝参将郭梦征所赍的万历皇帝赐银时，再次催促明军进兵，却被明朝将领再次以“粮料备而待之，则我军当进击”[⑥]为由婉拒。

辽东都司派遣的应援明军此时也因朝鲜粮草供给不力，多有不满。巡抚郝杰在向兵部转达朝鲜请兵意愿时，曾抱怨：“彼国□没几尽，仓无粮储，即前发二枝，已难深入。”[⑦]辽东军为何一直与朝鲜纠结粮草问题？笔者认为，这是因为此时辽东都司本身就有较大的粮草需求。辽东都司的职责是守卫明朝东北边境，当下对其最重要的任务即防备日军借侵略朝鲜之机入侵辽东。当总兵杨绍勋察觉到日本的进攻和收到朝鲜告急消息后，立刻加紧了沿海城堡的防备，遣兵将于两国交界处遥为声援，并安排佟养正负责沿江分布防守，祖承训相机应援，冯千历前往义州打探贼情。[⑧] 而以上诸多行

① 《朝鲜王朝实录·宣祖实录》卷27，宣祖二十五年六月甲辰条。

② 《朝鲜王朝实录·宣祖实录》卷27，宣祖二十五年六月乙巳条。

③ 《朝鲜王朝实录·宣祖实录》卷27，宣祖二十五年六月丙午条。

④ 打粮：即搜求粮食。

⑤ 《朝鲜王朝实录·宣祖实录》卷27，宣祖二十五年六月戊申条。

⑥ 《朝鲜王朝实录·宣祖实录》卷27，宣祖二十五年六月壬子条。

⑦ （明）侯继高：《全浙兵制》卷2《附录近报倭警》，《四库全书存目丛书》子部第31册，济南：齐鲁书社，1995年，第192页。

⑧ 参见（明）侯继高：《全浙兵制》卷2《附录近报倭警》，《四库全书存目丛书》子部第31册，第186～187页。

动无一不需要粮饷的支持。总之，辽东都司在可能有敌情处皆加紧防范，“其应用客兵钱、粮合无先行给发贮库，如果倭奴不犯，即扣抵年例银两，似属两便”①。辽东都司在本国防御处已消耗粮饷众多，自然希望入援朝鲜后尽可能由朝鲜提供粮草。

朝鲜王朝此时亦知晓明军迟迟不动的原因所在，宣祖曾说：“不忧天兵之不来，所患者粮饷。粮饷既备，则天兵趁即出来矣。”②朝鲜王朝在粮草匮乏的窘境下，不得不向明朝“请兵”“请粮”。七月二日，宣祖在义州接待明朝使臣夏时说道：“小邦本来残薄，兵祸之余粮饷不继。天朝欲救小邦，则粮饷亦欲仰请。”③否则，等待朝鲜解决粮饷的辽东援军何时进发也未可知。朝鲜在此情形下将粮草艰难的情况向明朝将领一再说明，明军也逐渐认识到单纯依靠朝鲜自身筹粮不切实际。就在明朝对朝鲜全无指望之时，七月六日，负责筹措转运粮饷的朝鲜大臣柳成龙拿出一份明军入境后朝鲜供应明军粮草的计划。方案如下：

> 臣意天兵发行时，自义州赍三日粮，初日宿良策，而龙川添给一日粮，则三日粮犹在。第二日宿林畔，宣川又添给一日粮如良策，则三日粮犹在。到定州、嘉山又如之，安州则以船只输运龙岗、三县之谷五六百石，泊于老江下流，天兵临到之时，又支给于安州，则是沿途自义州至安州，皆以其处之谷支给，而义州所赍三日之粮，则依旧犹存，足可及到于平壤。贼若望大军之来，弃城南逃，则平壤余谷，可以接济。④

细究这份粮草供应方案，可以发现其中大有玄机。柳成龙此份供粮计划若要成功实施，则明军自义州至平壤，所经何处、何时抵达，不以作战计划和目的来选择，而完全要以粮饷供应无虞为选择。明军须保证自义州至平壤一路顺遂，朝鲜须保证各地运输粮饷顺利。此外，明军到达平壤后还要一举击退驻扎在平壤的日军。换言之，明军要在三天内从义州奔袭平壤并战胜城内日军，夺回平壤，获得粮草。如此，此份供粮计划才能实现。但这一切也未免过于纸上谈兵。除非明军一举拿下平壤，否则此份计划难以支持明军入援后的粮草供应。柳成龙一份纸上谈兵的供粮计划竟然使明军开动，七月十日，祖承训正式率兵入朝。只不过，距明军屯兵鸭绿江已过近月余时间。

---

① (明)侯继高:《全浙兵制》卷2《附录近报倭警》,《四库全书存目丛书》子部第31册,第187页。
② 《朝鲜王朝实录·宣祖实录》卷28,宣祖二十五年七月辛酉条。
③ 《朝鲜王朝实录·宣祖实录》卷28,宣祖二十五年七月己未条。
④ 《朝鲜王朝实录·宣祖实录》卷28,宣祖二十五年七月癸亥条。

综上所述，战争初期朝鲜北部的粮草供应问题牵涉到朝军、日军和还未入援的明军，三方都曾受困于粮草不济。但朝鲜王廷本在平壤囤积了充裕的粮草，却因弃城而补给了日军，从而使自身再次陷入粮草匮乏的艰难局面，又由此拖慢了明军入援的时间和节奏。

(2)人心再次溃散

宣祖弃守平壤，是对朝鲜军民士气、信心和安全感的再一次打击。临津江失守后，平壤城内民心惶惶。王廷是否会再次撤离不仅是庙堂议论的焦点，也是朝鲜百姓担忧所在。王廷欲弃城避难的消息一度传播开来，为稳定人心，宣祖专门昭示守城之意。史载：

> 数日前，城中人闻车驾欲出避，各自逃散。上命世子出屯于大同馆门，集城中父老谕以坚守之意。父老进前曰："但闻东宫之令，民心不信，必得圣上亲谕乃可。"明日，上不得已御馆门，令承旨晓谕如昨。父老数十人拜伏痛哭，承命而退，遂各招分窜子弟、男女入城，城中皆满。①

百姓据此相信王廷的坚守之意后，不少周围百姓纷纷入城避难。可见，在百姓看来，王廷所在是可以庇护百姓安全之处。当时，庙堂内外也有诸多希望宣祖可坚守城池的声音。巡边使李镒奏启："臣率军三千，前往行在。但愿朝廷坚守平壤，勿生他计。臣当竭力毕命，以效一死。"②平壤百姓咸泣曰："主上若留，则皆当死守。"③尹斗寿上奏宣祖，亦力劝宣祖守城："一城之人皆曰愿与大驾死守此城，大驾若出，则当一时皆溃云。"④战时状态下的臣民对上位者能身先士卒的期待尤为强烈，也自然对王廷是否弃城格外敏感。

其时，日军逼近大同江，王廷人员还未撤离，宣祖命宰臣卢稷等奉庙社牌位及宫人先行出城，便引来城内一阵民乱。史载：

> 城中吏民作乱，挺刃横路纵击之，指庙社陪从臣大骂曰："汝等平日偷食国禄，今乃误国欺民乃尔耶？"仍坌集行宫门号呼曰："既欲弃城，何故给我入城，独使鱼肉于贼手耶？"皆袒臂持兵仗，遇人必击，纷嚣杂沓，势不可禁。⑤

---

① 《朝鲜王朝实录·宣祖修正实录》卷26，宣祖二十五年六月己丑条。

② （朝鲜王朝）朴东亮：《寄斋史草》（下），《壬辰日录》卷2，宣祖二十五六月初二日条，《大东野乘》卷52，第265页。

③ （朝鲜王朝）朴东亮：《寄斋史草》（下），《壬辰日录》卷2，宣祖二十五六月初六日条，《大东野乘》卷52，第267页。

④ （朝鲜王朝）朴东亮：《寄斋史草》（下），《壬辰日录》卷2，宣祖二十五六月初二日条，《大东野乘》卷52，第265页。

⑤ 《朝鲜王朝实录·宣祖修正实录》卷26，宣祖二十五年六月己丑条。

平壤城内百姓这时才意识到自己被国王欺骗。王廷似要撤离,民情一时汹汹,既愤怒又恐慌。史载:

> 诸宰在门内朝堂者,皆失色,起立于庭中,余恐乱民入宫门,出立门外阶上,见其中有年长多髯者,以手招之,其人即至,乃土官也。余谕之曰:"汝辈欲竭力守城,不愿车驾出城,为国之忠则至矣。但因此作乱,至于惊扰宫门,事甚可骇。且朝廷方启请坚守,上已许之。汝辈何事乃尔?观汝貌样乃有识人,须以此意,晓谕众人而退,不尔则汝辈将陷重罪,不可赦也。"其人即弃杖敛手,曰:"小民闻欲弃城,不胜愤气,妄动如此。今闻此言,小人虽迷劣,胸中即豁然矣。"遂挥其众而散。①

从上述史料可知,百姓此番聚集虽然在柳成龙的一番安抚后有所平息,但王廷若弃守平壤,百姓的愤怒随时又会爆发巨大骚乱,这也是宣祖弃城后百姓扰乱秩序的根本原因。

宣祖在反复思量后,仍然决定弃守平壤。但王廷却为安抚人心,避免城内自乱,继续谎称固守之意:

> 上欲招集父老,亲谕以守城之意。备边司以为,惊报迭至,诸将方讲守城之备,请姑停其举。大臣启曰:"汉文帝劳军细柳,宋真宗亲御澶渊,斯乃帝王已行之胜算,况于今日敌兵对垒之日乎?自上欲为招集一城父老,谕以固守之意,凡有血气,孰不感激?此意甚盛,不可少缓,明日出御大同馆。"上从之。是日,上御含毬门,召集平壤父老军民,谕以死守之意;仍御大同馆门,召集江边土兵,谕以守城之意。②

王廷的坚守在敌人即将来犯之时,会给予前线兵士和城内百姓极大的信心和鼓舞。朝鲜王廷却在已经决定撤退之后,还一味地强调必定坚守平壤,这种欺瞒之举只会加重百姓的愤怒,使得王廷想要稳定城内秩序的意愿适得其反。王廷对弃城的隐瞒,与其说是避免城内自乱,不如说是确保王廷顺利撤出。这与当初在王京不许百姓出城反而自己撤离的行为如出一辙。王廷失信于民的做法也使平壤如王京汉城一样,敌军未到,而百姓先乱。百姓愤怒的情绪转化为暴力行为,在城内蔓延。王廷内眷、朝臣在撤出平壤时,自然成为首要的攻击对象。因城中乱兵扰乱不止,王后在当天竟未能顺利出城:

---

① (朝鲜王朝)柳成龙:《惩毖录》卷1,《朝鲜史料汇编》第18册,第326页。

② 《朝鲜王朝实录·宣祖实录》卷27,宣祖二十五年六月庚寅条。

> 中殿将向咸兴，宫属先出，平壤军民等作难，以杖击坠宫婢于马下。户曹判书洪汝谆路遇乱兵，被欧伤背，扶曳而还。街巷之间剑戟森罗，鼓噪震地，皆愿大驾勿得出城。①

笔者认为，百姓不希望“大驾出避”的原因有二。一是王廷撤离即代表着国家决策层不相信平壤能坚守成功，即放弃了坚守城池，放弃了对城内百姓的庇护。在普通军民看来，王廷的弃城即宣告着这座城池的沦陷。这也是为何王廷的坚守对军民来说是一种精神力量，能给予在战争中无助惶恐的百姓些许安全感，也能给予保卫城池和抵抗日军进攻的朝鲜士兵以信心和鼓舞。二是王廷在，则平壤还有坚守成功的可能；而一旦王廷撤出，则平壤城的防御工作如群龙无首，必然同王京一般，轻易被攻陷。这两点原因相互作用，使得百姓一直对王廷怀有期待，无外乎是寄希望于王廷在危难时刻能够有效保护民众。然而，朝鲜王廷并未达到民众对其的期许，反而轻易弃守了平壤，对城内百姓安危弃之不顾。在如此情况下，百姓和军士又怎会有斗志和勇气死守平壤呢？事实也确实如此。“上既出，而斗寿仍为城守计。城中民兵合四千余人，分守诸堞，堞多空旷。柳成龙知其必败，欲延接汉兵继援，辞以先出。”②曾经被朝鲜君臣视为有天险大同江守护的平壤很快也被日军占领。

总而言之，以宣祖为代表的朝鲜王廷对保卫平壤并未发挥多少鼓舞人心的力量，反而一次次引发民众的不满。王廷的率先撤退击碎了普通军民在外敌入侵下最后的一点安全感和对国家的信任感。宣祖与朝鲜王廷的诸臣子，战争初期朝鲜各级官僚、将军多次出现未战先逃的情况，都在战时影响了王朝的凝聚力和军队的战斗力。

(3)情报收集困顿

随着日军不断推进，朝鲜王朝的情报收集始终是一个大难题。朝鲜对日军的战法战术、人员数量、武器装备等一直没有掌握清楚，宣祖撤出平壤后更加剧了这种情况。“上西出后，平壤继陷，列邑官吏溃逸，乱民焚劫仓库，一路已荡然。”③留守平壤的尹斗寿也在日军攻陷平壤前仓皇离开，日军轻松占领平壤。这导致此后朝鲜王廷在义州至平壤这一带收集情报十分困难。朝鲜一度出现了僧人传递情报的现象。史载：

> 都元帅金命元驰启曰：“重兴寺僧行思还俗，以柳中立为名，慨然有

---

① 《朝鲜王朝实录·宣祖实录》卷27，宣祖二十五年六月戊戌条。
② 《朝鲜王朝实录·宣祖修正实录》卷26，宣祖二十五年六月己丑条。
③ 《朝鲜王朝实录·宣祖修正实录》卷26，宣祖二十五年六月己丑条。

> 欲入城探贼，既还曰：'入普通门，倭人五六列坐，不问谁某。周视诸处，人家皆空，而外处杂人，多数聚会。倭将在上衙，争受章标，己亦受出。因观所为，则诸将分寓于客舍上房、大同门庶尹衙、学堂等处，而毁长春院，改作军营，大举土木，以示久住之计，姑无西来之意。'来路逢永人，则言：'今入城中，偶闻人言，贼倭相谓曰：今年节晚，难以前进，当上京过岁，明年犯辽。'云。"①

朝鲜民间人士对日军情形的探听有助于朝鲜王廷掌握更多的日军动态，但对于两国作战、排兵布阵所需的军事情报而言，可谓是杯水车薪。

随着战争前线不断北移，辽东都司对边境安全的担忧也愈加强烈。在获知日军入侵时，辽东总兵杨绍勋遣冯千历"前往义州镇爪探贼情向往，但有西向紧急消息驰报"②。之后，辽东都司对宣祖一路败退情形的掌握皆来自所派"夜不收"的回报。自宣祖从平壤出后，明朝再次加紧了对义州至平壤一带的情报探听。史载：

> 义州牧使黄琎驰启曰："宽奠堡副总兵都指挥佟养正来到义顺馆，天朝将官招谓通事表宪等曰：'今兹差人，专为飞报倭贼进退有无消息而来，必须百里为一拨，节次递报，然后明知贼住之所，乃可策应缓急。故佟指挥为差八名，你国自义州抵平壤，分为五拨以便飞报。'"③

辽东都司以此种"递报"方式在朝鲜平壤至义州间收集情报，侧面反映出朝鲜王廷自身对在这一区域收集情报的无力，也是王廷撤出平壤的必然结果。

朝鲜王朝不仅情报获取困难，所掌握的情报是否为真也值得怀疑。战争中，情报的详细准确程度直接关乎战役胜败，朝鲜在最初几次对日防御战的失败中，都存在对日情报不明的问题。弃守平壤的朝鲜王廷此时更是受到情报模糊的困扰，且直接影响了明军第一次平壤之战的失利。七月十一日，祖承训率三千多明军自义州出发，攻打驻扎在平壤的日军，遭遇失利，震动明朝。此战失利后，祖承训将战败责任归于朝鲜诸多失误及不配合上，其中就提到朝鲜所提供情报不实的问题：

> 贼中多有善射者，不曾说吾，是何等意思也？
>
> 你国初言，倭奴只用铁丸、长剑，无他技也，厥数亦不过一二千云。

---

① 《朝鲜王朝实录·宣祖实录》卷27，宣祖二十五年六月丙辰条。

② （明）侯继高：《全浙兵制》卷2《附录近报倭警》，《四库全书存目丛书》子部第31册，第186～187页。

③ 《朝鲜王朝实录·宣祖实录》卷27，宣祖二十五年六月己亥条。

而今则天兵逢箭死者甚多，其数又过万云，是何欺瞒？[①]。

以上史料是第一次平壤之战后，宣祖派尹斗寿去辽东总兵杨绍勋处就祖承训的控告进行解释时，杨绍勋根据祖承训控告朝鲜的内容对尹斗寿进行了质询。朝鲜提供的情报是否影响了第一次平壤之战，可结合战况来看。史载：

> 是日，自顺安三更打发，直薄平壤城外，都元帅遣将领三千兵从行。不意兵至，倭人不及城守，惟于城内据险伏兵以待。两将纵兵直入七星门，贼左右发丸齐射。适大雨泥泞，汉兵马陷，史儒先中丸死。承训遽退，后军多被杀伤，戴朝弁与千总张国忠、马世隆等亦皆中丸死。[②]

由上述史料可知，日军在平壤城内据险伏兵，明军进入七直门后，利用鸟铳攻击明军。这与朝鲜在战前所说日军只用铁丸、长剑的情形确实不符，且对于城中有善射者这一情况也并未告知。所以，由于情报工作的困难和滞后，朝鲜此时对日军的具体作战方式和武器的掌握还十分模糊，甚至完全错误。

应当承认，祖承训好大喜功，轻敌冒进，仓促攻打平壤是第一次平壤之战失利的主要原因。[③] 但这其中也存在朝鲜情报失准的因素。在明军进军途中，柳成龙和金命元因天雨路滑，曾提醒祖承训不宜极速攻城，但祖承训不以为然。祖承训希望尽快攻城的意图，除了与其本人自负轻敌的性格有关外，这与由朝鲜提供的关于平壤情形的情报不无关系。史载：

> 时我军斥候将、顺安郡守黄瑗，驰报于金命元曰："倭贼尽向京城，居留者极少，被虏女人于城上屡呼官军，乘此机攻城，可得成功。"祖总兵见此报，以为信，曰："我军中亦有善占者，言十七日城可破。"[④]

这份情报表明平壤城内留守日军极少，正是明军攻城、夺回平壤的好时机。朝鲜提供的外部消息、祖承训本人的立功心切，以及受上文所提柳成龙计划的三日供粮计划，共同促成了祖承训于七月十七雨夜仓促出击平壤，最终失利败回。在这一连串的决策以及作战中，朝鲜王朝的情报不仅未发挥提供信息、判断局势的作用，反而因一些模糊有误的情报造成了干扰。虽不能将

---

① 《朝鲜王朝实录·宣祖实录》卷28，宣祖二十五年七月丁丑条。

② 《朝鲜王朝实录·宣祖修正实录》卷26，宣祖二十五年七月戊午条。

③ 参见解祥伟：《万历援朝战争初期祖承训平壤之战考述》，纪宗安、马建春主编：《暨南史学》第16辑，广州：暨南大学出版社，2018年，第56页。

④ （朝鲜王朝）朴东亮：《寄斋史草》（下），《壬辰日录》卷3，宣祖二十五七月条，《大东野乘》卷52，第281页。

第一次平壤之战的失利归因于此，但可通过此次失利中情报失准的情形看到，朝鲜在弃守平壤后对日军和战况情形知之甚少，情报工作严重落后。

(4)加剧明朝对朝鲜王朝的怀疑

壬辰战争爆发前，明朝对于日本可能有所异动的情况已然知晓。万历十九年(1591)七、八月间，明廷通过浙江和福建两省巡抚的奏报，获知陈申、苏八以及琉球贡使分别提供了有关日本意欲侵扰的消息。[①] 鉴于陈申和苏八提供的情报中均提到日本欲以朝鲜为向导进攻大明，明朝遂通过辽东都司向朝鲜问询此事。朝鲜在战前对于"导倭入明"的传言向明廷做出了三次回应。第一次是在明朝兵部咨文到达朝鲜之前，朝鲜已派遣贺节使金应南"略具倭情，称以传闻，为咨文于礼部"[②]。第二次是为回应明朝兵部的咨文，朝鲜"遣陈奏使韩应寅等，陈奏日本恐胁我国，欲入寇大明等情，且辨咨内流言之诬"[③]。金应南之行因恰逢明朝起疑之时且奏报内容与琉球相似，故得到万历皇帝的奖赏，并且因万历皇帝久不临朝却亲自接见了朝鲜使臣，朝鲜遂又以申点为谢恩使前往，"令奏贼情，比前加详"[④]。战前朝鲜向明朝的三次"辩诬"严词否认了对朝鲜"导倭入明"的指控，回应了诸多怀疑朝鲜的流言，一度消解了明朝的怀疑，但也为战争初期流言再起埋下了祸根。当战争突然爆发，朝军的迅速溃败、朝鲜王廷的一路后撤似乎印证了战前"导倭入明"的说法，明朝怀疑之心再起。

明朝辽东都司作为与朝鲜接壤的边境军镇，对战争态势一直有所关注。战争爆发后，在日军未攻陷王京之时，辽东总兵杨绍勋已获知日军进军迅速，朝鲜一路败退，难以抵御日军进攻。[⑤] 朝鲜溃败之迅速令其担忧和怀疑。柳成龙也提道："时，辽东闻倭犯我国，未久又闻都城不守，车驾西迁，既又闻倭兵已至平壤，甚疑之，以为倭变虽急，不应猝遽如此，或云我国为倭先导。"[⑥]在宣祖尚在平壤之时，杨绍勋便将朝鲜战况上报给兵部并表达了自己对朝鲜的怀疑，明廷在接到杨绍勋的报告后对朝鲜战局有何看法未见诸于明朝史料，但在朝鲜史料中有所体现：

> 时变起仓卒，讹言传播。辽左煽言，朝鲜与日本连结，诡言被兵，国

① 参见陈志刚：《明朝在朝鲜之役前后的军事情报活动论析》，《学习与探索》2011 年第 4 期。

② 《朝鲜王朝实录·宣祖修正实录》卷 25，宣祖二十四年五月乙丑条。

③ 《朝鲜王朝实录·宣祖修正实录》卷 25，宣祖二十四年十月癸巳条。

④ 《朝鲜王朝实录·宣祖修正实录》卷 25，宣祖二十四年十月癸巳条。

⑤ 参见(明)侯继高：《全浙兵制》卷 2《附录近报倭警》，《四库全书存目丛书》子部第 31 册，第 185～186 页。

⑥ (朝鲜王朝)柳成龙：《惩毖录》卷 1，《朝鲜史料汇编》第 18 册，第 323 页。

王与本国猛士避入北道，以他人为假王，托言被兵，实为日本向导。流言闻于上国，朝廷疑信相半。[①]

此时关于朝鲜王朝的流言不再仅局限于为日本向导这一空泛的说法，还产生了“假王”这一具体的“欺骗手段”。基于朝鲜匪夷所思的败退速度及其最初拒绝明军救援的行为[②]，“疑信相半”的明朝因此派出第一批探查人员对此事进行勘察。

五月底，宣祖尚在平壤，明朝兵部秘谕辽东都司遣崔世臣、林世禄“以采审贼情为名，实欲驰至平壤，请与国王相会，审其真伪而归”[③]，此为明朝派出的第一批探查人员。六月五日，崔世臣、林世禄到达平壤，面见宣祖。史载：

天朝差官崔世臣、林世禄等以探审贼情到平壤，上以黑团领接见于行宫。先问皇上万福，仍言：“弊邦不幸，为贼侵突，边臣失御。且因升平既久，民不知兵，旬日之间连陷内邑，势益鸱。寡人失守宗祧，奔避至此，贻朝廷忧恤，重劳诸大人，惭惧益深。”仍各有赠礼。[④]

除了面见宣祖外，柳成龙为消除明朝疑虑，专门带领林世禄于平壤城外的练光亭上，望察大同江南岸的日军情形。林世禄对所观日军情形似有不信之色，并且追问所见日军人少的原因，可见当时明朝对朝军败退如此迅速存有强烈的怀疑。柳成龙以“倭巧诈，虽大兵在后，而先来侦探者，不过数辈，若见其少而忽之，则必陷于贼术矣”[⑤]的说辞向林世禄解释此为日军的战术战法，缓解了林世禄的疑虑。

宣祖在平壤与崔、林二臣会面后，不久便弃守平壤，奔向义州，同时开始正式派遣李恒福赴辽请援，李恒福一天六次上书，可见朝鲜请援心情之切，且宣祖“连咨辽镇，请率妃嫔、子女、陪臣内附辽东”[⑥]，“内附”的意图十分迫切。此前，一路败退的朝鲜王廷已经引起明朝的猜疑，再次从平壤撤退后无益于消解明朝尤其是辽东都司对朝鲜的怀疑，反而加深疑虑。朝鲜一次又一次的弃城举动和宣祖强烈的“内附”意图，又一次加重了明朝对朝鲜王廷

---

① 《朝鲜王朝实录·宣祖修正实录》卷26，宣祖二十五年六月己丑条。

② （朝鲜王朝）朴东亮：《寄斋史草》（下），《壬辰日录》卷1，宣祖二十五年五月十九日条。宽奠堡总兵召义州牧使黄域，谓曰：“尔国受兵，自上国不可不救，俺当不日领兵过江，尔其以此意急急启知。”琎曰：“我国虽猝被兵祸，举国奔播，然弊境兵足以当贼，岂劳大人之救乎？”总兵笑而去。（《大东野乘》卷52，第262页）

③ 《朝鲜王朝实录·宣祖实录》卷26，宣祖二十五年五月戊子条。

④ 《朝鲜王朝实录·宣祖实录》卷27，宣祖二十五年六月癸巳条。

⑤ （朝鲜王朝）柳成龙：《惩毖录》卷1，《朝鲜史料汇编》第18册，第323～324页。

⑥ 《朝鲜王朝实录·宣祖修正实录》卷26，宣祖二十五年六月己丑条。

请兵真实性的怀疑。换言之，宣祖弃守平壤使崔、林二臣探查的结果无济于事，明朝仍然流传着日本与朝鲜勾结“假道入明”“朝鲜假王”等流言。史载：

> 及本国请兵奏至，辽左之人传言：朝鲜，实与倭奴同叛，佯为假王，向导而来。[①]

于是，明朝决定再次派人核查。六月十八日，辽东巡按御史李时孳遣指挥宋国臣前往朝鲜再次查问情形。此时宣祖正在离开平壤、向义州方向撤退的路上，即将抵达宣川。史载：

> 辽东巡按御史李时孳遣指挥宋国臣赍咨来，其咨有曰：“尔国谋为不轨。”又曰：“八道观察使，何无一言之及于贼？八道郡县，何无一人之倡大义？何日陷某道，何日陷某州，某人死于贼，某人附于贼，贼将几人，军几万？……”上览咨悚然曰：“此盖疑我与贼同谋，而为此恐动之言，以试其对也。”[②]

宋国臣此次调查更多代表的是辽东都司对朝鲜的怀疑和调查。宋国臣对朝鲜的质询毫不客气，反映出辽东都司对朝鲜步步撤退的强烈反感和疑惑。因宋国臣本人曾见过宣祖，故此次探查的重点是宣祖是否为“假王”。宋国臣回国后向辽东都司报告朝鲜国王确为宣祖，消解了明朝尤其是辽东都司对“假王”的担忧。

此前，明朝既已遣崔、林二人探查，并且宣祖在宁边时，辽东都司还通过林世禄转达过愿遣送明军入援，为何又疑心再起呢？笔者认为，辽东都司对此问题的反复敏感，与宣祖在到达宁川后正式向明朝提出内附的要求有关。六月十四日，宣祖在宁川确定了渡辽之计，“命大臣修内附咨文，送辽东都司”[③]。但“内附”是宣祖的一厢情愿，明朝尤其是辽东都司对宣祖“内附”并不热情。作为戍边军镇，辽东都司“以一倭不入为功”[④]，接受宣祖内附，无疑是不利于辽东都司严守边境安宁的。宣祖的渡辽之计必然不被辽东都司欢迎，也就难免招致明朝方面对于朝鲜的猜疑。正如辽东巡抚郝杰所忧：“倭奴谲诈异常，华人多为向导。若挟诈阑入，贻害非常，则作何处置？”[⑤]辽东都

---

① 《朝鲜王朝实录·宣祖实录》卷27，宣祖二十五年六月丙午条。
② 《朝鲜王朝实录·宣祖实录》卷27，宣祖二十五年六月丙午条。
③ 《朝鲜王朝实录·宣祖实录》卷27，宣祖二十五年六月壬寅条。
④ 《朝鲜王朝实录·宣祖实录》卷252，万历二十年九月丙子条。
⑤ 《朝鲜王朝实录·宣祖修正实录》卷26，宣祖二十五年六月己丑条。

司对宣祖的内附请求“拒之不仁，纳之难处”[①]。因此，辽东都司再次派出宋国臣前往探查，一方面希望给宣祖以压力，试图打消拖延他内附的想法。另一方面，“内附”一事“事体非轻，臣子无专擅之义”[②]，是否准允，还应看明廷的态度。宋国臣一行的探查也是在为辽东都司争取明廷中央的回复时间。

就明廷中央来看，万历皇帝和兵部尚书石星都积极主张入援朝鲜，但对宣祖“内附”的回应却并不积极。[③] 明廷对宣祖“内附”有可能带来的风险也模棱两可，在犹疑未定的情形下，明朝兵部又派黄应旸、徐一贯与夏时三人第三次前往朝鲜进行探查。朝鲜意识到明朝始终对自己存有疑虑，如不竭力消除，将难以实现请兵之求，故对第三次前来调查的明朝使臣，丝毫不敢怠慢：

> 大臣启曰：“今来天朝差官黄应阳[旸]，乃是中朝所遣，今欲直往倭寇所在处，解纷速返云。此人往还，机关甚重。臣等之意，恐不可先使之落莫，以失其心。自上暂时出接，恐为无妨。”[④]

朝鲜此时已正式向明朝请援，日夜盼望明军入援且兵力多多益善。为打消明朝疑虑，尽快使其出兵救援，朝鲜这次拿出两封倭书自证清白，明臣终有释然之意。应旸叩膺出涕曰：“朝鲜替上国受兵，而义声不彰，反被恶名，天下宁有是乎？”[⑤]除此之外，宣祖此次还郑重会见了黄应旸、徐一贯与夏时三人，其间声泪俱下，痛陈朝鲜惨遭蹂躏、为流言所害，并直言本国困境，请兵亦请粮。至此，明朝的疑虑才消除殆尽。

考察朝鲜王朝弃守王京与弃守平壤的决策异同发现，二者皆因军事防线被突破，军事压力骤增促成。但要看到，平壤与王京所面临的军事压力不可同日而语。日军威逼王京时，朝鲜在客观上确无坚守之力。“去邠”之计意图缓解王室危机，从两害相权取其重的角度考虑，弃守王京是为了朝鲜王朝此后可再做图谋。

弃守平壤的决策虽因临津江战败而起，也面临着日军再次逼近的军事

---

① 《明神宗实录》卷252，万历二十年七月己未条，第4648页。

② 《朝鲜王朝实录·宣祖修正实录》卷26，宣祖二十五年六月己丑条。

③ 《朝鲜王朝实录·宣祖修正实录》卷26，宣祖二十五年六月己丑条：“请令该镇差人，宣谕朝廷至意，使知来奔，则复国无期，倭遂占据固守，则援兵可待，倭自败回，令之住扎彼界，险阨以待天兵之援。仍谕本国，多遣陪臣，号召勤王之师，以为恢复旧疆之策，不得甘心败没。万一该国危急来奔，请难尽拒，宜敕令容纳，亦须量名数，毋过百人。奉皇旨曰：倭贼陷没朝鲜，国王逃避，朕甚愍恻。援兵既遣，差人宣谕彼国大臣，着他尽忠护国，督集各处兵马，固守城池，控扼险隘，力图恢复。岂得坐视丧亡？”

④ 《朝鲜王朝实录·宣祖实录》卷28，宣祖二十五年七月戊午条。

⑤ 《朝鲜王朝实录·宣祖修正实录》卷26，宣祖二十五年六月己丑条。

压力,但此一时彼一时。平壤在历史上饱经战乱,城池坚固,是朝鲜北部最后可据之城池,战略位置十分重要。朝鲜王廷已在平壤城内休整一月,囤积了大量粮草,各地勤王军队陆续而至,平壤城前的大同江一线还有李镒带兵布防以及从临津江退败后重新收拾的散兵。总之,平壤完全有坚守抗敌、据城与日军一战的条件,并非像四月底的汉城一样孤立无援。其时,日军长途跋涉,又闪电式进军一月,粮草补给、人员整修、军队战力等各方面都出现了问题。攻打大同江和平壤的日军远没有想象中的多。从柳成龙对当时列阵于大同江对岸的日军描述便可见一斑:"隔江望贼兵,亦不甚多,东大院岸上,排作一字阵,列竖红白旗,如我国挽章样,出十余骑向羊角岛,入江中,水没马腹,皆按辔列立,示将渡江之状。"[①]可见,日军故作严阵以待,实则人数不多。对日军来说,平壤并非如汉城一般可轻松拿下。朝鲜王朝弃守王京姑且可以看作是不得不为、情有可原;但平壤作为已经驻守战备月余、具有战略意义的城池,在具备可以抵抗的条件下依然被放弃,反映了朝鲜君臣御敌之虚弱,目光之短浅。

宣祖在弃守平壤的决策上同弃守王京一样,圣心独裁、一意孤行。与弃守王京时不同的是,宣祖弃守平壤的决定获得了不少大臣的支持。"去邠"之时,只有李山海一人支持宣祖;而此次弃守平壤则相反,唯有柳成龙一人坚决反对。王廷对于是否弃守平壤的争论远没有像反对"去邠"时那样激烈,大臣们很快转入对撤退路线的商讨中。可以说,朝鲜君臣御敌信念和勇气日渐消解。在对撤退路线的商讨中,"北去"还是"西行"更多的是朝鲜臣子之间的争论。以柳成龙、李德馨、李恒福为代表的主张求援明朝的大臣力主"西向",而多数大臣因欲与家人相聚才选择"北去"。此时的宣祖内心并不在意具体方向,只求寻得安稳避难之所。所以,宣祖最初赞同"北去",但在宁边看到北境一片惨淡的景象后,立刻转向西去义州。自此,宣祖"内附"明朝之念愈加坚决,不惜与世子分朝、不顾诸多臣子不再跟随、将一应国事全权交于世子处理,专心在义州请求"内附"明朝,寻求明朝庇护和救援。

朝鲜王廷弃守平壤,对于朝鲜战局带来的不利影响,远比弃守王京更为严重。其一,浪费了平壤城内大量囤积的粮食等战略物资,导致此后朝军与明军合作初期一直为粮饷所困扰。其二,宣祖撤出平壤再一次打击了朝鲜军民的信心和士气。与"去邠"之后的王京一样,平壤城内秩序混乱,官民之间矛盾激化。王廷的坚守也是一种精神力量,以宣祖为代表的朝鲜王廷在壬辰倭乱中并未发挥多少鼓舞人心的力量,反而一次次引发民众的不满。

① (朝鲜王朝)柳成龙:《惩毖录》卷1,《朝鲜史料汇编》第18册,第331页。

其三，平壤失陷后，朝鲜王廷在义州至平壤这一带的情报工作几乎处于瘫痪状态。为了探听平壤城的情报，出现了僧人传递情报的局面，但这些民间汇集的情报的真实性又值得怀疑。率先进入朝鲜的祖承训在平壤失利后，严词指责朝鲜提供的日军作战特点和人数都不准确，为战争初期双方的互相信任与配合增加了困难。其四，朝鲜一次又一次的弃城行动，似乎印证了战前“导倭入明”的传言，引起了明朝的再三猜疑。而原本在平壤即可解释清楚的流言问题，也随着王廷撤出平壤、一路西向而再次兴起，徒增枝节。“辩诬”虽在明朝与朝鲜之间时有发生，但在战争状态下尤其是国土迅速被占领、王廷一步步撤退的紧急情形下，如此反复往来的怀疑与解释，于朝鲜来说是徒耗精力且增加外交成本。对明朝来说，则是拖延决策形成与执行，完全不利于两国共同抵抗日军侵略。

四、结 语

壬辰战争初期，日军进攻迅猛，自釜山登陆后，一路势如破竹，直逼朝鲜王京汉城。其间，朝鲜地方军政脆弱，将官溃败，军民四散，完全无力阻止日军的侵略势头。战报传至朝鲜王京，以宣祖为中心的朝鲜王廷匆忙任命将官，又于各道征兵，调集武器，组成了两支朝军分赴尚州、忠州，与当地驻军共同布防，意在阻挡日军入侵王京。由于朝军武器落后、军情哨报匮乏、对日军知之甚少以及军事体制存在漏洞，朝鲜王廷组织的尚州、忠州防御战皆以失败告终。朝军自庆尚道至京畿道，始终未能有效抵御日军的进攻，朝鲜半壁国土沦陷，军事危局日益加深。

朝鲜王朝在战争初期深陷军事危局，是其弃守决策最重要的历史背景；朝鲜军队防御日军的接连失利，是“弃守”决策形成的直接推动力。弃守之目的在于保证以宣祖为中心的朝鲜王廷的安全，这一决策的形成是朝鲜王廷的共同决定。其中，宣祖坚定的弃城意志在决策形成中起主导作用，朝鲜诸大臣在“弃城”与“坚守”的立场上虽多有争论，最终都统一于宣祖的决策方向。弃守王京和平壤使朝鲜王廷暂时躲避了日军的兵锋，但无法保证其长久安全。在宣祖弃守平壤，奔赴义州，命世子监国之时，朝鲜王廷已再无可退之地。换言之，朝鲜军队在不能成功抵御日军进攻的情形下，弃守决策只能保证一时安宁，而无法保证王廷的长期安全，更无法守卫国土，保卫百姓。

具体而言，弃守王京是由于朝军在尚州和忠州的防御战失败，王京汉城无力自卫；弃守平壤则因为临津江一线的朝军布防被突破，宣祖深感慌张不安。两次弃城虽然都因前线朝军防御失败而起，但两座城池所面临的情形和自身的守城能力则完全不同，应当分别看待和认识。宣祖二十五年(1592)四月底的朝鲜王朝，因王京城内兵力严重不足且军民溃散，加之日军迫近，客观上没有坚守王京的能力。从王朝存续的角度说，王廷撤离王京、弃守汉城是战时状态下的权宜之计，以期维持统治，否则朝鲜王朝极有可能直接覆灭。结合当时的历史环境，"去邠"事出有因，情有可原，也有利于继续与日军作战，不致举国沦陷。而六月初的平壤则是另一番情形。此时，朝鲜王廷在平壤城内已休整一月有余，城内粮草、城外军士皆充足，王廷也恢复了运转，朝鲜各道军队陆续组织的对日反击和勤王行动都有所进展。更重要的是，此时日军也面临长途跋涉、闪电式进军月余后的粮饷困难和士兵疲累的问题。此时，陈兵大同江、意图进攻平壤的日军，无论从人数还是战力上，都远逊于此前进攻王京时的情形。平壤面临的军事压力要小于此前王京汉城的压力。同时，平壤作为朝鲜北部最后的可据之城，战略位置十分重要。在上述情形下，朝鲜王廷依旧执行弃守决策，无论对自身存亡还是战局发展，都无甚积极意义。弃守平壤朝鲜王廷是一次不可推托的决策失误。

弃守决策使朝鲜王室和中枢决策机构得以获得暂时的安全，但对战局和国内统治都造成了诸多不利影响。其一，弃守决策即放弃对城池的防守，无视城内民众安危，将城池和民众直接暴露于日军铁蹄之下。弃守汉城和平壤都引发了城内民众的惊慌和动乱，民众通过抢掠焚烧发泄恐惧和愤怒的情绪，两座历史古城在敌军进驻之前一度被城内百姓焚烧破坏。王廷的弃城行为是以牺牲国土城池和民众利益来保护王室安全，置百姓于不顾的弃守决策使朝鲜王朝一再丧失民心，动摇统治基础。其二，朝鲜王廷作为最高决策层弃城而去，直接打击了奉命沿汉江和大同江布防，以及留守汉城和平壤的朝军的御敌决心和勇气，使得原本可作为天险防守的汉江和大同江的防守有名无实、形同虚设，未起到多少打击或者阻拦日军的作用。可以说，朝鲜王廷的弃守决策使日军以最小的代价占领了汉城和平壤。更为可惜的是，平壤城内囤积的大量粮草未作用于朝军，反而缓解了日军正面临的粮草短缺问题。其三，从四月底至六月中旬，朝鲜王廷先后放弃汉城、开城和平壤。这一路撤退不仅导致王廷自身耗损巨大，君臣关系紧张，政治无序，效率低下，还引发了与明朝的诸多误解和嫌隙。在明军入援的问题上，因朝鲜王廷放弃了平壤城内粮草再度造成粮草危机，无力供给入援明军的粮饷，使得明军在鸭绿江边与朝鲜就粮食供应问题拉锯一月有余，朝鲜无奈"请粮"后才正式踏入朝鲜境内救援。率领明军首次迎敌的明朝将领祖承训在第一次平壤之战失利后，控诉朝鲜诸罪状时提及朝鲜情报不详且有误，也是因为朝鲜弃守平壤后，其情报工作陷入了巨大困顿之中。另外，朝鲜王廷的一路撤退和宣祖到达义州后的“内附”之求，使明朝方面尤其是辽东都司既惊讶又怀疑，加之战前就流传的日本欲与朝鲜勾结，意图“假道入明”，朝鲜王朝一次次的弃城行为似乎印证了战前“导倭入明”的传言，引起了明朝的再三猜疑。自朝鲜王廷尚在平壤，宣祖奔赴义州的半月时间里，明朝先后三次派人前往朝鲜核实倭情真伪。宣祖接二连三的弃城行动引发战时如此徒劳繁复的外交行为，不仅增加了朝鲜在请兵外交中的时间成本，也拖延了明军入援的时间和节奏。

综观朝鲜两次弃守决策，宣祖的个人意志起决定性作用。作为君主，宣祖明显更在意王室安全和个人安危，而非国家战略和领土安全。虽然在两次弃守决策形成过程中，皆有大臣提出反对意见，但他们没有坚决的态度和力量扭转宣祖的想法。尤其就弃守平壤这一决策而言，尽管许多大臣认为坚守平壤才是更好的选择，但依然没有强烈反对宣祖的撤退计划。再结合大臣们在弃守王京时力求建储，在弃守平壤时提出世子分道而行之事，便可看出，在朝鲜臣子心中，王室的存续比土地和城池更能代表国家的存在。从这个意义上说，朝鲜君臣对社稷存亡的看法在本质上是一致的，都更加看重王室的安全和存在。

不得不说，宣祖自王京至义州，一直处于惊惧恐慌之中。本就不多的御敌信念和勇气日益消磨殆尽，去往更为安全的避难之处是在撤退期间最坚定的想法。当宣祖携几名内侍匆匆避难边境小城义州，将国事全权委托于世子光海君及追随光海君的朝鲜大臣时，他便无法承担组织国力抵御日军的重担。从某种意义上讲，避难于义州的宣祖，已然从朝鲜王朝最高统治者变成一位企求安稳度日的落魄贵族。

明朝首辅赵志皋与万历明日和议

范敬如

万历二十年(1592)四月,日本丰臣秀吉发动侵略朝鲜之战,史称"壬辰战争"。明朝军队远征援助朝鲜,获得平壤大捷之后,又败于碧蹄馆,因而开始明日之间的和谈。明朝与日本在壬辰战争中的这次议和,是壬辰战争前后两段战事的分水岭,对于战争的成败与走向乃至国力的兴衰都起到了重要影响。

关于壬辰战争中的和议问题,现有的学术成果非常丰富,对于议和的具体经过、明日和谈条件的分析及和议失败的原因、评价等都进行了细致研究,但现有研究仍有进一步探索的空间。在以往研究中,提到明朝方面的议和活动时,重点研究人物是兵部尚书石星及其帮手沈惟敬。石星作为兵部尚书,在壬辰战争中是非常重要的关键性人物,但明朝与日本议和这一重大事件,不仅仅由石星和沈惟敬二人决断,明朝中主和派的另一重要人物——首辅赵志皋在以往研究中被忽略。

赵志皋,字汝迈,兰溪(今浙江兰溪)人,于隆庆二年(1568)考中进士,万历初年被选为侍读。万历二十年,首辅王家屏罢官,继任者王锡爵于家中未回到朝廷,由赵志皋暂居首辅。万历二十二年(1594),王锡爵辞官,赵志皋接任首辅。壬辰战争时期,明朝与日本交战一段时间后,开始有和议趋势。兵部尚书石星主张和议,《明史》记载,赵志皋"亦冀无事,相与应和"[①]。而册封丰臣秀吉事败后,言官弹劾石星时,必一同弹劾赵志皋。对于群臣的弹劾,赵志皋也多次上疏请辞,均被万历皇帝勉留。不久,兵部尚书石星因欺罔之罪被下狱论死,而赵志皋因病久不能回朝,最后于万历二十九年(1601)

---

① (清)张廷玉等:《明史》卷219《赵志皋传》,北京:中华书局,1974年,第5776页。

秋卒于邸舍。

由《明史》记载和时人对议和之事的议论可以看出，首辅赵志皋在明朝册封日本丰臣秀吉这一决策过程中起到了非常重要的推动作用，但现有研究对赵这一人物仅是略有提及。如孙卫国在《兵部尚书石星与明代抗倭援朝战争》一文中提到石星在册封事件中得到了首辅赵志皋的支持。① 郑洁西、杨向艳在《万历二十五年的石星、沈惟敬案——以萧大亨刑部奏议为中心》一文中提到赵志皋是册封事件中主和派的后台，而赵志皋之所以在册封事败后未受处罚，是因为万历皇帝顾忌他的首辅身份。② 这些研究成果限于文章主题和篇幅，简单提到了首辅赵志皋在壬辰战争和谈过程中是主张议和的，并且因此遭受了弹劾，但未对赵志皋在和谈过程中的推动作用进行详细研究。

在前辈学者研究成果的启发下，本文尝试研究明朝首辅赵志皋推动壬辰战争中明日议和事件的进程，并探寻其支持议和的原因，以求对壬辰战争中的和议事件有一个完整的认识。

一、明日和议的背景、经过及结果

万历二十年四月，日本丰臣秀吉发动侵略朝鲜之战，史称“壬辰战争”。据《明史》记载，日本军队于五月渡过临津，掠夺开城，又攻陷丰德诸郡。当时，朝鲜军队节节溃败，望风而退，日本将领加藤清正等因此率领军队直逼王京。日本军队攻打进入朝鲜王京后，俘虏其王妃、王子，又追击国王等王室直至平壤，一路放兵淫掠，使得朝鲜八道几乎全军覆没。朝鲜国王李昖弃王京逃往平壤，之后又仓皇逃往义州。逃亡途中，其向明朝派遣求救的使节络绎不绝，明朝遂派兵救援。明朝援军到达平壤之后，出师不利，使得明朝举朝震动。于是，明朝以宋应昌为经略、李如松为提督，再次出兵援朝。由于明朝出兵援助朝鲜之时，国内宁夏之乱还未平定，出兵援朝又耗费大量兵力。因此为保险计，兵部尚书石星招募了民间人士沈惟敬前往日本探听情况。沈惟敬到达釜山后与小西行长会面，小西行长提出“天朝幸按兵不动，我不久当还”③，并让沈惟敬将此言转达给明朝。得到沈惟敬转达的信息后，明朝廷议认为“倭诈未可信”④，因此督促宋应昌继续攻打。万历二十一年

① 参见中国朝鲜史研究会、复旦大学韩国研究中心、延边大学朝鲜・韩国历史研究所编：《中国朝鲜史研究会会刊——朝鲜・韩国历史研究》第 14 辑，延吉：延边大学出版社，2013 年，第86 页。

② 参见郑洁西、杨向艳：《万历二十五年的石星、沈惟敬案——以萧大亨“刑部奏议”为中心》，《社会科学辑刊》2014 年第 3 期。

③ (清)张廷玉等：《明史》卷 320《朝鲜传》，第 8292 页。

④ (清)张廷玉等：《明史》卷 320《朝鲜传》，第 8292 页。

(1593)正月十八,东征提督李如松获得了平壤大捷。然而,李如松在平壤告捷之后,又败于碧蹄馆。虽然此次失败损失不大,然而,经略宋应昌急迫地希望征战成功,而日本军队远征已久,也已兵力疲惫、粮草短缺,希望早回日本,因而明日和议被提出。宋应昌先派沈惟敬与日本接触,得到日本回复沈惟敬的书信后,又令游击周弘谟同沈惟敬前往告知日本明朝方面的要求,即"献王京,返王子,如约纵归"①。日本于万历二十一年四月弃朝鲜王京撤兵。当时,朝鲜汉江以南千余里国土已经被收复,因此,明朝兵部认为应尽快将明朝军队从朝鲜撤回。

万历二十一年九月,朝鲜国王李昖以"三都既复,疆域再造"②,向明朝上表文谢恩。然而,就当时的情况来看,日本军队并未完全撤出朝鲜,仍占据釜山,但明朝兵部尚书石星却一意主张议和。此时,虽然明朝并没有下定封贡日本的决心,但如果继续派明兵远驻日本,对明朝兵力的消耗也是极大的。万历二十二年(1594)正月,朝鲜国王李昖派遣使节金睟等前往明朝,贡方物并谢恩。时任礼部郎中的何乔远向万历皇帝奏报:使节金睟汇报称,沈惟敬与日本交涉时不提和亲,只称乞降。接到朝鲜使节传达的消息后,万历因此下诏令兵部商议此事。一时间"廷臣交章"③,皆认为应"罢封贡、议战守"④。八月,宋应昌继任者、经略顾养谦向皇帝上奏"讲贡之说":"贡道宜从宁波,关白宜封为日本王,谕行长部倭尽归,与封贡如约。"⑤九月,由于顾养谦、石星等主张和议,并要挟⑥朝鲜国王李昖向万历"请许保国"⑦,因此,在接到朝鲜国王建议册封日本的请求后,万历乃切责群臣阻挠(册封日本之事),并下旨追查之前阻挠封贡的御史郭实等人。⑧ 同时,万历皇帝下诏,令日本使节小西飞入明朝,召集多官面议,并向日本要以三事:一,勒倭尽归巢;二,既封不与贡;三,誓无犯朝鲜。对此,日本使节小西飞"俱听从"。

明朝于万历二十二年十二月,以临淮侯李宗城为正使、都指挥杨方亨为副使,同沈惟敬前往日本进行册封,之后,李宗城因担心议和之事不成而中途逃走。据学者李光涛推测,明朝册封正使李宗城的逃亡,正是因加藤清正

① (清)张廷玉等:《明史》卷320《朝鲜传》,第8292~8293页。

② (清)张廷玉等:《明史》卷320《朝鲜传》,第8293页。

③ (清)张廷玉等:《明史》卷320《朝鲜传》,第8294页。

④ (清)张廷玉等:《明史》卷320《朝鲜传》,第8294页。

⑤ (清)张廷玉等:《明史》卷320《朝鲜传》,第8294页。

⑥ 参见李光涛:《万历二十三年封日本国王丰臣秀吉考》,台北:"中央研究院"历史语言研究所专刊,1967年,第76~78页。

⑦ (清)张廷玉等:《明史》卷320《朝鲜传》,第8294页。

⑧ 参见(清)张廷玉等:《明史》卷320《朝鲜传》,第8294页。

派人对其恐吓导致，是影响丰臣秀吉判断和册封失败的一个重要原因。[①] 明朝又以杨方亨为正使、沈惟敬为副使，册封丰臣秀吉。册封过程中，由于朝鲜陪臣黄慎发现明日交涉并不顺利，因此秘密将册封不利的消息传回朝鲜。朝鲜接到黄慎的情报后，立即派求援使臣前往明朝求救。朝鲜使臣到达明朝之后，明朝大臣都以为议和已经成功，直到得知日军再次出兵的消息，方知册封失败。后明朝证实，册封使带回的日方一份谢恩表文、一份乞天子处分朝鲜表文，均为伪造。正当明朝调查表文真假时，前线传来情报，日本将领加藤清正又率兵屯驻机张营。此时，杨方亨才说出兵部尚书石星和沈惟敬欺上瞒下的实情。万历皇帝大怒，命逮捕石星、沈惟敬，至此，壬辰战争开始以来的明朝与日本议和之事彻底失败。

二、赵志皋其人及其对和议的推动

（一）赵志皋其人

赵志皋，字汝迈，浙江兰溪人。隆庆二年（1568）进士及第。万历三年，时任翰林院修撰的赵志皋任编纂章奏官和日讲官。张居正夺情时，要廷杖处罚反对者吴中行、赵用贤，赵志皋与张位、习孔教等上疏求救，得罪张居正。因此赵志皋在朝廷考察京朝官期间，被张居正逐出，贬为广东副使。张居正死后，由于“言者交荐”[②]，赵志皋被起任为解州同知，之后又任南京太仆丞，历任国子监司业、祭酒，再迁升为吏部右侍郎，不久又被任为吏部左侍郎。万历十九年（1589）秋，时任首辅的申时行谢政，举荐赵志皋及张位入阁，赵志皋因此升为礼部尚书兼任东阁大学士，“入参机务”[③]。申时行退位举荐赵志皋、张位时为密荐，吏部尚书陆光祖因此向皇帝上奏，认为申时行独举密荐，恐为徇私植党。对此，赵志皋恳辞相位，万历皇帝不许，仍旧令其入阁。万历二十年春，首辅王家屏罢官，继任首辅的王锡爵于家中奔丧，尚未回到朝廷，由赵志皋暂居首辅。当时宁夏兵变，兵事多由赵志皋咨决。万历二十一年，主事岳元声上疏弹劾王锡爵，后王锡爵还朝，又于万历二十二年五月因“国本之争”事件辞职，赵志皋开始担任首辅一职，直到因病归家。

史载，“张居正柄国，权震主。申时行继之，势犹盛。王锡爵性刚负气，人亦畏之”[④]，而赵志皋为首辅，“柔而懦，为朝士所轻，诟谇四起”[⑤]。赵志皋

---

① 参见李光涛：《万历二十三年封日本国王丰臣秀吉考》，第1页。

② （清）张廷玉等：《明史》卷219《赵志皋传》，第5775页。

③ （清）张廷玉等：《明史》卷219《赵志皋传》，第5775页。

④ （清）张廷玉等：《明史》卷219《赵志皋传》，第5776页。

⑤ （清）张廷玉等：《明史》卷219《赵志皋传》，第5776页。

初为首辅时，遇上西华门灾，御史赵文炳、南京御史柳佐、给事中章守诚、吏部郎顾宪成等一齐上奏，弹劾驱逐赵志皋。之后，又有给事中张涛、杨洵，南京评事龙起雷、巡按御史吴崇礼、工部郎中岳元声、给事中刘道亨等相继弹劾赵志皋，以致赵志皋愤言："同一阁臣也，往日势重而权有所归，则相率附之以媒进。今日势轻而权有所分，则相率击之以博名。"[①]因受弹劾，赵志皋多次向皇帝请归，万历皇帝皆不允。

赵志皋任首辅时期，经历了宁夏之变、国本之争、矿税、万历援朝战争等多项事件。宁夏之变时，首辅王家屏因立太子之事与万历皇帝博弈而辞官回家，首辅之事都由时任次辅的赵志皋代理。赵志皋多次上奏疏，向皇帝谏言有关兵力分配和军费的问题，尽职尽责。"国本之争"是万历皇帝立太子的矛盾中心。在赵志皋正式任首辅之前，申时行、王家屏、王锡爵都因与册封太子之事陷入皇帝和群臣的争执之中，而受牵连乞休。皇长子年十六时，赵志皋曾尝试请为其举冠婚礼，万历皇帝命礼官具体商议，制定仪式。然而，等仪式制定成后，万历皇帝又不实行。万历二十六年(1598)三月，赵志皋等再一次向皇帝谏言请为皇长子举行冠礼，皇帝终不允。矿税的出现造成了万历后期民生疾苦。赵志皋任少傅加太子太傅后，借着"时两宫灾，彗星见，日食九分有奇，三殿又灾，连岁间变异迭出"[②]之机下罪己诏，向皇帝"陈时政缺失"[③]，以"定国本、罢矿税诸事"[④]为重，但皇帝仅仅"优诏报闻而已"[⑤]。

壬辰战争时期，日本封贡议起，兵部尚书石星力主议和，《明史》记载，赵志皋"亦冀无事，相与应和"[⑥]。而册封丰臣秀吉事败后，朝廷言官"凡劾星者必及志皋"[⑦]。赵志皋每被弹劾，则上疏求退，却都被万历皇帝挽留。最终石星因欺罔被下狱论死，次辅张位也因杨镐之事被贬，而赵志皋终未受处罚，但也久病不能回朝。赵志皋病中对罢矿、建储等事多次上疏力争，而万历帝对其恩赐亦如故。万历二十九年秋，赵志皋病重卒于邸舍，赠太傅，谥号文懿。

(二)赵志皋推动和议的具体过程

史料中明确提出，赵志皋为议和之事发声始于万历二十二(1594)年九

---

① (清)张廷玉等:《明史》卷219《赵志皋传》，第5776页。
② (清)张廷玉等:《明史》卷219《赵志皋传》，第5775页。
③ (清)张廷玉等:《明史》卷219《赵志皋传》，第5775页。
④ (清)张廷玉等:《明史》卷219《赵志皋传》，第5775页。
⑤ (清)张廷玉等:《明史》卷219《赵志皋传》，第5775页。
⑥ (清)张廷玉等:《明史》卷219《赵志皋传》，第5776页。
⑦ (清)张廷玉等:《明史》卷219《赵志皋传》，第5776页。

月十四日。此前，万历皇帝已于之前九月初九，下旨兵部讨论东倭封贡事宜：

> 朕前见廷臣争讲东倭封贡事宜，自奉旨停罢后，如何再无人言及倭事，你部里亦未见有奇谋长策来奏，不知善后之计何在。今宣捷告庙，为录前功，此事尚未完结。朕宫中将此倭情细思之，或速遣兵驱去，或待再来出兵征之，或不许贡但往市，这三策你部里可斟酌覆奏。夫谋必先定，方可应急，须是速探夷情的确，庶便行事。若选将练兵、积粮治器，此皆督抚之责，还当行文与他，每作速料理，勿致误事。①

由这段史料可见，万历皇帝对于明日和谈的事情，有自己的看法，他给兵部三个对策选择。第一，继续出兵朝鲜，直至将日兵完全从朝鲜驱逐出去。第二，明朝暂时按兵不动，若日兵再来侵犯朝鲜，明朝再出兵反击。第三，答应与日本讲和，但是不允许日本前来朝贡，仅仅允许互市贸易。对此，兵部尚书石星在回奏中提出，继续派遣明朝军队将日兵驱逐，虽为上策，但是明朝军队刚刚撤回，尚未能休息整顿，“千里趋利，兵家所忌”②；况且，自辽东至釜山又有数千里远，若长期远征，使兵马疲劳，也不能为长久之计。石星同时又表达了对只允许互市不允许封贡的担心，因为自古以来“封、贡为一体”③，因此在朝鲜国王还未请求明朝推动与日本和谈之前，权宜之策只能是增加兵防，以备日兵再次来犯。

万历二十二年九月十二日，朝鲜国王为倭请封，即请求明朝册封日本，对此，学者李光涛认为，由于经略顾养谦胁迫朝鲜国王，朝鲜国王才向明朝皇帝请求推动与日本的和谈及册封。④ 从九月初九万历皇帝给石星的命令来看，万历当时对于是否册封日本之事也犹疑不决，而朝鲜的请封使得万历皇帝正好可以顺水推舟。得到朝鲜国王的请求后，万历皇帝还“因怒前此议阻封贡诸臣，切责兵部不能主张大事”⑤，并且下旨于兵部“朕思东事阻挠坏乱，皆群小朋谋，指使附和，以致失策。此皆河南道御史，今刑部山西司主事郭实首为倡阶，阻挠大事，以致群小结党附和，妄议烦兴，造言惑众，好生不忠，可恶”⑥，令兵部将郭实革职为民，不再录用，并将其余曾经参与讨论东封

① 《明神宗实录》卷277，万历二十二年九月甲申条，台北：“中央研究院”历史语言研究所，1962年，第5124～5125页。

② 《明神宗实录》卷277，万历二十二年九月甲申条，第5125页。

③ 《明神宗实录》卷277，万历二十二年九月甲申条，第5125页。

④ 参见李光涛：《万历二十三年封日本国王丰臣秀吉考》，第76～78页。

⑤ 《明神宗实录》卷277，万历二十二年九月己丑条，第5127页。

⑥ 《赵志皋集·答谕封事》，杭州：浙江古籍出版社，2012年，第184页。

事宜的大臣拟了名单上报，再有阻挠封贡、造言惑众者，也要上报至朝廷。

万历皇帝下旨责令兵部筹划此事后，万历二十二年九月十四日，赵志皋向万历皇帝上疏《答谕封事》。《答谕封事》一文是赵志皋第一次提出对明日议和的看法。在这篇奏疏中，赵志皋首先回应了万历皇帝对兵部之指责，认为东征之事“喧争逾年，竟未结局”的原因有三。

第一，“好议者随声附和，既未尝灼见其情形；当事者首鼠依违，又不能坚执其筹划。中外观望，彼此推捱，久误大计，仰烦主忧”，“盖自倭退王京之后，今日请封，明日请贡，今日议许，明日议罢。一人倡之，既守其成说而不移；众人和之，遂一为公论而难犯。使秉枢管者真见其利害若何，果有定画，纵令发言盈庭，自当毅然担荷乃一概畏徇，朝议夕更，道傍之室奚成？中流之柱何赖？此诚本兵之责也”。[①] 赵志皋认为，明朝封倭一事之所以迟迟没有定论，是朝中群臣无作为，既有对当时战争局势毫不知情的“好议者随声附和”，又有“当事者首鼠依违”不能担当责任，因此互相观望，彼此推卸责任。对于东封一事，朝臣之提议朝令夕改，正如赵志皋文中所说“今日请封，明日请贡，今日议许，明日议罢”，并且有一人提出一说则固执己见，而众人应和其说成为公论就难以更改，但这一家之言又难以顾全战争之中的利害。抒发己见时振振有词，承担责任时又畏惧惩处，使得“朝议夕更”，以至“久误大计”，封贡之事迟迟没有结论。

第二，“比奉旨停罢封贡，又已数月于此，若果倭夷悉遁、属国无患，则前之议许者为非，议罢者为是，东方之事可置勿谈已。乃据所闻守备胡泽之言，及朝鲜为倭乞款之奏，则小西飞之在辽阳尚未还，群倭之屯聚釜山尚未遂。请而不遂，祸必复中于朝鲜。议援议战，议兵议饷，为忧方大。自非圣天子留心边计，特发严旨，则昔之建议者皆默默无言，任事者复泄泄自处，国事安危，将遂可托避晏然而已乎？”[②]从之前的议论纷纷没有定论，以致封贡之议论搁置数月后，小西飞等仍然没有退出朝鲜，此时“议援议战，议兵议饷”是国家最重要之事，而此时“昔之建议者皆默默无言，任事者复泄泄自处”[③]，国之中流砥柱纷纷明哲保身，置国家安危不顾。

第三，“盖年来议论不同，有但言封者，有并言贡者，有言封、贡俱不可者，有言可封不可贡者，必须通行经略大臣，侦探倭势缓急，酌量听许。既不可拂远夷之情，又不可失天朝之体。务令计筹万全，然后恭请圣裁，方为得策。若仰恃天威有赫，便为人言靡挠，独令明主自亲其画，而臣下反得借口

① 《赵志皋集·答谕封事》，第185页。
② 《赵志皋集·答谕封事》，第185页。
③ 《赵志皋集·答谕封事》，第185页。

避难。后来即有纷纭,咎将谁执?是向之谋而不能断,与今之断而不能审,其失正相等。"[①]对于封贡日本一事,兵部理应"通行经略大臣,侦探倭势缓急"做出适当的计策供皇帝参考,而兵部"向之谋而不能断,与今之断而不能审"。

最后,赵志皋向万历皇帝提出了自己对于和议之事如何解决的看法。第一,令经略孙鑛探倭情翔实,周全议论后,向皇帝奏报,另立议和限期。第二,自今日始,在廷大小诸臣,必须静听筹划,不得出位妄谈、多言乱听。而之前诸臣关于倭事的不同意见,令兵部存其奏章,预备采择,不必列名上奏。并希望皇帝对于异同之言,一切包涵,勿轻处分,以待事定之日,再处置得宜,使异议者自当愧服。第三,皇帝对郭实谴罚过重,似宜量从宽贷。[②] 面对赵志皋的谏言,万历皇帝采纳了其中前两条,即"著该部分别诸议,内其中言有可用的,著该部采择议行,其造言辱国、逞臆烦言的,遵旨开写来奏","其余战守封贡事情,着该部便作速详议来行",但对郭实的处罚则没有赦免。[③]当月十四日,赵志皋再上疏为郭实及言东事诸臣申解求救。对此,万历皇帝下谕:"凡逞臆烦言者开奏,郭实遵照前旨。"[④]首辅赵志皋有意劝阻万历皇帝赦免对言官的处罚,是为了君臣矛盾缓和,而万历皇帝坚持处罚却使得君臣矛盾进一步激化。

万历二十二年十月,巡抚辽东李化龙总督及经略孙鑛实施了赵志皋向皇帝的建议,在对日本方面情形侦探后,向皇帝奏报称,小西行长等兵久住釜山,名为等待明朝议论封贡之事,实则造船运饷、筑城掘壕,以要挟明朝。但因日本釜山的兵力较少,且三年客居兵力已倦,如欲再次大举进攻朝鲜,只能再次聚集大军来犯。[⑤] 之后,兵部尚书石星向万历皇帝上疏认为应一面令小西飞进京,接受明朝的确示予封之信,一面下令小西行长速退回日本,等待明朝册使到来,如册封日本,则可保朝鲜三五年之安。如此,朝鲜可趁机休养国力,自为战守。因此,万历皇帝允其奏准小西飞进京,许其册封日本之事。如日本军队不离开釜山,明朝则兴兵征剿。[⑥]

万历二十二年十一月,兵部尚书石星向皇帝上奏,言倭夷恳封甚切,明朝既然已经准许封事,应一面令姚洪前往辽阳,带领小西飞来京,一面令陈云鸿同沈嘉旺往釜山,告知小西行长尽快撤兵朝鲜,以候封使小西飞到京。

---

① 《赵志皋集·答谕封事》,第185~186页。

② 参见《赵志皋集·答谕封事》,第186页。

③ 《赵志皋集·答谕封事》,第186页。

④ 《明神宗实录》卷277,万历二十二年九月己丑条,第5128页。

⑤ 《明神宗实录》卷278,万历二十二年十月庚申条,第5140~5142页。

⑥ 参见《明神宗实录》卷278,万历二十二年十月庚申条,第5145~5146页。

册封、遣使等礼义俱照朝鲜、琉球事例封。如果小西行长退兵，则此事完；如已经册封而日本仍不肯撤兵，或别有要求，则无再复议一意，战守皆督臣孙鑛之责。①

万历二十二年十二月十一日，大学士赵志皋等向万历皇帝上奏："倭使小西飞见朝请。"②万历皇帝见到小西飞时询问："译审回称未确，远夷请封必须尽得其情，平秀吉为何侵掠朝鲜？及至战败，尚据釜山，今又差使乞封，岂可不审诚伪，着该部详议封名，遣官一谕行长不许留住，釜山倭夷尽还本国，房屋尽行烧毁；一谕朝鲜，待倭夷尽数退回奏报。仍将小西飞在左阙会官研审具奏。"③同时，万历皇帝令兵部官员详议封名遣官，并下了两道谕旨。第一道谕旨令小西行长不许留住釜山，"倭夷尽还"，日本军队在朝鲜建造的房屋尽行烧毁；第二道谕旨令朝鲜待倭夷尽数退回时奏报明朝，并将小西飞留在左阙，领官员"研审具奏"④。

日使小西飞到京后，首辅赵志皋及兵部尚书石星开始积极推动册封的具体事宜。万历二十二年十二月十八日，赵志皋等得到文书官传有关东倭封事宜的圣谕，即邀尚书石星至东阁以谕旨传示，并与其商议条款。与石星研究详确后，赵志皋向皇帝奏报，再一次推动议和之事进展：

> 伏思封倭一事，年来聚讼盈庭，近因倭众未退，朝鲜惧其侵犯，具奏请兵，有与封羁縻之说。皇上特谕臣等传示许封，又细访倭情。屯兵釜山，若封事不许，必犯朝鲜，请兵救援，不得不发。前此东征虽有两战之捷，而兵马损失甚多，所用钱粮几至二百万，辽东疲极难支，傥仍复用兵，不知又费兵马钱粮几何，将国计益诎，辽左益危，而几(畿)辅重地或生他变。臣等是以仰奉明旨，与本兵详议且以一封完目前之事，其战守机宜不妨随事整理，即他日有衅，可因时补救，今倭使已至，议论将定，乃谕旨复颁，恐廷臣不能仰窥周悉慎重之意，各以烦言阻挠。如国家大事何再四筹度，谨将今日谕旨收藏阁中，另拟谕兵部一道，乞裁定发行。又尚书石星恐皇上未信远夷之情，欲请自往体勘。臣等谓本兵未可轻出，星又云："须遣知兵文武重臣二人前去，庶可备得夷情，以纾东顾之优。"似属可行，再乞裁夺。⑤

---

① 参见《明神宗实录》卷279，万历二十二年十一月己卯条，第5155～5156页。

② 《明神宗实录》卷280，万历二十二年十二月甲寅条，第5172页。

③ 《明神宗实录》卷280，万历二十二年十二月甲寅条，第5172页。

④ 《明神宗实录》卷280，万历二十二年十二月甲寅条，第5172页。

⑤ 《明神宗实录》卷280，万历二十二年十二月辛酉条，第5178～5179页。

这段史料表达了赵志皋对于日本使节小西飞入京请封的看法，即由于此次和议之前，明朝两次入朝鲜救援，兵力已损耗巨大，因此“虽有两战之捷，而兵马人员失甚多”。不仅兵力大损，出兵所需的粮饷也已造成巨大的国库负担，“所用钱粮几至二百万，辽东疲极难支，傥仍复用兵，不知又费兵马钱粮几何，将国计益诎，辽左益危，而几（畿）辅重地或生他变”。因此，赵志皋在和议问题上与石星的立场一致，即以册封日本丰臣秀吉为上策，明朝兵力以守代攻，若日兵再来犯，明朝可因时补救。最后，赵志皋催促万历皇帝尽快定夺册封事宜，“今倭使已至，议论将定，乃谕旨复颁，恐廷臣不能仰窥周悉慎重之意，各以烦言阻挠”。由此可见，赵志皋作为首辅，对明日和议确实起到了推动作用。

万历二十二年十二月二十三日，石星会集赵志皋、定国公徐文璧等及九卿科道于左阙讨论倭使请封事宜。根据小西飞所说，日本之前就曾托朝鲜向明朝请求册封，然而朝鲜从中作梗，致使“绐误不达，又赚杀日本人，此为兵端，原无敢犯先虽封贡并请，今得封亦去”①。小西飞又说：“其运粮盖房俱因守候天使，且誓永不侵叛，及天使到釜山，兵马即归。其他辞往复俱恭顺，具列以闻。”②对此，万历皇帝下谕旨给小西飞，“既译审的确，封名、册使等项着详议具奏，尔部先差官宣谕倭将率众尽数回巢，待朝鲜王奏到之日，遣使往封”③。至此，在赵志皋及石星的推动下，明朝同意册封日本之事便尘埃落定。

确定册封日本之事后，明朝方面册封具体事宜逐步展开。万历二十三年（1595）正月十四日，兵部尚书石星等题：“册封日本，事出创始，正、副使李宗城等呈称，关防、旗牌、符节、符验，与随从员役、廪粮、官兵等项，皆不可少，合候旨移咨礼部，请给正、副使符节、关防、工部关给旗牌，本部请给符验。”④万历皇帝同意了石星的意见。

在赵志皋、石星等推动册封的过程中，仍然有大臣质疑册封之事，赵志皋也向皇帝上奏予以反驳，坚定促成册封之事。万历二十三年正月初十，蓟辽总督孙鑛曾奏言：

> 前臣建议及部覆皆称倭众尽退，然后议封，而倭将又称待使臣到，然后尽撤兵。部既请旨，特准与封，又奉旨令臣矿整饬兵马，以防他虞。请先调光海防营浙兵三千前往朝鲜协防，遣官宣谕倭众在釜山者尽数

---

① 《明神宗实录》卷280，万历二十二年十二月丙寅条，第5181页。

② 《明神宗实录》卷280，万历二十二年十二月丙寅条，第5181～5182页。

③ 《明神宗实录》卷280，万历二十二年十二月丙寅条，第5182页。

④ 《明神宗实录》卷281，万历二十三年正月丁亥条，第5193页。

> 退去，然后使臣赍诰册往封。竣，许同使臣具表谢恩。仍行福建巡抚衙门随宜侦探沿海一带，选将练兵积粮治器，以备不虞。①

对此，二月初十，赵志皋向万历皇帝上奏，回应蓟辽总督孙鑛对封倭事宜的反对："蓟辽总督孙鑛所奏封倭事宜，蒙旨发臣等拟票。窃思东封一事，迟疑二年，自圣谕许封，而群议始息。近矿因叶靖国宣谕回镇，疑封事未妥，致有此奏。及阅兵部覆本，似灼见，请封甚恳，保无他虞，遂身任其事。况诏敕已颁，若迟疑，何以彰信？乞严谕李宗城同沈惟敬前往，早完此局，以示信外夷。"②赵志皋认为，东封一事已经拖延太久，在群议纷纷中，册封之事终于尘埃落定。虽然经略孙鑛提出了疑问，但册封日本的诏令已经颁发，此时再生变动，有损明朝的威信。因此，赵志皋在奏报中催促万历皇帝，早日下旨令明朝册封使前往册封日本以服众，又一次推动了和议的进程。

然而，当明朝册封使李宗城到达日本，册封使弃玺书夜逃，册封进程又生枝节。

万历二十四年(1596)五月初三，大学士赵志皋带领陈于陛、沈一贯向万历皇帝汇报李宗城逃亡之事，建议以杨方亨代替李宗城为正使，继续前往日本进行册封："是议封之始，原为羁縻，初未尝借封以忘战守也。继而经略宋应昌因人言乞归，我皇上复遣顾养谦料理东征。未几，养谦又被人言，孙鑛往代，即欲主战，而夷使小西飞已至辽阳，朝鲜国王又力为倭夷乞欵，具奏节奉。圣谕议行于时，小西飞入京，多官会议皆云可封，订以三事……册使奉命经年，李宗城轻率逃出不无可疑，而方亨之报又谓并无变诈，已经督抚诸臣揭部转奏。朝鲜倚我为命，必不背我以向倭，使果为变，必能驰报顺逆。未定而举朝之人，先自张皇，亦非所以示中国之威于外夷也。"③

在原正使李宗城逃亡后，赵志皋等仍然坚持继续册封，理由有二。第一，副使杨方亨并没有说李宗城变诈逃亡，且朝鲜也没有向明朝通报李宗城叛变的消息，因此，李宗城逃跑之传闻未必可信。第二，议封之事已讨论许久，众人皆认为可以册封；如果此时还未得到确切消息，举朝就先自张皇，无法向外夷树立中国之威严。

为了催促皇帝下定决心，万历二十四年五月初四，赵志皋等又一次向皇帝进言："但见今倭形实，未尝变乱，副使尚安处在彼，关白又未有抗命犯顺之迹，若止因正使之出，遽为变诈已真，似未然也。"④赵志皋指出，目前日本

---

① 《明神宗实录》卷 281，万历二十三年正月癸未条，第 5190～5191 页。

② 《明神宗实录》卷 282，万历二十三年二月癸丑条，第 5214 页。

③ 《明神宗实录》卷 297，万历二十四年五月己巳条，第 5536～5539 页。

④ 《明神宗实录》卷 297，万历二十四年五月庚午条，第 5543 页。

军队尚未出现其他叛乱举动,册封副使也尚在,丰臣秀吉也没有其他逆反的迹象,因此册封正使李宗城逃亡之说并不可信。

至于主战一事,赵志皋等提出:“督臣、廷臣之议,即欲以大兵直抵朝鲜,逼临釜倭,臣等窃以为未可。盖我师远出,倭若执称无变,跧伏不动,或潜踪远遁,不来应敌,炎风暑雨之下,师旅难以久驻,势必至于溃乱,此忧在外者也;万里转输,数十钟而后致一,即使督趣严办,供馈无阙,边镇疲民,畿辅重地,谁能堪此?此忧在内者也。历览前史如谢玄淝水之捷,虞允文米石之战,皆尝以少卒孤军力抗大敌,竟收胜算,其在本朝嘉靖庚戌之事,又如近岁宁夏之乱,亦皆迫而后应,危而复安。未有以堂堂天朝,临区区一岛夷远寇,未临辄尔张惶失厝。如今日诸臣所扼腕争谈者,臣等窃料事机大略如此。但望皇上主持于上,仍将以后推用文武官员,速赐批发,但使内外之任事有人,战守之机宜不失,虽有他患,亦必不至为社稷之深忧矣。”[①]赵志皋等指出,明朝军队远征援朝有外在困难,即“或潜踪远遁,不来应敌,炎风暑雨之下,师旅难以久驻,势必至于溃乱”;又有内部忧患,即转运粮饷之难、久征军饷导致边镇民生不堪,而此刻日本军队并未卷土重来。因此,关于朝鲜一事,应以册封应对,而不应再出兵。

在推动明朝册封日本的进程中,赵志皋不断遭受言官弹劾,多次向皇帝请辞。万历二十四年五月十一日,赵志皋因诸臣论其欺误蒙蔽,向万历皇帝奏辩:“今据杨方亨屡报,尚谓倭奴如旧,前者所报,关白统兵二十余万,已至南原崖,又未见有下落,而封疆之臣,见在议兵积饷以待其来,初不因封以忘战,实未尝为欺、为误、为蒙蔽也。惟因疾乞骸,以谢诸臣。”[②]对于赵志皋的请辞,万历皇帝做出挽留:“封倭一事,原系本兵集议,朕心独断,卿有何欺误蒙蔽,不必深辩。今虽倭情未定,朕且欲以一封羁縻其诸,战守机宜,方在督饬中外着实修举,未尝失策。卿耆硕首臣,受恩深重,正当为朕任事分忧,岂可因浮言横诋,力求引退。宜即出入阁辅理,毋得再辞。”[③]六月,赵志皋又多次乞休,皇帝皆不准。

万历二十五(1597)年正月初五,册封日本正使都督佥事杨方亨回至釜山,以册封之事完成,奏闻兵部:“关白平秀吉感激锡予封典,迎候使臣,始终无愆,礼其谢恩,表文宜如北虏俺答受封事例,代为封奏,免其入京,以省劳扰。”[④]兵部令杨方亨带谢恩表文先回京复命,令沈惟敬暂住釜山,待两国事

① 《明神宗实录》卷297,万历二十四年五月庚午条,第5546~5547页。
② 《明神宗实录》卷297,万历二十四年五月丁丑条,第5556页。
③ 《明神宗实录》卷297,万历二十四年五月丁丑条,第5556页。
④ 《明神宗实录》卷306,万历二十五年正月丙申条,第5721页。

完回还，封事似已完成。

然而，到了万历二十五年正月二十五日，朝鲜国王李昖突然以倭情紧急，请求明朝来救。对此，兵部认为，朝鲜国王李昖求救之奏从朝鲜发出是去年十一月以前之事，当时册封使尚未回明朝，日本有以朝鲜遣使官卑礼薄不纳，其使归报有仍欲索要王子等语。今杨方亨奏报封事已竣，因此，明朝责备朝鲜，礼文已经覆议，朝鲜应“自为提备，不得专恃天朝救援”①。

万历二十五年正月三十日，兵科署科事刑科左给事中徐成楚上疏，弹劾兵部尚书石星和辅臣赵志皋在册封过程中同欺蔽。于是赵志皋奏言：“东封一事，始于经略宋应昌之请，尚书石星许之，言官争之，事几成而欲败，赖圣断查究言官，而议论姑息。倭使既至，破封不已，又值有李宗城私逃之事，议论更多，幸天威震怒，逮系宗城别遣杨方亨，而封事成矣。金日釜山之兵未撤，为索朝鲜之遣使，以致二使稽迟未还，谢恩夷使未至。然揆之事体，日本既退王京，又还王子、陪臣，则今日朝鲜亦宜遣使修睦，以释旧憾，乃成楚必欲兴兵动众，以开祸端，诚不知其何心也。”②

万历二十五年二月初五，明朝召集廷臣会议倭情之时，朝鲜再次派使臣前来求援，明朝也已经再次收到日兵进犯朝鲜的消息，明朝册封日本之事已经失败。

万历二十五年二月初八，御史周孔教、黄纪贤弹劾石星及赵志皋欺君罔上。赵志皋上疏乞罢斥，以谢人言，皇帝不允。之后，兵科左给事中徐成楚上疏弹劾赵志皋、石星，皇帝不听。浙江道御史何尔健也上奏：“奸辅误国，乞罢赵志皋。”③三月，南京浙江道御史黄华秀等也上疏，乞罢斥石星、赵志皋，皇帝不准。对此，大学士赵志皋三恳引疾求归，皇帝不允。万历二十五年三月十四日，朝鲜国王李昖再次向明朝求援。明朝当月任命杨镐经理朝鲜军务。自此之后，赵志皋虽多次言病乞休，皇帝皆不准。

万历二十六年(1598)十一月十一日，明朝廷议东征朝鲜久战无功，理应撤兵。赵志皋亦言：“兵疲饷竭，结局无期，请令督臣邢玠仍归本镇，与蓟辽抚臣一意制虏。而以东方之事悉委抚臣万世德，量留兵将，分布坚守要害，互为声援。”④由此可见，经历了册封失败之后，赵志皋仍然坚持退兵，而非主战，原因是“兵疲饷竭，结局无期”。赵志皋同时向皇帝上奏一篇《陈议东事》。奏中，赵志皋向皇帝提出四个建议。第一，令督臣邢玠仍归本镇，与蓟

① 《明神宗实录》卷306，万历二十五年正月丙辰条，第5729页。

② 《明神宗实录》卷306，万历二十五年正月辛酉条，第5729～5730页。

③ 《明神宗实录》卷307，万历二十五年二月己卯条，第5744页。

④ 《明神宗实录》卷328，万历二十六年十一月壬辰条，第6071页。

辽抚臣一意制虏，而东事悉由经理抚臣万世德管理，择一大将与之协同。限数年为期，将之前已经调集的兵将，逐一挑选，择其精健可用者，量留若干，其余徒耗军饷，悉令撤归。然后将所留之兵，分布全、庆要害之处，因山为城，因江为堑，坚壁把守，互为声援。第二，在朝鲜八道中，择膏腴之地，广其开垦，并委任廉干官员，责成管理，不时查核，日久则朝鲜可自食自足，明朝粮饷可以免运。第三，调选朝鲜八道精壮之人，委任晓畅将领对他们严加训练，练一队兵则可撤明朝一队之兵，久则明兵可以渐撤，朝鲜军兵可以自守。第四，严旨切责朝鲜君臣卧薪尝胆，不听命者以汉法绳之。一切未尽之事与钱粮应请给和应减去的冗官，由经略万世德会同监军查勘。如皇帝接纳这四条建议，"则训练精，兵威振，屯种广，军资饶，险隘设，国本固"，"中国之兵饷不烦远输，朝鲜之积弱亦可渐振，则倭奴知我有备，进无所逞，亦将自图归计矣"。[①]

万历二十七年(1599)三月，邢玠上奏称："倭贼之始寇朝鲜也，怯于平壤之一挫，方求所以缓我、愚我者，不可得，乃有沈惟敬出，倡为和议。适值碧蹄之败，议论蜂起，中外任事之臣不敢言战，而惟敬之术始售。乃辅臣赵志皋深信其说而主持于中，枢臣石星深信其说而担当于内。"[②]赵志皋因督臣邢玠的攻击，向皇帝力辩且乞休，皇帝温谕勉留之。[③] 自此之后，史料和赵志皋个人文集中有关东征和议之事的记载较少，赵志皋似已退出有关这场战争的争论。

从赵志皋参与明日和议的经过来看，他多次明确向皇帝提出尽快完成册封之事，并与石星共同协作，一同积极促进万历皇帝对和议下决心。当其他大臣阻挠和议发展时，他坚持主和，对于万历皇帝下定和议决心，起到了非常重要的助推作用。因此，在研究万历年间明日和议之事时，赵志皋应是不亚于石星的重要研究对象。

三、赵志皋支持和议的原因

1. 战争费兵费饷，威胁明朝内部安定

万历援朝战争期间，调兵与粮饷问题一直是明朝决定出兵救援与否的关键因素。明日和议之前，明朝曾有过两次大捷，虽有胜果，但对于兵力的损耗也是巨大的。在万历皇帝下旨令兵部讨论东倭封贡事宜之初，石星就

① 《赵志皋集·陈议东事》，第 259 页。

② (明)邢玠：《经略御倭奏议》卷《奏辩东征始末疏》，《御倭史料汇编》第 5 册，北京：全国图书馆文献缩微复制中心，2004 年，第 85～86 页。

③ 《明神宗实录》卷 332，万历二十七年三月癸卯条，第 6151 页。

指出:“千里趋利,兵家所忌”,“况自辽至釜,又数千里,劳疲兵勤远略,臣等不敢轻议”。[①] 甚至当朝鲜使臣已经到达明朝、再次求援、明朝册封使欺瞒之事几近败露之时,石星仍然以出兵将使明朝国力损耗巨大为由,拒绝再次出兵救援。朝鲜使臣柳思瑗所写《文兴君控于录》中记录了时任兵部尚书的石星的一段奏疏:

> 往者壬辰年夏,倭陷朝鲜,七道席卷。时值讨叛宁夏,两地危急,为力甚难,仰荷皇上,轸念朝鲜,恭恪有年,亟命重臣,经略大师,专征三战,成功驱倭逃遁。土地既失而复得,王子既虏而复还,君臣播迁而复完,是皇上之有大造于朝鲜也。然以越国远征,水土未便,兵马物故,粮饷匮渴,至今议者,为危之幸……一则曰岂有常川代彼防守之理,一则曰从前未有费兵饷而代外戍者……兵马及浙直樞建船兵,兼请山东粮饷,系户部议覆外,其边镇省直,南北水陆兵马,防虏防讯,俱有专责,各营各区,俱有定额,抽调未易,召募尤难,假令浙福之兵,可以远调,亦难经由大海,速赴朝鲜。是以远水救近火,必无及矣。夷考元时,兴兵数万征倭,沦没无余,可谓殷鉴。今如该国所请不自练兵,长以中国之兵为兵,不自积饷,长以中国之饷为饷,已亨其逸而令人居其劳,已亨其安而令人蹈其危。[②]

从这段史料中可以看出,明朝出兵朝鲜在兵力方面主要有三点难处:一是援朝作战之前,明朝刚刚平复宁夏内乱,此时再接着出兵援助“属国”,明军力不从心;二是出兵援助朝鲜是越境远征,水土不便,兵马、粮饷都匮乏;三是明朝的南北水陆兵马,各有其防虏防讯的专责,驻扎在各营各区,抽调不易,而重新召募士兵远征尤难。

除主张停战和议的兵部尚书石星之外,也有一些主和派以兵力、粮饷问题请求停战。如兵部主事曾伟芳曾向万历皇帝上奏,主要兵力已经随丰臣秀吉返回日本,只有小西行长的军队留守,因为知晓明朝军队还未撤离,因此不敢轻举妄动。虽然有前线消息称,丰臣秀吉短暂休整后会卷土重来,但“风不利,正苦冬寒”[③],季节因素使得日本军队不会很快再次出兵。而沈惟敬正于倭营讲和之时,咸安、晋州却遭到攻陷,应当令朝鲜自己守卫自己的

---

① 《明神宗实录》卷277,万历二十二年九月甲申条,第5125页。

② (朝鲜王朝)柳思瑗:《文兴君控于录》,首尔大学奎章阁藏本,第22页。

③ (清)张廷玉等:《明史》卷320《朝鲜传》,第8293～8294页。

国家,“练兵积粟,以图自强”[①]。帝以为然,因此“敕谕昖者甚至”[②]。虽然曾伟芳并没有表达支持和议,但这间接说明明朝确实无力继续代朝鲜守国。此外,明朝正式册封日本之前,巡抚辽东李化龙、总督经略孙鑛也向万历皇帝上奏:

> 因上防御事宜:一募补浙兵,宽奠原题募兵万余,辽左残破,应募者少,且御倭不可无南兵,吴惟忠所领浙兵原系防倭,东征稍有损伤,宜仍募足三千七百名,就近给粮,令驻扎山海石门操练,遇有倭警,调发凤凰城一带防御,无事仍回蓟镇。若倭信紧急,则再调守台南兵,庶几兵力易集。一议调客兵。部议调发蓟镇一万,保镇八千,第多调持久,不免疲累,议于两镇止挑选堪战兵六千,马步各半,选委忠勇将官统领,有急调发三千,每半年更替,或屯江防守,或渡江征剿。倭信再急,方调足一万八千。又急,乃调及宣、大、山西,庶战守有资,不至疲困。一撤回川兵刘綎。久戍朝鲜,人多思归,须撤回辽阳挑选,量留堪用兵三千余名,其余及客兵愿归者,尽行发回。庶兵有实用,饷不虚糜。一添设大将。川、浙、宽奠、蓟、保等兵共五枝,各副参游分领,不相统属,恐临期难使协力,拟添设备倭总兵一员,驻扎辽阳,待倭情变动,总领各将官酌量剿御,庶事权归一,可以责成。一预备粮饷。刘綎、吴惟忠所统及宽奠、蓟、保兵约二万一千七百有奇,每月粮饷及赏犒杂用约四万,一年须四十余万。若倭患稍宁,可次第渐减,否则即府藏空虚,亦宜曲处,不可因饷废兵,致遗后患。[③]

由此可见,明朝于派兵御倭之事一是调兵不便,时常要招募新兵补缺;二是耗费粮饷巨大,若不逐月递减兵力,则所需粮饷日积月累可使府藏空虚。有观点认为,这场战争使得明朝国力大损,从而激发了明末农民大起义。[④]

兵力和粮饷的巨大损耗直接关系到明朝内部的安定,这也促使首辅赵志皋支持兵部尚书石星和议。在和议之前、之中与失败之后,赵志皋都曾多次向皇帝上奏自己对于明朝远征弊端的看法。譬如,明朝正式册封日本之前,日使小西飞入明朝之时,赵志皋曾向皇帝奏报:“前此东征虽有两战之

---

① (清)张廷玉等:《明史》卷320《朝鲜传》,第8293～8294页。

② (清)张廷玉等:《明史》卷320《朝鲜传》,第8293～8294页。

③ 《明神宗实录》卷278,万历二十二年十月庚申条,第5140～5142页。

④ 陈尚胜等:《朝鲜王朝(1392～1910)对华观的演变:〈朝天录〉和〈燕行录〉初探》,济南:山东大学出版社,1999年,第9页。

捷，而兵马损失甚多，所用钱粮几至二百万，辽东疲极难支，傥仍复用兵，不知又费兵马钱粮几何，将国计益诎，辽左益危，而几(畿)辅重地或生他变。”[①]在册封使李宗城逃亡之后，赵志皋也仍以远征困难、粮草不继等原因，坚持推动和议进行。

和议事败后，已经遭受诸多弹劾的赵志皋又一次向皇帝上《陈议东事》。虽然当时明日和议已经失败，但赵志皋于该文中明确解释了其对于明朝远征弊端的看法。在文中，赵志皋认为明朝远征援助朝鲜有诸多不利条件。第一，有兵马奔走、粮饷搬运之苦。“东事自更局已来，又复二年有余，竭四方水陆之运，集远近征调之兵，人情汹涌，海内骚然。前赴朝鲜，犹水趋壑，曾不能得釜山尺寸之地，三战三败，贻笑倭奴，耻辱中国，亦已甚矣。”“盖倭集釜山，去日本一帆而近。彼之转输援救，顺流而下，朝发可以夕至。而我陆隔辽东，水绝大海，相距数千里，兵马不胜奔走之劳，粮饷不胜搬运之苦。”如此远征朝鲜，“岂朝廷之钱粮、百姓之膏血、数万之生灵，为博功名之儿戏耶”。[②] 第二，日本已经占据朝鲜的主要城市，战争形势对明朝不利。“倭坐据重城，三窟联络，或以逸待劳，或以近制远，而我裹粮束刍，野栖露宿，欲以仰攻其坚。”[③]第三，经过长期战争，明朝主力部队战斗力已经大幅削弱，长此以往很难取胜，而再从各省调兵前往支援困难较大。“今丁壮已毙于锋芒，纵欲再调，不过柔弱之徒，况宣大、山西、蓟辽诸镇，连年征发，户籍空虚，北虏乘机，时挟贡赏，其势决难再调。若腹里召募，率皆乌合，即如前赞昼主事徐中素上疏，君称平日蓄有死士三千，比及东行，旋于京城内外招集市井佣贩之流，此辈自不识旌旗，耳不辨金鼓，泗川之败，正是此兵，言之令人可恨。兵可再调乎?”[④]不仅如此，经过连年征战，再征集军费也无可能。“东征岁费藏金数百余万，山东、浙、直、闽、广于常赋之外，又加六七十万，闾阎穷民不胜剥削，加以旱涝之灾，重以开采之役，逃难流离，人不堪命。饷可再运乎?”[⑤]第四，明朝远征朝鲜之时，国内时有叛乱，明朝已自顾不暇。“在中国，则兵疲粮竭，脱有奸徒乘机倡乱，如近日河南插旗之变，则在我非特不能救朝鲜，且将自救之不暇矣……辽虏不时入犯，陨将丧师，尤为腹心之疾，是岂可舍近而求远?”[⑥]

作为首辅，明朝内部安危是赵志皋关心的主要问题。壬辰战争之前，

① 《明神宗实录》卷280，万历二十二年十二月辛酉条，第5178～5179页。

② 以上均引自《赵志皋集·陈议东事》，第257页。

③ 《赵志皋集·陈议东事》，第257页。

④ 《赵志皋集·陈议东事》，第257页。

⑤ 《赵志皋集·陈议东事》，第258页。

⑥ 《赵志皋集·陈议东事》，第258页。

“万历三大征”之一的宁夏之役，是赵志皋任首辅期间参与决策的一次重要战争，其对于战争耗费之巨大也十分了解。赵志皋文集中也有多篇有关对宁夏之役的奏疏，其中也多次提到战争对于民力之损耗，如“又总督魏学曾，疏请盐菜银三千两，以资犒赏，此何裨于纤毫之用哉？《语》云：军无赏，士不往。今该镇调发旁午之际。厉兵秣马之时。若非钱粮稍充。何以鼓舞士气？更愿皇上念事在燃眉，仍发帑银数万两，以充其费，以作其气。此臣汲汲之私也”[①]。为鼓舞前线将士的士气，犒赏军费就要数万两白银。又如“臣又惟今日之所可忧者，不特一宁夏为然。变异屡形，灾荒迭至，闾阎匮乏，帑藏空虚，赋役繁苛，民生憔悴，人人有思乱之心”[②]。可见，战争之中的明朝不断遭受灾害，出兵已经使国库空虚，灾害与战争交迫更使得民生疲惫、国家不宁。而宁夏之役尚未平复，明朝又连年出兵援朝，其对国力的损耗可想而知。因此，出于减少军费开支、避免过度征调士兵、稳定明朝内部安定考虑，作为首辅的赵志皋选择了主和。

2. 万历一朝不断激化的君臣矛盾

万历朝的政治焦点之一乃是太子人选的确立，即“国本之争”。万历皇帝不顾传统嫡长子继承制，一直属意皇三子为太子，引起了朝臣的争论。正当壬辰战争进行之时，明朝内部就立太子问题激化矛盾，史称“三王并封”。万历二十一年正月，皇帝下诏，不兑现之前册封皇长子为太子的承诺，而是将皇长子和皇三子一同封王，日后再考虑册立太子之事。对此，明朝廷臣力争，“三王并封”事件最终失败，时任首辅的王锡爵也因“三王并封”之事乞休回家。随后，赵志皋接任首辅一职。

“国本之争”后，万历皇帝多年不上朝，君臣矛盾不断激化，首辅赵志皋也多次上疏，力图缓和君臣矛盾。辽东失事时，万历皇帝下诏，夺巡抚韩取善职，将副使冯时泰下狱，而轻罚总兵官杨绍勋，引起朝臣不满。赵志皋向皇帝进言：“封疆被寇，武臣罪也。今宽绍勋而深罪文吏，武臣益恣，文吏益丧气。”[③]万历皇帝不从。之后，言官向皇帝进言“乞减织造”，赵志皋等“请尽付诸曹议行”[④]，而万历皇帝“恶中官张诚党霍文炳，以言官不举发，贬黜者三十余人”[⑤]，赵志皋等连疏解救，帝皆不纳。

万历皇帝虽然并不直接参与战争决策的讨论，但在明朝讨论东封之事

---

① 《赵志皋集·陈议东事》，第 154 页。

② 《赵志皋集·答谕宁夏兵变并陈时政》，第 156 页。

③ (清)张廷玉等：《明史》卷 219《赵志皋传》，第 5775 页。

④ (清)张廷玉等：《明史》卷 219《赵志皋传》，第 5775 页。

⑤ (清)张廷玉等：《明史》卷 219《赵志皋传》，第 5775 页。

时，他还是支持和议的。万历二十二年九月，在得到朝鲜国王请册封日本之请求后，万历皇帝“因怒前此议阻封贡诸臣，切责兵部不能主张大事”[①]。这从侧面反映皇帝是主张和议的。之后，万历面对赵志皋乞休时也曾说：“封倭一事。原系本兵集议，朕心独断。”[②]可见，皇帝是站在主和派一方的，而赵志皋作为首辅，虽然有调节君臣矛盾的职责，但在“国本之争”后不断激化的君臣矛盾中，支持皇帝的决议也是他的必然选择。

3. 和议之中的政治生态

据学者李光涛的研究，壬辰战争期间明日和谈的支持者主要是内阁和兵部：“封贡一款，中朝论议不一，只王阁老（王锡爵）以为可许，石尚书（石星）、顾总督（顾养谦）亦皆主张”，“封贡，朝议不一，张阁老（张位）、李提督（李如松）、顾军门（顾养谦）等五六人，及户兵部，皆以许封贡为当，而其他科道等官以死争之”。[③] 而内阁成员之间的关系、内阁成员与兵部之间的关系皆错综复杂，因此，我们有必要厘清他们之间的关系，逐一分析支持和议者的动机，探寻其政治利益关系对政治决策起到的作用。

在梳理明日和谈时期内阁成员之间关系之前，本文先简单对这一时期内阁成员的结构变动做一下介绍。据万明教授指出，日本侵略朝鲜的情报最初传到明朝的时间为万历十九年七月，由内阁大学士许国上疏朝廷。[④] 当时明朝内阁成员为王锡爵、申时行、王家屏和许国。万历十九年当年，申时行和许国致仕，赵志皋、张位由申时行推荐（密荐）入阁。万历十九年初，由于王锡爵以丁忧回家，内阁中只有赵志皋、王家屏二人。万历二十年，王家屏致仕。当年四月，壬辰战争爆发，其时内阁中仅有赵志皋、张位二人。明朝内部经过一番激烈争论，决定出兵援助朝鲜。万历二十一年正月，王锡爵从家中返回（此时内阁成员为王锡爵、赵志皋、张位），明朝将领李如松带领的军队也取得平壤大捷，同月却败于碧蹄馆，明日和谈开始。万历二十二年，当时吏部会推阁臣，王锡爵、赵志皋与张位不愿当时被推选出的孙丕扬入阁，遂将会推作废，主持此事的文选郎中顾宪成（也就是日后的东林党领袖之一）也被削职，而陈于陛、沈一贯二人被选入阁，王锡爵致仕。此时，内阁成员为赵志皋、张位、陈于陛、沈一贯。从万历二十二年到万历二十五年明日和谈失败，除陈于陛于万历二十四年病逝外，内阁成员一直保持赵志皋、张位、陈于陛、沈一贯四人的结构。由此可以看出，从壬辰战争开始后到

① 《明神宗实录》卷277，万历二十二年九月甲申条，第5124～5125页。
② 《明神宗实录》卷297，万历二十四年五月丁丑条，第5556页。
③ 李光涛：《万历二十三年封日本国王丰臣秀吉考》，第77页。
④ 参见万明：《万历援朝之战与明后期政治态势》，《中国史研究》2001年第2期。

明日和谈失败，内阁成员基本稳定。

(1)明日和议的支持者

前文已经提到，在议和过程中，支持议和的内阁代表人物有赵志皋、张位，兵部代表人物有石星、顾养谦、宋应昌，其余还有一些户部官员支持。下面具体分析首辅赵志皋与他们之间的关系。

①赵志皋与张位

张位，字明成，江西新建人。隆庆二年(1568)进士。万历元年(1573)，张位因上疏请求修起居注，受到张居正赏识。[①] 但之后因与赵志皋一同求救吴中行、赵用贤(反对张居正夺情者)得罪张居正，而被谪为徐州同知。张居正死后第二年，由给事中冯景隆、御史孙维城举荐，张位被选为南京尚宝丞，后升为左中允；万历十九年由申时行举荐，拜吏部左侍郎兼东阁大学士，与赵志皋一同入阁。据史料记载，"位与志皋相厚善"[②]。在许多关键节点上，张位与同年入阁的赵志皋在政治立场上一直共进退。例如，"三王并封"事件时，"志皋、位遽请帝笃修交泰，早兆高禖，议者窃哂之"[③]。宁夏之变中，赵志皋与张位也是共同协作。"辅臣赵志皋，与臣在阁，相与殚心竭力。每日商量调度东西边事，凡选将征兵、储粮运饷，及一切条陈章奏、种种要务，俱定议与该部施行，无容烦渎。"[④]当明朝内部为是否册封日本争论之时，张位也表达了与赵志皋、石星相同的立场，他在上奏中说：

> 窃见倭入朝鲜以来，皇上廓如天之仁，授之一封，以罢战息民，至恩也。乃倭自绝于天，复渡海来，则廷臣交言朝鲜当救，我师当出矣。顾师当出而用兵方略，尚宜讲究。昔汉臣赵充国有言，帝王之兵，以全取胜。兵法言善战者，先据不可胜之地，以示敌之可胜，则所谓以全取胜也。否则佳兵不祥，易动难静，国家之力专于一隅，脱四夷内外，或有蠢然而起，又何以应之前者屡奉圣旨，勅朝鲜自行修备，中国决无数千里转饷为属国防御之理，圣虑至深矣。[⑤]

这段奏疏从以往的战争案例分析出发，陈述了明朝远征朝鲜、耗费兵力粮饷不是长久之计。明日和谈事败之后，张位力荐杨镐经理朝鲜军务，之后，赞画主事丁应泰弹劾杨镐，称张位与杨镐密书往来，朋党欺罔，杨镐官职的拔

---

① 参见(清)张廷玉等：《明史》卷219《张位传》，第5776页。

② (清)张廷玉等：《明史》卷219《张位传》，第5776页。

③ (清)张廷玉等：《明史》卷219《张位传》，第5777页。

④ (明)张位：《攻守要略疏》，《皇明经世文编》卷408，《续修四库全书》第1661册，上海：上海古籍出版社，2002年，第287页。

⑤ (明)张位：《经理朝鲜疏》，《皇明经世文编》卷408，《续修四库全书》第1661册，第288页。

擢是贿赂张位得来的。对此，万历皇帝震怒，欲行法处罚杨镐，多亏"首辅赵志皋营救，乃罢镐，令听勘，以天津巡抚万世德代之"[①]，杨镐才免于一劫。赵志皋对杨镐的营救，也许与和张位亲密的政治关系有一定的联系。

②赵志皋与宋应昌

宋应昌，字时祥，号桐冈，浙江仁和（今浙江杭州）人。万历二十年，宋应昌担任朝鲜经略，而这一职务正是由赵志皋举荐的。万历二十四年五月初一，河南道御史周孔教题参石星误国，并参赵志皋："内言东事之始，志皋不顾宗社大计，曲昵私交，引同乡宋应昌，几败乃公事。"[②]

受赵志皋提携的宋应昌在前往朝鲜担任经略一职期间，曾在奏疏中多次向内阁赵志皋、张位汇报前线战争筹备。而在明日和谈这一事件中，宋应昌也无疑是和谈的支持者。在战争期间，是宋应昌根据沈惟敬前往日本军营进行交涉的结果，向日方提出了册封的提议[③]。这对和谈起到了重要的推动作用。

(2)明日和谈的反对者

①内阁中的代表——沈一贯

沈一贯(1531～1615)，字肩吾，鄞县（今浙江宁波鄞州）人。万历二十三年入内阁，明末浙党领袖。万历二十二年，沈一贯向皇帝上《论倭贡市不可许》疏，反对顾养谦的封贡方案："经略顾养谦力主倭奴封贡，一一当许，且欲就宁波开市，以餍其欲。臣乡老幼闻此，如兵在颈，失色相吊，以为今日何为开此一大衅也……是时谋国者昧大计，以为贡可以示广大明得意，其悠悠小民又不恤，远以为贡可以利金钱得异物，虽倭之始贡，岂遽有他心而势之，所渐不祸不止，其病中人如蠡之食心，而不觉此见事也，言之使人于邑，今复可以议贡市乎？贡市一成，臣恐数十年后无宁波矣。"[④]万历二十三年春，沈一贯在与宋应昌的书信往来中，再次提到自己反对封贡的立场，原因是开放封贡，宁波"百姓有供给之苦，有送迎之苦。有司有防闲之苦，有调停之苦。市舶太监之徒病民，而与有司角则又苦。倭来馆之城中与民互易，任其出入而民不得高枕"[⑤]。沈一贯对赵志皋在明日和谈这一问题上还有过隐晦的攻击。万历二十五年，明日和谈失败之后，沈一贯上《救本兵揭帖》搭救石星，认为石星"本意原出忠诚，惟欲省饷息兵，以封了事，不觉过信沈惟敬之言，

① (清)张廷玉等:《明史》卷259《杨镐传》，第6687页。

② 《明神宗实录》卷297，万历二十四年五月丁卯条，第5531页。

③ 参见(明)宋应昌:《经略复国要编》卷7《宣谕平行长》，吴丰培主编:《壬辰之役史料汇辑》(上)，北京:全国图书馆文献缩微复制中心，1990年，第600～603页。

④ (明)沈一贯:《敬事草》卷1《论倭贡市不可许》，《续修四库全书》第479册，第144页。

⑤ (明)沈一贯:《喙鸣文集》卷21《复宋桐冈》，《续修四库全书》第1357册，第517页。

而至于此”，建议皇帝“令其致仕。”[①]沈一贯上书搭救石星的同时，暗示石星背后有主谋：“是时，圣意渊深，于石若眷若否，外廷疑上不欲去之，有为奥主者在也。”[②]文中的“奥主”也许是暗指赵志皋。不过，沈一贯反对封贡的主要原因应当是保护家乡宁波，这在《论倭贡市不可许》疏和与宋应昌的书信往来中已经表达得非常明显；况且，其领导的浙党与反对和谈的科道大臣（多数成为东林党成员）立场不同，沈一贯无须为东林党而与赵志皋龃龉。

②科道官

前文中提到，“封贡，朝议不一，张阁老（张位）、李提督（李如松）、顾军门（顾养谦）等五六人，及户兵部，皆以许封贡为当，而其他科道等官以死争之”[③]。可见，明日和谈的反对者多为科道言官，他们不断对主和官员进行攻击。比如，万历二十四年五月初一，河南道御史周孔教题参石星误国，并参赵志皋：“力排群议，从谀石星，为此祸阶，实其戎首，乞并加罪。”[④]万历二十五年二月初八，御史周孔教、黄纪贤弹劾石星及赵志皋欺君罔上。赵志皋因此上疏乞罢斥，以谢人言，皇帝不允。之后，兵科左给事中徐成楚也上疏请罢赵志皋、石星，以绝祸本，皇帝不听。二月十八日，浙江道御史何尔健也上奏：“奸辅误国，乞罢赵志皋。”[⑤]

据学者小野和子《明季党社考》的研究考证，反对和议的言官还有张辅之、许弘纲、侯廷佩、宋兴祖、曾伟芳、王德完、逯中立、赵崇善、卢明諏、林材、叶继美、何乔远、陈有年、赵参鲁、甘士价等[⑥]。小野和子同时指出，明日和谈的反对者与日后东林党派立场的人有相当大部分的重合。因此，言官对和谈的反对不完全是为国家安危着想，也许有党派争斗的动机。

四、结 论

综上，从明日议和的全过程中可以看出，首辅赵志皋多次明确表示支持和议，在和谈过程中发挥了非常重要的作用。他在和议事件中的重要性并不亚于以往学术研究中关注的重点。而赵志皋主张议和的原因有三：第一，明兵在壬辰战争中，兵力粮饷损耗巨大，继续远征将使国库空虚、民力负担过重，不利于明朝内部安定，不是长久之计。第二，从史料记载来看，万历皇帝本人支持

---

① （明）沈一贯：《敬事草》卷2《救本兵揭帖》，《续修四库全书》第479册，第162～163页。

② （明）沈一贯：《敬事草》卷2《救本兵揭帖》，《续修四库全书》第479册，第162～163页。

③ 李光涛：《万历二十三年封日本国王丰臣秀吉考》，第77页。

④ 《明神宗实录》卷297，万历二十四年五月丁卯条，第5531页。

⑤ 《明神宗实录》卷307，万历二十五年二月己卯条，第5744页。

⑥ 参见[日]小野和子：《明季党社考》，李庆、张荣湄译，上海：上海古籍出版社，2006年，第116～126页。

册封，即所谓“朕心独断”[①]，而在“国本之争”已经造成君臣互不信任、矛盾激化的条件下，支持皇帝的决策是首辅赵志皋的必然选择。第三，“封贡一款，中朝论议不一”[②]。明朝政治集团关于是否议和意见不统一，通过分析主和派、主战派与首辅赵志皋的关系，可以发现万历援朝时期的政治生态较为复杂，党派之间错综复杂的关系在一定程度上引导了赵志皋的政治取向。

明朝与日本的这次议和，是壬辰战争前后两段战事的分水岭，对于战争的成败与走向乃至国力的兴衰都起到了一定的影响。虽然时任首辅的赵志皋为推动和议做出了巨大努力，但推动过程并不顺利，原因在于万历一朝内政较为混乱，其表现为：

第一，内阁决策集团与前线将领意见冲突。例如，万历二十三年正月，蓟辽总督孙鑛向万历皇帝对册封之事提出疑问，建议皇帝增派兵力驻守朝鲜，而赵志皋则向万历皇帝上奏认为，若此时迟疑则不能彰显明朝威信，应派册封使前往日本早完此局，以示信外夷。前线将领与后方决策集团意见冲突，增加了决策形成的难度。

第二，明朝内部人才不济，当事者互相推诿。常有“昔之建议者皆默默无言，任事者复泄泄自处，国事安危，将遂可托避晏然”，“当事者首鼠依违，又不能坚执其筹划，中外观望，彼此推捱，久误大计”之事。[③] 而派遣至日本册封的过程中，前有册封使李宗城中途逃亡，后有继任册封使杨方亨上下欺瞒，中有市井无赖沈惟敬左右逢源，外交人才极为匮乏。

第三，明朝决策集团内部互相攻讦。原因之一是部分大臣对战局不太了解，“好议者随声附和，既未尝灼见其情形”[④]。原因之二是自“国本之争”以来，万历党争已现端倪。早在赵志皋上任之初，对于同僚的诋毁，他曾愤言：“同一阁臣也，往日势重而权有所归，则相率附之以媒进。今日势轻而权有所分，则相率击之以博名。”[⑤]而万历二十四年五月，河南道御史周孔教题参石星误国，并参赵志皋：“先是台臣郭实上疏，力争不可，语侵志皋，乃志皋切齿，贬而去之，闻彼时刑部侍郎朱鸿谟自南都移书责之，词严义正，志皋怫然不悦。”[⑥]。而事实上，赵志皋不仅没有排挤郭实，反而多次上疏为其求救。赵志皋于《陈议东事》中请求皇帝赦免郭实，“似宜量从宽贷”[⑦]，但皇帝没有

---

① 《明神宗实录》卷 297，万历二十四年五月丁丑条，第 5556 页。
② 李光涛：《万历二十三年封日本国王丰臣秀吉考》，第 77 页。
③ 《赵志皋集·答谕封事》，第 185 页。
④ 《赵志皋集·答谕封事》，第 185 页。
⑤ (清)张廷玉等：《明史》卷 219《赵志皋传》，第 5776 页。
⑥ 《明神宗实录》卷 297，万历二十四年五月丁卯条，第 5531 页。
⑦ 《赵志皋集·答谕封事》，第 186 页。

采纳其谏言。当月十四日，赵志皋再上疏为郭实及言东事诸臣申解求救。对此，皇帝下谕："凡逞臆烦言者开奏，郭实遵照前旨。"[①]因此，周孔教对赵志皋的弹劾是不实之言，其动机是出于政治立场的对立。万历皇帝在令兵部讨论册封事宜时也曾说："且条议东事，虽各尽一已之见，实乃阴相附和，徇私挠乱，欲堕成功，阻坏大事，以致事无结局。"[②]虽然从和议的整个过程中来看，首辅赵志皋与兵部尚书石星曾力排众议推动和议进展，对于明日和议的失败，这二人应承担相应的责任。然而，正如万历二十四年五月李宗城逃亡之时，赵志皋向万历皇帝奏报中所称"圣谕议行于时，小西飞入京，多官会议皆云可封"[③]。在和议之初，大臣们是支持册封的。而及至册封之事败，众官却如同墙倒众人推一般，将矛头对准赵志皋及石星，弹劾之奏章也如雪片。册封事败后，赵志皋遭受的攻击应是其政治对手为搏名而已。

内阁决策集团与前线将领意见冲突，明朝内部外交人才不济，明朝决策集团互相攻讦，万历内政的混乱对援朝战局造成了贻误时机的不利影响。从开始筹划册封到册封事败，历时四年，其间因意见无法统一，致使决策过程颇为漫长。对于瞬息万变的战争来说，此种拖延贻误了战与和的时机，对兵力和粮饷也是一种损耗。

正因上述三种表现，赵志皋在推动和议的进程中，可谓举步维艰。但赵志皋依然在和议中坚定立场，发挥了重要作用。正如大臣邢玠在参奏赵志皋时所说，在推动册封与和议的过程中，"辅臣赵志皋深信其说而主持于中，枢臣石星深信其说而担当于内"[④]，较准确地点明了"主持于中"的首辅赵志皋在和议中的地位和作用。无论册封与和议的成败与否，为减轻明朝国力损耗，为维护"朕心独断"的万历皇帝决策的威望，为保全自己的政治利益，作为首辅的赵志皋推动和议是他不得不做出的选择。

---

① 《明神宗实录》卷277，万历二十二年九月己丑条，第5128页。
② 《赵志皋集·答谕封事》，第186页。
③ 《明神宗实录》卷297，万历二十四年五月己巳条，第5536～5539页。
④ （明）邢玠：《经略御倭奏议》卷6《奏辩东征始末疏》，《御倭史料汇编》第5册，第85～86页。

壬辰战争和谈时期朝鲜军事整顿研究

米　戈

万历二十年(1592)四月,日军从釜山登陆,侵略朝鲜,壬辰战争爆发。明军援朝后,取大捷于朝鲜,随后战局僵持,明、日开始议和。明朝经略宋应昌认识到朝鲜国防力量不足的问题,为防止日军再次侵略朝鲜,宋派遣部分明军留驻,协助朝鲜防御,并为朝鲜规划了筑城堡、备险隘、多造火器、选练兵马四项军事整顿举措,以及派遣光海君及部分高级官员南下管理政务的辅助性措施。此后,在明军的帮助之下,朝鲜次第开展了军事整顿行动。

近年来,中国学界对于主持朝鲜军事整顿的宋应昌及援朝明军将领有了一部分研究。① 韩国学界则较为关注壬辰战争议和时期朝鲜王朝整顿内政的具体措施,但对明、鲜双方的军事合作鲜有涉及。② 本文拟对明军在朝鲜军事整顿问题中起到的作用做进一步考察,分析明朝与朝鲜王朝展开的军事合作,进而在此基础上分析明朝如何字小扶危,保护朝鲜安全,并尽可能减少对属国内政的干涉,以及朝鲜如何在与明朝的军事合作中同时保障了本国的安全与自主。

---

① 参见陈尚胜:《字小与国家利益:对于明朝就朝鲜壬辰倭乱所做反应的透视》,《社会科学辑刊》2008年第1期;孙卫国:《万历援朝战争初期明经略宋应昌之东征及其对东征历史的书写》,《史学月刊》2016年第2期;杨海英:《朝鲜王朝军队的中国训练师》,《中国史研究》2013年第3期;解祥伟:《宋应昌与壬辰战争第一阶段明军朝鲜善后》,山东大学第一届中外关系史研究生论坛,山东济南,2018年。

② 参见[韩]桂胜范:《임진왜란 중 조명관계의 실상과 조공책봉관계의본질》,[韩]《韩国史学史学报》第26辑,2012年;[韩]金囧泰:《임진전쟁 강화교섭 전반기(1593.6～1594.12)조선과 명의 갈등에 관한 연구》,[韩]《韩国史研究》第116辑,2014年;[韩]金汉信:임진왜란기 유성룡의 남부지역 방어계획과 군비강화책(1593.4～1597.7)》,[韩]《历史学报》第238辑,2018年。

一、战争进入相持阶段与朝鲜军事整顿策的提出

1.壬辰战争陷入僵持

万历二十年四月十三日，日本由釜山登陆，侵略朝鲜，数月内朝鲜溃败，宣祖国王逃入义州，向明朝请援。万历皇帝任命宋应昌为经略，李如松为提督，率军援助朝鲜，于次年初取得平壤大捷，收复大片失地。万历二十一年一月二十七日，李如松率少量骑兵驰向碧蹄，遇日军，与其交战后受挫，退阵东坡。明军此时的后勤供应不足，加之“马疫大炽”，导致战马损耗严重，无法支持骑兵作战。士兵“久卧冰雪中，冷疫俱兴，食死马肉，疔毒又发，兵甚疲羸，是以近日分驻开城、平壤便益诸处调养休息”①。同时，日军也出现了缺粮现象。双方进入相持阶段。

不久，在宋应昌的授意下，沈惟敬与小西行长等人展开了议和谈判。三月十五日，双方达成了日军于四月八日退兵的协定。② 此后，日军逐步撤退，屯聚在朝鲜南部沿海一带，并无渡海回国意向，与明朝、朝鲜两国军队对峙。战争双方陷入僵持阶段。

2.明军留兵朝鲜

万历二十一年(1593)五月，日军逐渐撤至朝鲜南部边境，并未渡海，有屯驻之势。经过一段时间的观察，宋应昌认识到日军狡诈多变，可能突然再犯，若朝鲜无明朝驻军，日军又将长驱直入，明军短期内难以支援到位，朝鲜复失，前功尽弃，留兵更显重要。

宋应昌在留兵的决策上起到了关键作用。首先，宋应昌和朝鲜商定留兵方案，并督促朝鲜上奏明朝，请求留兵，使得这一建议获得更多的支持。其次，宋应昌稳定在朝明军的军心，说服明朝中枢同意留兵之策。六月三日，宋应昌托尹根寿转告宣祖国王，“诸将惮于征战，指釜山为倭旧巢，而朝鲜则已复，宜撤大兵，我于其间力主毋撤”③。以李如松为首，“提督欲撤兵而回”，诸将已疲，惮于征战，意欲退归国内。宋应昌则坚持不撤军，“今日兵将，无不欲撤回，而欲留兵善后者，只老爷一人而已”。宋应昌知悉明朝中央许多官员持撤兵之论，“王师远征属国，已复其半，师老财匮，不可久驻，宜撤兵而回”，故“送揭帖于兵部，使之转奏”，揭帖内陈述了“有不能以遽撤，而少

---

① (明)宋应昌:《经略复国要编》卷6《报石司马书》，吴丰培主编:《壬辰之役史料汇辑》(上)，北京:全国图书馆文献缩微复制中心，1990年，第491页。

② 参见《朝鲜王朝实录·宣祖实录》卷36，宣祖二十六年三月癸未条，韩国国史编纂委员会网站点校本，http://sillok.history.go.kr/search/inspectionMonthList.do? id=kna。(浏览时间:2020年10月25日)。

③ 《朝鲜王朝实录·宣祖实录》卷39，宣祖二十六年六月丙戌条。

需时日"的理由,即"关白实欲建都朝鲜,窥犯内地根本","东保蓟、辽与日本隔绝,不通海路者,实赖此朝鲜一国也",所以"关白之图朝鲜,实所以图中国,而我兵之救朝鲜,实所以保中国","今日吃紧机宜,惟是拨兵协守朝鲜为第一上策",希望明朝中枢同意自己留兵朝鲜的请求。①

万历二十一年七月,日军进攻晋州后退回釜山,宋应昌已接受日军驻留釜山的事实,不再试图驱散朝鲜境内日军,"今驱倭已至海滨,比前在王京为腹心之疾者,大不相同,如能扼守要害,若大丘[邱]、善山为庆尚北路险隘,南原、求礼为全罗东路险隘,此等处所或设城、或筑寨、或建墩台,以骁将五六员统兵二万人分守二路,狂奴虽悍,谅难长驱,朝鲜可保无失,余兵尽可撤归,某与李提督亦可还朝复命"②。宋准备以明朝留兵屯于朝鲜南部二道,长期驻防。九月,宋应昌认为留兵已能防御住日本的进攻,与李如松先后返回了辽东。

在确定明军留兵的举措后,明朝驻朝官员、朝鲜王朝、明廷三方围绕留兵的具体细节进行了讨论,其中包括留兵的部队、数量、后勤供应、作用等。

首先是留兵的部队与将领的选择。在这一问题上,宋应昌与朝鲜王朝双方进行了协商,共同决策留兵细节。万历二十一年四月,朝鲜备边司上状启讨论留兵问题,提到刘黄裳传达宋应昌的指示,给予了朝鲜选择留兵的自主权,"或留一万,或留五千,南兵北兵,随你所愿"。备边司认为:"南北两兵,非但勇怯各异,沿路作弊,皆是北军,事定之后,则必倍今时。而北是骑兵,南是步卒,五千人,一年三万余石,而马料倍之。今若咨请,所当愿留南兵。"③南兵勇于作战,军纪强于北兵,留南兵可减少各类明军作弊问题的出现,且南兵为步兵,不用供给数量巨大的马料,朝鲜愿留南兵。

在留兵将领的选择上,朝鲜希望刘綎、吴惟忠、骆尚志留守。尹斗寿认为,"如使吴惟忠、骆尚志等兵留防岭外,余皆还送可矣","余兵虽存,无所用之"。④ 吴、骆两人在先前的平壤战役中战功卓著,骆尚志还曾在义州教授朝鲜人剑术,习知炮术,且与朝鲜沟通良好,故宣祖欲留骆尚志,"骆将在义州,教我国人时,手执其剑而教之。必得如骆将者,学其妙术,则庶可习熟。且骆将详知我国形势及人情。欲留此人之意,并移咨如何"⑤。刘綎最晚到达朝鲜,在初入朝鲜时便给朝鲜君臣留下了良好印象。尹根寿描述:"綎之为

① 《朝鲜王朝实录·宣祖实录》卷39,宣祖二十六年六月壬子条。
② (明)宋应昌:《经略复国要编》卷9《报石司马书》,第796页。
③ 《朝鲜王朝实录·宣祖实录》卷37,宣祖二十六年四月己酉条。
④ 《朝鲜王朝实录·宣祖实录》卷39,宣祖二十六年六月丁亥条。
⑤ 《朝鲜王朝实录·宣祖实录》卷39,宣祖二十六年六月庚寅条。

人，最为雅淡，秋毫不犯。”[①]明军将领多不欲言战，除吴惟忠、骆尚志等少数南兵将领外，刘綎也多次表示进战的决心，朝方对这类将领有更多的认同。随后，备边司将“吴、刘二人愿留之意，周旋善告于经略及提督矣”[②]。

留兵将领的敲定较为顺利，但留兵数量的确定是一大难题。宋应昌、朝鲜、明廷态度各异，战场形势瞬息万变，留兵数量在几方博弈中持续更改。

朝鲜对于留兵数量极为矛盾。留兵过多则粮料供应不足，久必生变，过少则朝鲜地广兵微，难以防御。早在万历二十一年三月，李德馨得知张世爵等明军将领计划撤退，明军准备留五千兵守开城，五千兵守平壤，评论：“果如是，徒费粮饷而已，贼若大举长驱，则五千兵，何可当也？”[③]备边司上状启：“（南兵）数满五千，则虽除马料，一年三万石粮，亦必难供。兼陈本国荡败之状，量留二千之意，移咨于经略。”备边司认为即使仅考虑步兵军粮，朝方的粮草储备也是捉襟见肘，以本国的粮食储备情况判断，留兵两千为宜。但宣祖以“贼谋难测，二千似少”[④]，希望增加数量，备边司又将请兵数量改为五千。

按照程序，留兵举措由宋应昌提出，在与朝鲜协商之后，由朝鲜派遣使臣上奏明朝，再由明廷批准，提案最终通过。据《朝鲜王朝实录》记载，“留兵之事，则曾于韩准之行，已为得请”[⑤]。明廷也进行了一番议论，万历皇帝最终同意留江浙炮手五千，“以大义存恤小邦，念其新遭残破，准暂留兵待倭众退尽之后，自应使之自守”[⑥]。

六月底，日军攻打晋州，朝鲜防御形势再度严峻起来，原本议定的五千留兵已不足用。李如松称，“惟是留守之兵，计有一万一千有余”，宋应昌征引历史经验，“唐时亦曾为朝鲜留兵三万防守，四年才归，此时料亦该用此数”，谓：“狡倭变诈无常，我兵防守，非二万不可。大将军将保定五千、山西二千、杨元召募家丁一千，凑足其数，庶分布多人，本国可永保无虞。”[⑦]宋应昌将部分北兵调入留兵序列，把留兵数量上调至二万，宋先后向李如松、朝鲜国王、兵部尚书石星、明朝内阁解释了增兵缘由：增兵可保证全罗、庆尚两道每道驻守一万人，互为响应。后因朝鲜粮食不足，八月十二日，宋应昌又

---

① 《朝鲜王朝实录·宣祖实录》卷37，宣祖二十六年四月戊子条。

② 《朝鲜王朝实录·宣祖实录》卷39，宣祖二十六年六月庚寅条。

③ 《朝鲜王朝实录·宣祖实录》卷36，宣祖二十六年三月己未条。

④ 《朝鲜王朝实录·宣祖实录》卷37，宣祖二十六年四月己酉条。

⑤ 《朝鲜王朝实录·宣祖实录》卷41，宣祖二十六年八月乙酉条。

⑥ 《明神宗实录》卷261，万历二十一年六月丙午条，台北：“中央研究院”历史语言研究所，1966年，第4819页。

⑦ （明）宋应昌：《经略复国要编》卷10《与李提督书》，第800页。

修书于李如松，称："留兵之事，粮料不敷，止留一万六千，其应撤兵马，尽数撤回，各镇不必分屯就食也。"[①]在随后的《议朝鲜防守要害并善后事宜疏》中，宋应昌正式确定留兵将领及人数："议留刘綎等兵万余防守，而全、庆要害，兵微不能分布，今从长酌议，应留官兵一万六千名，内刘綎川兵五千名，吴惟忠南兵二千名，骆尚志南兵六百名，戚金选领蓟镇各营精兵三千名，谷燧部兵一千名，宋大斌部兵一千一百名，张应种部兵一千一百名，千总邓永和领山西兵一千名，把总陆承恩领蓟镇三屯营兵七百名，刘崇正、毋承宜领拨丁五百名于辽兵内选给。"[②]

四月，朝鲜确定留兵五千，告知宋应昌后，留兵的后勤供应讨论提上了日程。宋应昌命李如松、刘黄裳敲定留兵细节："如果留守，必得数月，官军日支廪给、行粮各若干，盐菜若干。守御既久，衣鞋、军装各若干，火器、火药若干，犒赏若干。本色出于何处，折色动支何项，的于某月撤还，逐一查议停妥，具由呈详，以凭裁酌施行。"[③]

留兵的粮草供应难度极大。备边司在答复宋应昌的留兵咨文中，计算了驻留明军所需钱粮。"我国全盛之时，一年税入，两界外，六道米、豆、粟并，岁仅二十三四万石。除豆、粟外，不满十四万石。天兵二万一岁所食，以上国升斗，准我国升斗计之，一岁用米十二万石，若如今时混录滥受之弊，则几至二十万石"[④]，即朝鲜全境米产不够两万明军一年之用，只得继续向明朝请粮。

饷银方面，驻朝明军远离国土，宋应昌认为，"彼其心岂无父母、妻子之系，非厚利结心，何以责其效力"，"久驻外国，其饷银必须加倍他兵"，故留兵饷银数量远超正常标准。"每军一名，月给月粮银一两五钱，行粮、盐菜银一两五钱，衣鞋三钱，犒赏三钱，共银三两六钱。"[⑤]与同时期明朝国内士兵比较，明代北边守墩军士的待遇，墩军、夜不收处于极要冲地方月粮每月六钱银子，次要冲地方每月五钱银子。[⑥] 光是月粮，驻朝明军便远高于守墩军士，足见待遇之高，"此外又日给食粮，供用甚厚，兵心大悦"。根据宋应昌的计算，"查得各军每名，月粮一两五钱，二万军以一年计算，该银三十六万两，系中国出办。朝鲜应办者，止是行粮、盐菜、衣鞋，犒赏前军，以一年计，该银六

---

① (明)宋应昌:《经略复国要编》卷10《与李提督书》，第831页。

② (明)宋应昌:《经略复国要编》卷10《议朝鲜防守要害并善后事宜疏》，第835页。

③ (明)宋应昌:《经略复国要编》卷8《檄分守道、李提督、刘员外》，第690～691页。

④ 《朝鲜王朝实录·宣祖实录》卷41，宣祖二十六年八月辛卯条。

⑤ (明)宋应昌:《经略复国要编》卷10《议朝鲜防守要害并善后事宜疏》，第840～841页。

⑥ 参见邱仲麟:《边缘的底层:明代北边守墩军士的生涯与待遇》，《中国边疆史地研究》2018年第3期。

十四万两”[①]。考虑到朝鲜负担过重，宋应昌改变白银支出的付出比例，明朝承担银两支出的大部分，“当初防守留兵一万六千，每人月银三两六钱，你国给二两一钱，天朝给一两五钱。今则一万六千兵，每人月粮三两六钱内，天朝当出月粮、及行粮盐菜银三两，你国只出衣、鞋、犒赏银六钱，其粮料、盐菜，你国当办给”[②]，月粮、行粮及盐菜银三两由明朝承担，衣、鞋、犒赏银六钱，粮料、盐菜仍需朝鲜措备。

留兵作用方面。对明朝而言，明朝与朝鲜两国相邻，朝鲜若为日本占领，明朝辽东、山东都将暴露在日军威胁下，“若纷纷籍籍，徒于四镇之海口、旅顺之诸岛，分列布置，职恐地方辽远，渤海杳冥，虽数十万而不足。如视朝鲜，为我国扼塞，拨兵同守，可用万数而有余”，守朝鲜用兵少而能保中国。若日军真的再次进犯，“将所留南兵分守晋州、全罗、大丘[邱]、鸟岭，纵使倭驻釜山，必不能长驱直入”[③]，留兵对日军可能的再犯有缓冲作用，日军不能长驱直入，明、鲜两国便有时间部署下一轮防御。

对朝鲜而言，宋应昌认为留兵有两个目的，“一是以演习兵技，一是提防疏虞”。朝鲜久不经战，兵员素质低下，明朝可以帮助朝鲜训练新军。在宋应昌的设想里，“今王当再造维新之际，亟行全罗、庆尚、京畿等道，令陪臣募选膂力精壮军人，以多为善，即使陪臣管辖，尽发副将刘綎、吴惟忠、骆尚志等营。本部另行各将知会，如选兵到日，令其所服衣甲与南兵同，所执器械与南兵同，令各营教师训练起伏击刺之法与南兵同，不数月间自与南兵无二。倭来则助我兵以与战守，由此渐渐加增，渐渐熟练”[④]，使朝军与明军共同训练，军队素质逐渐与明军靠拢。理论上，朝鲜可向明军学习《纪效新书》。技术上，炮术较为精深，朝军想要掌握而不得其法，向明朝留兵学习，有事半功倍之效，“骆参将身在京都，习知炮术。若送此处炮手与之周旋，则其与在此独学，功必倍矣”[⑤]。明军留兵还可协助朝鲜防守疆土，巩固南方二道的防御。

明朝留兵在朝鲜的军事整顿事务中确实发挥了重要作用，超出了宋应昌的预想。一是练兵。在驻朝明军撤回前，朝鲜新军的训练工作全部由明军负责。据杨海英教授统计，明军中共有二十五人留下了姓名[⑥]，他们为朝鲜新军成型打下了基础。二是设险。宋应昌命留守诸将“协同陪臣，相度形

① 《朝鲜王朝实录·宣祖实录》卷41，宣祖二十六年八月辛卯条。
② 《朝鲜王朝实录·宣祖实录》卷41，宣祖二十六年八月丁未条。
③ 《朝鲜王朝实录·宣祖实录》卷39，宣祖二十六年六月壬子条。
④ (明)宋应昌：《经略复国要编》卷10《移朝鲜国王咨》，第800～804页。
⑤ 《朝鲜王朝实录·宣祖实录》卷39，宣祖二十六年六月辛卯条。
⑥ 参见杨海英：《朝鲜王朝的中国训练师》，《中国史研究》2013年第3期。

势险夷，筑关隘、建台城，将我留兵同彼丽兵酌量缓急，拨兵多寡，分发守之”①。为朝鲜提供了急需的设限经验，帮助朝鲜制定了设限计划。三是防御。因为有明军驻防于战略要地，日本并未对朝鲜发动大规模攻势。万历二十一年六月，晋州陷落，“赖刘总兵与吴游击各率天兵。把住要害。以此贼不敢深入，逡巡退归”②。且此时“湖、岭之间，贼徒兴起，杀戮焚荡，肆行无忌”，明军对落草为寇的朝鲜人有震慑之效。四是稳定人心。明军对外能提防疏虞，对内有镇抚人心之效。由于有明朝留兵驻守全罗、庆尚两道，当地平民认为能免遭兵祸。当明军撤归前夕，宣祖传曰：“刘总兵上来，湖南必溃。不可不急令大臣为体察使，总督诸将，以镇人心。”③朝鲜方面不得不预先准备明军撤退之后的应对之策。

明军驻留朝鲜的中心任务为防御，我们需要对防御效果进行重点分析。留守明军稳定了朝鲜南部的局势，日军不再大肆进犯。但我们也能看到，明军不能及时应对日军的小规模骚扰，究其原因，在朝鲜南部，明军与朝军协同防御，两军的配合存在问题，影响了防御的效果。朝军数量少，装备落后，士气不足，无法有力地支持明军作战。赵安邦状启中描述庆尚道朝军状态，“庆尚一道与贼相持，各阵之军不过六七千，而其中一将所率，或有六七名者，各阵弓子仅百余张。将此兵力、器械战退强寇，万无其理。加以缺粮已久，一日所食，不过溢米之粥，极为寒心”④。刘黄裳称，“（朝军）草笠缝掖，缟若群羯，木枝钝刃，势如儿戏，倭削之如削麻。每合你兵结阵，反累吾兵。今在尚州之兵，乌能合营，相共守与战乎”⑤。朝军的后勤保障、军械储备都存在较大问题，战斗力严重不足。在明、鲜两军配合上，张旗鼓批评朝方：“且兵将时未拨送，刘綎等留兵，谁与之协力共守，既不发人夫，则谁与之作城、筑台，以为防御之计。”⑥刘綎发送咨文：“手下之兵与倭贼多寡悬绝，本国军兵，并无一卒合哨。只有金命元大丘[邱]一见，权慄乘倭退后，陕川一见，具各苍黄别去，安望荡彼倭奴？今后预将该国军兵，严加申敕，卒遇有警，一调即至。”⑦朝方也承认配合不力，晋州危急时，“刘总兵至，送二千人，无有一人为之向导，至使天兵中路彷徨，不得耀示军威以为之助，遂使满城忠义，一时

① （明）宋应昌：《经略复国要编》卷10《报三相公并石司马书》，第808页。

② （朝鲜王朝）柳成龙：《西厓集》卷9《呈兵部宋侍郎》，《韩国历代文集丛书》数据库：http://db.itkc.or.kr/。（浏览时间：2020年10月13日）

③ 《朝鲜王朝实录·宣祖实录》卷53，宣祖二十七年七月辛亥条。

④ 《朝鲜王朝实录·宣祖实录》卷39，宣祖二十六年六月丁未条。

⑤ 《朝鲜王朝实录·宣祖实录》卷39，宣祖二十六年六月庚子条。

⑥ 《朝鲜王朝实录·宣祖实录》卷41，宣祖二十六年八月壬辰条。

⑦ 《朝鲜王朝实录·宣祖实录》卷41，宣祖二十六年八月甲午条。

屠戮，言亦摧肠”[1]。朝方军队、民夫均未有效配合刘綎部，不识当地情况的明军缺少朝鲜的帮助，留守明军的应急防御能力大幅下降。

明朝留兵并未久驻朝鲜，除刘綎部外，其余明军于万历二十一年末撤归。究其缘由，留守明军撤归与明朝、朝鲜、宋应昌三方对于战局的判断有极大关系。

从朝鲜的立场来看。备边司十月十六日的状启表现了朝鲜对留兵的态度：“伏见远接使尹根寿状启，以我国所奏留兵五千之故，皇上只许留五千，而不许留一万六千云。圣旨如此，则不久将撤回，极为闷虑。当初请留五千者，若倭贼卷众归巢，则欲少留天兵，以借声势耳，今则贼在境上，猖噬冲突之患，不朝则夕。我国遮截，只恃天兵，国家存亡，专系于此。将此意速完一本，或顺付黄琎促送，或专驰一价，奏吁闷迫之情。”[2]向前追溯，朝鲜对于留兵举措并不积极。七月十四日，备边司启曰：“伏见经略移咨，以倭贼屯住釜山为言，而议及留兵一事。目今贼兵围迫晋州，将犯湖南，声言以汉水为界，有长驱直捣之意，小邦之势，诚为岌岌。今方吁悯请讨之不暇，留兵之事，非今日所议。徐待此贼进退，别有所禀。”[3]八月十日，李恒福再议：“陈恳之后，以留兵，则当待贼退而定之，措辞可也。”[4]由此可见，朝鲜认为留兵是战争结束的善后举措之一。若日军撤去，朝鲜便无战争威胁，能在最大程度上减少明军留兵数量，明军只用助朝军之声势，故朝鲜一再拖延有关留兵细节的讨论。但实际上，日军并未尽退，朝鲜恐惧于“猖噬冲突之患”，这才开始准备上奏，请多留兵。

朝鲜再请新兵，是以剿灭日军为目的的，并非为了防御，这涉及宋应昌与朝鲜有关留兵职能的分歧。宋应昌认为明朝留兵只有守土之责，“惟以守为功，不以战为事，切戒挑衅生事，申饬不啻再三”[5]。而朝鲜方面希望明朝留兵可以在朝军的配合下对日军发起进攻。万历二十一年秋，柳成龙等人认为，“若不于今冬，合力驱剿，则虽设险于中路三四处，于事必无所益”[6]。由于明、鲜两方对明朝留兵任务的认识存在差异，从朝鲜的角度来看，留守明军并没有发挥其应有的作用，即帮助朝鲜打击日军。朝鲜虽数次提出明朝、朝鲜配合出兵的建议，明军并无响应。朝鲜方面认识到刘綎只是防御，“总兵只受把守之命，虽有百战百胜之势，无经略之令，则必不击矣。大概此

① 《朝鲜王朝实录·宣祖实录》卷41，宣祖二十六年八月丁亥条。
② 《朝鲜王朝实录·宣祖实录》卷43，宣祖二十六年十月丙申条。
③ 《朝鲜王朝实录·宣祖实录》卷40，宣祖二十六年七月丙寅条。
④ 《朝鲜王朝实录·宣祖实录》卷41，宣祖二十六年八月辛卯条。
⑤ （明）宋应昌：《经略复国要编》卷12《参失事将官疏》，第1015～1020页。
⑥ 《朝鲜王朝实录·宣祖实录》卷43，宣祖二十六年十月丙申条。

间事情,必使天朝洞知可也"[①],必须将战场形势上报明朝中枢,再加以请新兵作战,才能彻底扫除日军的威胁。备边司认为:"经略只令陈谢,而奏中并及贼势,非经略本意,必有难达之患。"[②]宣祖本准备遣使请兵,崔岦拟《为使臣呈礼、兵部书》,书中涉及告急一事,"全罗之要塞,亦惟晋州相倚为固,而今者披矣。朝夕全罗不保,而任其充斥,其祸不啻如上年而已。盖在上年则全罗一路及忠清之右,犹不并入于蛇豕之牙吻,粗足物力,以根本兵食焉耳。某等未去国时,见其势之必亡,今复不知何如也,寡君驰某等赍奏告急则具矣"[③]。而宋应昌只想让朝鲜谢收复之恩,并支持自己的留兵举措,并不希望朝鲜请新兵再行征伐。最终,朝鲜没能影响到明朝中枢的撤兵决定。

宋应昌则在向明朝的奏报中隐瞒了日军仍滞留不去的情况,称釜山原有倭户,故釜山有日本人不足为怪,给明朝中枢留下了朝鲜全复的印象。[④]宋应昌惧于日军再犯,从朝鲜本国守备力量不足、明年春季日军可能重开战端的角度,写下了《慎留撤酌经权疏》。在疏中,宋应昌认为,"倭奴一逞,不逾月而全国倾陷者,此无他良由,该国君臣昏暗媮惰,诈伪不情,弃天险而不知修,弃人力而不知练,弃铅铁自然之利而不知用,弃亿万黔首之民而不知恤,以致废时失事,国破家亡,一至于此"。朝鲜国防力量不足,致使日军长驱直入,国防力量不足的情况目前并没有改变,朝鲜防御仍需有明军坐镇。"留守经也,封贡权也,守经方可行权,无经则无权矣,犹之留守形也,封贡影也,有形斯能有影,无形则无影矣"。只有防御力量充足,才能在谈判中拥有话语权,所以"今之留兵,可撤于明旨与封之后,必不可撤于余倭未去之时;可撤于朝鲜兵练险设之后,必不可撤于该国未备之初",只有议和完成,朝鲜军事整顿完成,明军才可撤回。[⑤]

在明朝中央看来,虚内实外,损耗国力不可取。前文提及的留兵数量由五千人增至最后的一万六千人,在明朝中枢引起了一定的争议。最初,明廷讨论留兵朝鲜一事时,即分为同意与反对两派。关于"以朝鲜克复量留江浙炮手五千,分屯要害"的提议,御史段尚绣言其不可。支持这一建议的兵科

① 《朝鲜王朝实录·宣祖实录》卷 43,宣祖二十六年十月壬寅条。

② 《朝鲜王朝实录·宣祖实录》卷 44,宣祖二十六年十一月乙丑条。

③ (朝鲜王朝)崔岦:《简易集》卷 5《为使臣呈礼、兵部书》,《韩国历代文集丛书》数据库:http://db.itkc.or.kr/。(浏览时间:2020 年 10 月 13 日)

④ 根据孙卫国的研究,宋应昌编辑《经略复国要编》一书时间很短,目的为自我辩白,对相关史实有故意扭曲和篡改,我们考察《经略复国要编》,宋应昌确实存在着隐瞒战场实际形势的情况。参见孙卫国:《万历援朝战争初期明经略宋应昌之东征及其对东征历史的书写》,《史学月刊》2016 年第 2 期。

⑤ 参见(明)宋应昌:《经略复国要编》卷 13《慎留撤酌经权疏》,第 1022～1042 页。

给事中侯庆远认为："不可轻动，亦不可中弃，则莫若少留锐师以为之声援。"[①]另一兵科给事中张辅之认为："南兵不可撤，而原调各镇诸北兵不可尽留也。留之以树声援，撤之以省粮饷，省其所撤，养其所守，战或不足，守则有余。"[②]万历皇帝最终批准了留兵的建议，"朝廷以大义存恤小邦，念其新遭残破，准暂留兵"[③]。虽然万历皇帝同意了留兵的举措，但我们可以看到，即使是同意留兵的一派，也并不支持留下太多明兵戍守朝鲜。增加留兵数量的决策是宋应昌独自做出的，明朝中枢并不知情。八月，宋应昌上疏，才报告了留兵一万六千之事。王锡爵给宋应昌发手札，"留兵二万或有不便"[④]。兵部议："向者该国请留铳手五千，粮饷自措，今何增至三倍，而饷又何出也，虚内实外，殊非长策。"[⑤]兵部作为驻朝明军的直接管理机构，也否定了宋应昌增加留兵的举措，覆议此事曰："留兵一万六千，必复转饷，非策之上也。刘綎已升备倭总兵，当加都督府衔，即部川兵倡该国训练，各饷亦宜稍缩，责以供办用。或虑行长尚未归巢，量留吴惟忠兵，待行长渡海，撤归辽镇。"[⑥]宋应昌复疏求留兵，引起了石星的不满，"本兵不悦，无何遂罢经略而以顾养谦代任"[⑦]。万历皇帝撤兵的决定亦没有改变。闰十一月，万历皇帝下圣旨："是朝廷原以大义兴师，今既战胜敌服，又欲何求，这所奏撤兵事宜具依拟行，大兵既撤，除刘綎一枝暂留外，其宋应昌、李如松候，有倭归确报，着便回朝，以后一应防御事务行该督抚官各遵照敕书，用心料理，毋得怠忽，钦此。"[⑧]

万历二十一年十二月，吴惟忠、骆尚志、宋大斌军自庆州、忠州撤兵还朝，只留刘綎部五千人驻守。万历二十二年四月，刘綎也收到了兵部撤回之文，于当年八月撤兵。至此，明朝留兵全撤。明朝留兵的全部撤出，使得朝鲜不能依靠明军防御，减少了朝鲜对明军的依赖，客观上推动了朝鲜自身的军事整顿。

---

① 《明神宗实录》卷261，万历二十一年六月甲申条，第4836页。

② （明）张辅之：《太仆奏议》卷2《岛倭终事未卜川酋始祸方深疏》，《四库禁毁书丛刊》第22册，北京：北京出版社，1997年，第480页。

③ 《明神宗实录》卷261，万历二十一年六月丙午条，第4846页。

④ （明）宋应昌：《经略复国要编》卷11《报王相公并石司马书》，第909页。

⑤ 《明神宗实录》卷263，万历二十一年八月戊辰条，第4917页。

⑥ （朝鲜王朝）申炅：《再造藩邦志》卷3，《韩国历代文集丛书》数据库：http://db.itkc.or.kr/。（浏览时间：2020年10月13日）

⑦ （明）诸葛元声：《两朝平攘录·日本上》，吴丰培主编：《壬辰之役史料汇辑》（下），北京：全国图书馆文献缩微复制中心，1990年，第62页。

⑧ （明）宋应昌：《经略复国要编》卷12《移本部咨》，第1006页。

3.朝鲜军事整顿策的提出

碧蹄馆之役后，朝鲜见明军不复有军事行动，数次请求明军出兵。宋应昌强调朝鲜更应该依靠本国军队，“国王恨不得复仇，为你国者，宜不无此心。但当初不措武备，以致三京失守。你国更欲进战，当以你国兵马为战。若胜，则我当上本，大加褒赏。若不胜，则其将官及主张之人，并依军律处断”①。李如松也表达过类似看法，“你国必欲复仇，进剿不难矣，剿之不尽，而或遗其半，则不数年必再举兵以来，你国其可种种请兵于天朝耶？”②明朝官员理解朝鲜复仇之志，但认为朝鲜不能专恃天朝，期待明朝为己复仇。收复失地非朝夕之事，朝鲜需要提高本国的军事实力。

随着日军屯留朝鲜南部，双方进入对峙局面，宋应昌深知日军有随时再犯的可能，议和仅是一时的权宜之计，此时的防御形势严峻。“兵止一万六千，彼众我寡，一也；险隘尚未设立，二也；朝鲜兵马集练未成，三也。”③明军承担着大部分的防御任务，朝鲜还未采取防御措施，宋应昌认为：“量留将兵以防守之，待尔国自振，然后撤回。”④留兵举措，只是一时的权宜之计，朝鲜自振才意味着防御工作最终完成。刘黄裳有言：“讨贼恢复，天兵之责也，至于防守，专在你国，不可缓也。”⑤只有完成各项军事整顿措施，朝鲜才能真正抵御日军的下一次进攻，是故宋应昌离开朝鲜前，着力于提出完善的军事整顿策，以完成战争的善后事宜。

宋应昌早在四月初与日本进行龙山谈判时，便开始筹划战后的防御事宜，“百尔所思，莫非为你国善后之策，万全之计也”⑥。经过长期谋划，宋应昌根据防御形势，有针对性地提出了朝鲜所需进行的军事整顿举措。

第一，设险守国。宋应昌认为朝鲜军队进取不足，防御则有余。若能筑城堡，备险隘，则朝鲜守军可以独立防御日军进犯。宋应昌首先注意到了鸟岭为重要险隘，控扼由庆尚道进入忠清道的入口，故先强调了修筑鸟岭，后访得鸟岭以南，全罗、庆尚二道犹有众多要害处，亦需守备，向朝鲜提出了一系列应修工事。由鸟岭延伸到海口举建烽堠，配合海船出洋哨探，形成一整套有纵深的防御工事体系。

第二，练兵。宋应昌移咨宣祖，“今王当再造维新之际，亟行全罗、庆尚、京畿等道，令陪臣募选膂力精壮军人，以多为善，即使陪臣管辖，尽发副将刘

① 《朝鲜王朝实录·宣祖实录》卷37，宣祖二十六年四月庚寅条。
② 《朝鲜王朝实录·宣祖实录》卷36，宣祖二十六年三月己卯条。
③ （明）宋应昌：《经略复国要编》卷10《报三相公并石司马书》，第861～862页。
④ 《朝鲜王朝实录·宣祖实录》卷37，宣祖二十六年四月丁亥条。
⑤ 《朝鲜王朝实录·宣祖实录》卷39，宣祖二十六年六月甲申条。
⑥ 《朝鲜王朝实录·宣祖实录》卷37，宣祖二十六年四月乙酉条。

綎、吴惟忠、骆尚志等营。本部另行各将知会，如选兵到日，令其所服衣甲与南兵同，所执器械与南兵同，令各营教师训练起伏击刺之法与南兵同，不数月间自与南兵无二。倭来则助我兵以与战守，由此渐渐加增，渐渐熟练，多造军器，广积刍粮”①。宋应昌希望朝鲜能逐渐培养出抵抗日军进攻的新式军队。

第三，辅助性举措。朝鲜南部庆尚、全罗、忠清三道战略意义重大，如练兵、设险等诸多举措都在朝鲜南部进行，此地距宣祖国王驻地较远，宣祖难以遥制。故宋应昌建议光海君南下，在朝鲜相臣及兵、工、户三曹判书的帮助下总揽军事整顿的各项工作，以建成完备的朝鲜南部防御体系。

宋应昌认为，上述各类军事整顿举措若能顺利实施，“凡事完备，你国之力，得以堵截防守，则天兵可撤回”②。在向明朝内阁首辅王锡爵及兵部尚书石星上报时，宋应昌对朝鲜军事整顿一事持乐观态度，认为：“且操练朝鲜兵马，俟其娴习，我兵即可撤回，早不过半年，迟不过一年而已。”③

对于明朝中枢而言，日军已退，明朝可从朝鲜战场脱身，只遗留善后事宜尚待处置。而善后事宜分为三个部分：议和、留兵、朝鲜军事整顿。其中，战事已停，所以明军大部可撤，议和开始，日军已不敢再肆。在明朝中枢的视角下，和平环境中，朝鲜的军事整顿并不是善后事宜的重点。同时，相较朝内有关明军撤兵，留兵多少，是否封贡日本等事项有较大争议。在这一问题考虑上，宋应昌只需要关注战争本身，而明朝中枢必须从全局的视角思考朝鲜的防御问题。首先，在明朝的封贡体系下，属国有较多的自主权，在一般情况下明朝不会干涉属国内政。万历皇帝谈到明朝留兵问题：“量留兵戍守朝鲜，原系一时权宜。该国既非本朝郡县，久戍无名。”④在朝鲜长期驻军属于干涉属国内政的行为，所以明朝不会长期驻军于朝鲜。明朝内阁首辅王锡爵询问宋应昌朝鲜防务的细节时说：“阃外之事，虽非中朝所当与闻，念今密勿之咨，盈庭之议，必有真知灼见，乃可主持，故敢详询如此。”⑤王锡爵也认为不可过多干涉属国事务。孙鑛被任命为经略后，提出制倭三策，其中一条为“如必欲保属国以固藩篱，则惟特设一宪臣专理朝鲜兵备，凡抽兵派饷，一切以我从事”⑥。明朝中枢并未通过这一建议，便是因为这一建议若实

---

① （明）宋应昌：《经略复国要编》卷10《移朝鲜国王咨》，第803页。

② 《朝鲜王朝实录·宣祖实录》卷41，宣祖二十六年八月丁未条。

③ （明）宋应昌：《经略复国要编》卷11《报王相公并石司马书》，第910页。

④ 《朝鲜王朝实录·宣祖实录》卷45，宣祖二十六年闰十一月丙申条。

⑤ （明）王锡爵：《王文肃公文集》卷8《宋桐冈经略》，《四库禁毁丛刊》第7册，北京：北京出版社，2000年，第550页。

⑥ 《明神宗实录》卷278，万历二十二年十月庚申条，第5140页。

施，会严重干涉属国内政。其次，明朝中枢需要考虑明朝的财政问题，越国远征，所费不赀。按照宋应昌的规划，明朝留兵的饷银多半由明朝支付，首辅王锡爵虽然没有直接对明朝留兵问题发表可否的意见，但他关注的重点问题是："留兵一万六千人，经略所规军食之费，则中国当六之五而朝鲜供一焉，借兵以自卫者，如此无乃非人情乎。今户兵之藏，具告匮矣。又增岁费七八十万，岂可不深计哉。"[①]王锡爵是从财政角度提出对留兵举措的疑虑的。综合考量，明朝中枢的最终决策是撤留兵，整顿朝鲜军事。九月十三日，兵部根据宋应昌的建议，上朝鲜善后事宜题本，内容或为朝鲜军事整顿提议，万历皇帝如拟，直接通过了题本，并未让群臣作更多的讨论。

万历二十二年(1594)二月二十九日，朝鲜陪臣金晬出使明朝，"涕言倭夷猖獗，李如松既与讲和，抑勒朝鲜，任其杀戮，束手受刃者六万余人。倭语悖慢无礼，沈惟敬与倭讲和，皆云和亲，辄曰乞降悔罪"[②]。朝鲜方面称日军仍猖獗不退，明朝中枢首次得知停战并未实现，朝议形势陡变，群臣对朝鲜军事整顿的关注度大幅提高。礼部尚书罗万化奏，"东事不言封贡，专修备御，本论也"[③]。五月初一日，万历皇帝命令九卿科道会议倭事。在会议中，"总之，以罢款议守为主，不得已而与款，犹当遵明旨，守部议"。兵部尚书石星汇集了各大臣意见，在封贡问题上，虽然意见各有不同，但"众论之所佥同者，莫不汲汲于选将练兵，储器偫饷，屯田扼险，皆本计也"[④]。明廷上下就增强朝鲜防御力量一事达成共识。虽此后朝鲜自请封贡日本，朝鲜暂无危险，石星称，"盖既予封，则朝鲜必有三五年之安，彼固乘此以自为战守，我亦因之以自为备具"[⑤]，仍旧强调了加强防御一事。

万历皇帝与明朝各部大臣较为忽视朝鲜军事整顿不同，对此事极为在意，时常提及。早在同意暂留明军协助朝鲜防御时，万历皇帝便命令兵部传谕朝鲜，命之"练兵积饷，保境安民，毋得专恃内援，因循畏怯，以贻后忧"[⑥]。朝中对议和一事议论纷纷，科臣张辅之等非议宋应昌，万历皇帝以善后为重，对宋应昌表达了支持："经略重任，原奉敕便宜行事，如何牵制议论，奏揭参差，念其处分战款，原无失计，姑不深究，着用心区处善后事宜，无贻后悔，方许同李如松还朝受赏。"[⑦]九月二十五日，万历皇帝下圣旨宣谕朝鲜，促其

① (明)王锡爵:《王文肃公文集》卷8《刘太景赞画》，第559页。
② 《明神宗实录》卷270，万历二十二年二月戊寅条，第5020页。
③ 《明神宗实录》卷271，万历二十二年三月壬寅条，第5047页。
④ 《明神宗实录》卷273，万历二十二年五月戊寅条，第5047页。
⑤ 《明神宗实录》卷278，万历二十二年十月丁卯条，第5047页。
⑥ 《明神宗实录》卷261，万历二十一年六月丙午条，第4846页。
⑦ 《明神宗实录》卷264，万历二十一年九月戊辰条，第4918页。

尽早整顿军事:“其可更以越国救援为常事? 使尔国恃之而不设备,则处堂厝火,行复自及。猝有他变,朕不能为王谋已。是用预申告戒,以古人卧薪尝胆之义相勉,其尚及今息肩外侮,再展国容之时,抚疮痍、招流散、远斥候、缮城隍、厉甲兵、实仓廪。毋湛于酒色,毋荒于游盘,毋偏信独任,以阏下情,毋峻刑苦役,以业民怨。庶几殷忧愤耻之后,先业可兴,大仇可雪。此则继自今存亡治乱之机,在王不在朕。王其戒之慎之。”①这份圣旨由行人司宪赴朝鲜宣谕。在明朝君臣的关注下,朝鲜亦开始重视军事整顿。柳成龙谓:“臣窃观今日人心,专责讨贼之事于天兵,虽有可行之策,略无措置之意。自古请兵于他国而恢复者,主张在我,而他国之兵,为我助援而已。比之攻病,我则元气也,他兵则药石也。药石攻熨,必资元气,若在我元气冥然漠然,则虽有万金之药,安所施之?”②朝鲜次第展开了军事整顿措施。

二、朝鲜军事整顿的实施

1.练兵

朝鲜在壬辰战争中溃败,其重要原因在于,士兵久不习战,兵员素质远不如日军。万历二十一年六月五日,刘黄裳首先提出了朝鲜应学习明军之长技的建议:“倭贼言天朝鸟铳、长枪为可畏云,贵国亦可学也。前日开城倭贼,掳贵国人民,造作铳筒云。贵国亦知此妙而学之,则必能矣。俺等出去,则贵国无所赖,速令训习为佳。”③次日,备边司便在状启中回应了练兵建议:“虽已留兵,而不为练习我军,悠泛度日,则终归于无益。将状启事意,下谕于两南监司,令兵、水营、大邑及武将、守令,所守之邑,选兵操练,打造器械,日夜学习。”④

宋应昌提出完整的军事整顿计划后,提醒朝鲜:“操练兵马、修筑险隘、造作车器、积聚刍粮四件事,而其中操练兵马尤为关紧。”⑤宋对操练兵马极为重视。朝鲜亦对于利用明军驻留朝鲜的时机训练部队有清醒的认识。宣祖下教:“操练一事,一刻为急。我国之技,不过控弦射矢而已。须及唐将在时,多抄年少可合之人,必学传精锐,日日练习。若一朝撤还,追之无及,更难不举。此一事,似为视之悠悠,宜各别用意程督。”⑥备边司更是将练兵当作最紧要的事务:“今日急务,唯在练兵御贼一事。此外凡事,皆当一切舍

① 《明神宗实录》卷264,万历二十一年九月戊辰条,第4930页。
② (朝鲜王朝)柳成龙:《西厓集》卷5《陈实务札》。
③ 《朝鲜王朝实录·宣祖实录》卷39,宣祖二十六年六月戊子条。
④ 《朝鲜王朝实录·宣祖实录》卷39,宣祖二十六年六月己丑条。
⑤ 《朝鲜王朝实录·宣祖实录》卷44,宣祖二十六年十一月庚午条。
⑥ 《朝鲜王朝实录·宣祖实录》卷42,宣祖二十六年九月己未条。

置，专力于练兵。虽财力不及，见效未易，而随其力之所及，零琐收合，尽心为之，他日策应之际，必有所赖。"①

朝鲜虽有练兵、修军备的打算，但因种种原因，迟迟没有进展。以炮手训练为例，万历二十一年七月三日备边司提到"破敌之技，莫逾于火攻。中朝各样火器，其制不一。近日自上，每令学习，留念非不至矣，而行在无主掌教督之人，文移外方，亦难必其的有成效"②。朝鲜练兵颇多难处，一是朝鲜朝中无主持之人，二是命令下到地方各道，各道官员未必严肃对待，难有成效。此外，朝鲜没有练兵传统，且有轻视学武的观念。宣祖论："我国自平时不知养兵。中原，五丁抽一，养之有素，故与农夫异，唯事战斗，而我国贫残，不能预养，无异农夫。"宣祖听闻，"庆尚道风俗，人有子兄弟，一子能文，则坐于堂上；一子业武，则坐于庭中，如视奴隶"③。李德馨报告："近来人议纷纭，皆曰：'教兵何为？都是无用之技。'弛缓之辈，不乐钤束，胥动辞说，炫惑群听者非一。上年，始教鸟铳，人皆笑其难成，且贱鄙其事，入属之人，相继谋避。"④经过一段时间的筹备，朝鲜的练兵才渐有规制。朝鲜的练兵按照训练地点可分为两类。一是朝鲜中央练兵专设机构训练都监练兵，二是地方各道的练兵。

万历二十一年八月十九日，宣祖感慨于"经贼二年，未尝练一兵、修一械，只望天兵，惟俟贼退"，意图"别设训练都监，差出可合人员，抄发丁壮，日日或习射、或放炮。凡百武艺，无不教训"⑤，首次提出设置训练士兵的专门机构。随后，宣祖指出："火药未敷，不必偏习火炮，如骑射、步射，或踊跃击刺，或追逐超走，皆可为之。"⑥这就大致确定了训练都监的训练科目。在明军擅长的训练炮手、杀手外，也强调朝鲜本土的传统优势射箭，别设射手队，"常常习射，分等赏罚，一如炮手之例"。降倭有擅剑术者，宣祖命："别立一队，传习倭人剑、枪之法，其试才论赏，则与唐法一视之。"⑦十月，训练都监正式设立，"募选丁壮。教演浙江技艺"⑧。

最初的训练都监管理官员设置，备边司"欲以李镒、赵儆分掌左右营，使

① 《朝鲜王朝实录·宣祖实录》卷47，宣祖二十七年一月己酉条。
② 《朝鲜王朝实录·宣祖实录》卷40，宣祖二十六年七月甲寅条。
③ 《朝鲜王朝实录·宣祖实录》卷43，宣祖二十六年十月壬寅条。
④ 《朝鲜王朝实录·宣祖实录》卷48，宣祖二十七年二月庚申条。
⑤ 《朝鲜王朝实录·宣祖实录》卷41，宣祖二十六年八月庚子条。
⑥ 《朝鲜王朝实录·宣祖实录》卷41，宣祖二十六年八月癸卯条。
⑦ 《朝鲜王朝实录·宣祖实录》卷53，宣祖二十七年七月丁亥条。
⑧ 杨海英考证了训练都监的设立时间应为万历二十一年十月，参见杨海英：《朝鲜王朝军队的中国训练师》，《中国史研究》2013年第3期。

之教诲”，一营人数齐整，由赵儆负责训练，另一营人数不齐，命李镒专掌骑射训练。李镒、赵儆等提调“所为龃龉”，宣祖极为不满，特命柳成龙“专管其事”，为都提调，“武宰臣赵儆为大将，兵曹判书李德馨为有司堂上，文臣辛庆晋、李弘胄为郎属”①。柳成龙在训练都监设置初期颇多作为，“设施训练，皆得其方”。兵曹判书李德馨亦投入较大精力于练兵。首先，李德馨在骆尚志部撤归明朝前，恳请骆留下几位武艺高超明军为教官，拜贾大才、闻愈为教师。其次是关心士兵训练。宣祖欲嘉奖练习之功时，柳成龙自谦：“小臣别无所为。皆是李德馨与天朝教师，劝奖教练之事耳。”宣祖“未尝不叹服于卿及前判书也”②。

在柳成龙与李德馨二人任内，训练都监在数月间训练炮手，初见成效。万历二十二年三月，备边司称，“其中成材者，与浙江之善手者无异，以此知练兵之不可不为也”。可见，成材炮手的战斗素质不可小觑。备边司以训练都监的成功事例鼓励各道，“外方监、兵使，水营及各官，各以人众多寡，随便招集，愿为炮手之人，教习放炮，一依近日训练都监劝奖之规”③，希望以一点带动全局，在全国培养大量炮手。四月，宣祖亲自检阅训练都监演习阵法，看到朝军对“我国所无之阵法”已熟习，甚为满意。

但其后柳成龙“忝入相府，不得专意于都监教阅之事……近者又以疾病，闭缩数月，其于都监之事，尤益疏阔”④。兵曹判书改为沈忠谦，沈自称：“臣受任未久，因他务浩繁，其于练兵之事，未暇逐日亲自操演，每敕常仕提调及各该将官，照旧施行。”⑤沈对训练都监用心不足，且与明朝教练胡汝和等四人发生争执，训练都监的训练大不如前，“军心之劝励，颇不如前，而所习技艺、行阵之法，反益虚疏，人多忧其废隳而无效也”⑥。万历二十二年十一月，兵曹判书李恒福称：“教师唐官辈，无益于事，而反多贻弊”⑦，经略孙鑛有招还教师之举。经宣祖移咨请留明军教师，这一事件平息下去。但这一时期“都监之事，渐至解弛”，“近日中日试放炮手，其得中者，仅数人”，“都监郎厅及哨官等，多不得人，或托称牢子，敢以私仆，冒充受料；或私役炮、杀

① 《朝鲜王朝实录·宣祖修正实录》卷28，宣祖二十七年二月庚戌条，韩国国史编纂委员会网站点校本 http://sillok.history.go.kr/search/inspectionMonthList.do? id=knb。（浏览时间：2020年10月26日）

② 《朝鲜王朝实录·宣祖实录》卷50，宣祖二十七年四月庚申条。

③ 《朝鲜王朝实录·宣祖实录》卷49，宣祖二十七年三月己卯条。

④ 《朝鲜王朝实录·宣祖实录》卷53，宣祖二十七年七月己卯条。

⑤ 《朝鲜王朝实录·宣祖实录》卷53，宣祖二十七年七月甲申条。

⑥ 《朝鲜王朝实录·宣祖实录》卷53，宣祖二十七年七月乙酉条。

⑦ 《朝鲜王朝实录·宣祖实录》卷57，宣祖二十七年十一月己卯条。

手，有同家奴，无所不为"[①]。训练都监之训练水准有明显下降，亦可见得部分朝鲜大臣对于练兵持反对意见。

为重新提振训练都监练兵，宣祖提出了一系列举措。首先，将此前管理训练都监卓有成效的李德馨任命为吏曹判书，专委责成此事。其次，加强对郎厅及哨官的管理，"各所掌郎厅及将官，不可不极择察任，而堂上另加考试，以为劝惩"[②]，郎厅不得干预军中赏罚。最后，移咨孙鑛，请孙委派新一批教师赴朝训练士兵。万历二十三年二月，宣祖接见千总陈良玑、把总朱虎、陈白奇等教官，此后又有数批教官到达朝鲜。这批明军专为训练而来，与之前留军防守为主，训练朝军为辅有所不同。

这批教官训练朝鲜军队，取得了一定成果。在京城中已练军队有十一哨，计炮手七哨，杀手四哨，射手二哨，初具规模。朝鲜因明朝教师训练，已"粗解练兵之事"。游击将军胡大守也对朝鲜士兵评价颇高："一日习阵，试以武艺，刀、枪诸技，颇有成材者。若及时教训，则足以御敌矣。"[③]

其后，因留驻各道的明军教官作弊，扰害朝鲜地方，孙鑛撤回了万历二十三年派往朝鲜的教师。万历二十四年，给事中戴士衡提议派遣五百名教师前往朝鲜训练士兵，朝鲜因上年百余名教官作弊事，且粮饷不足，对此已无兴趣，婉拒了这一建议。

训练都监训练炮手成才后，朝鲜王朝考虑炮手分配事宜。万历二十二年七月初，柳成龙统计除了"已在庆尚左右道及散去他处者外"，王京留有炮手仅三百三十余名，数量不多，若"分投各处"，将其中一半留在王京，则无论京中还是地方，炮手都数额不足，不能集群作战，且不知日军下次进攻何处，也就不知该把炮手送往何处，同时京中会"守备寡弱"。[④] 是故朝鲜搁置了练成炮手的分配事宜。万历二十三年，朝鲜与建州女真产生摩擦[⑤]，朝鲜讨论炮手送往平安道，李德馨再次以若将京中炮手下送，则京中虚疏为由，建议不送。训练都监练成新军逐渐成为京城卫戍部队。

地方练兵方面。万历二十一年八月，宋应昌为防御事务移咨朝鲜宣祖国王，"今王当再造维新之际，亟行全罗、庆尚、京畿等道，令陪臣募选膂力精壮军人，以多为善，即使陪臣管辖，尽发副将刘綎、吴惟忠、骆尚志等营。本部另行各将知会，如选兵到日，令其所服衣甲与南兵同，所执器械与南兵同，

---

① 《朝鲜王朝实录·宣祖实录》卷57，宣祖二十七年十一月辛丑条。

② 《朝鲜王朝实录·宣祖实录》卷58，宣祖二十七年十二月辛酉条。

③ 《朝鲜王朝实录·宣祖实录》卷65，宣祖二十八年七月丙申条。

④ 《朝鲜王朝实录·宣祖实录》卷53，宣祖二十七年七月己卯条。

⑤ 参见赵学美：《论后金兴起与壬辰战争的关系》，山东大学硕士学位论文，2019年。

令各营教师训练起伏击刺之法与南兵同，不数月间自与南兵无二。倭来，则助我兵以与战守，由此渐渐加增，渐渐熟练，多造军器，广积刍粮”[①]。宋应昌希望朝鲜地方各道的士兵赴留守明军的驻防地，以“三同”之法接受训练。员外刘黄裳还京前建议宣祖国王：“亟募八道之兵，四十以下、二十以上强壮男子，每道万人，得八万人。送与刘副将綎，换其衣甲，受以利器，编入天兵队伍，乘此秋凉，逐日操练。”[②]以刘綎部的驻防地点来看，刘部先驻守尚州、大邱，防御庆尚道中路，后移驻八莒，再至全罗道的南原，始终在南部二道。宣祖最初设想“咸镜、黄海、忠清、全罗之丁壮，何不悉发为兵，以赴岭南”[③]，实则朝鲜北部离南部距离遥远，并无实际操作的可能性，能赴刘綎营中训练的只能是附近部队。

万历二十一年八月二十二日，备边司提到宋应昌催促朝鲜士兵隶属刘綎进行训练，但此时日军还在朝鲜南部蠢蠢欲动，按优先级来说，防御日军先于士兵训练。“两南要害郡县及贼路所冲处，分布防戍，而原数单弱，犹惧不克”[④]，防御之兵尚且不足，更无余兵发往刘綎营中。九月十六日，备边司提到忠清道防御使李思命听命于都元帅金命元，亲率道内士兵防御鸟岭等地。“既以都元帅节制，亲到刘总兵军前协力操练云，势所难行”[⑤]，非但部队，朝鲜各道相关官员因有防御任务，也无法前往刘营协助刘綎训练士兵。刘黄裳移咨朝鲜，要求权慄、金命元入刘营率兵训练，无实现可能。万历二十二年三月，备边司批评庆尚道防御使金应瑞：“金应瑞以操练军兵为任，长在天兵幕下，合三道之军，经历一年之久，而顷见权慄状启，则训练成就之事，尚无一人之见效者云。良由怠弃职事，无意于奉行朝廷号令，故置诸相忘之域，以至于此。操练既无所效，而讨贼又无其效，则所谓防御使者，复何为也？此而不惩，国纲无所施。”[⑥]专职练兵的防御使金应瑞也没有在明军帐下训练军兵。

根据《朝鲜王朝实录》记载，仍有部分士兵在备边司的命令下前往刘营训练。但“各道各官抄发之际，精锐者率多脱漏，所送皆丐乞无籍之徒，在道逃散”[⑦]。因缺少奖励手段，士兵并不愿意前去训练。宣祖令“诸道都巡查使权慄，专管一应机务，统制诸将，选领三道精勇军丁，具进刘总兵营里，听候

① (明)宋应昌:《经略复国要编》卷8《檄刘赞画》,第804页。
② 《朝鲜王朝实录·宣祖修正实录》卷27,宣祖二十六年八月壬午条。
③ 《朝鲜王朝实录·宣祖实录》卷41,宣祖二十六年八月癸卯条。
④ 《朝鲜王朝实录·宣祖实录》卷42,宣祖二十六年八月癸卯条。
⑤ 《朝鲜王朝实录·宣祖实录》卷42,宣祖二十六年九月丁丑条。
⑥ 《朝鲜王朝实录·宣祖实录》卷49,宣祖二十七年三月丙午条。
⑦ 《朝鲜王朝实录·宣祖实录》卷44,宣祖二十六年闰十一月庚午条。

教习”,但刘接受士兵后质疑:“权慄所送操练军皆疲弱,如驱群羊攻猛虎,何以当之?”[①]这批士兵兵员素质堪忧,难以操练。宋应昌曾派军官金文盛等人到刘营协助训练部队,“有宋侍郎所送金文盛七人,同在一处,见自海,言以侍郎之命,将就刘总兵之营,训练我国之军,来此数日,而粮料支待疏阔,多有怨恨之色,至欲还去”[②]。明军教师的待遇过低,不利于训练。柳成龙等人拜见刘綎,刘说:“尔国自九月以后,若选将练兵,则今可得满万精锐,迩来数三月,徒言而无实。解到之兵,旋即逃散,虽言遮截,不可得。”无奈之下,刘綎只能提出变通之法:“全罗之兵,或召募、或抄发,不必来到吾营。若仍守全罗,一边防御,一边教训,则我当临时观势,调取用之矣。”[③]实质上,明、鲜两国放弃了派兵赴刘綎营中训练的做法。宋应昌原计划用“三同”之法训练朝军,是想让朝军在明军的影响下耳濡目染,勤加练习,达到与南兵差不多的作战水准。但是,朝军既然不能奔赴明军营中训练,宋应昌的计划无疑是落空了。

实际上,地方官员是根据本地情况各自训练部队的。庆尚道“粮饷乏绝,难于养兵,故元帅所率军甚少,只有数十牙兵。顷者自湖南裹粮来赴者,皆极疲癃,别无教练”[④]。忠清道情况强于庆尚道,驻扎着大量官军溃散后相继出现的义兵和僧兵,备边司想将这部分军队召集训练,以备日后之用,建议任命李镒为忠清道巡边使,“点视各阵义兵,分其勇怯,略有分部,义兵将中如有才力胆量可用者,使之仍为带率,而启闻其名,曾有军功而未得蒙赏者,亦核实启闻,僧军亦稍加约束,使之遵行。若是则义兵、僧军,悉为官军,可以操练,可以御敌矣”[⑤]。由于兵源充足,忠清道训练出了一支防御部队。

在各道中,由于平安监司李元翼的大力推动,平安道练兵效果最好。“李元翼抄出营府所属,训诲放炮用剑,赏其成材者,渐至成就。”[⑥]顾养谦差官胡大经、娄国安等送书于李德馨,“平壤既有操练兵马,而王京复如此甚喜”[⑦],便是见到了平安道的训练情形。宣祖希望各道以平安道为榜样,如万历二十二年三月,宣祖引见江原道观察使尹承吉,令尹承吉在练兵一事上

---

① 《朝鲜王朝实录·宣祖实录》卷45,宣祖二十六年闰十一月庚子条。

② (朝鲜王朝)柳成龙:《芹曝集》卷3《请厚待唐人启》,[韩]姜大杰、徐仁汉共编:《壬辰倭乱史料丛书·历史》第1册,韩国晋州:国立晋州博物馆,2002年,第199页。

③ 《朝鲜王朝实录·宣祖实录》卷45,宣祖二十六年闰十一月壬寅条。

④ 《朝鲜王朝实录·宣祖实录》卷50,宣祖二十七年四月己酉条。

⑤ 《朝鲜王朝实录·宣祖实录》卷45,宣祖二十六年闰十一月甲申条。

⑥ 《朝鲜王朝实录·宣祖实录》卷49,宣祖二十七年一月己酉条。

⑦ 《朝鲜王朝实录·宣祖实录》卷48,宣祖二十七年二月甲戌条。

“宜法平安监司”[①]。但因人成事，“元翼，枕盾而眠，流涕太息。叹兵制久废，思有以振举。且能用赏罚，故旬月间，有成效矣”[②]，李元翼调离后，“守令等全不致意，渐至解弛”[③]。平安道练兵未能保持。

万历二十一年底，备边司总结自当年四月以来的训练情况：“我国之兵，其才器强弱，未必尽下于贼，只是狃安之余，训练无素，纪律不严，又无良将驱策向前，以至于此。然四月贼退之后，如于京外，急速措置，先备军饷，募得精兵，分部定将，昼夜训练，不过数月，可以成军。若是则在我气势，骎骎有向振之望，而天兵亦以为我国，可与协力有为，亦无懈怠之心，中兴之机，庶乎次第可成。此天将等所谓自强者是也，而悠悠泛泛，日复一日，奄至岁暮，而一事未措，一兵未练，明年之事，又将奈何。”[④]八个月来，朝鲜各道因粮食不足，不得良将，奖惩不明，并未按照计划渐次练兵，实现明朝原先规划的朝鲜新军数量增加，与明军配合，再进行新一轮训练的良性循环，训练依旧停滞不前。万历二十二年十月，督运御史尹敬立“环下三道百许郡邑”，报告：“未见练兵之地，非必守令皆不欲奉行命令也。或有锐意欲行之者，而规划不常，掣肘多门，苟不易此辙，恐无练兵之日矣。一邑之兵，分属十余诸将，守令不能操纵于其间，练兵之难，专由于此。”[⑤]下三道在壬辰战后士兵不能聚集，分属诸将，成了练兵的一大障碍。这实际上与朝鲜的制胜方略有关。柳成龙曾论及制胜方略，制胜方略的基本内容为“以一道之军，预为分属于巡边使、防御使、助防将、兵、水使”，只有战时才由朝廷派将领统领诸军。壬辰战争时，朝鲜便因制胜方略贻误战机。进入议和期后，一道士兵仍分属各将，无法集结，不能集中训练。各道监司令各邑练兵，命令逐级向下，“列邑又令各面劝农、里正辈抄择炮手，教之放炮，百姓被抄之时，私赂于劝农、里正辈而图免；既抄之后，又私赂于色吏而图免；其不得免而被抄者，黾勉到官门，一二度习放而止”[⑥]，作弊之事甚多。劝赏不足，民不乐趋，练兵非但不成，还成了扰民之举。

前文提到，万历二十三年，明军教官分批到达朝鲜，数量远多于前年。王京不需要如此多的教官，故有派教官到地方各道练兵的提议。宣祖命：“朱千总依其执筹，可送于平安道。盖唐官，虽才高而意勤，在我无人，则难

---

① 《朝鲜王朝实录・宣祖实录》卷49，宣祖二十七年三月丙午条。
② 《朝鲜王朝实录・宣祖实录》卷52，宣祖二十七年六月癸酉条。
③ 《朝鲜王朝实录・宣祖实录》卷71，宣祖二十九年一月甲申条。
④ 《朝鲜王朝实录・宣祖实录》卷46，宣祖二十六年十二月壬子条。
⑤ 《朝鲜王朝实录・宣祖实录》卷56，宣祖二十七年十月癸丑条。
⑥ 《朝鲜王朝实录・宣祖实录》卷58，宣祖二十七年十二月己酉条。

期其有效，不可不商量而处之。且每道共遣二员可也。”[①]三日后，训练都监讨论此事，认为“武艺绝妙之人，欲特留京城，教训各哨军兵”，将非京城急需，且了解“营阵之法”的教官送往各道，决定叶大潮赴全罗道，陈应龙分派庆尚道。

教官下送各道，朝鲜当选择“尽心协力干事之人”带同下去，有所“料理经营”。但“恰当之人，亦未易得”，言语不通，各道缺乏与教官的对接官员。且“兵火之余，残破尤甚，钱粮、鱼菜，亦不得依例办给，重贻本府从者之怨苦”[②]。十月，出现了各道教师多作弊之事，民不堪支的情况。李德馨称：“分派教师等，征索旁午，民不能堪，以致军情不乐，而模样全无云。”[③]朝鲜对此极为矛盾，一方面，朝鲜想使各道明朝教师撤回，“则外方扰民之害，可以祛矣”。另一方面，又害怕“当此西、南未定之时，激怒唐将，使之因此卷还，则亦未为稳当”。不得已，训练都监谨慎措辞：“今若量留其勤干员役若干，以终其操练之事，而各道教师，并许撤还，则小邦将前日各处教练训诲之人，以一教十，以十教百，而本府从者，亦不以淹苦耐艰为怨矣。”[④]希望留京中教师，撤各道教师。次年二月，“孙军门先遣陈良玑等十六员，复遣胡游击一行之人，乃以我国扰害之故，而尽令撤回”[⑤]。明军教师撤回后，朝鲜各道官员仍旧自行练兵。

丁酉战端开启，朝鲜向经理杨镐报告了本国水陆军兵数，我们可以与战前朝军数量对比，看出议和期朝鲜练兵成果。朝鲜“常时下三道上番军士，忠清道五百余名，全罗道九百余名，庆尚道三百余名，合一千七百余名”[⑥]，此时“京城新练炮、杀手，共该一千五百余员，庆尚道防守官兵，左道共该四千九百员，右道共该二千一百员，忠清道防御使朴名贤所领军六百员，同道助防将李光岳所领军二千员，全罗道兵使所领军一千五百员，水军则右道统制使元均所领，共该四千五百员，左道水使李云龙所领五百员，开坐回答，今亦以此数，书示为当”[⑦]。朝鲜可堪一战的士兵数量有所增加。

2.设险与筑城

在壬辰战争中，日军的登陆点选在釜山，故庆尚道首当其冲。日军沿着庆尚道向忠清道进攻，越过鸟岭，便是忠州盆地，汉城将直面日军的进攻。

---

① 《朝鲜王朝实录·宣祖实录》卷61，宣祖二十八年三月癸巳条。
② 《朝鲜王朝实录·宣祖实录》卷69，宣祖二十八年十一月戊戌条。
③ 《朝鲜王朝实录·宣祖实录》卷70，宣祖二十八年十二月癸卯条。
④ 《朝鲜王朝实录·宣祖实录》卷69，宣祖二十八年十一月戊戌条。
⑤ 《朝鲜王朝实录·宣祖实录》卷72，宣祖二十九年二月甲寅条。
⑥ 《朝鲜王朝实录·宣祖实录》卷41，宣祖二十六年八月甲午条。
⑦ 《朝鲜王朝实录·宣祖实录》卷89，宣祖三十年六月甲戌条。

可见，若能维持将日军阻挡在鸟岭天险的底线，则两国战争仍是局部性的。朝鲜能利用战争腹地支持对日作战，但若不能抵御日军进攻，战火会蔓延至朝鲜全国。朝军并没有做好鸟岭防御工作。其后，李如松过鸟岭时叹息："有如此形势而不知守，申总兵可谓无谋矣。"[①]刘黄裳亦言："鸟岭自是天险，而申总兵不守此险，退而搏战于原野，失策甚矣。"[②]当战争进入相持阶段，总结战争经验，重新利用天险防御日军可能的进犯，被摆上了日程。

随着战争的进行，宋应昌从最初"未入朝鲜时，其山川形胜，尚未真知"，到"身历其境，兼详考图帖，细询译者"，对朝鲜的地形地势积累了一定认识，批评朝鲜"耽文墨而不诘兵戎，弃天险而不知修守"，导致日军长驱直入，朝鲜应吸取这一教训。再者，日军退出王京后，步步为营，渐次撤退，程程据险，使明、鲜两军没有可乘之机，"因叹朝鲜昔日布置能如此倭，何能使倭一无忌惮至此"[③]。在宋应昌看来，明朝留兵不过为权宜之计，最终还需靠朝鲜自身力量抵御日军，朝军虽战力不足，不能进击日军，但若"因地设险，因险设防"，防御日军的快速进攻，可以保国土不失。由此，宋应昌着手规划朝鲜的设险一事。

万历二十一年六月五日，宣祖接见宋应昌，宋应昌建议："俺闻庆尚一道，鸟岭最险，不可不设关防戍，以备日后之患。贵国善后之策，莫急于此。"[④]正式向宣祖国王提出了设险守国的建议。刘黄裳亦申明鸟岭的重要性："贵国欲守王京，则不可不先守鸟岭。贼中如有杰出者，知其为要害，而先据是岭，防遏天兵，则制之极难。须速遣干能宰臣，相彼险要，设关以防。"[⑤]六月十三日，宋应昌移咨朝鲜，建议朝鲜于鸟岭、火岘、竹岭三处设险，"使中扼鸟岭，则王京安；西扼火岘，则全罗安；东扼竹岭，则江原安"，"盖三险为王国门户，三险修，则三都八道赖以举安"。[⑥]

明军提出设险建议后，朝鲜受其影响，亦反省和总结战争经验。"壬辰之变，贼兵固为浩大，然其横行千里，无敢阻遏者，实由于我国不知形势所在，而浪战于原野之中"[⑦]，不知防御于险要处，致使朝军溃败。有鉴于此，朝鲜也提出了自己的设险计划。宋主要关注上次战争中日军进攻路线上的重要战略点。与宋应昌提出的设险计划不同，朝鲜方面上到宣祖、备边司，下

---

① 《朝鲜王朝实录·宣祖实录》卷 26，宣祖二十五年四月癸卯条。
② 《朝鲜王朝实录·宣祖实录》卷 39，宣祖二十六年六月戊子条。
③ （明）宋应昌：《经略复国要编》卷 8《檄刘赞画》，第 712 页。
④ 《朝鲜王朝实录·宣祖实录》卷 39，宣祖二十六年六月戊子条。
⑤ 《朝鲜王朝实录·宣祖实录》卷 39，宣祖二十六年六月戊子条。
⑥ （明）宋应昌：《经略复国要编》卷 9《移朝鲜国王咨》，第 753～754 页。
⑦ 《朝鲜王朝实录·宣祖实录》卷 57，宣祖二十七年十一月己卯条。

到各道官员，在议和期间提出了大量设险计划，涉及地点遍布朝鲜全境。如金命元陪同明朝将领探查各路，深知宋应昌在咨文中提到的设险处“特其十分之一耳”，若民力可为，“则不独大丘[邱]、仁同等地，如三嘉、高灵、陕川、伽倻山、安阴等处山城，皆系天险，若能修筑，聚近处之民入守，而清野待之，则贼兵有所畏惮”。① 柳成龙亦提出了有关南部诸道的防御计划，希望庆尚、全罗两道能够协同防御。②

在向朝鲜提出设险守国建议后，宋应昌命令刘黄裳探察，向南尾随日军途中所遇山水险要处防御工事，各城池城墙，将粮食由野外搬运到城中，砍伐河水南岸树木以防止日军利用造船，大城市及临近河流的防御工作，日军进犯南部三道路途中的阶梯防御等各类细节。在宋应昌设定的防御重心鸟岭，刘黄裳会同李如松，派遣守备胡泽、经历沉思贤开始了设险前的踏勘工作，因听闻鸟岭周围有抄道，为防止日军“知鸟岭有备，佯陈于前，以奇兵袭而走之，直抵王京诸处，则鸟岭之险亦徒设”③，命二人前去鸟岭东西之间仔细查明地势，看鸟岭正路外有何小路，敲定防御鸟岭周边的具体细节，再行呈报。

经过守备胡泽，经历沈思贤会同刘綎、骆尚志、吴惟忠三将及朝鲜陪臣工曹判书金命元、兵曹参议崔遇、水陆元帅权慄进行踏勘，九月二十五日，宋应昌正式移咨宣祖国王，咨文详细阐述了宋应昌的设险守国计划。结合壬辰战争中日军于庆尚道三路进攻朝鲜的战争经验，庆尚道共有三条路线，经鸟岭、竹岭、秋风岭通到王京。“惟大丘[邱]府东南抵密阳，西北抵仁同；善山西通全罗，东达庆州，倭奴欲犯全罗，除熊川、金海、晋州、昆阳可抄而至，其余须从庆尚道地方而入，而大丘[邱]乃其必由之路，固守大丘[邱]便于东援庆州，西应全罗。”④宋应昌计划把防御重点放在庆尚道中路，于大丘[邱]、仁同、尚州、忠州修筑防御工事。鸟岭、竹岭、秋风岭等王京的三路门户设关口、敌台。另外，宋应昌也考虑到了日军从全罗道进犯的可能，全罗道由稷山通王京，中途必过南原，南原城墙需加筑，陕川、咸阳、求礼等处俱应增修城垣，建置敌台。宋应昌设计的设险计划基本涵盖了日军可能进犯的各路要冲。

明朝为协助朝鲜进行修筑险隘，派出大量富有经验的将官。如旗牌官

---

① 《朝鲜王朝实录·宣祖实录》卷43，宣祖二十六年十月丙申条。

② 参见[韩]金汉信：《임진왜란기 유성룡의 남부지역 방어계획과 군비강화책(1593.4～1597.7)》，[韩]《历史学报》第238辑，2018年。

③ （明）宋应昌：《经略复国要编》卷9《檄赞画刘员外》，第745～747页。

④ （明）宋应昌：《经略复国要编》卷11《移朝鲜国王咨》，第920～925页。

彭士俊久在蓟门，熟悉修边筑台法式，宋应昌命李如柏、刘綎与彭士俊讨论修筑之法。“先将本官应守全罗、庆尚，凡可通行要路，相度地形，督同朝鲜部臣一应斩堑挑壕，建台筑城及设关口。”①

万历二十一年五月至七月间，明朝参将骆尚志驻守南原。此时日军屯留釜山附近，常出兵骚扰全罗道，六月发动晋州之战，全罗道局势紧张。骆尚志在此期间修筑了南原城墙，使得日军兵峰止于求礼，没有进攻南原。南原城墙亦在丁酉战争中起到了一定的防御作用。

宋应昌提出设险守国的建议后，宣祖称：“伏见经略留兵咨意，其留念我国之事，至矣，尽矣。如斩堑、桃濠、筑关、星栅等事，当于戎事稍定后，相度地理形势，逐节为之矣。”②朝鲜感于宋应昌为朝鲜防御提出的诸多建议，准备开始本国的设险工作。在明朝军官的屡次提醒下，朝鲜注意到了鸟岭设防的重要性。宣祖问道：“前见刘员外，以为不防鸟岭，京都亦不可守。贼若先据设关，则是以岭以南与贼也。鸟岭可以设关乎？”③金命元、柳成龙极力赞成设关鸟岭，柳成龙认为各地设险中，以鸟岭设关最为关键。

但朝鲜面临着各种难题，并没有立刻开始设险。首先，朝鲜因没有设险的经验，宣祖不知所措：“经略大人，亦以设关为言，而小邦未知守御之策。且他处歧路甚多，防守为难。”刘黄裳仅回答：“我闻鸟岭是大路，宜置大总兵于此以镇之。又于镇川、木川小路等处，遣偏将以防之。”④这一建议只交待了需留兵防御险要地形的大小路径，并没有提及具体的设险方法。

宣祖问备边司：“如竹、鸟岭及他要害之路，审其形势，姑为斫木设栅，以为后日设关之权舆，而出把总官以守之何如？且遣画工一二人于赴京之行，如辽东、广宁、山海关，设镇城池之形详，悉图尽尺寸具录。”⑤宣祖只知道铺设栅栏，为日后设置关口做准备，没想到更多的设险办法，所以想派遣画工前往明朝描摹各类防御工事的形貌，备边司为防明朝怀疑朝鲜窃取明朝军事机密，生出意外问题，否定了宣祖派人前往明朝画城池图样的意图。

其次，明、鲜两国的防御形势、军队数量、地形条件差异很大，无法将明朝的设险经验直接套用在朝鲜。备边司更详细论述明、鲜形势的不同，设险的条件也不同，“中朝设关之处，则延袤虽广，城堡墩台，随地势所穷而设，择其要害之处，乃使关口，多发军兵，摆列严守，所以有备御之固。我国则兵力

① (明)宋应昌:《经略复国要编》卷10《檄李如柏、刘綎》,第829～830页。
② 《朝鲜王朝实录·宣祖实录》卷41,宣祖二十六年八月辛卯条。
③ 《朝鲜王朝实录·宣祖实录》卷43,宣祖二十六年十月壬寅条。
④ 《朝鲜王朝实录·宣祖实录》卷39,宣祖二十六年六月戊子条。
⑤ 《朝鲜王朝实录·宣祖实录》卷39,宣祖二十六年六月庚寅条。

寡弱，近来疠疫饥馑，生齿日缩，兵火之后，死于锋刃者，亦不知其几许。祖宗朝所设镇堡、城邑，亦恐无兵可守。更有何力可以设关据守乎？况自湖岭以南，直达王京，其路无算。以逾岭之路言之，自岭南抵京，有竹岭、鸟岭、黄涧之路。其他抄路，则纵横错综，不知其数，无名细路之外，凡山之逦迤、不甚崭绝者皆可通行，虽设关于三路，少无防截之益，而只贻一场骚扰之弊而已”[①]。明朝极其重视北部边防，在边镇设置了诸多关隘，有数量庞大的驻边部队把守，而朝鲜兵力缺乏，战争、饥馑、疫病使得兵力严重不足，即使是旧有镇堡也乏人防御，遑论修建新的关隘后，防守兵力会更加空虚。李元翼认为设关鸟岭防御的是庆尚道，若是日军从全罗道入侵，则无从防御。申磼审视朝鲜地形，即使不经鸟岭，从云峰、八良处等处也能进犯。

备边司对于朝鲜的国防重点也有与宋应昌不同的看法，“上年贼变时观之，则倭贼易于搜山，而惮于涉水，水及马腹，则不敢轻涉。如江东浅滩，每来窥探，亦不肯渡。此外如涟川、杨根等，凡有涉水处，皆不犯矣。以此观之，据山不如据水。如于汉江、临津、洛东、白马等江，其浅滩可渡处，或设菱铁、拒柴，滩口砌筑石墙以为隐身发射之所，则不广费人力，而犹可守之”[②]。宣祖怀疑备边司官员无实战经验，日军易于搜山，而惮于涉水的经验总结当属谣言，备边司进一步论述：“年前东宫在成川时，郑希玄守江东滩，各滩之口筑石墙，高可及肩以守之。一日倭贼举大阵涉滩，希玄率军官四五人无数发射，贼乃退兵云。将官等亦多言其便益，故启辞及之，而倭贼于江原、咸镜、京畿等高山绝险人迹不到之处，亦皆穷探，故云易于搜山矣。”[③]万历二十年，日军侵略朝鲜，进军速度奇快，仅在部分河流前有所逗留，尤其是临津江之战，若不是朝军指挥系统及战术存在问题，朝鲜也有胜利的可能性，所以朝方认为应将更多的国防力量布置在江防。

再次，在设险时机的选取上，明、鲜双方意见不同。前文提到胡泽、沈思贤二人南下商议设险事，尹斗寿担忧：“大人到彼地，只相视地势而来，其筑城等役，自当随后兴功。但刘、吴两将，方在边上，若眼同踏勘，则无可堵截贼倭者，待贼退去，相与议定，亦似无妨。”[④]尹斗寿认为在日军肆虐时探察地势会影响防御，应等到日军退后再行踏勘。尹斗寿忧虑此事不无道理，万历二十一年七月，日军正攻袭完晋州，有再犯朝鲜的风险。

朝鲜民生凋敝，“自被凶祸、饥馑、疾疫，死者什八，郡邑荒残，烟火萧然，

① 《朝鲜王朝实录·宣祖实录》卷40，宣祖二十六年七月乙卯条。
② 《朝鲜王朝实录·宣祖实录》卷40，宣祖二十六年七月乙卯条。
③ 《朝鲜王朝实录·宣祖实录》卷40，宣祖二十六年七月乙卯条。
④ 《朝鲜王朝实录·宣祖实录》卷40，宣祖二十六年七月壬戌条。

奈此人力殚竭，恐难拘唤而督并”，设险需砍木植、堵蹊径，所需之人力、财力，朝鲜很难措备。同时，朝鲜人民还承担着运粮劳役，“但地方荡败，人民散亡，运粮者皆全罗之人。今若筑城造屋，则人力殚竭，势难易就”[①]。全罗道未经战乱，但也“民贫到骨，财力殚竭”。在全州设置炮楼时，受到了较大的阻力，全州居民呈状：“生变之后，丁壮赴战，老弱守城，专废农业，于今三载，前年甚于去年，今年又甚于前年。凡百徭役之重，日甚月益……今以炮楼所入燔甓、斫木、伐石、煮灰，及许多工役，一时具发，饥馑余民，必不能支。且木石转运之际，踏伤禾谷，动役未便。具此情由，启达解闷。”[②]考虑民生多艰，朝鲜暂停了修建全州炮楼。即使物力充足，办事的干才也难寻，寻常的命令往往被下属官员敷衍了事。如宣祖所说：“设有物力，我国人素无办才，又乏诚心。如此之事，若孟浪为之，徒劳无益。”[③]

朝鲜南部官员更替频繁，设险未施行而主持者或死亡，或调任别处，使计划流产。如“(金)诚一独甚信臣言，即巡视晋州，相其迂直之势，欲设八座炮楼。即发民始役，材木已具，而诚一病死，竟不能成，而晋遂以陷”，“三嘉之民首先趋令，欲筑山城，图地形来示，而臣上来，又三嘉递县监，其后绝无闻矣”。[④]

最终，鸟岭关口的建设工作拖延到了万历二十二年。守门将辛忠元乃忠州人，熟悉鸟岭形势，在朝鲜君臣淡忘鸟岭设关一事后，重新向柳成龙提起鸟岭修筑计划。万历二十二年二月，柳成龙向宣祖说明了辛忠元提出的鸟岭修筑计划。辛的计划为于鸟岭东部鹰岩“设机把截”，当日军到时“撤去桥梁，又横断溪流，使两峡之间，尽为洪流，人不能着足，因以弓弩、菱铁、火炮等器守之，不过百余劲卒，而岭路之把截自固”。[⑤] 另于闻庆东西路径派兵把守，则鸟岭可堪防守。柳成龙认为辛忠元可胜任此项工作，建议将他及时下送，并命忠清道巡查使尹承勋筹备物资与之配合，宣祖批准了这一建议。

实际上，辛忠元没有得到实物支持。朝廷授予辛“空名之贴”，给予纳粟之权，辛忠元率人“夙夜忧惧，开岩凿谷”。十月，尹承勋上报：“把截将辛忠元，募民筑城，引溪为堑，功役垂成。其为形势，虽山海关，无以过之，诚所谓一夫当关，万夫莫开者也。”[⑥]辛忠元“以微贱之人，不烦官力，成此大役，俨然成一关防”，鸟岭设防终告成功。次年，宣祖又令忠清道监司亲自审查“鸟、

① 《朝鲜王朝实录·宣祖实录》卷40，宣祖二十六年七月壬戌条。
② 《朝鲜王朝实录·宣祖实录》卷55，宣祖二十七年九月辛巳条。
③ 《朝鲜王朝实录·宣祖实录》卷39，宣祖二十六年六月丁酉条。
④ (朝鲜王朝)柳成龙：《西厓集》卷5《陈实务札》。
⑤ 《朝鲜王朝实录·宣祖实录》卷48，宣祖二十七年二月戊辰条。
⑥ 《朝鲜王朝实录·宣祖实录》卷56，宣祖二十七年十月癸丑条。

竹两岭及清州一路等处防备之事”。备边司建议:“则鸟岭、竹岭,虽有忠州牧使金命胤、丹阳郡守徐希信,而亦不可全然恃赖而无虞……似当别遣防御使一人,措置二岭防守,而指挥金命胤、徐希信、辛忠元等诸人,又为之分军约束,竹岭则丹阳、清风、永春、堤川及庆尚道丰基之军守之;鸟岭则以延丰、忠州、槐山、阴城等处之军守之。”[①]朝鲜派兵遣将,防止壬辰年间鸟岭只有一将而战败的情况再次出现。

朝鲜把防御重点放在了日军三路大军进犯的庆尚道,对全罗道关注不多。柳成龙注意到:“全罗道亦多有可守之处。守险如斗棋置子,必择可守处,然后可以取胜。”[②]沈忠谦以为:“岭南一路千里,无复人烟,只有风泉鸟兽之响,贼所流涎,唯在于湖南。”[③]全罗监司李廷馣因职守在此,在状启中强调应修筑本道内各山城。“若山城,则高在半空,虽有飞楼,难可得施,仰放鸟铳,直上下还下,贼之长技,皆无所用,而我军或以弓矢,或以石车,自上滚放,则贼虽有猿猱之捷,将无奈我何。”[④]备边司回顾全罗道的历史,全罗本有修筑山城的传统,骆尚志新近又加筑南原城墙,若能与南原蛟龙山城成掎角之势,相对而守,则日军不敢来犯。备边司希望李廷馣能以道内僧人修筑,不用民力。但万历二十二年七月,宣祖称:“南原山城,中止其役云。天下事岂有无弊而为之者哉?”南原山城的修筑并没有坚持。其后,备边司再次强调了南原防御的重要性。南原“非徒地形险绝,境连庆尚道,为一道保障,其重与全州无异”,应使辛庆晋驰往南原,“见其已就处几何,未筑处几何,于秋冬之隙,或用僧军,或用自募之人,急急修筑”。[⑤] 但是,我们根据丁酉战争的战况判断,南原城没有修筑城墙,朝鲜绝大多数的设险计划也并未付诸实施。

3.光海君南下与加强朝鲜南部军事领导

壬辰战争中,日军由釜山登陆进攻朝鲜,庆尚道、忠清道首当其冲,全罗道虽免遭兵祸,但亦处在兵锋直下,随时可能遭受攻击。战争进入议和阶段后,为了防备日军可能的下一次进攻,下三道的防御最为关键。再者,朝鲜下三道的地位较为特殊,备边司认为:“我国人民之众,物力之殷,下三道居三分之二。”[⑥]无论招募士兵、兴建工事、储存粮草,下三道都是重中之重。所以在朝鲜的军事整顿中,宋应昌尤为重视下三道的行政机构能否承担整顿

---

① 《朝鲜王朝实录·宣祖实录》卷71,宣祖二十九年一月辛卯条。
② 《朝鲜王朝实录·宣祖实录》卷45,宣祖二十六年闰十一月壬午条。
③ 《朝鲜王朝实录·宣祖实录》卷48,宣祖二十七年二月壬子条。
④ 《朝鲜王朝实录·宣祖实录》卷45,宣祖二十六年闰十一月壬午条。
⑤ 《朝鲜王朝实录·宣祖实录》卷53,宣祖二十七年七月乙未条。
⑥ 《朝鲜王朝实录·宣祖实录》卷40,宣祖二十六年七月辛未条。

大任。

为了提高下三道的军事整顿效率,宋应昌希望朝鲜加大在南部三道的管理力度。万历二十一年八月八日,宋应昌移咨朝鲜国王:“今闻王之第二胤光海君,英姿伟发,妙蕴岐嶷,鄙意以为乘此国基新复之际,委令巡历全、庆、忠清之间,事无大小,听其裁决。如挑选军兵,必亲阅,则蜎软柔脆者不敢搀杂矣;修设险隘,必亲查,则鸠工聚材者不敢怠玩矣;搬运粮饷,必亲督,则支放供给不敢缺乏矣;置造器械,必亲验,则锋铦坚厚不敢草率矣。”①宋应昌试图通过派光海君南下的举措,达到统一管理南部三道的军事整顿工作的目的,使得练兵、修险、备粮的效率能大幅提升。

宋应昌提出光海君南下进驻,事出无奈。第一,宣祖国王弃王京后,距南部三道甚远,政令传达困难,无法遥制。第二,宋应昌认为:“该国陪臣溺豫迷复,漫不经心,深可痛恨,即国王亦不少加料理,似此奈何。”②宣祖及其臣下对军事整顿漫不经心,无意进取。明朝中枢也认为宣祖国王能力不足,兵部职方司主事曾伟芳奏:“如果不可化诲,闻其子光海君珲颇堪托国,命经略就彼熟察众心,愿戴密约彼中一二大臣沉毅有谋者,呼吸从事。仍以敕谕王,令自退闲,传国世子,略如肃宗灵武故事。新王既立,革故俗、抚遗民,吊死问孤,练兵积粟,号召诸路忠义及父屠子戮,愿啖倭肉之民,与共为计。”③宋应昌意图在朝鲜南部重新委任一位能做好防御工作的管理者。再者,南部留兵由刘綎统帅,但“终非本国,一应事务,陪臣未必应命。世子英爽,故请亲往督之”④。光海君在南部督办各类事务,有利于明、鲜两军的配合。第三,光海君下驻,亦有鼓舞民心的效果,南部人民会感于光海君下驻。“吾君之子犹涉艰辛,我辈世受国恩,且衔倭恨,何不尽心图报,亦必奋发,不敢懈弛”⑤。

为了提高光海君的办事效率,宋应昌提出了光海君“带领忠干陪臣数员”一同南下的辅助措施,围绕光海君形成一个完整的政府机构。其后,宋应昌明确了陪臣应是尹斗寿、尹根寿、崔兴源、柳成龙等主国政的“相臣”其中一员及与军事整顿密切相关,“粮饷则主于户判书韩准,军旅则主于兵判书李恒福,兴作则主于工判书金命元”⑥。宋应昌此举确保了光海君在南下后拥有整套行政系统。十月三十日,宣祖确定派左议政尹斗寿南下。

---

① (明)宋应昌:《经略复国要编》卷10《移朝鲜国王咨》,第852页。

② (明)宋应昌:《经略复国要编》卷10《檄李提督》,第852页。

③ 《明神宗实录》卷261,万历二十一年九月庚午条,第4922～4923页。

④ (明)宋应昌:《经略复国要编》卷10《报三相公并石司马书》,第856页。

⑤ (明)宋应昌:《经略复国要编》卷10《咨朝鲜国王》,第877～878页。

⑥ (明)宋应昌:《经略复国要编》卷10《移本部咨》,第950页。

宣祖虽派尹斗寿南下，但对光海君下驻一事，反应消极，迟迟不回应。宋应昌于万历二十一年八月二十八日移咨宣祖，催促尽快执行。尹根寿向明方报告："世子上年避乱奔播，不免伤于风露，自今年四月，患胃症、痰症，累月仅得痊可，亦不至大平复。"[①]朝鲜以光海君患病为由，希望先遣官员，等光海君平复后再南下。九月一日，宣祖提出内禅，以观察群臣态度，逼迫群臣表态。光海君除九月二日外，一直到七日，每日"晨诣阙下，伏地涕泣"，请宣祖收回成命。十九日，宋应昌建议："庆尚道则残败之地，虽不可往；全罗道不经贼变，全罗道则可以调病矣。天朝大兵岂有恒驻外国之理？世子岂可独安逸乎？"[②]朝方仍无回应。

宋应昌为保证光海君南下，向明朝内阁及兵部尚书石星报告了这一举措。随后，宋应昌发题本，借万历皇帝向朝鲜施压。万历皇帝圣旨一下，朝鲜再无推脱余地，"初则但是经略分付，今既题奉圣旨，似不得不去"。柳成龙汇集诸臣建议，或论光海君姑且前进至忠清中道或王京，少数人则建议辞以病势过重，宣祖均未同意。宣祖声称，将亲自代替光海君南下，被群臣以供亿难支为由劝阻。宣祖召二品以上官员商议此事，其中沈忠谦论说最为透彻："当此国家艰危之日，东宫任监军之责，以尽干蛊之职，固其宜也。况圣旨一下，是帝命也。岂有帝命而不思遵依，则无号令三军，亦无以接待天将。大义至严，不可以他故，杂议于其间。但东宫方在疾患，不堪登途，而经略诸公，反以托疾为疑，前者有在海州，则可以调病，而在全、庆，则不可调病乎之语。此等意见，难以口舌解惑，极为悯虑。若自上自为前进，则可以解前日之疑，而其于钦奉圣旨，亦无所歉。今宜以大驾前进之意，定日移咨，其间东宫气候如或小差，力疾前进。伏惟圣裁。"[③]众臣连续劝谏，宣祖终于同意光海君下驻。

十一月三十日，宣祖接见总兵戚金，戚金预先告知宣祖，即将到达朝鲜的天使司宪"为宣谕及五件事出来。要使光海君、尹议政总督三曹，使之设险，催粮操练也"[④]。司宪到朝鲜后，言明："世子、三曹判书，须趁吾在此时南下，然后吾当还朝奏达。"[⑤]在司宪的催促下，宣祖将光海君南下的日期敲定为闰十一月十九日。

宣祖将内禅意向告知天使司宪，司宪回应："昨见令胤光海君，龙颜异

① 《朝鲜王朝实录·宣祖实录》卷41，宣祖二十六年八月辛亥条。
② 《朝鲜王朝实录·宣祖实录》卷42，宣祖二十六年九月庚午条。
③ 《朝鲜王朝实录·宣祖实录》卷44，宣祖二十六年十一月壬子条。
④ 《朝鲜王朝实录·宣祖实录》卷44，宣祖二十六年十一月庚辰条。
⑤ 《朝鲜王朝实录·宣祖实录》卷45，宣祖二十六年闰十一月丙申条。

常，又闻臣民胥戴，可为国王庆有子，亦为国王先代庆矣。昔唐明皇，遭安贼之乱，车驾幸蜀，亦云播迁。先以天下兵马事，委其子，其子肃宗者，竟能干蛊，恢复两京，亦由委任贤相、良将，至今脍炙人口。令胤之贤，远过唐肃宗，国王必矣传位，效唐高祖故事，传位于秦王；又效唐明皇故事，传位于唐肃。"[①]司宪并没有对宣祖进行礼节性的挽留，而是直接建议宣祖可以效仿唐高祖、唐玄宗行传位之事。八月十日，为劝说宣祖进驻京城，尹斗寿曾使用过唐肃宗典故，"唐明皇入蜀，肃宗复两京，而为入城之计。其时史思明尚在，而转回人心，在于回跸，故肃宗听李泌之言，表请奉迎入长安，收复人心"[②]。司宪的一番劝说，为宣祖留下了王位不保的阴影。多日来往后，司宪临行前送帖于宣祖："数日数会，王容貌词气，真君人气象，此根心生色，有内形外。若是中兴之事业，余将拭目以观矣。世子虽贤，尚令其历练数年，身强志定，道明德立，达情与权然后，可以膺重寄。王素无失德，以升平日久，兵力不支，遂有倭奴之变。王及今益修德行仁，整戎饬旅，与二三贤人君子，共图恢复，不可遽云传位世子。"[③]司宪劝宣祖继续执政，宣祖情绪才有所缓和。

宣祖虽同意光海君下驻，但不愿放权于光海君，对其限制颇多。备边司建议："东宫既然为策应前进，则不可无号令，行李之间，亦不无检饬。前者分备边司之称，当改为抚军司，以陪行宰臣为堂上，给一二品奉使印，使之便宜从事宜当。"[④]宣祖不允。礼曹为光海君制作南下印信，准备用"王世子之宝"，也被宣祖否定，只称之为"光海君之印"[⑤]。十二月二日，备边司为解决光海君的机构没有名称，"于文移之际不成事体"的难题，再次建议宣祖给予抚军司称号，宣祖终于同意。随后，宣祖为监督光海君，命令："别抄一文官，凡出纳命令及抚军司策应诸事，逐日记录以启。如此然后，在此可以知其策应之如何耳。"[⑥]

光海君南下后采取了一些措施。(1)整编义兵。光海君召见义兵将金德龄试才，将所部千余人招募至麾下。(2)明赏罚。抚军司认为："今者东宫，来驻此地，若不别为褒赏，人皆解体，不敢不达。"[⑦]光海君表彰了李廷鸾的全州守城之功。(3)抚恤民众。朝鲜南方经战后民生凋敝，光海君南下后

---

① 《朝鲜王朝实录·宣祖实录》卷45，宣祖二十六年闰十一月甲午条。
② 《朝鲜王朝实录·宣祖实录》卷41，宣祖二十六年八月辛卯条。
③ 《朝鲜王朝实录·宣祖实录》卷45，宣祖二十六年闰十一月己亥条。
④ 《朝鲜王朝实录·宣祖实录》卷45，宣祖二十六年闰十一月丙申条。
⑤ 《朝鲜王朝实录·宣祖实录》卷45，宣祖二十六年闰十一月己亥条。
⑥ 《朝鲜王朝实录·宣祖实录》卷46，宣祖二十六年十二月壬子条。
⑦ 《朝鲜王朝实录·宣祖实录》卷47，宣祖二十七年一月甲午条。

有所赈济。(4)设科取人。"世子次全州设科，文科取尹咭等九人，武科取千余人。"[①]但抚军司没有在练兵、设险、转饷三项最关键的军事整顿工作中有所建树。

朝鲜南部三道的军事事务负责人为都元帅权慄，但权慄在明军大部撤退后，径自卷兵往全罗道，不再驻扎于庆尚道，宣祖、柳成龙、沈忠谦都对权慄无所作为进行了批评。柳成龙观察各地方将领，"不但元帅也，备边司号令，才出国门，亦不行矣"，光海君亦无力节制。不但如此，李恒福任分兵曹判书，论岭南情势："当今大弊有二焉。患多将官而无锐卒，患多号令而不力行。今岭南诸将，已至十余，各不统属，各自开府，今之所忧，不患无将。"[②]其时，"庆尚左、右道诸将，左道则有高彦伯、金应瑞、李思命、权应铢等，右道则有李蕡、朴晋、李时言等，将非不足。只恨诸将名位爵秩，大概相同，各欲自专号令，而无协势同力之心，故临机应变，皆任其意，进不具进，败不相救"[③]。其中尤以高彦伯与金应瑞间矛盾极大，"彦伯与应瑞不相悦，事事异同。同守一面，职秩相等，不欲一毫见挫，争衡相诘，非止一二"[④]，严重影响朝鲜南部的防御能力。宣祖本希望抚军司"兵曹判书则勿徒为文移于各官，须于东宫所住处，募兵抚养，放炮击刺之术，营阵进退之节，日加训练，期于成就后，若干人上送，则予当试才观之。户曹则专管粮饷，调度督运，毋致乏绝"[⑤]。抚军司上状启报告相关情况，在粮草方面，"两道物力，极其殚竭，米贵如金，转运尤难"，因粮草不足，也就不能多聚军士。在练兵方面，"学习炮术，最为先务，而募聚教练之数，不过十余人"[⑥]，人数过少。抚军司建树不多。八月八日，备边司启曰："南方军务，已令大臣为体察使，仍留管摄，而日气渐至凉冷，东宫旋轸，当在近日，此意急速下议于抚军司。"[⑦]备边司建议光海君还都，命尹斗寿为都体察使管理南方军务。八月二十日，光海君正式发还京城，二十五日入京，此次光海君下驻草草收场。随光海君南下，任都体察使的尹斗寿因"人心土崩，天将告归"，朝中对其多有批评，上《辞都体察使札子》。[⑧] 该年十一月，尹斗寿亦回王京，改任判中枢府事。

---

① 《朝鲜王朝实录·宣祖修正实录》卷27，宣祖二十六年十二月庚戌条。

② （朝鲜王朝）李恒福：《白沙集》卷5《以分兵曹判书陪东宫在全州札》，《韩国历代文集丛书》数据库：http://db.itkc.or.kr/。（浏览时间：2020年10月13日）

③ 《朝鲜王朝实录·宣祖实录》卷49，宣祖二十七年三月戊申条。

④ 《朝鲜王朝实录·宣祖实录》卷52，宣祖二十七年六月辛亥条。

⑤ 《朝鲜王朝实录·宣祖实录》卷49，宣祖二十七年三月戊子条。

⑥ 《朝鲜王朝实录·宣祖实录》卷49，宣祖二十七年三月戊戌条。

⑦ 《朝鲜王朝实录·宣祖实录》卷54，宣祖二十七年八月癸丑条。

⑧ 参见（朝鲜王朝）尹斗寿：《梧阴遗稿》卷3《辞都体察使札子》，《韩国历代文集丛书》数据库：http://db.itkc.or.kr/。（浏览时间：2020年10月13日）

万历二十二年八月，朝鲜派出尹根寿等人前往明朝，请求封光海君为世子。[①] 礼部认为光海君非嫡非长，不能封为世子，建议："李珲见总军务，止可赐敕，以便节制。"[②]万历皇帝同意礼部的意见，再下敕书："皇帝敕谕朝鲜国光海君珲。先该经略官题称，倭众遁归，属国已复。光海君青年英发，臣民服从，宜令珲选带忠义陪臣，驻扎全、庆地方，经理防御。该部议覆，请给专敕，以便责成。今特命尔，总督全、庆军务。积储钱粮，号名壮勇，一应设险置器，练兵守要，具许以便宜区处，仍督率陪臣权慄，尽心协理。尔宜奋身苦志，干蛊图存，内起疮痍，外修战备，博举万全之策，永为善后之图，固我藩篱，宁尔宗社。俟有成功，另议优处。毋或违越明命，废失良时。致误事机，噬脐何及？尔其钦承之。故谕。"[③]万历皇帝命光海君经理全、庆两道防御事宜，这一敕书在朝鲜朝廷引发了政治风波。

宣祖迅速回应了这一敕书，"今次敕书，皇恩罔极。乃一国之庆，似当作教书，昭示四方。且敕书内，令世子总督军务。今后军务，禀世子裁决，言于大臣"[④]。明朝官方首次将兵权交给光海君，触及了朝鲜的权力核心，宣祖对此极为敏感，声称应将全国军务交于世子管理，观察群臣作何反应。左议政金应南宽慰宣祖："伏承圣教，令东宫裁决军务，不胜未安之至。东宫于上年，奉圣旨南下，虽因事势难便，还于都中，而此则中朝之所未及知也。中朝必以为东宫尚在全、庆之间，故有此总督全、庆军务等语，非谓总督一国军务也。"[⑤]光海君在下三道行事不顺，此时已回到王京，光海君下驻的举措以失败告终，但明朝此时还不知道这一情况，仍命光海君总督全、庆军务，并没有将全国军务指派给光海君管理。但宣祖称："夫全、庆，方与贼对垒，今日全、庆之外，无他军务。既命总督全、庆军务，便宜区处，即指一国之军务也。钦遵圣旨，急急举行。倘或二三，是悖逆皇命也。"[⑥]沈守庆、金应男把握住了宣祖最担心的权力归属问题，称明朝的命令只是让光海君"协同权慄，俟有成功，为他日另议优处之地，决非总督一国机务之谓"[⑦]，将光海君定位为无兵权的都元帅的副手。或仅是"分阃之臣，各自总督其该掌地方之谓"，将光海君定位为地方官员，宽慰宣祖，明朝只是重申前年派光海君下驻的旧命，而

---

① 有关光海君请封问题，参见孙大坤：《朝鲜光海君请封事件研究》，吉林大学硕士学位论文，2016 年。

② 《明神宗实录》卷 279，万历二十二年十一月癸卯条，第 5124 页。

③ 《朝鲜王朝实录·宣祖实录》卷 61，宣祖二十八年三月庚子条。

④ 《朝鲜王朝实录·宣祖实录》卷 61，宣祖二十八年三月庚子条。

⑤ 《朝鲜王朝实录·宣祖实录》卷 61，宣祖二十八年三月庚子条。

⑥ 《朝鲜王朝实录·宣祖实录》卷 61，宣祖二十八年三月庚子条。

⑦ 《朝鲜王朝实录·宣祖实录》卷 61，宣祖二十八年三月庚子条。

非授予新的职权。如此形势下，宣祖仍反复强调将全国军务交给光海君，而后群臣继续苦谏，宣祖退一步，“然则愿以全、庆二道军务，使东宫裁处，以示必遵圣旨之意”①。然而，争议过大，光海君已不能下驻，风波过后，此事不了了之。

光海君的留京使得朝鲜在南方无总理诸事之人。为解决这一问题，七月，宣祖以右议政李元翼为四道都体察使，兼领元帅府事。李元翼南下后，“南方诸将邑宰，敬畏如神，不敢欺蔽，残民赖苏”②。宣祖延续了任命都体察使管理南方事务的旧法，任用李元翼管理南部四道事务。

三、朝鲜军事整顿效果

1.明朝对朝鲜军事整顿的检视

朝鲜的军事整顿举措由宋应昌提出，自宋应昌后的历任经略均督促朝鲜进行军事整顿，并检查各项措施的实施情况。因明朝中枢希望朝鲜能完成军事整顿，不依靠明军援助独立抵抗日军进攻，所以明朝对朝鲜的军事整顿完成情况极为重视。万历皇帝数次询问朝鲜军事整顿的完成情况，明朝每次向朝鲜派出使节，其任务之一便是督促朝鲜尽快完成军事整顿，检视朝鲜的军事整顿效果。朝鲜君臣面对检视时高度紧张，为应对来自明朝的检视，会提前回顾军事整顿情况，准备应答的措辞。从明、鲜双方的互动中，我们可以考察朝鲜军事整顿的实施效果，亦可从明朝检视朝鲜军事整顿这一角度考察这一阶段的明鲜关系。

宋应昌在提出朝鲜军事整顿措施后，多次督促朝鲜尽快实施各项举措，在宋应昌提出整顿策后不久，便移咨朝鲜，“责问某月兴工与否”，对朝鲜开展设险工作甚为急切，朝鲜备边司认为设险工作仅完成了前提的踏勘工作，“未有即设城台之事”，并没有按照宋应昌的要求即刻动工。宋应昌不得已派张旗鼓督促朝鲜：“你国及老爷在境上，相其地之平易、险峻，作城、筑台，则天兵亦为之相与助力。若老爷过江，则其谁尸之？今日兵将，无不欲撤回，而欲留兵善后者，只老爷一人而已。陪臣即须启知国王，备粮饷而接济，选兵将而协守，发人夫而筑城台，不可少缓，千万划即举行。”③

宋应昌为明朝官员中最为关注朝鲜军事整顿之人，且此时明军大兵在朝，可协助朝鲜进行练兵，设险诸项事务。若宋应昌返辽，明军撤归，将无人

---

① 《朝鲜王朝实录·宣祖实录》卷62，宣祖二十八年四月甲辰条。

② （朝鲜王朝）赵庆男：《乱中杂录》卷3，宣祖二十八年八月十八日条，《韩国历代文集丛书》数据库：http://db.itkc.or.kr/。（浏览时间：2020年10月13日）

③ 《朝鲜王朝实录·宣祖实录》卷41，宣祖二十六年八月壬辰条。

帮助朝鲜。但此时备边司常以“姑俟贼退”为拖延借口,诸多举措停滞在计划阶段。宋应昌于万历二十一年十一月谕戚金:“乃今光海君未见遣行大丘[邱],粮饷屡屡不敷,募兵仅止四千,又称旋即解散,诸险无一修设,视国事若儿戏,然且以彼国艰危,欲天朝尽代之也有,是理乎?君臣婾惰昏昧一至于此,将奈之何?昨本兵题疏,专为此着,如再泄然,必将留兵尽撤,移守辽左内地,断不许再请援兵矣。”[①]“每以四件事严责,至于题奏”,甚至通过万历皇帝施压,朝鲜才提高了对军事整顿的重视程度。

不久,宋应昌卸任经略一职,不再关注朝鲜事务,顾养谦接任经略后,主要致力于对日议和的达成。在宋应昌任职经略期间,数次以撤走明朝留兵为威胁督促朝鲜尽快实施各项军事整顿,万历皇帝也曾警告朝鲜:“果能一一遵依,所留兵马暂与协守,若仍泄然怠慢,兵将即径撤还辽东沿江一带驻防,内地听该国自为战守。”[②]顾养谦与前者不同,他派遣参将胡泽表达意见,“天朝岂怕倭贼乎?乃是矜悯尔邦,救援属国耳。如不听顾爷之言,顾爷撤回,刘綎兵马,防守鸭江而已。更不管尔国之事,倭若再来,无望天兵之救”。顾养谦以撤兵为威胁逼迫朝鲜为日本请封,可见顾养谦的工作重心不再是朝鲜的防御事务,只是全力促成对日和谈。

顾养谦对朝鲜军事整顿较为罕见的关注是由于万历皇帝下旨。万历皇帝在圣旨中提及:“海防设备,毋论倭情顺逆,自宜着实修举。还说与顾,撤兵大计,断之宜早,仍令朝鲜,急自修备。朝廷之待属国,恩义止此。”[③]顾养谦将这份圣旨总结为两点,一是“朝廷之待属国,恩义止此”[④],“今饷已不可再运矣,兵已不可再用矣”[⑤],拒绝朝鲜请兵请饷的请求。二是朝鲜请兵请饷乃是为报国仇,虽能让人理解,但复仇不可操之过急,“昔句践之困于会稽也,令大夫种,行成于吴,身请为臣,妻请为妾。当是时,句践岂不欲食夫差之肉乎,而姑忍耻含,以有待也”。应学习勾践忍辱负重,徐图复仇,手段为“身自耕织,以率百姓,而亲附百姓;训练甲兵,则各付之能者;诸臣亦复深谋远计,而修蠡、种之忠”[⑥]。顾养谦此次提到朝鲜的自强,非着意于此,只是想对朝鲜说明明朝不再添兵添饷。

前文提及,万历二十一年朝鲜使团赴明朝报告倭情后,明朝中枢战守之议增多。在朝议压力下,顾养谦奏称:“傥既绝封贡而欲保朝鲜,臣必不能任

---

① (明)宋应昌:《经略复国要编》卷12《谕示戚金》,第985~986页。
② 《明神宗实录》卷266,万历二十一年十一月乙卯条,第4942页。
③ 《朝鲜王朝实录·宣祖实录》卷52,宣祖二十七年六月辛亥条。
④ 《朝鲜王朝实录·宣祖实录》卷52,宣祖二十七年六月辛亥条。
⑤ 《朝鲜王朝实录·宣祖实录》卷52,宣祖二十七年六月辛亥条。
⑥ 《朝鲜王朝实录·宣祖实录》卷52,宣祖二十七年六月辛亥条。

也。以臣所知，非吏部左侍郎赵参鲁、刑部左侍郎孙鑛不可。”[①]顾养谦自认所长不在军事。御史梁铨疏称：“顾养谦与石星计主封贡，而鑛议在战守。鑛当会议则面折石星之非，条御倭则尽违养谦之意。”[②]明廷改变了战略决策，亦更改了人事任命，七月正式“以兵部左侍郎孙鑛兼右佥都御史代顾养谦总督蓟辽”[③]。孙鑛继任经略后，加强了对朝鲜军事整顿的检视，召见朝鲜接伴使工曹判书沈喜寿时告以：“尔国不为选练兵马，协理防守，而专恃于天朝，恐非恢复之计。天朝岂能为尔国常常防守也？”[④]孙鑛强调朝鲜不可依靠明朝力量，督促朝鲜进行军事整顿。其后，孙鑛大量派遣明军教官赴朝训练士兵。但随着对日议和的深入，朝鲜部分官员也期待通过讲和实现和平，在这一政策影响下，“庆尚道以讲和之说为信，防备之事，日就弛缓”[⑤]，放慢了军事整顿的速度。万历二十三年六月，孙鑛派胡大经赴朝鲜练兵，练兵之外，胡大经还负责考察朝鲜练兵的效果。胡大经“欲往江原道，操练曹千总教训之兵，留驻不多日，还向忠清、全罗，转向庆尚，移入江原沿海郡邑，历咸镜道、平安、黄海道，还于京城，将八道练兵形止，覆报军门，有所处置”[⑥]。朝鲜以“秋收方急，孑遗之民，急于田事，行李若速发，则恐不方便”为由拒绝了胡大经的巡查。

除驻朝官员外，明朝还派使节检视朝鲜。万历二十一年闰十一月，宋应昌上题本，希望明朝向朝鲜施压，尽快进行军事整顿，故万历皇帝派行人司宪去往朝鲜。在司宪见宣祖前，宋应昌特发书于司宪：“天语丁宁国王，必在改弦易辙，但积敝之国势难速化。门下试察其君臣近来意向若何，修守若何，即留兵撤回可保万全否，神明炯照，必得其真。”[⑦]面对即将来临的天使之检视，在天使未到时，宣祖便向备边司询问应答之辞：“自上下问操练数几何，兵粮数几何，兵曹判书何人为之事，天使与予对坐问之，则何以答之乎？”[⑧]备边司准备答复中称，朝鲜此时可以调集三四万兵力，但粮饷仅够供应明军，朝军每以粮缺溃散，目前朝鲜除各险要防御军兵外，已聚兵万余。宣祖对这一答复总体上满意，但对调集士兵一项，宣祖担心：“兵犹可以招集云，而无他辞，天朝若以为兵则足用云，而若不发兵则奈何？招集之下，以不

① 《明神宗实录》卷272，万历二十二年四月甲寅条，第5046页。
② 《明神宗实录》卷273，万历二十二年五月丁酉条，第5066页。
③ 《明神宗实录》卷275，万历二十二年七月庚辰条，第5088页。
④ 《朝鲜王朝实录·宣祖实录》卷56，宣祖二十七年十月乙巳条。
⑤ 《朝鲜王朝实录·宣祖实录》卷59，宣祖二十八年一月己卯条。
⑥ 《朝鲜王朝实录·宣祖实录》卷67，宣祖二十八年九月壬午条。
⑦ （明）宋应昌：《经略复国要编》卷12《与司大行书》，第1004～1005页。
⑧ 《朝鲜王朝实录·宣祖实录》卷45，宣祖二十六年闰十一月庚寅条。

习兵革,不为训练,其实无用等语,措辞添入如何?”[①]宣祖处于矛盾之中,一方面想向明朝使节展示朝鲜有意自强,练兵产生一定效果;另一方面又深知朝军无力独自应对日军进攻,害怕明朝认为朝鲜兵力充足,不再援助,故不愿向明朝展现本国已有的军事力量,报以本国兵员素质堪忧,向明朝示弱。

司宪所持万历皇帝的敕谕中本有督促朝鲜卧薪尝胆的内容,司宪再进行了口头强调:“敕书内凡修城、险隘等事,不可每恃天兵,须与陪臣,议而措置。”宣祖的应答为:“我国存亡、死生,岂不计之?但小邦,二年兵火之余,民力已竭,粮饷几尽,贼屯据边城,以此为闷。”[②]朝鲜对此高度重视,可民生凋敝,粮食缺乏,不能尽快开展各项工作。但在回复司宪的正式咨文中,宣祖强调本国已着手准备各项工作:“运粮设险,练兵造器,具系见今急务,当职虽甚谫劣,犹知切己之利害,存亡所判,是何等事,而敢不自力?初自大军克平壤以后,即差户曹判书李诚中,带同郎僚,督运粮草;续差检察使李山甫、金瓒,督并搬运;又差户曹参议郑光绩,驰往刘总兵营里,调度军饷;又令工曹参判李辂,带同佐郎崔洽,前去庆尚地面,鸠集材料,刻期兴工。其操练一事,尤系吃紧,已令诸道都巡查使权慄,专管一应机务,统制诸将,选领三道精勇军丁,具进刘总兵营里,听候教习。”[③]

万历二十二年四月,明朝守备彭士俊告知朝鲜兵曹判书李德馨“科道官不久将为出来”,此次遣使任务有二,“一以观贼情,一以察兵务”[④]。日军在朝鲜南方驻军不退后,朝鲜一直苦于无法向明廷报告日军情形,能通过明使这一途径将形势传达明廷本是朝鲜所期望的,但由于“中朝衔命之臣,万一出来,当先察南方兴利、除害、务农、练兵、修险、设备等项”,“天朝至遣台谏二人,事体之重,与常时天使悬绝云。凡我国之事,亦有纠劾处置者,接待之际,尤不可不谨”。朝鲜更担心明使对于朝鲜军事整顿效果的检视,这是由于“中朝曾以练兵设险事,分付者甚多,而今未措置”,比起上年司宪到朝鲜时,朝鲜在军事整顿方面并无重大进展,只有平安道因监司李元翼着力于此,略有成果,直面日军的庆尚、全罗两道则“未曾运一石、教一卒”[⑤],仓促间无法应对明使检查,朝鲜未能想出处理办法。七月,刘綎告知接伴使金瓒,“有科道官甘姓者,是我切亲,将出来而还递”[⑥]。此次使节最终未能成行,但天使赴朝的情报使朝鲜君臣对军事整顿更为重视,加快了此后练兵、设险的

① 《朝鲜王朝实录·宣祖实录》卷45,宣祖二十六年闰十一月庚寅条。
② 《朝鲜王朝实录·宣祖实录》卷45,宣祖二十六年闰十一月壬辰条。
③ 《朝鲜王朝实录·宣祖实录》卷45,宣祖二十六年闰十一月戊戌条。
④ 《朝鲜王朝实录·宣祖实录》卷50,宣祖二十七年四月辛未条。
⑤ 《朝鲜王朝实录·宣祖实录》卷50,宣祖二十七年四月壬申条。
⑥ 《朝鲜王朝实录·宣祖实录》卷53,宣祖二十七年七月辛巳条。

工作进度。十二月,“游击陈云鸿自辽东出来,巡视南方而归”①。

此后,明朝将朝鲜事务的关注重心放在了对日和谈上,派往朝鲜的使节多为议和而去,对朝鲜的军事整顿关注不多。万历二十三年(1595)四月,朝鲜预计册封丰臣秀吉的明朝使团将会在朝鲜停留数月,会对朝鲜的练兵情况有所考察。此时朝鲜训练都监练兵已初见成效,可以接受明使的检阅。训练都监建议:“炮、杀手各别练习,以待传教矣。炮手则都监逐日试放,杀手则教师下处,亦逐日练习矣。”②朝鲜已无前两次应对明使的慌乱,表现较为沉着。五月五日,明朝使团正使李宗诚吩咐:“来初七日,欲观尔国武艺。”③宣祖只命令兵曹、训练都监“精择约束,不轻为”,并无过多布置。

2.丁酉战争所见的朝鲜军事整顿效果

万历二十五年(1597)一月,日军加藤清正部率一百五十余艘兵船向朝鲜进发,战端再开,朝鲜着手战时防御准备工作。朝鲜对于本国防御并无信心,请求明朝早日发兵进讨日军。宣祖派遣郑期远赴明请兵。使团于万历二十五年正月到达北京,但明朝并没有立刻回应朝鲜的请求。二月,日军增兵,朝鲜再次派出礼曹参判权愫、通官知司译院事表宪、院正秦礼男等人赴明请兵,三月初,使团抵达明朝,此时原兵部尚书石星遭劾入狱,“兵部侍郎李祯署本部印务”,李祯热心朝鲜事务,接见了朝鲜使团。李祯问权愫:“你国无兵马可以抵当乎?”权愫令表宪回答:“小邦被贼酷祸,残破已极,虽收拾余烬,刻意堤备,而生聚训练,势所未及,军兵十分单弱,兵食十分匮乏,更有何力可以抵当大贼?今若天兵少缓来救,则人心更无所恃,丑贼益肆鸱突,小邦灭亡之祸立至矣。”④可见,朝鲜在议和期进行的军事整顿不能将国防力量增强至独立防守日军的程度,还需要明朝尽快发兵。且“小邦亦有些少训练之兵,而弓材火具,方为缺乏,并皆空手待贼,国王不胜忧闷,另为咨请,并乞老爷照前例题请给予”⑤。宋应昌虽曾建议朝鲜多造火器,但朝鲜未能大量制造,装备军队,只得求明朝拨发。

万历二十五年三月二十九日,万历皇帝任命邢玠为兵部尚书,兼都察院右副都御史、总督蓟、辽、保定军务,兼理粮饷、经略御倭,总管朝鲜防御事务。在此之前,三月初,邢玠时任兵部侍郎,朝鲜的请兵使团正在京城,邢玠连日召朝鲜使臣,询问朝鲜的地理与防御形势。权愫上禀帖,禀帖描述朝鲜

---

① 《朝鲜王朝实录·宣祖修正实录》卷28,宣祖二十七年十二月甲辰条。

② 《朝鲜王朝实录·宣祖实录》卷62,宣祖二十八年四月辛未条。

③ 《朝鲜王朝实录·宣祖实录》卷63,宣祖二十八年五月丁丑条。

④ (朝鲜王朝)权愫:《石塘公燕行录》,[韩]林基中编:《燕行录全集》第5册,韩国汉城:韩国东国大学校出版部,2001年,第28页。

⑤ (朝鲜王朝)权愫:《石塘公燕行录》,第28页。

防御形势，“即今，如竹岭、鸟岭、秋风岭、八良峙、豆耻津、闲山岛，宜宁等，庆州、大邱、星州等地，定将防守，而所领军兵，卑少残弱，贼若举重侵轶，则必将鸟惊鱼骸，决无抵挡之势矣”[①]。朝鲜防御于庆尚道、全罗道战略重地与庆尚道至忠清道的门户，正是遵循了宋应昌在万历二十一年制定的防御方案。邢玠将朝鲜带来地图置于床上，逐一询问，了解了朝鲜的防御状况，且“宋侍郎往你国时，画地图而来，今将你图参看，大概略同”，比对了宋应昌所画朝鲜地图。

向朝鲜使臣了解情况后，邢玠向万历皇帝上报了自己构想的防御方案，即防御全罗、庆尚两道战略要地。庆尚道有东、中、西三条路线需要防御，东路由庆州重镇起，经义城、青松、安东、丰基至竹岭，中路由大邱经八莒至星州、尚州、鸟岭，西路乃八莒向西，至高灵、金山二处，再进秋风岭。全罗道则防御南原、全州两地。《论丁酉战争爆发后的明军战略与南原之战》一文分析了邢玠的军事部署方案，即庆尚道东、中、西三路分别以庆州、星州、高灵为前沿战略重地，以竹岭、鸟岭、秋风岭为必守之地，若过必守之地，王京以南再无屏障，步步失守，则会危及辽东。[②] 我们可以从邢玠的部署看到，部署的提出除了依据朝鲜的地理形势外，还重点参考了讲和期明军的留兵经历及朝鲜的设险成果。驻朝明军中，吴惟忠、骆尚志曾屯兵于庆州，刘綎曾屯兵于大邱、八莒，“险颇可恃”。这些战略要地将继续作为防御日本进攻的“大门”。邢玠认为“守大门，则庆尚犹保强半，而全罗亦有比邻，可为唇齿”[③]。但庆尚道一路荡败，此前朝鲜已准备放弃此道，“鸟岭以南残破甚，不可住大军”，集中兵力防御庆尚道通往忠清道的各门户，即竹岭、鸟岭、秋风岭等“必守之地”。此前朝鲜的设险工程也主要集中在鸟岭等地，朝鲜预计的防御效果即是邢玠所说的“若守后门，则尚可护忠清、京畿、黄海、平安、咸镜、江原等道，而庆尚则全弃与贼”。在邢玠的报告中，我们也能看到，庆尚道中路的星州、尚州、鸟岭均有朝军防御，可见朝鲜在庆尚道中路防御最为完备。据柳成龙观察，“全罗、忠清道避乱之民往依忠元者充满山中，人以为设城之功”[④]，朝鲜平民将辛忠元驻守的鸟岭作为避乱之地，证明鸟岭关卡可守，给他们带来了较大的安全感。

明军援朝部队分批到达朝鲜，其中最先到达的为杨元部。杨元到王京

---

① （朝鲜王朝）权快：《石塘公燕行录》，第 45 页。

② 参见陈尚胜：《论丁酉战争爆发后的明军战略与南原之战》，《安徽史学》2017 年第 6 期。

③ 《朝鲜王朝实录·宣祖实录》卷 87，宣祖三十年四月辛巳条。

④ （朝鲜王朝）柳成龙：《西厓集·别集》卷 4《鸟岭筑城》。

后询问宣祖："御倭之地，甚处是紧？"[①]宣祖建议杨元赴南原防御。八月，日军进攻南原，杨元守城五日后失利撤退。《论丁酉战争爆发后的明军战略与南原之战》一文中探讨了明军南原之战失利的原因。首先，元均率领的朝鲜海军在闲山岛全军覆没，不能与明鲜陆军配合。其次，杨元轻率寡谋，且未与朝军形成有效配合。更深层次的原因在明军存在冒进思想，致使杨元所部缺乏援军与后勤保障。除了从战争前后的时间段内考察明军战争失利的原因外，我们还可以上溯至议和期朝鲜的军事整顿，探讨南原城为何没有形成有效防御。

在壬辰战争中，日军由庆尚道进攻朝鲜，全罗道未经战乱，所以在进入讲和期后，朝鲜将较大精力投入到了庆尚道的防御中，全罗道防御只是偶有提及。南原城仅在骆尚志驻防此地时修筑了城墙。丁酉战端再起，降倭吕汝文、胜太善、仇老等上报："昔在阵中，闻倭将自平壤战败之后，群议说道，今则不必远向京城，当夺据庆尚、全罗地面，屯兵力农，则朝鲜必自枯其内。众倭所言如此，今若再动，则先犯全罗必矣。"[②]情报表明此次日军会从全罗道进犯，但由于之前的防御整顿工作重心不在全罗道，此时"全罗等道，防备全不为之"。全罗道无意于防御，兵数不足，"临时括军，军不充数，则行路之人，亦皆捉之，贯索而送之"，号令不行，"体察号令，犹或从之，监司以下号令，则人不听从"。[③] 后来杨元考察全罗道兵马，此处仅有李福男率领的一千五百人。

杨元到达王京后，与宣祖谈论了南原的防御事宜，南原城修筑一事才重新提上了议程。备边司状启："南原城子修筑事，总兵言之，而我国城子，有同儿戏。近日又专治山城，而本城则几于相忘。南原必须大段用力，然后可为也。时方农剧，南方民力极困，恐难办此。然总兵分付如此，当以本道之力及道内僧军，随便修筑，以为必守之计，山城则为犄角之势可也。我国城制不好，徒用民力，而实无可用。今则预备器具，以待唐将之下去，承其指挥修筑事下谕为当。"[④]由备边司报告的情况我们可以看到，首先，万历二十二年朝鲜规划的南原城修筑一事并未实施，此时朝鲜正在修筑南原山城，忽略了南原本城的修筑。其次，正值农忙时节，不能抽调民力修筑。再次，朝鲜城制不利于防御，备边司想等待杨元到庆尚道后组织南原城修筑。此外，南原城没有增筑城墙也与都元帅权慄的判断有关。权慄认为："此城最为完

---

① 《朝鲜王朝实录·宣祖实录》卷88，宣祖三十年五月戊戌条。
② 《朝鲜王朝实录·宣祖实录》卷84，宣祖三十年一月乙未条。
③ 《朝鲜王朝实录·宣祖实录》卷84，宣祖三十年一月戊午条。
④ 《朝鲜王朝实录·宣祖实录》卷88，宣祖三十年五月戊戌条。

固，垓子亦且深峻。女墙则骆参将尚志所修筑，虽不改筑，而有兵有饷，则可以保守，不必农月用民力加筑。”[①]权慄认为现有城墙堪用，且农月不宜耗费民力。

六月十四日，杨元入南原府，巡城考察城防情况，言于接伴使郑期远："城役未完，霖雨将下，以尔国军人，似难速完。俺欲尽聚全州府留住军兵，一时负土运石，其功不过十个日之役矣。"[②]杨元将南原城防情况报告给了邢玠，"南原城郭圮坏，营房具无，钱粮无半月之积"，邢命其"催运粮饷，协同朝鲜，修理城垣，以为捍弊"。[③] 杨元"增埤浚濠，濠内又设羊马墙，昼夜董役"[④]。七月九日，杨元称："南原筑城，今已一月，将为毕役。仓卒之间，虽未甚完，可防几百万贼兵。请下谕本道，各处散居人民及山城所储粮刍，使之移入本城，可矣。"备边司观察南原筑城，"似与浙江御倭之法有异，至于已成悬，皆为涂塞云。杨乃北将也，恐不知浙江城制而然也"[⑤]，杨元仓促之间修筑南原城，未能考虑御倭之法。在兵力配置方面，杨元确实存在将全部兵力安排在南原城，放弃南原蛟龙山城防御，最终未能实现本城与山城并守，"以为犄角之策"的防御战略。但事实上南原仅有杨元所部三千人，朝鲜李福男所部一千五百人，全州的陈愚衷并没有配合防御，若将仅有的四千五百人分守两城，则更犯了分兵的大忌。

朝鲜未能集结训练的新军赴全罗道防守。在议和期间朝鲜所练士兵中，以训练都监训练的杀手、炮手最为精锐。万历二十五年四月，备边司成京城守军中，"今日兵曹上番之军，不能成形，只有训练都监炮、杀手及听用武士数百而已"[⑥]。军队数量不多，只能驻防京城，无法调到南部战场。九月十三日，司宪府批评训练都监军兵不能赴战："别设训练都监，五六年操练军兵者，只为今日之用，而内殿西幸时，托以扈卫，发送之数，多至二百五十余名。扈卫之军，既有本道之调发，岂必多送赴战之士乎？物情莫不骇愤。"[⑦]故南原之战时只有李福男部"精锐千余，犯阵杀入，及透城里，所领仅七百名。协助天兵拒战，卒之矢尽力竭，遂至陷没"[⑧]。虽浴血奋战，但兵数过少，

---

① 《朝鲜王朝实录·宣祖实录》卷88，宣祖三十年五月乙卯条。

② 《朝鲜王朝实录·宣祖实录》卷89，宣祖三十年六月丁丑条。

③ （明）诸葛元声：《两朝平攘录·日本下》，吴丰培主编：《壬辰之役史料汇辑》（下），第107～108页。

④ （朝鲜王朝）柳成龙：《惩毖录》卷2，[韩]姜大杰、徐仁汉编：《壬辰倭乱史料丛书·历史》第1册，第154页。

⑤ 《朝鲜王朝实录·宣祖实录》卷90，宣祖三十年七月甲午条。

⑥ 《朝鲜王朝实录·宣祖实录》卷87，宣祖三十年四月丁丑条。

⑦ 《朝鲜王朝实录·宣祖实录》卷92，宣祖三十年九月庚子条。

⑧ 《朝鲜王朝实录·宣祖实录》卷92，宣祖三十年九月乙丑条。

无力抵抗数量众多的日军。此外,都元帅权慄、都体察使李元翼所部远离南原战场,不能配合防御,也是南原之战失利的重要原因。"李元翼驻星州,以遏秋风、鸟、竹等岭,权慄驻高灵,节制左右道,把截东西各路,中间贼路充斥,声闻阻绝,不知何城被围。"[①]都体察使与都元帅二人负责朝鲜南部的整体防御,在闲山海战失利后,分守星州、高灵,防御的是庆尚道的中、西两路,没有与全罗道守军协同作战,有所失职。

南原失守,"两湖人民,望风溃散,列邑守令,在在逃窜,直路数百里之地,尽为无人之境","土崩瓦解之势,不可收拾"。[②] 九月十三日,宣祖召见都元帅权慄问形势。

> 慄曰:"贼势不及壬辰,而人心崩溃,反不如变初。金应瑞只率二百余人,身先士卒进战,故虽不能挫贼大势,稍有斩获。忠清兵使李时言,初领二千余名,往岭南,及还湖南,亦尽逃散,只有五十余矣。"上曰:"何如是溃散?今则无倡义起兵者乎?栗曰:"人心皆以为贼锋更来,无复可为而如是矣。小臣曾在岭南,劝郑仁弘募兵。渠虽老病,素有士望,可以收聚傍近士子,举义勤王,故都体察使李元翼,亦劝之。此外未闻焉。所谓复仇军者,一不见贼,已尽逃溃。李时发操练之军,亦散五分之一,而北军八百余,则已付于韩明琏矣。[③]

权慄观察到了丁酉战争中,日军攻势不如壬辰战争迅猛,但朝军已成惊弓之鸟,军心反不如壬辰战争之初。在议和期间,诸道士兵训练中,忠清道李时发所部为各道典范,但李时发部两千余人未经战争即四处逃散,只剩五十余人。所谓复仇军,本为讨日军而设,此时亦逃溃。讲和期间朝鲜练兵对战局并无大用,战胜日军仍需靠正面战场的明军。

南原战后,明军在稷山挫败日军攻势,阻挡了日军长驱直入。九月二十日,宣祖"视师江上,犒赏三军",稳定了朝鲜军心。日军停止了攻势,战场形势转为明朝战略进攻。十二月,明朝经略杨镐、提督麻贵率军进驻庆州,后攻蔚山,先期进展顺利,后期仰攻岛山不利,撤兵回汉城。此后直至丰臣秀吉去世,日军退兵,双方处于相持阶段,日军无大肆进攻之举,朝鲜不用再竭力防御。

3.丁酉战争善后事宜所见的朝鲜军事整顿影响

蔚山战役后,战争进入相持阶段,经理杨镐为防备日军再次进攻,展开

---

① 《朝鲜王朝实录·宣祖实录》卷92,宣祖三十年九月己丑条。

② 《朝鲜王朝实录·宣祖实录》卷92,宣祖三十年九月壬辰条。

③ 《朝鲜王朝实录·宣祖实录》卷92,宣祖三十年九月庚子条。

了一系列防御部署。明朝官员此时提出的诸项举措，与议和期曾提出的军事整顿策高度相似，体现了明朝政策的延续性。杨镐招李德馨说："五处筑城留兵事，我更商量，则五处筑城，只怕你们人力不足，姑于三处设筑。庆州留兵，而后面永川、义城等处留游兵，以防安东之路；大丘[邱]留兵，而后面星州、尚州等处留游兵，以防道岭之路；南原或他旁近处留兵，而后面全州、公州等处留游兵，以防全罗之路。三处既完后，更议设筑二处则何如？"①此时的防御工作仍以设险、留兵为主，辅以用明军训练朝鲜士兵，但朝鲜此时对跟随明军训练已无兴趣，训练都监认为："都监军士，移送天将，无益有弊，如前所陈。不得已抄出四五十人，送赴听命。"②刘綎则再次提出派光海君南下，"世子若随往，则人心可以镇服，而且可招谕投倭人，多有好事。从官不须多率，从简以往则好矣"③，朝鲜亦婉拒，此时朝鲜对明朝提出的各样举措已不如讲和时期响应积极。

在明朝中枢，官员上奏中体现的善后办法也与议和期类似。赵志皋奏曰："不如令督臣邢玠，仍归本镇，以东事悉委经理万世德，择一大将，与之协同，兵将择其精健，量留若干，其余悉令撤归，将所留之兵，分布全、庆要害之处，择其膏腴之地，广行开垦，久则彼食自足，我饷可以免运矣。一面调选八道精壮，严加训练，久则我兵渐撤，彼兵可以自守矣。尤望严旨，切责朝鲜君臣卧薪尝胆，陪臣有不用命者，许经理即以汉法绳之。如此则中国之兵饷，不烦远输，朝鲜之积弱，亦可渐振，倭奴知我有备，进无所逞，亦将自图归计矣。"④

万历二十七年(1599)，邢玠提出以明军短期留驻朝鲜为前提的防御构想"东征善后事宜十件"，特别强调了朝鲜南部沿海地区的防御。但与明军在议和期不能久驻类似，丁酉战后的明军也要渐次撤退。万历二十九年二月，邢玠、万世德条陈明军撤后朝鲜的善后事宜：

> 一，练兵士。丽人鸷悍耐寒苦，而长衫大袖，训练无方，宜以束伍之法教之。一，守冲要。朝鲜三面距海，釜山与对马相望，巨济次之，宜各守以重兵，并蔚山、开山等处皆宜戍守。一，修险隘。王京北倚丛山，南环沧海。忠州左右乌[鸟]、竹二岭，羊肠绕曲，有一夫当关之险。今营垒遗址尚存，亟宜修葺。一，建城池。朝鲜八道，十九无城。平壤西北鸭、浿二江，俱南通海。倘倭别遣一旅占据平壤，则王京声援断绝，皆应

① 《朝鲜王朝实录·宣祖实录》卷97，宣祖三十一年二月戊寅条。
② 《朝鲜王朝实录·宣祖实录》卷99，宣祖三十一年四月癸亥条。
③ 《朝鲜王朝实录·宣祖实录》卷102，宣祖三十一年七月丙戌条。
④ 《朝鲜王朝实录·宣祖实录》卷107，宣祖三十一年十二月己巳条。

> 修筑屯聚。一,造器械。倭战便陆不便海,以船制重大,不利攻击。今准福唬造百十艘为奇兵,并添造神机百子火箭。一,访异材。朝鲜贵世官,贱世役,一切禁锢,往往走倭走敌,为本国患,宜破格搜采。[①]

上述事宜中,除访异材一项,与宋应昌在万历二十一年提到的朝鲜需办四件事高度重合,邢、万二人应该是在吸取宋应昌经验的基础上提出了诸项举措。该预案经万历皇帝批准后移咨朝鲜实施。万历三十年(1600),日本数次遣使,"胁言兴兵",宣祖请发明军以助声势,万历皇帝认为派些少明军无济于事,不如朝鲜自强,勉励朝鲜:"莫如自强,一改弦辙,大修耕战,国内沿海地方逐一料理。某处寇可登犯,某处险隘难入,某处应筑城堡,某处应设墩台,某处应哨防,某处应戍守,一如天朝昔日列兵制御之法。某可训练水兵,某可训练陆兵,分投演习,教以枪筅刀牌及鸳鸯三叠常用阵规,一如天朝昔日留官训练之法。庆尚、全罗两道田土果否荒芜,作何开垦?或招徕土著,赋粟饷师;或拨派防兵,就近耕种,一如天朝昔日留屯之法。"[②]自壬辰战争讲和期以来,明朝协助朝鲜军事整顿的经验已形成一套能够效仿的自强之法,帮助朝鲜增强本国的国防力量。

四、结 论

壬辰战争进入议和期之后,以宋应昌为代表的明朝官员并没有径自撤军还朝,而是经过了细致的考察后,将部分明军留守朝鲜,为朝鲜提出了一系列军事整顿措施,以期朝鲜能够增强本国的国防力量,抵抗日军的下一次大举进犯。这既是为保障明朝国家安全而提出的预防措施,也是对属国朝鲜高度重视,带有"字小扶危"性质的援助之举。[③] 朝鲜亦通过封贡关系,在明朝的帮助下,拥有了国家安全的保障。[④]

由宋应昌提出,明朝中枢通过的朝鲜军事整顿举措有其现实背景。第一,明朝并不能以越国救援为常事,朝鲜军事整顿有利于防备日本的下一次进犯。第二,此时明朝财政紧张,又有灾情,明朝首辅王锡爵以及户部给事中吴应明均对明朝在朝鲜战场投入过多有所担心,朝鲜国防力量提升,明朝便可减少在朝鲜战场投入的人力、物力。第三,朝鲜久不习战,军力不强,在

---

① 《明神宗实录》卷 356,万历二十九年二月辛卯条,第 6658~6660 页。

② 《明神宗实录》卷 379,万历三十年十二月辛丑条,第 7714 页。

③ 参见陈尚胜:《字小与国家利益:对于明朝就朝鲜壬辰倭乱所做反应的透视》,《社会科学辑刊》2008 年第 1 期。

④ 参见[韩]郑容和:《从周边视角来看朝贡关系——朝鲜王朝对朝贡体系的认识和利用》,《国际政治研究》2006 年第 1 期。

明军救援后，更是依靠明朝而不自振。王锡爵担心："彼军怯而善走，倘倭奴复至，必推我以为先锋。主人先奔客自沮溃，更加众寡不敌。"[①]朝鲜整顿军事后，可减轻过于依赖明朝救援的状况。

我们可以从《朝鲜王朝实录》中看到，万历二十一年六月宋应昌提出练兵、修险等军事整顿措施后，朝鲜才注意到本国应采取一系列办法，充实国防力量，若无宋应昌的建议，朝鲜的军事整顿开始时间应会大大延后。即使提出了计划，朝鲜也没有立刻实施。司宪府曾批评备边司："备边之所干，不过酬酢文书，而讨贼复想之事，专倚于天兵，军机策应之务，一委于殿下。抄兵储粟，则曰姑俟贼退；修政祛弊，则曰姑俟贼退。犹望凶贼之自退，而其于御贼自治之计，茫然不为之措置，一闻急报，则荒忙错愕，束手罔措，无一人以国事自任者，而或者以为贼必遁去，无复可忧，此臣等之所未解也。"[②]关于设关筑城事，备边司也认为："非今时所急，亦非物力可及。"[③]在宋应昌等明朝官员的不断催促下，朝鲜终于逐渐展开各项军事整顿工作。

朝鲜的军事整顿取得了一定的效果。在练兵方面，万历二十五年时，朝鲜在京城的训练都监训练出了炮手、杀手一千五百人，地方各道亦整编了一定数量的防御部队，京城、地方训练军队共计两万人。[④] 在设险方面，朝鲜建成了最为重要的鸟岭关口，及万历二十五年权慄上报中提到的，"庆州、星州、大邱、善山、尚州、宜宁、三嘉等地，各有山城，险峻可守，迩年小邦增修高筑，且略备粮饷器械，以为据守之计"[⑤]，保证了丁酉战争中明军进攻时无后顾之忧。

另外，朝鲜的军事整顿实施在结果上偏离了宋应昌最初的希望，二者呈现较大差异。朝鲜对于不同的整顿措施接受程度不同，实施条件不同，效果也有所不同。总体而言，宋应昌期望朝鲜在军事整顿后形成一定的国防力量，能够独自抵抗日军，但朝鲜并未实现这一目标。就练兵而言，宋应昌最初的构想是将朝鲜军队集结后带入明军军营，由明军操练，"三同之法"的意义便在朝军与明军共同训练，在耳濡目染中提高朝军兵员的素质。朝鲜各道官员或无心，或无力，没有实施这一举措，未能训练出战斗力强的新式军队。反倒是朝鲜中央设置的训练都监，处于朝鲜朝廷的直接管理之下，调教出了一批战斗素养较高的炮手、杀手、射手。但训练都监管下的新军数量不

① （明）王锡爵：《王文肃公文集》卷8《宋桐冈经略》，《四库禁毁丛刊》第7册，第557页。

② 《朝鲜王朝实录·宣祖实录》卷89，宣祖三十年六月甲戌条。

③ 《朝鲜王朝实录·宣祖实录》卷40，宣祖二十六年七月壬戌条。

④ 参见杨海英：《朝鲜王朝军队的中国训练师》，《中国史研究》2013年第3期。

⑤ （朝鲜王朝）权悏：《石塘公燕行录》，第59页。

足，不能整编为战斗部队，最终成为类似禁军的京城卫戍队伍，难以下送到朝鲜南部的战场前线。设险一事，碍于民生凋敝，朝鲜只修建了鸟岭、秋风岭、竹岭一线关口，以及增筑了部分山城城墙，而不是宋应昌计划中的组建由鸟岭一线，经庆尚、全罗两道直至南部海岸线的成系统的立体防御体系。丁酉战争中，日军攻势不如壬辰战争时迅猛，但仍旧迅速进逼南原城，南原城前的八良峙、豆耻津虽有朝鲜驻军，但是并没有发挥前哨防御的作用，可见朝鲜未形成能够协同作战的防御体系。派驻光海君下驻一事是明朝自万历皇帝至前线军官达成高度统一的军事整顿辅助措施，但世子管理南部诸道事务触及了朝鲜宣祖国王敏感的神经，宣祖对光海君下驻多设障碍，光海君亦由于多方掣肘，无法大刀阔斧地整顿南方军务，这一计划最终破产。可以说，朝鲜军事整顿的实施是在根据朝鲜国情的基础上有所调整，最终的效果呈现出了与预想不同的发展方向。

同时，在朝鲜军事整顿中，一些明、鲜双方军事合作中存在的问题暴露了出来。首先，朝鲜经常无法及时供应明军所需的后勤物资，这使得明、鲜时间常有摩擦产生。其次，在完成前期筹备工作后，诸项朝鲜军事整顿举措中，仅有练兵一项，明朝官、兵全程参与。在扩大练兵规模时，明军教师数量也随之扩大，明朝无法保证明军教官拥有良好的素养，故有明军教官作弊之事。而朝鲜国内反对军事整顿之人，会抓住明军作弊一事，扩大明、鲜矛盾，借此阻碍军事整顿的实施，最终影响了练兵的推广，这体现双方的军事合作难以长期维持。在丁酉战后，明朝担心“遣官训练，必有生端掣肘等弊，彼此皆为不便”，不愿意再派遣教官，正体现了明、鲜双方在练兵一事上无法调和的矛盾。

从长远来看，朝鲜议和期进行的军事整顿对于朝鲜王朝之后的历史进程有较大影响。清顺治元年，朝鲜曾以防倭为名，陈奏“欲修城集兵，整顿器械”[①]，整顿军事防倭成为朝鲜增强本国军事力量的常用理由。[②] 军事整顿中的练兵措施，导致训练都监的出现及戚继光的《纪效新书》成为朝鲜练兵教材，冲击了朝鲜的武学传统，为练兵征收的“三手粮”持续了三百年，深深影响了朝鲜的税收状况。[③] 朝鲜王朝于壬辰战争议和期实施的军事整顿对其以后的发展产生了深远影响。

---

① 《朝鲜王朝实录·孝宗实录》卷89，孝宗元年八月戊申条，韩国国史编纂委员会网站点校本：http://sillok.history.go.kr/search/inspectionMonthList.do? id＝kna。（浏览时间：2020年10月25日）

② 参见白新良主编：《中朝关系史（明清时期）》，北京：世界知识出版社，2002年，第274页。

③ 参见杨海英：《朝鲜王朝军队的中国训练师》，《中国史研究》2013年第3期。

上谷世家:万历抗倭援朝名将董一元家族研究

徐　成

明代中后期形成了多个名冠当时的卫所将门,尤其在边防重地的明代九边诸镇,形成了许多“将门将种”的军事世家,宣府镇宣府前卫的董氏将门便是显例:其镇守九边,屡有积劳;又参加了万历三大征中的宁夏、朝鲜之役,立功徼外;明末又与后金军、农民军作战,几乎参与了明中后期的大部分重要战争。然而,现有研究对董氏将门的梳理尚显不足,本文计划根据正史、实录、档案、相关方志、奏疏、诗文与尚未引起重视的长城沿边碑刻等多种史料及笔者的田野调查[①],对宣府镇的董氏将门的来龙去脉略作探研,粗陋之处尚祈赐正。

一、宣府镇董氏将门之肇起与其祖籍探究

宣府镇董氏将门肇起于官至游击将军的董旸。董旸(? ~1549),字子昇,为人骁雄疏爽,尤精武艺。[②] 其父董璋,承袭了长兄董瑄、仲兄董琮的宣府前卫试百户之职,旸“减替署试百户”[③],身经百战,累任至宣府游击将军,

---

① 目前关于明代的卫所将门研究,通论性质的代表文章如曹循《明后期的边镇将门》[《西北大学学报》(哲学社会科学版)2014 年第 3 期]等,个案研究如针对铁岭李氏的有李泽绵的《李成梁及其家族》(哈尔滨:黑龙江人民出版社,2003 年)、肖瑶的《李成梁与晚明辽东政局研究》(长春:吉林文史出版社,2011 年),研究兴城祖氏的则有绵贯哲郎的《再论祖大寿与“祖家将”》[《吉林师范大学学报》(人文社会科学版)2017 年第 6 期]等。但针对明代九边重镇的宣府镇之将门研究尚显匮乏,遑论有关董氏将门的研究。

② 参见(明)栾尚约修,孙世芳纂:嘉靖《宣府镇志》卷 28,哈佛大学燕京图书馆藏明嘉靖四十年(1561)刻本,第 40 页 b。

③ 《武职选簿·后军都督府·万全都司·宣府前卫》,中国第一历史档案馆、辽宁省档案馆合编:《中国明朝档案总汇》第 69 册,桂林:广西师范大学出版社,2001 年,第 343 页。

嘉靖二十年(1541)俺答、阿不孩领兵攻打山西，阵于太原城下，旸领所部兵往援，两军遇之，旸"突入其阵，即毙数贼，已见敌西面合山，旸奋臂大呼，跃马舞剑而出，万众辟易，城上人见者叹羡久之"①。嘉靖二十二年(1543)被宣大总督翟鹏劾奏其"贪淫不职"，革其游击任回卫②，嘉靖二十三年(1544)复起任宣府游击将军。③ 二十六年(1547)又坐事罢职。④ 二十八年(1549)"北虏入寇"，攻打宣府滴水崖，此役董旸与同袍江瀚率兵力抗。⑤ 二将挥刃力战，杀十数名敌兵⑥，董旸在滴水崖附近的平梁墩战死。⑦ 嘉靖二十九年(1550)勘论宣府滴水崖功罪，原衔都指挥佥事的董旸得赠都指挥同知，仍升荫其子，立祠谕祭⑧，并赠镇国将军⑨。董旸勇敢善战，与其同袍江瀚齐名，康熙《宣化县志》云"至今边人称骁将，犹必曰旸、瀚"，可见其勇名之著。⑩

关于宣府前卫董氏家族的原籍，万历十五年的《繁峙县志》与万历四十年刻本《太原府志》记载董旸为繁峙(今繁峙县)人⑪，而《武职选簿》记载一奎嫡长男用中、一元嫡长男(第二男)用和、嫡次男用文、长孙继祖等几乎所有董氏成员的祖籍为崞县⑫(治所在今天的原平市崞阳镇)，繁峙、崞县在当时都属于太原府代州所领⑬，董家原籍为太原府代州殆无疑义，需要解释的是

① (清)陈坦纂修：康熙《宣化县志》卷24《人物志》，哈佛大学燕京图书馆藏康熙五十年(1711)初刻乾隆二年(1737)增刻本，第3页a。

② 参见《明世宗实录校勘记》卷272，嘉靖二十二年三月条，台北："中央研究院"历史语言研究所，1962年，第1574页。康熙《宣化县志》讳言为"因事坐废"，参见(清)陈坦纂修：康熙《宣化县志》卷24《人物志》，第3页a。

③ 参见《明世宗实录》卷283，嘉靖二十三年二月戊子条，台北："中央研究院"历史语言研究所，1962年，第5497页。又《宣府镇志》谓旸嘉靖二十四年任宣府游击，然按《明世宗实录》，其于二十三年二月便已起用。参见(明)栾尚约修，孙世芳纂：嘉靖《宣府镇志》卷28，第40页b。又康熙《宣化县志》继承了嘉靖《宣府镇志》的说法，称董旸于嘉靖二十四年任宣府游击将军，康熙《宣化县志》卷19《秩官志》，第9页b。

④ 参见《明世宗实录》卷320，嘉靖二十六年二月丁酉条，第5944页。

⑤ 参见《明世宗实录》卷345，嘉靖二十八年二月壬子条，第6244页。

⑥ 参见(清)陈坦纂修：康熙《宣化县志》卷24《人物志》，第3页b。

⑦ 参见《武职选簿·后军都督府·万全都司·宣府前卫》，中国第一历史档案馆、辽宁省档案馆合编：《中国明朝档案总汇》第69册，第343页。

⑧ 参见《明世宗实录》卷363，嘉靖二十九年七月丙午条，第6468页。

⑨ 参见(明)关廷访修，张慎言纂：万历《太原府志》卷20《人物》，太原市地方志编纂委员会整理：《太原府志集全》，太原：山西人民出版社，2005年，第362页。

⑩ 参见(清)陈坦纂修：康熙《宣化县志》卷24《人物志》，第3页b。

⑪ 参见(明)关廷访修，张慎言纂：万历《太原府志》卷20《人物》，第362页。

⑫ 参见《武职选簿·后军都督府·万全都司·宣府前卫》，中国第一历史档案馆、辽宁省档案馆合编：《中国明朝档案总汇》第69册，第182、274、343页。

⑬ 代州领五台、繁峙、崞县。参见(明)李贤等修：《大明一统志》卷19《山西布政司·太原府》，哈佛大学图书馆藏明天顺五年(1461)内府刊本，第4页b～第5页a。

究竟是繁峙还是崞县。

《武职选簿》是官方正规人事记录，可信度较高。但检万历四十年(1611)刘楫济重修《崞县志》(底本是万历三十五年陆寿光修《崞县志》)[①]，翻查该书卷四《政事志》与卷五《人物志》乃至全书，均未提及董旸事迹。[②] 虽然崞县说缺乏方志支持，但有《武职选簿》官方档案这种第一手资料证明，而且，董一元本人的自我认同也以"崞县"为祖籍。[③] 总体而言，崞县说可能性比繁峙说更大，但繁峙说仍必须加以仔细考虑并研究。

读万历《繁峙县志》，其中对董旸的记载不可忽视：

> 董旸，敕封镇国将军、柱国、荣禄大夫，本县曲河里伏连坊人也，始祖岩，授宣府前卫百户；历传至瑄，阵亡；弟璋袭祖职，忠勇茂著；旸即璋子，膂力过人，精卫自矢，累擒虏贼，奋不顾身，解山西太原之围，宣府清风之乱，以功升游击将军。值嘉靖年，达贼入犯马市口，血战死之。抚按奏褒忠祠，赐谕祭一坛，命塑像宣府，春秋享祭。子一奎、一元，皆历任总督(笔者按：当为"都督"之误)，御虏克敌，屡奏虏功，一时并推良将。人以为旸捐躯殉国，英气如生，故世胄蝉联，功存社稷，即晋中多名将，然忠烈辉映如董门者，其盛尤最矣！[④]

道光《繁峙县志》沿袭了万历《繁峙县志》的说法，但去除了"虏"这类在清朝涉嫌"妨碍"的字眼，将"始祖岩"过录为"祖岩"，并将《明史》中有关董一奎、董一元的传记节录摘抄了部分：

> 董旸，繁峙曲河都伏连坊人，祖岩，授宣府卫百户；历传至瑄，仍前卫百户，阵亡；弟璋袭职，忠勇茂著；旸其子也。幼膂力过人，就武职，累战奋不顾身，解太原围，平宣府清风之乱，以功升游击将军。嘉靖间敌

---

① 按照万历四十年(1611)刘楫济重修、贾学文等纂的《崞县志》卷首刘楫济序云，刘《志》乃基于万历三十五年(1607)陆寿光修、张凤池等纂《崞县志》基础上"于前志细加参阅……采辑而编次之，以补前志之缺也"，按刘楫济重修、贾学文等纂的《崞县志》全书题名是《崞县志》，但每一卷卷首则云"《重修崞县志》卷之几"。参见(明)刘楫济重修，贾学文等纂：《崞县志》卷首刘楫济序，台湾"国家图书馆"藏明钞本，第3～5页。

② 参见(明)刘楫济重修，贾学文等纂：《崞县志》，第1～305页。

③ 《隆庆四年戚继光、张永安鼎建碑》碑末题名曰："分守古北口等处地方副总兵官崞县董一元。"该碑现藏承德市滦平县博物馆，录文又见《河北省明代长城碑刻辑录》上册，北京：科学出版社，2009年，第210页。

④ (明)涂云路修，郝为臣、任中麟等纂：万历《繁峙县志》不分卷《乡贤志》，呼和浩特：内蒙古人民出版社，2003年，第115页。

入马市口，旸血战死之，赠镇国将军，建褒忠祠，命塑像宣府，春秋祀之。[①]

万历、道光《繁峙县志》对董旸的先世世系记载，与《武职选簿》基本吻合，有出入的地方在于：其一，董旸的先祖董岩，见于县志不见于《选簿》。其二，董璋的仲兄董琮，见于《选簿》而不见于县志。其三，县志记载董瑄是宣府前卫百户，阵亡，弟弟董璋袭职；《选簿》较为详细，记载董瑄由舍人从军，弘治十二年长梁等处斩首有功升总旗，弘治十四年白盐滩等处斩首有功升试百户，正德七年阵亡于土桥镇，仲弟董琮袭职，董璋又继承了董琮。[②] 总之，繁峙当地古方志对董家的记载也是眉目详细，流传有绪。绝非空穴来风，不能轻易忽视。其所提及董旸祖父董岩由繁峙曲河里（都）伏连坊村民编入宣府军籍的由来，也是珍贵的材料。直到清代伏连坊（即现在的繁峙县下茹越乡福连坊村）仍有董家相关的遗迹，清代无名氏《繁峙小钞》云："福连坊西设汛地，行人到此记庚邮。董家将军残碑断，遗迹聊向庙中搜。"[③]可以看出直至清代道光年间，繁峙县福连坊仍对董家存在着遗留的历史记忆。但到光绪以后，这种记忆开始被当地的志书修纂文人群体所质疑，光绪七年刊行的《繁峙县志》认为繁峙县旧志（指万历、道光《繁峙县志》）虽然载有董旸，但认为他"非（本）县人"，故"不书"于这一版的本县县志。[④]

从董一元的孙辈董继祖等人均列名兵部档案《新官袭职选底》[⑤]，以"新官"后裔承袭祖辈武职来看，董家先祖董岩应该是参加"奉天征讨"靖难之役获得的世袭卫所武职。明制，从征武臣（也就是随朱元璋征伐者）和永乐以后立功武臣所封卫所世官，在兵部卷宗中称为"旧官"；参与"奉天征讨"的靖难武臣所封卫所武职，被称为"新官"。[⑥] 意即董岩立功得百户职在建文年间（14 世纪末 15 世纪初），距董旸活动的正德、嘉靖年间（也就是 16 世纪上半

① （清）吴其均纂修：道光《繁峙县志》卷五《人物志·乡贤》，中国国家图书馆藏道光十六年（1836）刻本，第 19 页 b。

② 参见《武职选簿·后军都督府·万全都司·宣府前卫》，中国第一历史档案馆、辽宁省档案馆合编：《中国明朝档案总汇》第 69 册，第 343 页。

③ 无名氏：《繁峙小钞》，繁峙县下茹越乡福连坊村耆老藏清抄本。繁峙县福连坊村姚建国先生提供信息，特此郑重致谢！

④ 参见（清）何才价修，杨笃纂：光绪《繁峙县志》卷 3《选举志》，中国国家图书馆藏清光绪七年（1881）刻本，第 38 页 b。

⑤ 参见《新官袭职选底·天启二年四月分》，中国第一历史档案馆、辽宁省档案馆合编：《中国明朝档案总汇》第 75 册，桂林：广西师范大学出版社，2001 年，第 138 页。

⑥ 参见《兵部武选司条例》，虞浩旭主编：《天一阁藏明代政书珍本丛刊》第 14 册，北京：线装书局，2010 年，第 362～363 页。

叶)已有一百余年,按二十年一代人计算,董岩离董旸差了将近五代。若是崞县并非其原籍,董家断无可能登记一个与自己家族毫无瓜葛的地方,且传承这么多代皆以之为祖籍,从董家后人在碑刻中的题名也能看出他们的祖籍认同是崞县。[①] 但繁峙县长期以来原原本本地有着与董家的遗迹,并准确提供了董家先世受封宣府前卫百户的起家事实,祖籍甚至精确到了里坊这种具体基层单位,远远详细于宣府地区的方志记载,对董瑄、董璋的承袭经过,也大致与《选簿》档案相合,因此不可能是无中生有。综上所述,笔者认为推测有这样两种可能性。第一种可能是,董旸祖籍所在的具体基层区划地域单位伏连坊,在董旸在世时归属于繁峙县,等到董一元的时代,该地已经归属于崞县了。对比万历《崞县志》与万历《繁峙县志》,伏连坊虽然去崞县不算很远,但伏连坊一直就归属繁峙,因此这种可能性可以排除。第二种可能是董旸家族最早原籍在繁峙伏连坊,后迁崞县,抑或是最早原籍崞县,后迁繁峙伏连坊。但这也是一种推测,若欲进一步证明,还有待于更多新材料的发现。

二、宣府镇董氏将门的勃兴:董一奎、董一元兄弟

让董氏将门真正蔚然大兴的是屡历重镇、官居一品的董一奎和董一元兄弟,二人历镇明代九边要枢,数度挂印,亲身在“万历三大征”中的宁夏、朝鲜两大战役中扮演重要角色,尤其是董一元,位至公孤,且几乎就要封为伯爵,这对于明代中后期(除去崇祯以后的爵位滥授)的武将而言,是比较难以达到的高度。

旸生庶子董俊、董亦,嫡子一奎、一元。俊、亦二人乃一奎庶兄,早年皆牺牲于战阵。[②] 董一奎(? ～1608),字天宿,号北山,为人“声洪而貌伟”,生而有膂力,“力胜千钧”。[③] 这一点也可以从他于嘉靖末任宣府东路参将驻扎永宁时的一件轶事可以看出:永宁城玉皇阁铸造铜法身像,重量甚巨,人莫能将之举起,董一奎以手举之,“不余力而就龛,人以为有神助”[④]。一奎能挽劲弓,极为善射,因家贫不能袭父职,巡按胡宗宪资助他上京到兵部承袭,始

---

① 参见《隆庆四年戚继光、张永安鼎建碑》,承德市滦平县博物馆藏碑。

② 参见《武职选簿·后军都督府·万全都司·宣府前卫》,中国第一历史档案馆、辽宁省档案馆合编:《中国明朝档案总汇》第69册,第343页。

③ (清)陈坦纂修:康熙《宣化县志》卷23《乡贤志》,第7页b～第8页a。

④ (清)李钟俾修,穆元肇、方世熙纂:乾隆《延庆州志》卷7《坛壝》,中国国家图书馆藏清乾隆七年(1742)年刻本,第18页a。永宁玉皇阁(在延庆区永宁镇中心)在1949年以后已逐渐坍毁,60年代因特殊历史原因全毁,2002年重建,但已无铜法身像。

获如例袭职。[①] 嘉靖三十四年(1555)因在花园堡斩首三颗升指挥佥事,又并其庶兄董俊、董亦二人的阵殁战功,升指挥使。[②] 嘉靖三十六年(1557),宣府巡抚张镐谍知黄台吉率精骑数千攻打南山庙,镐遂遣一奎拦截黄台吉,斩级六十八,夺马七十八匹,衣器八百余件。[③] 后经张镐保荐,一奎得任宣府游击将军[④]。嘉靖三十七年(1558)八月,蒙古部落攻打宣府赤城等处,时任游击的董一奎与千总补儿害、坐营官徐麟率兵御之,斩首十二级,夺马百匹。[⑤] 嘉靖三十九年(1560),又因在宣府东山庙擒贼有功而获升赏[⑥],任宣府东路参将,都指挥同知。次年(1561)年底得授协守大同副总兵[⑦],因"东山庙等处节次斩首三颗"升本卫都指挥使。[⑧] 嘉靖四十年(1561)这一年,董一奎还参与了救援太原城:本年蒙古部落大举进逼太原城,围西门,一奎领军踵到,与其相战于西门外。"虏发一矢射中一奎,马将蹶,而虏持刀几及,被一奎家丁名大摆言者策马疾到,一刀劈虏于马下,一奎易马,纵兵大战自辰至午,虏惧而退于河西安营,知其有备不可犯,是夜遁还。"[⑨]一奎任协守大同副总兵期间驻守大同左卫,"边寇属堡",亲冒矢石斩十余级,敌乃退去。[⑩] 后入祀左卫文庙附属之本地名宦祠。[⑪] 嘉靖四十二年(1563)升为署都督佥事充总兵官,镇

---

① 参见(清)陈坦纂修:康熙《宣化县志》卷23《乡贤志》,第7页b~第8页a。

② 参见《武职选簿·后军都督府·万全都司·宣府前卫》,中国第一历史档案馆、辽宁省档案馆合编:《中国明朝档案总汇》第69册,第343页。

③ 参见赵宸:《明故嘉议大夫巡抚宣府等处地方赞理军务都察院右佥都御史白河张公墓志铭》,中国文物研究所、河北省文物研究所编:《新中国出土墓志·河北壹》下册,北京:文物出版社,2004年,第220页。

④ 参见(明)张镐:《怀隆兵备道题名记》,(清)屠秉懿等修,张惇德等纂:光绪《延庆州志》卷16《艺文》,台北:成文出版社,1969年,第132页。

⑤ 参见《明世宗实录》卷463,嘉靖三十七年八月己巳条,第7811页。

⑥ 参见《明世宗实录》卷491,嘉靖三十九年十二月戊戌条,第8167页。

⑦ 参见《明世宗实录》卷504,嘉靖四十年十二月丙戌条,第8332页。

⑧ 参见《武职选簿·后军都督府·万全都司·宣府前卫》,中国第一历史档案馆、辽宁省档案馆合编:《中国明朝档案总汇》第69册,第343页。

⑨ (明)李维桢纂修:万历《山西通志》卷27《杂志下·西门大战》,日本内阁文库藏明万历初刻崇祯二年(1629)再印本(原丰后佐伯藩主毛利高标家藏),第41页b。

⑩ 参见(清)刘士铭修,王霨纂:雍正《朔平府志》卷6《名宦附》,哈佛大学燕京图书馆藏雍正十一年(1733)刻本,第33页a。

⑪ 参见(清)袁大选初修,李翼圣初纂,余卜颐增修,蔺炳章增纂:光绪《左云县志稿》卷3《建置志》,北京师范大学图书馆藏民国石印本,第8页a~第11页a。同书卷4《官政志》,第34页a。又王轩等纂修:光绪《山西通志》卷74《略四之三·秩祀略下·群祀·名宦祠》,太原:三晋出版社,2015年,第3468页。左云县文庙于抗战末期被狼狈逃离左云的日军烧毁,因此无从得知名宦祠实体原貌。

守山西。[①] 同年“虏犯大同威虏堡”，董一奎“斩获独多，赐银币”。[②] 四十三年(1564)主持修建《宁武关督府题名记》碑，请汾州名宿孔天胤撰写了碑文[③]，并重修了偏关参将署[④]，还与僧人明亮修葺了宁武当地的五岳神庙[⑤]。同年十月及十二月，“虏两犯山西兴、岚”，董一奎失事被参革总兵职，朝廷准其以后将功折罪。[⑥] 嘉靖四十五年(1566)七月，“虏自万全右卫入寇”，总兵马芳率麾下将士力战，董一奎亦引兵助之，“虏乃遁去”。[⑦] 年底，因修筑西黄河险崖砦等处河墙有功，得复任总兵。[⑧] 隆庆元年(1567)，被参降职为副总兵管分守蓟镇古北口参将事[⑨]，旋任宣府副总兵[⑩]。二年(1568)，由宣府副总兵、署都督佥事充总兵官镇守延绥等处。[⑪] 隆庆三年(1569)三月，因“套虏数遣轻骑扰墩台”，董一奎带副总兵刘济及麾下延绥官军“出边捣虏巢”，一奎率标正兵为出双山、怀远塞“捣巢”，至蛇井梁、黑河儿，斩首八十三级，获驼马牛羊四百余匹只。副总兵刘济提兵由定边出塞“捣巢”，攻打河套一带的蒙古部落，至艾蒿梁，斩首二十四级，获马驼十，“套虏”北遁。[⑫] 此次“先后斩虏首一百二十七级，获马驼四百，夷器千计”，一奎准复祖职，“前所坐他罪，俱赦勿问”，并得赏银三十两、纻丝二表里。[⑬] 同年底，因参与榆林石硖墩等处

① 《明世宗实录》卷527，嘉靖四十二年十一月庚辰条，第8593页。

② 参见《明世宗实录》卷531，嘉靖四十三年闰二月甲戌条，第8647页。

③ 参见(明)孔天胤:《孔文谷集》卷45，《四库全书存目丛书》第95册，济南：齐鲁书社，1997年，第276页。《宁武关督府题名记》原碑可能毁于明末农民起义与姜瓖反正，因此康熙朝的宁武守御所千总王镐在纂修该所所志的时候，对于明代职官包含宁武总镇(总兵)在内的题名，称农民军攻打后，“官姓名无存，无凭开造”，“国朝定鼎之初，姜瓖复叛，叠经兵燹，参考无凭，率多缺略，不能备载”。因此对于明代宁武总兵，一个也没有记载。参见(清)王镐纂修：康熙《山西宁武守御所志》，山西省宁武县地方史志编纂委员会编：《宁武旧志集成》，成都：巴蜀书社，2010年，第40页。乾隆朝魏天枢根据其他材料将明代宁武总兵名单补充了三人，周景柱又根据正史和其他地志才大概补充全，参见(清)魏天枢原本，周景柱增修：乾隆《宁武府志》卷6《职官》，山西省宁武县地方史志编纂委员会编：《宁武旧志集成》，成都：巴蜀书社，2010年，第234页。

④ 参见(清)魏天枢原本，周景柱增修：乾隆《宁武府志》卷3《官署》，山西省宁武县地方史志编纂委员会编：《宁武旧志集成》，第204页。

⑤ 参见(清)王镐纂修：康熙《山西宁武守御所志》，山西省宁武县地方史志编纂委员会编：《宁武旧志集成》，第77页。

⑥ 参见《明世宗实录》卷556，嘉靖四十五年三月丙子条，第8945页。

⑦ 《明世宗实录》卷560，嘉靖四十五年七月乙未条，第8988页。

⑧ 参见《明世宗实录》卷562，嘉靖四十五年九月癸丑条，第9014页。

⑨ 参见《明穆宗实录》卷4，隆庆元年二月乙未条，台北：“中央研究院”历史语言研究所，1962年，第110页。

⑩ 参见《明穆宗实录》卷12，隆庆元年九月癸亥条，第328页。

⑪ 参见《明穆宗实录》卷20，隆庆二年五月庚戌条，第543页。

⑫ 参见(明)郑汝璧等纂修：万历《延绥镇志》，上海：上海古籍出版社，2011年，第232页。

⑬ 参见《明穆宗实录》卷30，隆庆三年三月丁未条，第786页。

修边工程竣工，获赏钦赐银币。[①] 总督陕西三边都御史王崇古劾奏一奎"贪残不法状"，请逮至京究问，穆宗下旨勿逮，命将一奎下御史严究。[②] 隆庆四年(1570)拟戍，万历十八年(1590)火落赤率军侵扰洮岷等地，一奎带家丁前往陕西应战，于是便由部科保荐题准开伍[③]；同年九月，兵部会荐将材，董一奎被河南道御史蒋春芳举荐。[④] 万历十九年(1591)参加仰华寺之战，叙功准复都指挥使原职。[⑤] 后升守洮岷副总兵，二十年(1592)，署都督佥事充镇守宁夏总兵官。[⑥] 同年，朝廷因担心切邻、火真再扰洮岷，因"董一奎威望著于洮岷"，故调离宁夏镇，改其为陕西总兵。[⑦] 在离任之前，一奎参与了攻打哱拜：时叛兵撄城拒守，一奎至子城外扎营，昼夜不解甲者八十余日，铠叶被汗蚀孔殆遍。[⑧] 六月，叶梦熊至灵州，将兵马分为东西南北中五军，董一奎攻其南。[⑨] 一奎"亲冒矢石"[⑩]，攻打叛军城门。[⑪] 万历二十一年(1593)，由镇守陕西总兵官署都督佥事调为五军营右副将[⑫]，同年冬调一营左副将[⑬]。两年后(1595)，兵部推左营副将署都督佥事的一奎以原官充山西总兵。[⑭] 又改宣府总兵，"科臣论其年老，督抚为言'奎虽老，尚矍铄，可用也'"[⑮]。但其最后于

---

① 参见《明穆宗实录》卷39，隆庆三年十一月丁丑条，第971页。

② 参见《明穆宗实录》卷40，隆庆三年十二月丁卯条，第1005页。

③ 参见《武职选簿·后军都督府·万全都司·宣府前卫》，中国第一历史档案馆、辽宁省档案馆合编：《中国明朝档案总汇》第69册，第343页。

④ 参见《万历邸钞》，万历十八年九月，扬州：江苏广陵古籍刻印社(今广陵书社)，1991年，第537页。

⑤ 参见《武职选簿·后军都督府·万全都司·宣府前卫》，中国第一历史档案馆、辽宁省档案馆合编：《中国明朝档案总汇》第69册，第343页。

⑥ 参见《明神宗实录》卷246，万历二十年三月丁丑条，台北："中央研究院"历史语言研究所，1962年，第4585页。

⑦ 参见《明神宗实录》卷249，万历二十年六月丁巳条，第4645页。

⑧ 参见(清)陈坦纂修：康熙《宣化县志》卷23《乡贤志》，第8页a。

⑨ 参见(明)方孔炤：《全边略记》卷6《宁夏略》，薄音湖主编：《明代蒙古汉籍史料汇编》第3辑，呼和浩特：内蒙古大学出版社，2006年，第227页。

⑩ (明)梅国桢：《西征集》卷1《第六疏·为贼事可平士气不振恳乞圣明严加责成以绝大患事》，日本内阁文库藏明崇祯刻本，第22页a。

⑪ 参见(明)梅国桢：《西征集》卷1《第六疏·为贼事可平士气不振恳乞圣明严加责成以绝大患事》，第23页a。

⑫ 参见《明神宗实录》卷260，万历二十一年五月己卯条，第4831页。

⑬ 参见(清)陈坦纂修：康熙《宣化县志》卷23《乡贤志》，第8页a。

⑭ 参见《明神宗实录》卷285，万历二十三年五月癸巳条，第5287页。

⑮ 《明神宗实录》卷341，万历二十七年十一月戊申条，第6322页。

万历二十九年(1601)致仕。[①] 万历三十六年(1608),董一奎病故。[②] 这里还要辨明一个误会:乾隆《宣化县志》载丰臣秀吉"遣使求封",兵部尚书石星"以一奎曾援朝鲜,备知倭情,将奏封倭正使。游击沈惟敬暗与倭勾连,往谒问何处倭事,一奎曰:'驰至釜山,视其情形,或真或伪,当详实具奏耳。'惟敬惧阻之,乃言于石曰:'倭素能诗,恐非董所长。'石惑其言,遂以临淮侯往,而倭竟败盟"[③]。这件事情实际上是不可能的,撇去沈惟敬是否真的勾结日人这个聚讼纷纭的话题不论,"石星以一奎曾援朝鲜,备知倭情,将奏封倭正使"这个理由就不成立,董一奎就从来没有援过朝鲜,日本第一次侵略朝鲜的"壬辰倭乱"期间,一奎参与了攻打宁夏,旋而以总兵身份镇守陕西,万历二十一年(1593)调为五军营右副将,同年冬改为一营左副将,和朝鲜基本没有交集,谈不上"备知倭情",何况要奏为正使。神宗允准任命李宗城为册封正使、五军营右副将署都督佥事杨方亨充副使之事在万历二十二年(1594)底[④],可能是因为在杨方亨之前董一奎曾短暂担任五军营右副将,杨方亨又是副使且后来接替逃跑的李宗城为正使,因此董、杨事迹就这样被混淆了。石星曾打算让董一奎做册封正使的说法最早仅见于二百多年以后的乾隆《宣化县志》(并被乾隆《宣化府志》及民国《宣化县新志》袭引),这样大的事件未见于任何明朝载籍,不能不令人怀疑它的真实性。

董一元(约1536～1622),字天象[⑤],又字仁夫[⑥],号少山[⑦],有写作小山者,殆误。[⑧] 嘉靖二十八年(1549),俺答(Altan)攻宣府滴水崖(在今河北赤城县),董旸在作战前线阵亡,一元袭父职为都指挥。嘉靖四十三年(1564)

---

① 参见(清)陈坦纂修:康熙《宣化县志》卷23《乡贤志》,第8页a。

② 参见《武职选簿·后军都督府·万全都司·宣府前卫》,中国第一历史档案馆、辽宁省档案馆合编:《中国明朝档案总汇》第69册,第343页。

③ (清)陈坦纂修:康熙《宣化县志》卷23《乡贤志》,第8页a～b。

④ 参见《明神宗实录》卷280,万历二十二年十二月癸酉条,第5184页。

⑤ (清)陈坦纂修:康熙《宣化县志》卷23《乡贤志》,第8页b。笔者按:该志载:一奎,字天宿,号北山;一元,字天象,号少山。一奎的名与表字正应二十八宿之"奎宿",一元的名与表字可连为"元象",元象,天之星象也,如唐华阴吴宗玄咏严君平句:"闭关动元象,何必游紫庭。"兄弟二人名与表字起法乃如此。

⑥ 参见(清)陈坦纂修:康熙《宣化县志》卷19《秩官志》,第6页a。

⑦ (清)陈坦纂修:康熙《宣化县志》卷23《乡贤志》,第8页b;又见《三屯总府题名碑》:"董一元,号少山,万全都司都督同知。万历十五年十月内莅任。"(河北省文物局长城资源调查队编:《河北省明代长城碑刻辑录》下册,北京:科学出版社,2009年,第421页)又可见《明万历二十八年(1600)朝鲜敕建汉前将军关公庙记》:"宣府少山董公一元。"该碑原立于汉城南关王庙,拓本藏美国加州大学伯克利分校东亚图书馆。

⑧ 申钦《姓名》云其号小山,乾隆《宣化府志》卷28《人物志中》云其字小山。"一元""小山"名、字不相协。小、少字形相近易讹。

年初，土蛮、黑石炭带万余兵马攻打蓟东一片石、黄土岭，巡抚温景葵派时任游击将军的董一元率军前往协助参将白文智据墙拒守，土蛮、黑石炭进兵不下，改攻山海关，不克而退，战后叙功，董一元得升祖职三级。[①] 隆庆元年(1567)九月，蒙古部落"复寇蓟镇"，一元驱战有功，得升两级并受赉金帛。[②] 隆庆三年(1569)七月，由蓟辽保定军门标下参将署都指挥佥事调任为石门寨参将。[③] 次年(1570)二月，加副总兵职衔，管古北口参将事[④]；十一月，统领总督标兵[⑤]，为密云右营副总兵。六年(1572)八月，被总督以不守官箴之名弹劾，勒令闲住。[⑥] 万历元年(1573)起用，改充墙子岭参将[⑦]；旋升蓟辽副总兵。万历五年(1577)，管军门标下游击将军事。[⑧] 次年(1578)，调往宣府镇，以副总兵管宣府东路永宁等处地方右参将事[⑨]；旋改北路独石副总兵。万历九年(1581)，代替潘忠任协守宣府副总兵。[⑩] 万历十一年(1583)，升署都督佥事，充昌平镇总兵[⑪]；后升署都督同知。十三年(1585)，以原官挂镇朔将军印充宣府总兵。[⑫] 万历十五年(1587)，调为蓟镇总兵，镇守蓟州、永平、山海关等处地方。[⑬] 后受命至西宁练兵，在郑洛麾下，操军备战以征火落赤。[⑭] 其间，往西川生擒火落赤所部二十六人，得题叙功。[⑮] 万历十九年(1591)十一月，正式调任协守宁夏副总兵[⑯]，十二月，改延绥总兵[⑰]。该年冬天，安明等人进犯延绥镇，明军官兵击退之，擒斩四百八十二名，乃延绥明军罕有大捷。次年(1592)，击退进犯榆林的庄秃赖等部，斩级二十七颗，夺获器畜，两功并赏，董一元得荫一子世袭副千户。[⑱] 万历二十一年(1593)，调京师，任中军都

---

① 参见《明世宗实录》卷529，嘉靖四十三年正月壬辰条，第8627页。

② 参见《明穆宗实录》卷15，隆庆元年十二月己巳条，第424页。

③ 参见《明穆宗实录》卷35，隆庆三年七月己卯条，第889页。

④ 参见《明穆宗实录》卷42，隆庆四年二月壬戌条，第1054页。

⑤ 参见《明穆宗实录》卷51，隆庆四年十一月辛卯条，第1288页。

⑥ 参见《明神宗实录》卷4，隆庆六年八月庚辰条，第179页。

⑦ 参见《明神宗实录》卷14，万历元年六月己巳条，第447页。

⑧ 参见《明神宗实录》卷58，万历五年正月丁未条，第1333页。

⑨ 参见《明神宗实录》卷73，万历六年三月辛酉条，第1585页。

⑩ 参见《明神宗实录》卷113，万历九年六月辛丑条，第2154页。

⑪ 参见《明神宗实录》卷133，万历十一年二月辛丑条，第2484页。

⑫ 参见《明神宗实录》卷169，万历十三年十二月甲申条，第3058页。

⑬ 参见《明神宗实录》卷189，万历十五年八月庚辰条，第3553页。

⑭ 参见《明神宗实录》卷235，万历十九年四月戊午条，第4368页。

⑮ 参见《明神宗实录》卷239，万历十九年八月己未条，第4446页。

⑯ 参见《明神宗实录》卷242，万历十九年十一月丙寅条，第4508页。

⑰ 参见《明神宗实录》卷243，万历十九年十二月乙亥条，第4534页。

⑱ 参见《明神宗实录》卷248，万历二十年五月乙酉条，第4624页；《明神宗实录》卷258，万历二十一年三月庚申条，第4790页。

督府佥书。[①] 旋除都督同知。次年(1594)五月，任辽东总兵。[②] 在辽东总兵任上，董一元获得了更加辉煌的战绩，也是其仕途的顶峰。

万历二十二年(1594)十月，为被明军击杀之泰宁卫蒙古首领速巴亥(Subuqai)复仇，炒花(Shuqag)、把兔儿(Baatur)、伯言(Bayan)入攻义州(治今义县)等地，董一元排兵布阵，加强部署，在镇武堡(广宁卫东百五十里，在今之盘山县高升镇一带)设伏立计击败炒花等军，董一元将兵马分为三阵，五路并进，追杀三十余里，将炒花等人抢走的明朝人马粮食全部夺回，又继续乘胜追击直到白沙埚(在今黑山县)一带，自午时至酉时，"射打斫杀达贼甚多"，仅十月十五日当晚查获斩级四百一十六，生擒二人[③]，最终计算斩馘获级"至五百四十有奇，生擒莽吉唤气，大酋伯言、把兔被伤而死"[④]，夺获驼、马两千余匹[⑤]，被称为"镇武大捷"，兵部特乞破格优议。[⑥] 此战为隆庆和议以来，明朝与蒙古部落军事冲突中明军获胜较大的一次，明神宗为此特地告庙。[⑦] 巡抚李化龙认为，辽东自隆、万以来，"境内斩获实未有若此之多"，即便是明前期凭借在辽东"剿虏"守边而封伯爵的曹义、焦礼、施聚，其斩获也从未超过四百，而且此时的辽东与往常不同，东西有蒙古部落交攻，南部的朝鲜也是倭烟未平，实乃"垂亡之际"，认为此战"遂能决辽左存亡之机"，有力挽狂澜之效。[⑧] 朝议亦纷纷讨论叙功之事，兵部按照天顺年间曹义、焦礼、施聚三总兵俱得封伯爵的前例，拟将董一元封为不世袭伯爵，以达到"鼓舞边将，作其忠勇，封一人而可以兴起各边将臣"的奖劝之意。而内阁首辅赵志皋认为曹义、焦礼、施聚三臣封伯旧例已是一百四十余年前的事情，未及远考，时间距离最近的典例则是李成梁的封伯，成梁封伯缘由"皆出历年功次，非止一朝，积累有渐"，六年之间五次大捷，依次加封左都督、太子太保、太保、不世袭伯爵、世袭伯爵。而董一元初镇辽东，便有如此奇捷，的确应当重酬，但"岁非屡积，功犹可待，遽加封典，似觉稍骤"。因此赵志皋内阁商

---

① 参见《明神宗实录》卷263，万历二十一年八月甲辰条，第4889页。

② 参见《明神宗实录》卷273，万历二十二年五月壬寅条，第5068页。

③ 参见(明)李化龙：《抚辽疏稿》卷1《镇武大捷疏》，《四库禁毁书丛刊》第69册，北京：北京出版社，1997年，第24～29页。

④ 《明神宗实录》卷282，万历二十三年二月辛酉条，第5221页。实际上伯言重伤而死，把兔儿只是受伤。这一战绩记录又被万斯同《明史》继承，参见(清)万斯同：《明史》卷323，《续修四库全书》第329册，上海：上海古籍出版社，2002年，第565页。又此条被殿本《明史》袭之，参见(清)张廷玉等：《明史》卷239《董一元传》，北京：中华书局，1974年，第6212～6214页。

⑤ 参见《明神宗实录》卷282，万历二十三年二月丁未条，第5210页。

⑥ 参见《明神宗实录》卷282，万历二十三年二月辛酉条，第5221页。

⑦ 参见《明神宗实录》卷282，万历二十三年二月丁未条，第5210页。

⑧ 参见(明)李化龙：《抚辽疏稿》卷1《镇武大捷疏》，《四库禁毁书丛刊》第69册，第32页。

讨，议出两拟：一照李成梁第一次大捷（东州）叙功，升左都督加太子太保；一照李成梁第四次大捷（海州）叙功，封不世袭伯爵。① 最终神宗采纳了第一种意见，下诏将董一元升左都督加太子太保，荫一子世袭卫所世职②，这也使得原是卫所舍人的嫡次子董用文得到世职资格。③ 朝廷又下令在镇武堡立下纪功碑，一为"大虏就歼处"，一为"镇武捷功记"。④ 后来逐渐字迹湮灭，到民国时只剩一方碑刻，1914 年被洪水冲倒折断，1918 年修复后重新立于盘山县得胜村。⑤

万历二十三年（1595）初，炒花部落兴兵复仇，计划攻打锦州、广宁一带。李化龙、杨镐、董一元谋划运筹对策。是年正月十三日，董一元率正兵及巡抚标兵、副参游守等官东行，做好相关部署后，十八日派出哨探，二十一日得到炒花部距离三百里的情报，二十二日至十方寺堡（在今沈阳市沈北新区石佛寺乡），二十四日董一元冒着风雪穿越黑山。明军冒大雪踏冰渡河，攻击炒花驻地，此时已出边达四百余里，炒部猝不及防，四散而走，此战"斩获首级一百九颗……得获坐纛一杆，盔甲夷器等件，达马五十八匹"⑥。这场战争里明军"士卒气愈倍，三日夜乃至，而虏再惊遁"，一元也借这次"捣巢"得以再次"扬威塞外"，被蓟辽经略孙鑛题奏叙功。⑦ 兵部再就此次"捣巢大捷"请神宗择日宣捷祭告郊庙，得到神宗批准。⑧ 九月，兵部勘实功次，准董一元于原荫儿男所袭世职上加升二级⑨，其嫡长子董用和得荫世袭宣府前卫指挥佥事⑩。

自万历二十二年（1594）至二十三年（1595），董一元甫任辽东总兵两年之间，便两获告祭郊庙的大捷，由都督同知升左都督，加官太子太保，其升迁不可谓不快速。然其仕途的转折也在倏忽之间，"镇武大捷"之后，董一元曾"出所获养廉粟千石给军士"，其后"辽东捣巢"大捷，辽人又皆称赞董一元使

---

① 参见（明）赵志皋：《内阁奏题稿》卷四《题边功爵赏》，《续修四库全书》第 479 册，上海：上海古籍出版社，2002 年，第 48 页。

② 参见《明神宗实录》卷 282，万历二十三年二月辛酉条，第 5221 页。

③ 参见《武职选簿·后军都督府·万全都司·宣府前卫》，中国第一历史档案馆、辽宁省档案馆合编：《中国明朝档案总汇》第 69 册，第 182 页。

④ （朝鲜王朝）朴世堂：《西溪燕录》，[韩]林基中主编：《燕行录全集》第 23 册，韩国汉城：东国大学校出版部，2001 年，第 353～354 页。

⑤ 参见郭康生主编：《盘锦市文物志》，沈阳：辽宁人民出版社，2014 年，第 310 页。

⑥ （明）李化龙：《抚辽疏稿》卷 2《黑山捣巢获捷疏》，《四库禁毁书丛刊》第 69 册，第 64 页。

⑦ 参见《明神宗实录》卷 283，万历二十三年三月己卯条，第 5230～5231 页。

⑧ 参见《明神宗实录》卷 288，万历二十三年八月辛丑条，第 5333 页。

⑨ 参见《明神宗实录》卷 289，万历二十三年九月乙酉条，第 5354 页。

⑩ 参见《武职选簿·后军都督府·万全都司·宣府前卫》，中国第一历史档案馆、辽宁省档案馆合编：《中国明朝档案总汇》第 69 册，第 274 页。

得"虏大举而小获，前此未有"。所以，京师逐渐有"飞语"流传，对其多有中伤。董一元遂顺势以劳瘁乞骸骨归里[①]，兵科署科事徐成楚也参劾一元。万历二十四年(1596)十月，一元遂被革任回卫。[②] 但不久日本封事败，日军再次展开对朝鲜的侵略。次年(1597)八月，神宗依从邢玠的疏请，启用了废将之身的董一元，命其以原官充总督标下参赞，隶邢玠麾下襄赞军事，朝鲜方面则记载其为"钦差提督中路御倭总兵、中军都督府左都督、太子太保"[③]。

万历二十六年(1598)秋，明朝与朝鲜联军兵分三路，对日军展开讨伐：东路主帅麻贵，率明军二万四千，朝鲜军五千五百十四名[④]；中路主帅董一元[⑤]，率明军二万六千八百，朝鲜军二千二百十五名；西路主帅刘綎，率明军二万一千九百，朝鲜军五千九百二十八名；水路主帅陈璘明军一万九千四百，朝鲜军七千三百二十八名，共计十余万。[⑥] 水陆一共四路，其中董一元管理的中路负责攻打泗川，即泗川之战。[⑦] 此战中，董一元军与石曼子(岛津义弘)等人[⑧]对敌，虽然最终吃了败仗，但一开始也是有所收获。在攻打泗川之前，董一元率茅国器等人领军先攻下了晋州，此为泗川之战的前奏——晋州收复战，明军以火炮进攻，烧毁日军"大寨二处、倭房二千余间"，救回朝鲜被掳人六百余名，又追击逃走日军直至江边，日军"溺死"者"甚多"，俘获日军

---

① 参见(明)李化龙:《送董少山得请还上谷(有序)》，李化龙:《李于田诗集·辽阳稿》，《明别集丛刊》第四辑第47册，合肥：黄山书社，2015年，第145页。上谷即宣府之地的古称。其诗云："锦裘绣帽血痕斑，破虏曾窥青海湾。共道中朝盟息壤，其如盈箧下中山。胡天雨雪饥鹰健，客路霜风战马闲。一醉临岐应自笑，当年原不望生还。木叶山前羽檄飞，将军谈笑解重围。胡儿自洒焉支泪，义士齐夸貂锦衣。瀚海才消青冢恨，瀛洲早伴赤松归。良弓高鸟无需叹，且喜扁舟愿不违。风雪河桥拥旆旌，东人夜夜望欃枪。边关从此多烽燧，仆射谁堪是父兄。坐使千秋伤大树，何劳万里筑长城。如闻畏垒多私祝，李广重临右北平。洗兵无计挽天河，樗散怜予可奈何。岂有书生能料敌，由来壮士自挥戈。浮生日月风前露，尘世功名水上波。他日期君人境外，湖山烟树共婆娑。"

② 参见《明神宗实录》卷303，万历二十四年十月己卯条，第5691页。

③ (朝鲜王朝)申钦:《象村稿》卷38《天朝先后出兵来援志》，韩国民族文化推进会:《韩国文集丛刊》第72册，韩国汉城：景仁文化社，1990年，第265页。

④ 参见《朝鲜王朝实录·宣祖实录》卷105，宣祖三十一年十月甲子条。

⑤ 中路原计划令李如梅带，后如梅因事调辽，中路统帅以董一元代之。参见茅瑞征:《万历三大征考·倭下》，《壬辰之役史料汇辑》(下)，北京：全国图书馆文献缩微复制中心，1990年，第241页。

⑥ 参见《朝鲜王朝实录·宣祖实录》卷105，宣祖三十一年十月甲子条。

⑦ 关于泗川之战，学术界的代表性成果如孙卫国:《董一元与泗川之役略考》，《新亚学报》2017年总第34卷。然在中朝日史料比勘上还有更进一步的空间，笔者不揣冒昧，比勘中朝日史料再作简要梳理，详细探讨笔者另有专稿(尚未刊梓)。

⑧ 笔者按：此人中国史书记为"石曼子"，盖为日语しまづ，即"岛津"之音译，朝鲜音译为沈安顿吾，《宣祖实录》亦作"沈安顿"，即岛津家十七代当主、萨摩藩大名岛津义弘。又参见(清)张廷玉等:《明史》卷239《董一元传》："一元由中路，御石曼子于泗州(川)，先拔晋州。"

十罗世乐、亚子孛罗。[①] 九月二十八日，董一元挥师杀进泗川老城，联军共斩获八十余级，卢得功中弹牺牲。日军尸首里有着锦衣者，经降倭辨认乃“泗川阵副将”。日军逃入他们在泗川修的新寨。[②] 董一元分派茅国器、彭信古、叶邦荣在前攻城，郝三聘、马呈文、师道立在后阵，蓝芳威率步兵攻打东北角水门，祖承训殿后。[③] 十月初二，大军继续追进至新寨，兵临城下，先用大炮轰开了日军城门，正打算进攻，不料明军阵营[④]里火药发生了失火事故，奔救失火之际被日军伏兵袭击，联军一时仓皇失措。据董一元差人回报称“死亡之数几至七八千”[⑤]，庆尚道观察使郑经世则称致死者“几七千余人”，丢失军粮二千余石。[⑥] 明军被迫撤退，军队溃散，一元亦还晋州。[⑦] 正如董一元自述：

> 不期各寨余孽尽投归并，而水陆援倭皆至。虽然四集我兵，力攻已有成效，可期结局矣。不意天不从人，我兵炮药一篓火发，躲焰一闪，而倭即乘烟突出，混战良久，彼此皆有损伤。暂退息兵，以图再举。[⑧]

根据泗川之战日军参战者的一手文书，岛津等人汇报声称自己面对“二十万骑”的明朝朝鲜联军，拼死战斗[⑨]，是役岛津忠恒（岛津义弘之子）汇报自己斩首一万百八。岛津义弘声称自己斩首九千五百二十，岛津义久（岛津义弘之兄）汇报自己斩首八千三百八十三，伊集院源次郎忠真声称自己斩首六千五百六十，北卿作左卫门尉三久声称自己斩杀四千百四十六，总共斩首三

---

① 参见（明）邢玠：《经略御倭奏议》卷6《献俘疏》，《御倭史料汇编》第5册，北京：全国图书馆文献缩微复制中心，2004年，第211～222页。

② 参见《朝鲜王朝实录·宣祖实录》卷105，宣祖三十一年十月癸丑条。又见《朝鲜王朝实录·宣祖实录》卷105，宣祖三十一年十月丙辰条。《朝鲜王朝实录·宣祖实录》卷105，宣祖三十一年十月庚申条。又见《朝鲜王朝实录·宣祖实录》卷105，宣祖三十一年十月壬戌条。

③ 参见徐希震：《东征记》，韩国首尔大学奎章阁藏万历三十二年(1604)刻本，第25页a。

④ 笔者按：根据董一元差官和郑经世汇报是茅国器阵营失火，参见《朝鲜王朝实录·宣祖实录》卷105，宣祖三十一年十月八日庚申条。又见《朝鲜王朝实录·宣祖实录》卷105，宣祖三十一年十月壬戌条。但根据御史陈效的题本弹劾，是彭信古阵营失火，参见《朝鲜王朝实录·宣祖实录》卷105，宣祖三十一年十月己巳条。

⑤ 《朝鲜王朝实录·宣祖实录》卷105，宣祖三十一年十月庚申条。又见《朝鲜王朝实录·宣祖实录》卷105，宣祖三十一年十月十日壬戌条。

⑥ 参见《朝鲜王朝实录·宣祖实录》卷105，宣祖三十一年十月壬戌条。

⑦ 参见（清）万斯同：《明史》卷323，《续修四库全书》第329册，第566页。

⑧ 据董一元揭帖。《朝鲜王朝实录·宣祖实录》卷105，宣祖三十一年十月戊辰条。

⑨ 据毛利辉元等五人连署状案[日]《朝鲜国引上ノ书状》（日期署庆长三年十一月三日），参见[日]东乡吉太郎编：《泗川新寨战捷之伟迹》，日本东京：萨藩史料调查会，1918年，第11～12页。

万八千七百一十七(38717)。[①] 但问题是中路打泗川之战的明朝朝鲜联军总共也不过两万九千人(明军二万六千八百加朝鲜军二千二百十五),岛津忠恒等人自称的斩首数目比明朝朝鲜联军参战总人数还要多出来九千七百多人,岛津等人是如何夸大谎报他们的“战功”,于此可见一斑。这一数字后来也被川口长孺《征韩伟略》所采,记为三万八千七百余[②],谬误沿袭可见一斑。

除了一手文书外,日军亲历参战者的记录中,川上久国、渊边真元等人的“觉书”与“阵记”也为后世了解这场战争提供了一些角度。川上久国记载日军用“铁炮”攻击联军,联军的“盐硝壶”和“铁炮“着火延烧,大火煽扬,“敌人(联军)受惊骚动”,(联军)“向四面八方退散”,川上和下野守久元(岛津久元)、寺山四郎左卫门一起追击“数万之敌”,并称是役中日军击败明朝朝鲜联军后连追五里,斩首三万八千七百多(川上的这个说法基本与岛津一家人的谎报相符合),在日军帐下做翻译的朝鲜人孙四郎称“孟郎爷国器”(茅国器)大军总共“败死”八万人。[③] 又据渊边真元记录,岛津义弘共带兵三千人渡海[④],在泗川之战里,“等老爷”(笔者按:岛津军称董一元)和“孟老爷”(笔者按:岛津军称茅国器,也写成“孟郎爷”)带着“二十万骑”杀到新寨地方[⑤],和历十月朔日巳刻(巳时,上午 9 点到 11 点)联军“好似云霞卷天”一般漫天杀来,岛津家以三千余骑对抗二十万骑,岛津忠恒、伊集院源二郎等人拼死战斗,“敌我双方”[⑥]互相用铁炮(火绳枪)弓箭对射拼杀,明军阵地失火后,日军趁机袭击,“二十万骑”四逃星散,日军从午时(11 点到 13 点)追到申时(15 点至 17 点),追了四五里地,斩首三万八千七百多(亦与岛津一家人的谎报相符合)。[⑦] 当然,渊边真元夸张之处不尽于此,他还称三路之战里明朝与朝鲜

---

① 参见[日]《丰臣氏五奉行连署状案》(日期署庆长四年正月九日),《岛津家文书之二》第 1070 号文书,《大日本古文书·岛津家文书之二》,日本东京:东京大学出版会,1954 年,第 362～363 页。

② 参见[日]川口长孺:《征韩伟略》卷 5,《壬辰之役史料汇辑》(下),北京:全国图书馆文献缩微复制中心,1990 年,第 760 页。

③ 参见[日]川上久国:《川上久国泗川御在阵记》,[日]东乡吉太郎编:《泗川新寨战捷之伟迹》,第 58 页。

④ 参见[日]渊边真元:《渊边真元高丽阵觉书》,[日]东乡吉太郎编:《泗川新寨战捷之伟迹》,第 75 页。

⑤ 参见[日]渊边真元:《渊边真元高丽阵觉书》,[日]东乡吉太郎编:《泗川新寨战捷之伟迹》,第 84 页。

⑥ 渊边真元这里的日语原文是“敌味方”,日语意为敌我双方,指的是联军日军双方。[日]渊边真元:《渊边真元高丽阵觉书》,[日]东乡吉太郎编:《泗川新寨战捷之伟迹》,第 85 页。

⑦ 参见[日]渊边真元:《渊边真元高丽阵觉书》,[日]东乡吉太郎编:《泗川新寨战捷之伟迹》,第 85～87 页。

联军总共有五十六万骑之多[①],在第二次蔚山之役里围困加藤清正的联军有十八万人[②],等等。

泗川之战攻城失败后,一元被"夺宫保,贬秩三等",至是渐失军事操统之话语权。己亥(1599年)四月班师回朝,七月勘报东征功次时,念董一元作为中路军统帅"始破三寨,终扫诸巢,功亦难泯"[③],遂予复职秩,"久之卒"[④]。同万历援朝中另一位宣大籍高阶将领麻贵类似,对于董一元的生卒年,不少史籍也是语焉不详。笔者认为,天启二年(1622)十二月,董一元得以赐祭葬[⑤],一元卒年亦当在此年前。据康熙《宣化县志》载,一元年老致仕归宣府前卫故乡,"年八十七卒"[⑥],也就是86周岁,则一元当生于嘉靖十五年(1536)左右。

三、明清易代之际宣府镇董氏将门的衰落

董一奎生子董用中(1568～?),万历四十二年(1614)时袭职,时年四十七岁(46周岁)。因此,其生于隆庆二年(1568),万历二十二年(1594)以战功升宣府前卫右所试所镇抚。万历二十四年(1596)在辽东之蒙古部落所居可可母林作战立功未叙,照例于祖职上加升,兵部武选清吏司查其父一奎的都指挥使职系流官,且内有叔伯阵亡功三级,例不世袭,用中应减袭为指挥使,但加用中自身战功三级,因此"准并袭实授都指挥使一辈,以后子孙仍袭指挥使"[⑦]。董用中在万历四十二年(1614)袭职比试时"中二等一名",万历朝武选袭职比试中,第一等"宜优录",第二等"宜收录,以需后用",第三等"例得承袭,准支全俸",不中者"例给半俸"。[⑧] 董用中由是得以袭职。

董一元生子用和、用文、用武。董一元的"次男"也是"原荫儿男"(嫡长男)为董用和(?～1612),万历二十一年(1593),因董一元于延绥镇怀远堡

---

① 参见[日]渊边真元:《渊边真元高丽阵觉书》,[日]东乡吉太郎编:《泗川新寨战捷之伟迹》,第83页。

② 参见[日]渊边真元:《渊边真元高丽阵觉书》,[日]东乡吉太郎编:《泗川新寨战捷之伟迹》,第84页。

③ (清)张廷玉等:《明史》卷239《董一元传》,第6214页。

④ (清)万斯同:《明史》卷323,《续修四库全书》第329册,第566页。

⑤ 参见《明熹宗实录》卷29,天启二年十二月戊子条,台北:"中央研究院"历史语言研究所,1962年,第1482页。

⑥ (清)陈坦纂修:康熙《宣化县志》卷23《乡贤志》,第9页a。

⑦ 《武职选簿·后军都督府·万全都司·宣府前卫》,中国第一历史档案馆、辽宁省档案馆合编:《中国明朝档案总汇》第69册,第343页。

⑧ 《明神宗实录》卷540,万历四十三年十二月甲子条,第10273页。

“出塞捣巢”有功，原荫儿男董用和得荫副千户[①]。万历二十二年七月(1594)，董一元提兵追击入攻广宁总兵属下义州镇武堡的蒙古部落，立下功劳[②]。万历二十三年(1595)，蒙古部落兴兵复仇，李化龙、杨镐、董一元谋划用兵退之。[③] 同年(1595)九月，兵部勘实董一元于原荫儿男(即董用和)加升二级[④]，董用和得荫世袭指挥佥事[⑤]。此后，董用和曾任大同镇助马堡守备，万历三十八年(1610)参与续修助马堡[⑥]。万历四十年(1612)，董用和病故。[⑦] 董用和生董继祖(1607～约1628)，万历四十一年(1613)七月时年七岁(6周岁)，天启元年(1621)比中一等，其病故后亲叔父董用武于崇祯元年(1628)袭职，[⑧]因此董继祖大概是在崇祯元年(1628)之前病故。

董一元的“第三幼男”也是“嫡次男”乃董用文(1589～1644)，万历二十二年七月(1594)和哥哥用和一起因为父亲董一元在义州镇武堡得战功而得到荫封，后来屡加升荫，本来是卫所舍人身份的董用文得以世袭宣府前卫指挥使。[⑨] 万历四十四年(1616)，袭任宣府前卫指挥使，时年二十八岁(27周岁)。因此，用文实际生于万历十七年(1589)，比试时中一等第五名，亦可见其武艺弓马之精。[⑩] 万历四十七年(1619)，董用文得任宣府镇四海冶堡(在今北京市延庆区四海镇)守备。[⑪] 天启元年(1621)，加万全都司佥书。[⑫] 次年

① 参见《武职选簿·后军都督府·万全都司·宣府前卫》，中国第一历史档案馆、辽宁省档案馆合编：《中国明朝档案总汇》第69册，第274页。

② 参见《武职选簿·后军都督府·万全都司·宣府前卫》，中国第一历史档案馆、辽宁省档案馆合编：《中国明朝档案总汇》第69册，第182页。

③ 参见《明神宗实录》卷283，万历二十三年三月己卯条，第5230～5231页。

④ 参见《明神宗实录》卷289，万历二十三年九月乙酉条，第5354页。

⑤ 参见《武职选簿·后军都督府·万全都司·宣府前卫》，中国第一历史档案馆、辽宁省档案馆合编：《中国明朝档案总汇》第69册，第274页。

⑥ 参见《万历三十八年续修助马堡碣记》，拓片载《三晋石刻大全·大同市左云县卷》，太原：三晋出版社，2012年，第40页。雍正《朔平府志》也载董用和曾任大同助马堡中军守备，刘士铭修，王霨纂：雍正《朔平府志》卷五《职官》，第53页a。

⑦ 参见《武职选簿·后军都督府·万全都司·宣府前卫》，中国第一历史档案馆、辽宁省档案馆合编：《中国明朝档案总汇》第69册，第274页。

⑧ 参见《武职选簿·后军都督府·万全都司·宣府前卫》，中国第一历史档案馆、辽宁省档案馆合编：《中国明朝档案总汇》第69册，第274页。

⑨ 参见《武职选簿·后军都督府·万全都司·宣府前卫》，中国第一历史档案馆、辽宁省档案馆合编：《中国明朝档案总汇》第69册，第182页。

⑩ 参见《武职选簿·后军都督府·万全都司·宣府前卫》，中国第一历史档案馆、辽宁省档案馆合编：《中国明朝档案总汇》第69册，第182页。

⑪ 《明神宗实录》卷581，万历四十七年四月癸亥条，第11039页。

⑫ 参见《明熹宗实录》卷9，天启元年四月甲戌条，第430页。

(1622)，调任陕西行都司掌印佥书。[①] 寻调任神枢四营佐击。[②] 后任参将管蓟辽总督中军事，天启七年(1627)升陕西临洮副总兵。[③] 因宁锦之战立功得加升一级，赏银三十两。[④] 入崇祯朝，董用文几乎在与农民军的周旋作战里度过余生。崇祯七年(1634)六月，以原官镇守保定等处兼备倭总兵官。[⑤] 七月受总督洪承畴派遣，率兵五千分驻临(漳)、磁(县)[⑥]，旋进太子太保[⑦]，寻进兵南下彰德(今安阳)进攻农民军。[⑧] 崇祯八年(1635)八月，受命援助保(定)、顺(德，顺德即顺德府，在今邢台)，与农民军相持。[⑨] 崇祯九年(1636)七月，清兵下昌平、良乡，直逼北京，兵部传檄征各镇共计一万七千兵马入援，其中就有保定总兵董用文麾下五千兵马。[⑩] 然因勤王不力，十月，夺其太子太保。[⑪] 十二月罢免其保定总兵之职。[⑫] 崇祯十七年(1644 年)三月，李自成军陷宣府，巡抚朱之冯自经，此前担任总兵的董用文因事系狱，亦死难于乱军之中[⑬]，时年五十六岁(55 周岁)。清代追谥"胜朝殉节诸臣"，董用文得通谥"节愍"。[⑭] 这里需要花费笔墨来辨明一个问题，即《胜朝殉节诸臣录》的前身之一《明季殉节拟谥忠节诸臣姓名事略清册》《明季殉节拟谥节愍诸臣

---

① 参见《明熹宗实录》卷 27，天启二年十月庚午条，第 1353 页。

② 参见《明熹宗实录》卷 29，天启二年十二月辛巳条，第 1473 页。

③ 参见《明熹宗实录》卷 80，天启七年正月丙申条，第 3905 页。

④ 参见《明熹宗实录》卷 87，天启七年八月乙未条，第 4195 页。

⑤ 参见(明)谈迁：《国榷》卷 93《甲戌崇祯七年》，北京：中华书局，1958 年，第 5642 页。

⑥ 参见(明)谈迁：《国榷》卷 93《甲戌崇祯七年》，第 5647 页。

⑦ 参见(明)谈迁：《国榷》卷 93《甲戌崇祯七年》，第 5648 页。

⑧ 参见(明)谈迁：《国榷》卷 93《甲戌崇祯七年》，第 5652 页。

⑨ 参见(明)谈迁：《国榷》卷 94《乙亥崇祯八年》，第 5710 页。

⑩ 参见《崇祯实录》卷 9，崇祯九年七月壬子条，台北："中央研究院"历史语言研究所，1962 年，第 286 页。

⑪ 参见(明)谈迁：《国榷》卷 95《丙子崇祯九年》，第 5764 页。

⑫ 参见(明)谈迁：《国榷》卷 95《丙子崇祯九年》，第 5772 页。

⑬ 参见(清)张廷玉等：《明史》卷 263《朱之冯传》，第 6808 页。

⑭ (清)于敏中、舒赫德：《钦定胜朝殉节诸臣录》卷八《通谥节愍诸臣下》，《台湾文献丛刊》第 291 册，台北：大通书局，1987 年，第 177 页。

姓名事略清册》[①]中误将董用文、董学书分为两人的问题。《明季殉节拟谥忠节诸臣姓名事略清册》将董学书系于宣府巡抚朱之冯后，讲述其事迹为："宣府总兵官董学书，宣府前卫人，都督一元子。'闯贼'犯榆林，登陴拒守，不屈死。"[②]

这里的记载完全错误，其一，董学书如果是宣府总兵，所镇戍的地区是宣府镇，如何能跑到相距甚远的、榆林所在的延绥镇去拒守农民军；其二，农民起义军攻破榆林时，榆林总兵王定当时不在城内，守城的是尤世威、王世钦、王学书、侯世禄等人。[③] 因此这种说法之谬可见一斑。[④] 而在《明季殉节拟谥节愍诸臣姓名事略清册》中，董用文又被"拟谥"了一次："总兵董用文……里居，城陷同死。"[⑤]

对照两本《清册》来看，董用文、董学书显然事迹混淆，而且错讹，修纂诸臣最终将"各册"清册中的"姓名事实摘具梗概"[⑥]编订为《胜朝殉节诸臣录》时也发现了这一点，于是将《清册》里原本拟谥"忠节"的宣府前卫董一元子董学书删除，只保留了定谥为"节愍"的董用文，因此最终版本的《胜朝殉节

---

① 乾隆四十一年(1752)，清高宗下谕曰："大学士九卿等将明季并建文时殉节诸臣悉按史乘核查，拟予专谥、通谥及应入忠义祠者分册具奏，甚为允协。著照所议行。其进呈各册，于姓名事实摘具梗概，颇见详备，著名为《胜朝殉节诸臣录》，交武英殿刊刻颁行。"也就是说，明季并建文时殉节诸臣拟予专谥、通谥及应入忠义祠者原本是各自分册呈览，最后将各册里的姓名事实"摘具梗概"，汇为一编，名之曰《胜朝殉节诸臣录》。这些分册今天也保留下来了许多，如《明季殉节拟谥忠烈诸臣姓名事略清册》《明季殉节拟谥忠节诸臣姓名事略清册》《明季殉节拟谥节愍诸臣姓名事略清册》《明季殉节拟谥烈愍诸臣姓名事略清册》(残)、《明季殉节拟给专谥诸臣姓名事略清册》等数种(均收录于国家图书馆：《稀见明史史籍辑存》第 17 册，北京：线装书局，2003 年)。乾隆帝的这篇谕旨，参见于敏中、舒赫德：《钦定胜朝殉节诸臣录》卷首，《台湾文献丛刊》第 291 册，第 9 页；又可见《清高宗实录》卷 1002，乾隆四十一年二月庚戌条。笔者对勘这些清册和通行的《胜朝殉节诸臣录》内容，基本可以确定这些清册就是当时"分册具奏"的清册，最大的区别在于各本《清册》里谥号都是"拟谥""拟给专谥"，到了《胜朝殉节诸臣录》里"拟"字就被去掉，成为既定事实了。因此，笔者认为，这些清册就是《胜朝殉节诸臣录》的前身。目前所见的有关研究《胜朝殉节诸臣录》的论著，如张存榜：《浅析〈钦定胜朝殉节诸臣录〉的编纂及晚明之殉节现象》，《唐山师范学院学报》2018 年第 1 期；吴昌林、李琦：《论乾隆对明清易代史话语权的争夺——以〈钦定胜朝殉节诸臣录〉为例》，《船山学刊》2019 年第 4 期；等等。这些论著都尚未注意到这批清册的存在，笔者仅于此抛砖引玉。

② 《明季殉节拟谥忠节诸臣姓名事略清册》，国家图书馆：《稀见明史史籍辑存》第 17 册，北京：线装书局，2003 年，第 74 页。

③ 参见(清)张廷玉等：《明史》卷 269《尤世威传》，第 6925 页。

④ 《通鉴纲目三编》沿袭了《明季殉节拟谥忠节诸臣姓名事略清册》的错误说法，《明通鉴》又沿袭了《通鉴纲目三编》的谬说。参见《通鉴纲目三编》卷 39，《影印文渊阁四库全书》第 340 册，台北：台湾商务印书馆，1986 年，第 750 页；夏燮：《明通鉴》卷 89《崇祯十六年》，北京：中华书局，2009 年，第 3098 页。

⑤ 《明季殉节拟谥节愍诸臣姓名事略清册》，《稀见明史史籍辑存》第 17 册，第 186 页。

⑥ (清)于敏中、舒赫德：《钦定胜朝殉节诸臣录》卷首，《台湾文献丛刊》第 291 册，第 9 页。

诸臣录》里只有董用文。但大概是出于对两人事迹的困惑，修纂诸臣虽然删掉了所谓的一元之子宣府总兵董学书，却对董用文也产生了疑惑。于是，《胜朝殉节诸臣录》干脆不顾之前《拟谥节愍清册》中记载总兵董用文"里居"（居乡里）的字样，干脆在定本的《胜朝殉节诸臣录》说用文"籍贯未详"[①]。此亦是不审之误也。笔者认为，"董学书"在榆林守城而死的事情，是与守榆林的"王学书"相混了。王学书也是抵御农民起义军、守卫榆林最终"不屈死"，《清册》编纂者是将王学书的事迹移植到了董学书头上。[②] 但之所以"王学书"与"董学书"会发生相混，很可能是因为董用文的确有一个"董学书"的称呼，"用文""学书"，名与表字相协，"学书"很可能是董用文的表字。

董一元还有一子董用武（1612～?），崇祯元年（1628）时十七岁（16周岁），系董继祖亲叔，继承了侄儿董继祖的指挥佥事职。[③] 用武后来做了宣府监视太监王坤标下中军官，扈侍王坤来去，并受其派遣勘察官军民余马匹数目，然被兵部参劾漫报滥数、曲庇真情。[④] 后升游击，因捐资修整宣府边墙被王坤题奏叙功。[⑤] 明末大顺军权将军黄应选占领宣府，明朝宣府巡抚李鉴杀应选祭崇祯帝，时已解职居里的董用武参与了这场行动。[⑥] 此外，董一元的子侄辈还有董用贤、董用威。董用贤有宣府前卫指挥使职[⑦]，万历末参与征辽，任辽东都司佥书，因万历四十五年（1617）正月开原镇夷堡之战中表现不力被参。[⑧] 在用贤病故后，天启二年（1622），其嫡长子董继宗十五岁时袭职[⑨]。侄董用威和同辈兄弟用和一样，也曾任大同助马堡中军守备[⑩]，还曾任

---

① （清）于敏中、舒赫德：《钦定胜朝殉节诸臣录》卷8《通谥节愍诸臣下》，《台湾文献丛刊》第291册，第177页。

② 参见（清）张廷玉等：《明史》卷269《尤世威传》，第6926页。

③ 参见《武职选簿·后军都督府·万全都司·宣府前卫》，中国第一历史档案馆、辽宁省档案馆合编：《中国明朝档案总汇》第69册，第274页。

④ 参见《兵部行〈监视宣镇太监王坤题〉稿》，《明清史料·甲编》第八本，上海：商务印书馆，1936年，第56页；《兵科抄出宣府巡抚马士英题残本》，《明清史料·丁编》第四本，上海：商务印书馆，1951年，第336页。

⑤ 参见《兵科抄出宣府监视王坤题本》，《明清史料·乙编》第二本，上海：商务印书馆，1936年，第116页。

⑥ 参见《宣大山西总督李鉴启本》，《明清史料·丙编》第五本，上海：商务印书馆，1936年，第483页。剿杀黄应选之后不久，李鉴被清廷任命为宣大总督。

⑦ 参见《新官袭职选底·天启二年四月分》，中国第一历史档案馆、辽宁省档案馆合编：《中国明朝档案总汇》第75册，第138页。

⑧ 参见《明神宗实录》卷554，万历四十五年二月乙卯条，第10464页。

⑨ 参见《新官袭职选底·天启二年四月分》，中国第一历史档案馆、辽宁省档案馆合编：《中国明朝档案总汇》第75册，第138页。

⑩ 参见（清）刘士铭修，王霨纂：雍正《朔平府志》卷五《职官》，第53页a。

宣府靖胡堡守备[①]，后在担任辽东总兵的叔父麾下任游击，参与了"镇武堡大捷""辽东捣巢之捷"。第二次日军侵朝"丁酉再乱"起，与叔父一元东援朝鲜，以标下游击身份"领夷兵三百"随军门邢玠来去。[②] 如何确定董一元侄董用威的父亲，万历三十年(1602)所立的、锦衣卫指挥佥事高凤(御马监掌印太监高忠侄)的妻子刘氏墓志铭或许可以稍有助力。按墓志，刘氏生九女，三女适武安侯郑惟忠[按：卒于万历二十六年(1598)][③]，四女适"董总兵子、游击董用威"，五女适锦衣卫冠带总旗倪应辉，六女适抚宁侯朱继祖[按：卒于万历二十一年(1593)][④]，刘氏卒年七十二岁。[⑤] 按照刘氏墓志里的这个"董总兵子、游击董用威"的两个排行相邻的连襟郑惟忠、朱继祖的卒年，可以判断刘氏墓志里的四女婿"董总兵子、游击董用威"也应该和两个连襟一样活跃于万历朝前期，也就是说，墓志里的四女婿"董总兵子、游击董用威"，和申钦《姓名》里记载的东援朝鲜的董一元侄游击董用威很可能就是同一个人。这样一来，其父亲"董总兵"也就不难理解，应该说的是董一奎。用威大概率是一奎的儿子、用中的弟弟。此外，万历到天启朝还有一个年龄相对于东援董用威可能要小一些的、家乡在今丰润县一带的董用威，万历丙午年(1606)武举人，丁未年(1607)武进士。[⑥] 后任山西掌印都司。万历四十五年(1617)，升任山西北楼口参将。[⑦] 研究时要加以区别。

总之，宣府前卫董氏家族世代簪缨，战功煊赫，在当地亦蔚然名族，有多座牌坊纪其盛，今列表1如下：

---

① 参见(明)瞿九思：《万历武功录》卷1《史二官车达鸡列传》，《续修四库全书》第436册，上海：上海古籍出版社，2002年，第119页。

② 参见(朝鲜王朝)申钦：《象村稿》卷39《天朝诏使将臣先后去来姓名，记自壬辰至庚子》，韩国民族文化推进会：《韩国文集丛刊》第72册，第280页。太原府有一个董用威以代州籍(前面已考证，董家原籍不管是繁峙县还是崞县，在明朝时候属于太原府代州)中隆庆元年(1567)丁卯科武举人，不知道是否与董一元侄董用威为同一人，姑存此备考。参见关廷访修，张慎言纂：万历《太原府志》卷18《选举》，第305页。

③ 参见《明神宗实录》卷324，万历二十六年七月戊申条："予武安侯郑惟忠祭葬。"

④ 参见《明神宗实录》卷259，万历二十一年四月甲午条："予抚宁侯朱继祖祭葬。"

⑤ 参见(明)刘生中：《明封太宜人高母刘氏合葬墓志铭》，中国文物研究所、北京石刻艺术博物馆编：《新中国出土墓志·北京壹》下册，北京：文物出版社，2003年，第281页。

⑥ 参见(清)迟日豫修，程光祖纂：康熙《丰润县志》卷7《人物志》，《中国地方志集成·河北府县志辑》第25册，上海：上海书店出版社，2006年，第68页。

⑦ 《明神宗实录》卷560，万历四十五年八月丁巳条，第10570页。

表 1　明代宣府地区董氏家族牌坊列表[①]

牌坊名	纪念对象	位置	备注
三朝大帅坊	董一奎、董一元	宣府前卫（清代宣化府附郭宣化县）	清仍存，民国时期已经不存
六镇雄藩坊	董一奎、董一元	宣府前卫（清代宣化县）	清仍存，民国时期已经不存
兄弟父子都督坊	董一奎、董一元、董用文	宣府前卫（清代宣化县）	民国仍存，今不存
三世宫保坊	董旸（笔者据《选簿》补）、董一奎、董一元、董用文	宣府前卫（清代宣化县）	民国仍存，今不存
四世一品坊	董璋（笔者据《选簿》补）、董旸（笔者据《选簿》补）、董一奎、董一元、董用文	宣府前卫（清代宣化县）	民国仍存，今不存[②]

笔者按：本名单据康熙《宣化县志》、民国《宣化县新志》整理。宣化县乃清代宣化府附郭县。

此外我们还可以看出，宣府前卫董氏（宣化董氏）从董瑄兄弟开始的辈分是：玉字辈（玉字旁）——日字辈（日字旁）——一字辈（庶子不用字辈）——用字辈——继字辈，此后不详。从始祖董岩到董瑄，笔者上文考证约是五代人，但具体情况史料阙载，洵难详考，这里笔者暂将代次明晰的、自董旸的大伯父董瑄开始的董氏世系整理如图 1 所示：

① 坊表皆见（清）陈坦纂修：康熙《宣化县志》卷八《营建志》，第 11 页 a～b。

② 按民国十一年（1922）刊行的《宣化县新志》记载，董家的牌坊只剩下兄弟父子都督坊、四世一品坊、三世宫保坊。参见郭维城修，王告士等纂：民国《宣化县新志》卷 3《古迹志・秩官坊》，台北：成文出版社，1968 年，第 51 页。据笔者 2018 年 9 月的调查，宣化县（今张家口市宣化区）有关董一元家族的牌坊现在均已不存，基本毁于抗日战争、解放战争及 20 世纪 50 年代末到六七十年代。

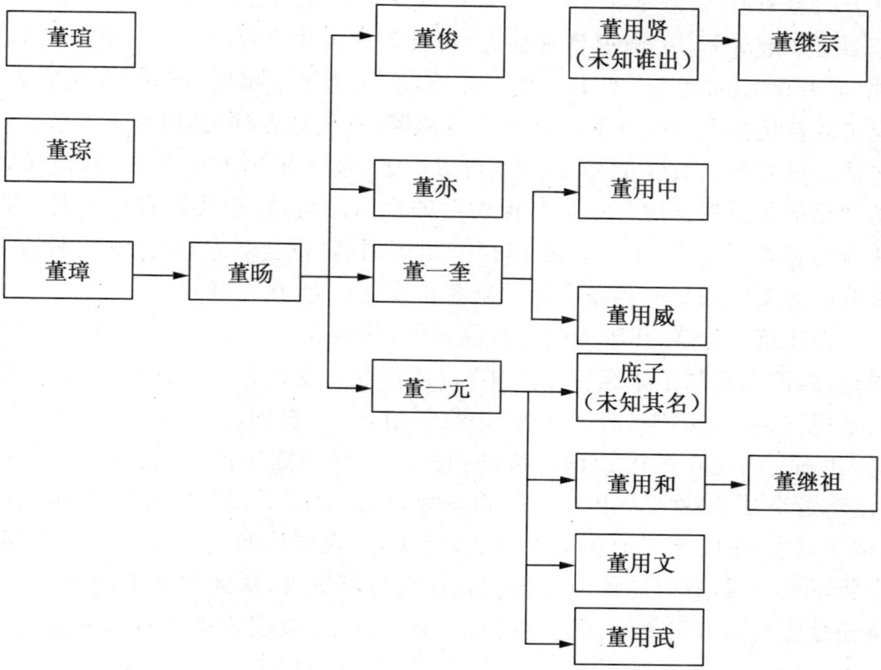

图 1　中国宣府前卫董氏家族世系图

四、山东清平县及韩国董一元后裔考论

谈到董一元的其他后人的问题，清平县田庄（今归临清市）的董一元墓、董一元后代与韩国董一元后代是值得探讨辨析的两个话题。这里先尝试论述临清田庄董一元墓及董氏后代的一些事迹。田庄董一元墓及明清董氏子孙墓，位于临清市魏湾镇东田庄村西北 100 米。① 清末到民国的《清平县志》都将《明史》所载的宣府董一元当作是田庄董一元，田庄董一元墓安葬的是宣府董一元。② 这一说法也被解放后的清平县、临清市地方史志乃至山东省

① 2010 年 7 月 12 日，董氏墓群被公布为临清市级文物保护单位。董氏墓群所在的田庄，在 50 年代以前属于清平县，清平县撤销后，被并入临清。

② 这些方志有：（清）陈巨前修，傅秉鉴等纂：宣统《增辑清平县志》，山东省图书馆藏宣统三年（1911）刻本，第 18 页 a～20 页 b；梁钟亭、张丕堂、路大遵督修，张树梅总纂：民国《清平县志》，民国二十五年（1936）济南文雅斋铅印本，影印收入《中国地方志集成・山东府县志辑》第 89 册（南京：凤凰出版社，2004 年，第 243 页）。《清平县志・建置志》将田庄董一元墓列为本境古迹，可见《清平县志・艺文志》照录了《明史・董一元传》，第 484～485 页。

部分图志采纳，临清早在 1974 年就将董一元墓立为县级文保。① 但董一元墓如何迁来清平，历来的《清平县志》却皆无只言片语及之，清末到民国的数种《清平县志》都是将《明史 · 董一元传》照文全录。相反，乾隆《宣化府志》尚记载宣化县内古迹有董一元墓②，且康熙《宣化县志》清楚地说明了董一元乞休归里并葬于故乡的始末，董旸、董一奎、董一元父子兄弟的"六镇雄藩坊""兄弟父子都督坊""三世宫保坊""四世一品坊"在清代是宣化县乃至宣化府的名胜古迹。③ 虽然后来 1922 年出版的《宣化县新志》统计宣化明清古墓时已无董一元墓④，但董一元的确葬在故里宣化，殆无疑问。

田庄董一元墓，在康熙朝王佐纂修的《重修清平县志》卷上《陵墓》中尚无记述，该志刊刻于康熙五十六年(1717)。⑤ 在嘉庆初万承绍修，周以勋纂的嘉庆三年(1798)刻《清平县志》中也无痕迹。⑥ 直到清代后期甚至末期以后，才逐渐出现在邑内知识阶级的视野。宣统朝陈巨前修，傅秉鉴等纂的《增辑清平县志》就提到田庄董一元墓的石碣"旧志不载"。⑦ 1936 年出版的《清平县志》中收录了前代文人诗歌，有佚名《观古碑四绝》四首，其二为"明世将军董一元，威声能镇旧江山。北征定有英雄气，从此胡儿不叩关。"⑧此诗便是诗人谒田庄董一元墓后所写。总而言之，应该说田庄董一元墓的出

---

① 参见山东省临清市地方史志编纂委员会编:《临清市志》，1997 年，第 664 页；彭兴林编:《中国古城名胜图志 · 山东卷》，济南:山东美术出版社，2011 年，第 643 页。临清市人民政府市政府部门信息公开网站也将临清董一元墓作为本地文物信息公开于官方网站(临清市人民政府市政府部门信息公开网站，http://www.linqing.gov.cn/lqxxgk/szfbm/lqswhgdhxwcbj/201911/t20191122_2446877.html，访问日期:2020 年 1 月 12 日)，全国政协文史和学习委员会、政协山东省临清市委员会合编的《运河名城 · 临清》(北京:中国文史出版社，2010 年)也收录临清董一元墓。

② 参见(清)王者辅等修，吴廷华纂:乾隆《宣化府志》卷 7《古迹》，台北:成文出版社，1968 年，第 168 页。

③ 这些有关董家的牌坊与宣化董一元墓在清代所修的几个版本的《宣化县志》《宣化府志》中都被列入古迹。可参见清陈坦纂修:康熙《宣化县志》卷 8《营建志》，第 11 页 b。据笔者 2018 年 9 月赴宣化县(今张家口市宣化区)的调查，未曾访得"六镇雄藩坊""兄弟父子都督坊""三世宫保坊""四世一品坊"的踪迹。宣化民间俗谚有"宣化有"七十二座桥，七十二座庙，七十二座牌坊"的口头语，但因历史原因，现存牌坊多为重建。

④ 参见郭维城修，王告士等纂:民国《宣化县新志》卷 3《古迹志 · 冢墓》，第 49～50 页。据笔者 2018 年 9 月赴宣化县(今张家口市宣化区)的调查，未曾访得董一元将军墓。

⑤ 参见(清)王佐纂修:康熙《重修清平县志》，康熙五十六年(1717)刻本，影印收入《清代孤本方志选》第二辑第 4 册，北京:线装书局，2001 年。

⑥ 参见(清)万承绍修，周以勋纂:嘉庆《清平县志》，山东大学图书馆藏嘉庆三年(1798)刻本。

⑦ (清)陈巨前修，傅秉鉴等纂:宣统《增辑清平县志》，山东省图书馆藏宣统三年(1911)刻本，第 18 页 a。

⑧ 梁钟亭、张丕堂、路大遵督修，张树梅总纂:民国《清平县志》，民国二十五年(1936)济南文雅斋铅印本，影印收入《中国地方志集成 · 山东府县志辑》第 89 册，第 497 页。

现，最早不超过嘉庆朝，最晚不晚于清末宣统朝。

现在田庄董一元墓碑是近年来新立的碑。原来的董一元墓碑（这里称“田庄董一元旧碑”）是清末所立。[①] 按宣统三年（1911）所刊增辑《清平县志》记载，田庄董一元墓石碣“旧志不载”，也从文献上证实了“田庄董一元旧碑”是清末的产物，其碑文也大体原录《明史·董一元传》。[②] 这一“田庄董一元旧碑”后来因历史原因埋入土中，具体已不知从何发掘，所以后人又重新立碑于原址，主要内容仍参考《明史·董一元传》。至于田庄的董氏后裔，据笔者调查，传说其家族祖先出于董一元后代家族的旁支别系，大概在明末或清初南下迁来清平县，田庄董一元墓的性质类似于招魂而葬的衣冠冢。其原来所修旧家谱也毁于二十世纪六七十年代，其家族原先祭祖时，曾挂有清代所绘董一元画像及“祖宗轴子”（家谱轴子）[③]，现原轴、画像已下落不明。

田庄董一元后裔的迁来史，或可从清代乾隆二十五年（1760）庚辰科山东乡榜举人董鹤年身上入手发掘。鹤年字遐龄，号松谷，性嗜学，好读书。乾隆二十五年庚辰科山东乡试，鹤年中举，打破了清平县“科目无人垂百年”的局面。[④] 此后以大挑二等授寿光县训导，又因丁忧回籍，除服复补寿光县教谕，后补中城副指挥，秩满除授云南宾川州知州，为政清廉朴实。[⑤] 与鹤年同年中举的同乡好友兼亲戚刘湄，曾为鹤年作传，这篇传记提供了有关鹤年先世的一些重要材料。案此传，鹤年先世居住临清州，为海宁伯董兴后代，明末避乱清平遂居于此。[⑥] 嘉庆《清平县志》则提供了另一些碎片，其载鹤年曾祖昌为临清州人，明末大乱时年纪尚幼，由老仆负于襁褓中逃难至清平县田家庄（田庄），因家焉。按照刘湄的说法（刘对董鹤年先祖的说法很大可能是来自董鹤年自己），田庄董氏是明末临清迁来，先祖可以追溯到在明英宗夺门之变里立功而封伯爵的董兴（长垣人氏）。海宁伯董兴为田庄董氏先

---

① 承临清博物馆馆长魏辉先生教示，谨此郑重致谢！临清市人民政府载官网公布的《临清市文化和旅游局：文化遗产保护名录》收入明代董一元迁葬碑为临清市级文保（参见临清市人民政府市政府部门信息公开网站，http://www.linqing.gov.cn/lqxxgk/szfbm/lqswhgdhxwcbj/201911/t20191122_2446877.html），因表述不准确，在实际文物保护工作中也已被改称董氏家族墓文物点。

② 按宣统《增辑清平县志》卷16《杂志·冢墓》所载，其他古墓皆录其志文，唯田庄墓碣录《明史·董一元传》。又据魏辉先生转述临清博物馆老馆长马鲁奎先生的回忆，田庄董一元旧碑的内容与《明史·董一元传》基本一致。

③ 承临清博物馆馆长魏辉先生教示，魏先生转述马鲁奎老先生曾见过田庄董家祭祀的董一元画像及“祖宗轴子”，马先生记忆中该轴子较为破旧。该轴子的原轴现已不知所踪。

④ 参见（清）万承绍修，周以勋纂：嘉庆《清平县志》卷14《乡贤列传·董鹤年》，山东大学图书馆藏嘉庆三年（1798）刻本，第36页b～第38页a。

⑤ 参见（清）万承绍修，周以勋纂：嘉庆《清平县志》卷14《乡贤列传·董鹤年》，第37～39页a。

⑥ 参见（清）万承绍修，周以勋纂：嘉庆《清平县志》卷14《乡贤列传·董鹤年》附刘湄《董鹤年先生传》，第37页b～39页a。

祖,应该是文献可征的最早的有关田庄董氏先祖的说法,而且这一说法出自与鹤年关系密切的刘湄。按刘湄本人的记述,鹤年是他"从祖姑之孙",他对鹤年一向"兄事之"。① 他既是鹤年的亲戚,还是同年中举,关系亲密非常,他的说法很大可能是源出董鹤年本人。作为田庄董氏乃至整个清平县入清"科目无人垂百年"之后的第一个有举人科名的饱学耆老,而且距离由临清州迁清平县方才四世,董鹤年基本不太可能会弄混自己的先世迁移路线。董鹤年之所以不提及董一元是田庄董氏家族中的先辈,一种可能性是董一元的确不是田庄董氏家族中的先人,原籍直隶大名府长垣县的海宁伯董兴才是。另外一种可能性是董一元是田庄董氏先人,但因为董一元为明后期抗击"鞑虏"的著名边将,而且参与过清朝官方整体持负面态度的援朝战争。② 如果积极提及可能牵涉出一些较为敏感的问题,所以攀附董兴。③ 此外,由于地域相距过远且缺乏材料证明,董兴、董一元二人同时都是田庄董氏家族先人的可能性并不大。④

所以结合田庄董氏对董一元的口述传说,对田庄董氏究竟是否为董一

---

① (清)万承绍修,周以勋纂:嘉庆《清平县志》卷14《乡贤列传·董鹤年》附刘湄《董鹤年先生传》,第37页b～第39页a。

② 据孙卫国先生考证,清代对万历三大征中的朝鲜之役整体持负面态度,参与过援朝的将领,在殿本《明史》里基本都会被淡化:"其中《神宗本纪》奠定否定朝鲜之役的基调;东征朝鲜明将领的入传或因家族,或因播州之役,或因辽东事变,几乎无人是因朝鲜之役入传的;《朝鲜传》对于相关人物与战役,采取否定、贬低的负面评价。其原因一方面是由于史源影响,《明神宗实录》的编者因为杨镐要为萨尔浒之败负责,实录中也就依从丁应泰的说法,否定杨镐及明军在朝鲜的战绩;另一方面是出于现实政治的需要,因为东征朝鲜的将士后来在辽东成为后金的对手,为了塑造清朝的正统性,必须对他们采取否定态度。这是决定清官修《明史》对万历朝鲜之役历史书写的两个主要原因。"参见孙卫国:《清官修〈明史〉对万历朝鲜之役的历史书写》,《历史研究》2018年第5期。

③ 山东诸城、山东日照、江苏赣榆等地董氏家族先祖为"董兴"者相当多,如赣榆舍庄董氏老谱、诸城桃林镇董家庄子村董氏家谱、登州府文登县南海董家庄重修董氏家谱序,可参见"始祖董兴的身世之谜"(搜狐博客,http://doong110.blog.sohu.com,引用日期:2020年2月12日)。按照乾隆《诸城县志·孝义》、乾隆《诸城县志·宦迹》载,诸城县的确在洪武间有"县父老董兴"。结合着山东地区从众性地采取"洪武年间自小云南"这种风气的影响,"董兴"层叠演变已经到了混淆难辨的情况,不能排除在董鹤年所处时代,田庄董氏受影响亦以"董兴"为先祖。只不过此董兴可能非彼董兴,找到了明代名将海宁伯董兴上来。当然这仅仅是一种推测。关于明清时期山东地区卫所军户后代将原籍与"云南""小云南"进行关联,甚至形成从众现象的问题,可参见张金奎:《明代山东海防研究》第七章第三节《扑朔迷离的"小云南"》(北京:中国社会科学出版社,2014年,第585～602页)。关于海州(现在的连云港、赣榆等地区)移民山东卫所地区的问题,可以参见该书第七章第五节《近水楼台东海人》(第608～614页)。

④ 如果要说明海宁伯董兴、宣府董一元都是田庄董氏先祖,就要证明海宁伯董兴、宣府董一元之间也存在同宗族的关系。笔者在前文证明了董一元家族原籍为山西太原府代州崞县或繁峙县(崞县可能性大),居于宣府。而海宁伯董兴为直隶大名府长垣县,起家在燕山右卫。二者有关系的可能性并不大。若是沾亲带故的同族,董兴、董一元在《明史》都各自有传,没有理由丝毫不提。

元后人这一问题，笔者推断基本存在以下几种可能：第一种可能是，明后期董一元家族的旁支先南迁山东临清州，在明末清初的战乱局势中又西迁到邻近的清平县，逐渐繁衍生息，清后期乃至清末，开始建立董一元的衣冠冢以纪念。第二种可能是，董鹤年在世的时候尚知道自己先人为临清州迁来之海宁伯董兴后人，但其后年月增加，董氏子孙对先人的传说与印象逐渐模糊化，只知道先祖是明朝名将，说法开始讹变，最终误寻了同是董姓、同在《明史》有传的明代将领董一元当祖先。

再谈据称董一元留居朝鲜的后代，与朝鲜本土更早的望族广川董氏有所联宗，已融入广川董氏，而广川董氏家族中称为董一元后裔者，皆云源出一元之子董大顺等人。按照庆尚道地方志《峤南志》记载，董大顺乃“一元子，以鸿胪主簿游击将陪父东援，屡立功录勋”①，留居朝鲜。这里《峤南志》的记录就可能来自朝鲜广川董氏家族自己的说法，即董一元有大顺、昌顺二子，来居朝鲜。② 明代兵部档案《武职选簿》里记载董一元有嫡长子（次男）董用和、嫡次子董用文③，幼子董用武，其堂兄弟有董用中，同族同辈的兄弟有宣府前卫指挥使董用贤④和随邢玠来去的董用威⑤，可知董一元儿子的字辈是“用”。而大顺、昌顺两个名字显然与用字辈连不起来，很难确定一元有两个儿子叫大顺、昌顺。况且一元在朝鲜也犯过被“夺宫保，贬秩三等”的主将战败之罪，很难推测他有什么理由自己班师却留下两个儿子。再者，若是带着两个儿子入朝参战，以一元的身份，这样大的阵仗，时人文献没有道理毫无所记。更不可能是一元在朝鲜战阵倥偬之中所诞育。至于晚出之《峤南志》中董大顺“以鸿胪主簿游击将陪父东援，屡立功录勋”的事迹，更是于史无据，于理不合。因此，董一元后裔东渡朝鲜一事或可商榷，笔者认为其中附会的可能性较大。

---

① ［韩］郑源镐编：《峤南志》卷51《金海郡》，日本昭和十五年（1940）大邱李根泳方新铅活字本，第88页。

② 据韩国广川董氏所修《广川董氏大同谱》，转引自京畿道富川市富川宗谱专门图书馆，网址：http://www.jokbo.re.kr/book/index.html? fnkey=10901268&fn=1090&sn=사 &vcode=book，引用日期2020年3月11日。

③ 参见《武职选簿·后军都督府·万全都司·宣府前卫》，中国第一历史档案馆、辽宁省档案馆合编：《中国明朝档案总汇》第69册，第182页。

④ 参见《新官袭职选底·天启二年四月分》，中国第一历史档案馆、辽宁省档案馆合编：《中国明朝档案总汇》第75册，第138页。

⑤ 参见（朝鲜王朝）申钦：《象村稿》卷39《天朝诏使将臣先后去来姓名，记自壬辰至庚子》，韩国民族文化推进会：《韩国文集丛刊》第72册，第280页。

五、余 论

以董一奎、董一元为代表的宣府镇董氏家族，自先祖参加作为基层军人参加永乐帝的“奉天征讨”而获得试百户的世职。从山西编入宣府前卫军籍之后，由于宣府前卫所在的宣府镇乃是防御蒙古部落的九边重镇之一，常常有边事冲突，董氏家族历代成员在这些阵仗之中浴血奋战，由此立下军功，获得晋身之阶。但单纯仅凭在一个家族内成员的搏命力战，只能得到一定程度的世职封荫，无法真正获得高爵厚禄，难以形成有规模的、父子兄弟祖孙传续的“将门”，否则边镇军户便是家家将门了。之所以董氏家族为代表的、这一批从边镇军户脱颖而出的军事家族能蔚成勋阀世将，其原因笔者试论如下：

首先，以董氏家族为代表的边镇将门，长期在北部边镇深耕，兄弟父子征调所历区域大体上具有一致性，来回在九边一带轮防镇戍，甚至兄弟父子接连就任同一镇戍职务，这样一来在地利、人和上占尽先机。譬如，本文所考董一奎、董一元兄弟，在仕途履历上有相当的重合性。如嘉靖末到万历初，在分守这一层级上，一奎、一元都镇戍过永宁城、古北口，一奎在隆庆元年(1567)镇戍古北口，四年(1570)一元便担任古北口副总兵；在镇守这一层级上，一奎、一元都镇守过延绥、宁夏，在征讨哱拜前后陆续担任宁夏总兵副总兵(前后仅隔一年)，又一同在万历二十一年(1593)调入京师任职(一奎在五军营，一元在中军府)。再如大同右卫麻氏家族，麻禄在嘉靖末第一任新平堡参将[1]，禄去职之后其子麻贵代父担任第二任新平堡参将。[2] 这些家族内部父子兄弟在任职经验等各方面互相扶持提携，构成了一张军事世族网络。而不同的军事家族之间又互相联姻(比如麻贵家族与马芳家族的联

---

① 参见《明世宗实录》卷509，嘉靖四十五年二月壬申条，第8928页。

② 参见《明穆宗实录》卷19，隆庆二年四月丙戌条，第525页。在麻氏家族里，麻禄、麻贵、麻承诏、麻承训均曾担任新平堡参将。

姻[1]），使这张网络编织得更为细密，在仕途上同进退。[2]

其次，以董氏家族为代表的边镇将门，依靠长期的在边事战争中积累的作战经验，在逐渐擢拔到一定的镇戍职务（如守备、都司、游击甚至更重之职）的时候，有实力蓄养勇健家丁作战。万历时人沈德符曾言"今西北将帅所蓄家丁，其廪饩衣械，过额兵十倍，每当大敌，用以陷阵"[3]，便是如此。这一点曹循在《明后期的边镇将门》中亦曾说明。[4] 具体到宣府董氏的例子上，如本文前面所考，万历十八年（1590），火落赤等部侵掠洮州，董一奎便是带家丁前往陕西参加征剿，被部科保荐题准开伍，次年参与火烧仰华寺，准复都指挥使原职，此后逐渐被允许重新挂将军印镇守一方，完成了其仕途的第二次发展；董一元军旅生涯里最辉煌的镇武大捷，包含董氏与其他将领在内的将官们的家丁也取得了重要功绩。[5] 家丁为主将的作战做出了巨大贡献，正如瓯北所论"两军相接，全恃将勇，将勇则兵亦作气随之。然将亦非恃一人之勇也，必有左右心膂之骁悍者协心并力，始气壮而敢进。将既进，则兵亦鼓勇争先，此将帅所贵有家丁亲兵也"[6]。

此外，曹氏未曾看到的是，边镇将门所收纳恩养的家丁里面，很重要的便是所谓"夷丁"，也就是少数民族主要是各蒙古部落的归附人。"夷丁"出身于常年游牧的生活环境，不仅弓马娴熟、彪悍勇猛，对所谓"夷情"亦十分了解，这对于蓄养他们的主将而言，是非常重要的、有利的作战条件。以本文研究的董氏家族为例，董一奎的家丁大摆言，摆言当是 bayan（蒙古语"富"）的对音，大摆言就很可能是蒙古归附家丁。在董一奎率军救援被"胡

---

① 参见（明）杨镐：《明诰封特进光禄大夫麻公暨配夫人沈氏合葬墓志铭》，右玉县杀虎口博物馆藏碑；（明）郝杰：《明诰封夫人师氏合葬墓志铭》，蔚县博物馆藏碑。

② 如万历三十七年（1609）董一元、马林（马芳之子）、麻贵（马林的姻亲）及侄子麻承恩等人因冒军领饷，三年内縻费宣大两镇七千七百七十余石粮饷，被御史弹劾勘罪。参见《明神宗实录》卷462，万历三十七年九月壬寅条，第8723页。明中后期边将冒军领饷的问题屡见不鲜，具体到宣府大同地区，万历朝巡按宣大御史吴允中曾要求宣大边将"禁革靡费"，在任上严令"清查虚冒"，并借着惩处万历三十九年（1611）万全右卫巡捕指挥杨一元案，"宜合立法严核，为此案行本道，转行分隶同知、通判，将所管城、堡、营、路见在兵马计数，要见马步军共若干、摆守若干、应差若干、实在随操若干各要。有军则有月饷，有马则有料草，不得虚冒"。参见吴允中：《宣云约法榜示》，美国国会图书馆藏明天启刻本，第41页b、第45页b～第47页a。

③ （明）沈德符：《万历野获编》补遗卷3《家丁》，北京：中华书局，1959年，第871页。

④ 参见曹循：《明后期的边镇将门》，《西北大学学报》（哲学社会科学版）2014年第3期。

⑤ 参见（明）李化龙：《抚辽疏稿》卷1《镇武大捷疏》，《四库禁毁书丛刊》第69册，第32页。

⑥ （清）赵翼撰，王树民校证：《廿二史札记校证》卷34《将帅家丁》，北京：中华书局，1965年，第777页。

虏"围攻的太原城的时候，大摆言不仅作战勇敢且救了一奎一命。[①] 其他边镇将门，如辽东铁岭李氏、大同右卫麻氏，也蓄养壮健"夷丁"做随扈军汉、先锋精骑，李平胡、李宁、李兴是铁岭李氏帐下"夷丁"健儿出身，随李氏父子出生入死，立功绝域，皆位至将帅。[②] 麻贵所率"鞑子"亲兵，在朝鲜战场上风驰电掣，挥鞭如雷，使不长于马战的倭军奔走不迭。[③] "夷丁"的勇猛使得许多将官不惜厚禄罗致，大力招募。如平定哱拜之乱后的宁夏一镇，诸将"收为家丁，月食二石粮者，三百有余，各将官养为亲丁者半之"。而当时新解到宁夏的河东河西新军士兵不过也才"月食粮八斗"，丰厚的待遇也使得临近部落"叩关而投者，时时不绝"。这让时任宁夏巡抚的周光镐忧虑不已，一则担心镇城兵少，如生反叛，难以弹压；二是担心"降虏"对明廷未必真心，而且也不能使将领们保证待他们"一一如意"，担忧其中万一有奸细混入，抑或是心生不满"乘便倒戈"。因此周光镐甚至提出了不让"夷丁"出身的少数民族将领做正将，只许他们做偏裨；如有大功只升其俸禄、级别（卫所世职），不许让他们带领正兵劲旅；如用之为普通士兵，则散之于各队，每队不许超过五名"夷丁"，免得抱团聚集。[④]

总之，边将对于"夷丁"往往厚赏重赉以收用之，"夷丁"不仅是他们的战斗主力，更是家仆，人身依附性远远强于普通的将、卒关系。但我们也应该看到，边镇将门在某种程度上而言成于"夷丁"，亦容易败于"夷丁"。这与"夷丁"本身的性质和所处的地位有关：首先，"夷丁"们远离家乡，处在汉民族士兵居多的军营，语言、习俗的差异，给互相的交流带来一定困难，而且谚云"狐死首丘，代马依风"[⑤]，"夷丁"难免对故土旧人有情感上的藕断丝连，对陌生异乡不容易产生归属感，这是人之常情。再者，主将以"夷丁"为作战主力，通常会格外优待，待遇的差别亦滋生了"夷丁"与军内其他同袍群体的隔阂，并且在封建王朝时代大环境下，对边疆少数民族又有无法避免的歧视。在这种情况下，"夷丁"成了明军当中的特殊群体，主将对"夷丁"而言是家长式的主人，是他们在异乡的唯一倚靠。因此，拼死效力获得主将的提携与照顾是少数能看到的出路，所以对"夷丁"抚用得当的将领往往如臂使指，所向披靡。然而，如果碰到主将凌虐、同僚欺侮的情况，"夷丁"生出不满的情绪

---

① 参见（明）李维桢纂修：万历《山西通志》卷27《杂志下·西门大战》，日本内阁文库藏明万历初刻崇祯二年（1629）再印本，第41页b。

② 参见（清）赵翼撰，王树民校证：《廿二史札记校证》卷34《将帅家丁》，第777页。

③ 参见《朝鲜王朝实录·宣祖实录》卷188，宣祖三十八年六月庚戌条。

④ 参见（明）周光镐：《明农山堂汇草·文集》卷28《题为摘陈边务民瘼，恳乞圣明采择，以振积衰，以苏凋瘵，以固边圉事》，《明别集丛刊》第三辑，第88册，合肥：黄山书社，2015年，第495页。

⑤ （南朝宋）范晔：《后汉书》卷47《班超传》，北京：中华书局，1965年，第1583页。

是自然而然的。典型案例就是麻贵长子麻承诏，对蒙古人虽然会任用，但也存在一些压迫剥削的情况。其对蒙古归附者的凌压早在其仕途早期便已显现：早年任独石参将期间，便曾纵容属下抢夺宣府内附的“属夷”史部蒙古人的马匹，并侵夺明廷发给史部的犒赏，占领其牧场，劫娶史部蒙古女子为婢妾。[①] 最终逼使史部叛明出边投靠故族，兵部以边将失于抚驭之罪，将承诏降级罚俸。[②] 后来起用，随父亲麻贵西征平哱，在宁夏镇戍期间，又与在其里庭伺候的蒙古“降虏家丁”召奈积累的矛盾激化，最终召奈刺杀了承诏[③]，投靠了著力兔部。[④] 承诏是麻贵在世职承袭法理上的“原荫儿男”（嫡长子），早岁继承千户世职，在宣大与马芳之子马林等人共事、历练，由游击历参将，又随父西征宁夏，是麻氏家族重点培养的承字辈将才之一，这一事件对麻氏将门造成了相当大的伤害。

当然，具体到宣府镇董氏家族这一个案上时，也必须考虑其家族成员的个人因素。譬如董旸本人以敢猛斗将闻名宣府，董一奎则历镇山西、延绥、宁夏三边，以勇敢著称。这里面尤须强调的是董一元，其“勇如兄，而智略过之”[⑤]，是董氏家族中智勇兼备的将帅之才，是宣府镇董氏兴旺起来的重要人物。其娴于设谋，长于用计，也助其在延绥、辽东多次获得大捷，并接近封伯之位，达到了该家族历史上勋名事功的最高点。详细来说，其勋业不仅在当时受到重视，日后也列入国史，甚至成为谈兵家所论的著名战役。譬如董一元在镇武大捷中设空营埋伏击败了伯言、炒花、把兔儿等所部之事，便被清代兵书《兵镜类编》选用为“设伏”类的经典战术案例。[⑥] 此外，董一元善于用谋的声名在其戍守过的边镇地带至今仍有余音。如今古北口乃至密云、滦平一带仍然流传着董一元任古北口副总兵期间，率军假扮杨家将吓走一群对杨家将心存敬畏的鞑靼“番邦骑兵”的故事。[⑦] 这固然有一定敷演附会的

---

① 参见（明）薛三才：《薛恭敏公奏疏》卷1《论锦衣边将疏》，中国国家图书馆藏明末青雷山馆钞本，第一册第25页a～b。

② 参见《明神宗实录》卷226，万历十八年八月己卯条，第4201页；（明）瞿九思：《万历武功录》卷1《史二官车达鸡列传》，《续修四库全书》第436册，上海：上海古籍出版社，2002年，第119页。

③ 参见（明）崔景荣、杨应聘主修，杨寿纂：《增补万历朔方新志校注》卷2《宦迹》，银川：宁夏人民出版社，2015年，第134页。

④ 参见（明）周光镐：《明农山堂汇草·文集》卷28《题为冲边乱后敝极，急难支持，摘陈议处虏情，会计军饷马甲戎器，恳乞圣明俯赐定议，以安危镇事》，《明别集丛刊》第三辑，第88册，第470页。

⑤ （清）张廷玉等：《明史》卷239《董一元传》，第6212页。

⑥ 参见（清）李蕊：《兵镜类编》卷12《设伏》，长沙：岳麓书社，2007年，第240～241页。

⑦ 参见朱彦华、孟阳、刘常杰主编：《中国民间文学集成·承德地区故事卷》上册，北京：中国民间文艺出版社，1989年，第552～553页；又参见高兴库主编：《中国民间故事丛书·河北承德滦平卷》，北京：知识产权出版社，2014年，第135页。

成分，所谓“番邦骑兵”（蒙古部落）大概率也不会对五百年前对阵契丹的杨家将有何历史记忆，遑谈见到假扮的杨家将便吓得落荒而逃。但这一故事的流传，是有其根源的，因董氏确有智谋之事，故生智将之名，被驻在地的军民纳入本土民间故事的叙述，大概就是其中的内在脉络。

壬辰战争后期(1597～1598)明军粮饷问题研究

董建民

自万历二十年(1592)丰臣秀吉侵略朝鲜起,至万历二十六年(1598)日军从朝鲜撤出止,前后共计七年的时间里,明鲜联军与丰臣秀吉的军队在朝鲜半岛及其附近海域进行了一场战争,即壬辰战争[①]。壬辰战争前后持续七年之久,其中粮饷供给是影响战争进程的一个重要因素。诚然,粮饷者,三军司命也!对于远赴域外援朝御倭的明朝军队而言,粮饷供应的重要性更是不言而喻。据战争初期明朝御倭经略宋应昌的奏报称:"粮草运艰,且乏盐菜,又平壤首级大功未赏,各军志意似不如前,是人事不在我矣。"[②]明军正是因粮饷缺乏而严重影响士气,未能迅速收复朝鲜王京,致使战局陷入僵持,而不得不与日本议和。当"丁酉再乱"发生后,明朝九卿科道官员在讨论再度东征时,礼部尚书范谦等提出:"古云:'千里馈粮,士有饥色。'况间关万里,梯航绝域,翻(反)以主而为客,其何能谷?故议兵先须议饷。"[③]由此可见,粮饷供给对于壬辰战争后期明朝再度出兵影响也非常大。

---

① 中、韩、日三国对这场战争的称谓各有不同。中国方面,因其发生在万历年间,多称其为"万历援朝御倭战争"或"万历朝鲜之役"。韩国人因万历二十年为干支纪年的"壬辰"年,故将这一年丰臣秀吉派兵入侵朝鲜称为"壬辰倭乱",将万历二十五年(1597)日本的再次入侵称为"丁酉再乱",两次入侵合称为"壬辰·丁酉倭乱"。日本则因万历二十年为其文禄元年,将该年入侵朝鲜称为"文禄之役",庆长二年再次入侵朝鲜称为"庆长之役",合称为"文禄·庆长之役"。笔者在文中统一称作"壬辰战争"。

② (明)宋应昌:《经略复国要编》卷6《报王相公书》,《壬辰之役史料汇辑》(上),北京:全国图书馆文献缩微复制中心,1990年,第496页。

③ 《事大文轨》卷20《辽东都指挥使司咨朝鲜国王(都司咨会九卿科道会议东征)》,[韩]韩明基、李相薰等编:《壬辰倭乱史料丛书(对明外交)》第3册,韩国晋州:晋州博物馆,2002年,第16～17页。

然据笔者管见，壬辰战争期间明军粮饷问题的相关研究主要涉及两个方面：

一是粮饷所费及其对战争进程的影响。韩国学者李章熙在其《壬辰倭乱史研究》中论及这一问题，通过对战前朝鲜粮饷实相和战争期间朝鲜粮食筹措状况的考察，揭示出粮饷缺乏对战局走向的影响，但将朝鲜军队溃败的原因简单归结为朝鲜粮饷供应了明朝军队，既抹杀了明朝军队远赴域外援朝御倭的努力，同时也遮盖了朝鲜军队失败的真正原因。[①] 国内学者较早关注壬辰战争粮饷问题的当属杨昭全先生，在《论明代援朝御倭战争中的和议问题》一文中，他率先指出宋应昌、李如松在攻占汉城时遇到巨大困难后才被迫同意议和、退兵，而其中一个重要困难便是明军粮饷不能及时供应。[②] 较早对粮料问题进行深入研究的是宋惠玉，其《明军援朝御倭战事中给养不足问题刍议》一文认为给养供应不足造成明鲜联军未能乘胜扩大战果，并最终致使战争长久不决。该文主要解决了三个问题：其一，指出了壬辰战争中明军的给养供应出现了严重不足，致使士卒、战马死亡增多；其二，给养供应不足削弱了明军的战斗力和士气，激化了明鲜之间的矛盾，并促使和议再起；其三，给养供应不足的原因是多方面的，有倭寇野蛮侵略造成的，也有因朝鲜的政治腐败和治安混乱所致，而从明朝方面看，战线太长、运输困难也是一个重要的客观原因。[③] 孙文良则根据明朝参战将领千万里后裔所辑录的《思庵实纪》一书对明朝援朝御倭人员以及所费粮饷等进行统计，进而指出明朝投入了大量的人力物力。[④] 业师陈尚胜教授撰文《壬辰御倭战争初期粮草问题初探》，通过对战争初期的粮草供应与运输环节进行专门考察，得出当时明军粮草缺乏主要在于朝鲜政治腐败与效率低下，致使粮草的征集和运输困难，直接制约了明朝援军的军事行动而不得不与日本议和。[⑤] 该文意在批评韩国有关学者提出朝鲜为了供应明军粮食从而影响了自身战斗力的观点，将壬辰战争粮草问题研究推向一个新高度。孙卫国的《万历朝鲜之役前期明军粮饷供应问题探析》一文则聚焦于壬辰战争前期明军粮饷的来源、运输体系、影响等问题，深入分析了战争初期明军粮饷出现问题的原因，厘清了粮饷对战争进程的影响。[⑥] 但他们的研究只是对战争初期的粮草问

---

① 参见[韩]李章熙：《壬辰倭乱史研究》，韩国汉城：亚细亚文化社，1999 年，第 225～252 页。

② 参见杨昭全：《论明代援朝御倭战争中的和议问题》，吉林省朝鲜研究学会：《朝鲜研究文集》第 1 集，1981 年。

③ 参见宋惠玉：《明军援朝御倭战事中给养不足问题刍议》，《博物馆研究》1991 年第 2 期。

④ 参见孙文良：《明代"援朝逐倭"探微》，《社会科学辑刊》1994 年第 3 期。

⑤ 参见陈尚胜：《壬辰御倭战争初期粮草问题初探》，《社会科学辑刊》2012 年第 4 期。

⑥ 参见孙卫国：《万历朝鲜之役前期明军粮饷供应问题探析》，《古代文明》2019 年第 4 期。

题所做探讨，战争后期的粮饷问题仍缺乏系统考察，还有进一步研究的空间。

二是壬辰战争期间，登州港或山东半岛在粮饷转运方面所发挥的作用问题。崔菊花的硕士学位论文《明代登州在中朝交往中的重要作用》，从转运粮饷、军屯长山岛、转运军火物资三个方面论述登州是壬辰战争中支援朝鲜粮饷与军火物资的主要基地。[①] 左玉平的硕士学位论文《万历援朝战争期间登州军事地位与作用研究》，认为明朝通过在山东半岛大兴屯田、召商籴米和汇聚山东地区的粮食至登州，并将筹措到的粮饷由登州转运到朝鲜半岛抗倭前线，进而论述登州成为供应朝鲜战场后勤粮饷的重要基地。[②] 张金奎在《明代山东海防研究》一书中，指出壬辰战争期间山东半岛因地理位置特殊，勉为其难地成为后勤补给基地。在战争发生的三个阶段，山东有着不尽相同的表现：战争初期，山东因缺乏准备以致措手不及，筹措到的军粮还因自然灾害而被截留赈灾；战争间歇期，在巡抚郑汝璧的推动下，山东通过各种途径积极建设后勤基地；大战再起后，重新进入后勤补给基地角色的山东承担了军粮运输任务。在中央和地方政府的共同努力下，山东形成了从全省乃至漕运仓库总体调剂军粮及其他物资的运行机制，确保了补给任务的顺利完成。[③] 赵红《山东海防与山东沿海社会发展——以万历抗倭援朝战争为背景》中“山东海防与山东海运”一节，指出山东登莱是海运粮饷援朝的重要物资基地，海道主要有两条，为确保海运安全，明朝政府还制定了较为完善的海运护航制度。[④] 这些研究讨论了壬辰战争期间山东半岛尤其是登州港在海运山东粮上发挥的重要作用，但对这些海运至朝鲜的山东粮如何筹措、怎样转运等问题并未有深入的探讨。

综上所述，关于壬辰战争时期的明军粮饷供应问题，学界已经出现了一批代表性的研究成果，但这些研究均是聚焦某一具体问题展开，尚未能够清晰地阐述壬辰战争后期明军粮饷筹措、管理与转运等方面的情况，对此仍需进一步探讨。加之少数韩国学者无视明朝政府为援朝御倭、保护藩属所付出的惨重代价，大谈明军占用朝鲜军队粮饷，甚至认为朝鲜粮食供应了明朝军队，直接造成朝鲜军队的解体。基于对历史的正本清源，有必要对壬辰战争后期明军粮饷问题进行梳理，以还原历史本来面貌，并与韩国学术界围绕

① 参见崔菊花：《明代登州在中朝交往中的重要作用》，鲁东大学硕士学位论文，2012年。

② 参见左玉平：《万历援朝战争期间登州军事地位与作用研究》，山东大学硕士学位论文，2013年。

③ 参见张金奎：《明代山东海防研究》，北京：中国社会科学出版社，2014年，第270～359页。

④ 参见赵红：《山东海防与山东沿海社会发展——以万历抗倭援朝战争为背景》，《烟台大学学报》（哲学社会科学版）2015年第5期。

壬辰战争粮饷问题展开对话。

一、壬辰战争后期明军粮饷的供给举措

壬辰战争后期,明军粮饷的供给举措主要涉及粮饷的筹措与转运两个方面。明军粮饷的筹措与转运,无论是对明王朝还是对朝鲜王朝而言,均是一个严峻的考验。鉴于战争初期明军因粮饷缺乏而不得不走向和议、并希望通过册封日本国王来草草结束战争的情况,万历二十五年(1597)初明朝商讨再次东征粮饷筹备方略时,兵部官员便提出:"行、月二粮,折色①取给中国,本色②折办朝鲜……择历练知兵者速往朝鲜,料理该国兵食、策应、戍守事宜。"③明朝不仅在国内积极筹粮筹饷,还迅速派出官员前往朝鲜,查验朝鲜兵粮筹备情况。此后,明朝政府多次催促朝鲜在明军行军沿途准备充足粮饷,留待明朝大军进军时支用。④ 为保证明军粮饷供给,明朝与朝鲜围绕粮饷的筹措与转运采取了一系列措施。

(一)明朝粮饷的筹措与转运

再度东征被提上日程后,明神宗便将兵马粮饷及设官专理等诸事宜委派给户、兵二部商议处理,并要求朝中大臣同心协力共图御倭大计。在这种局面下,以户、兵二部为主导的明朝官员积极投身于援朝御倭事务,而尤为紧要的粮饷筹措与转运也随之大规模展开。

1.明朝粮饷的筹集举措

根据出兵前的谋划,明朝所要供给的粮饷仅为折色,由户、兵二部共同承担,并按照户部出七分、兵部出三分的比例进行筹集,但在出兵后的实际供给过程中,明朝所支出的粮饷远远超出了最初的规划。明朝为了筹集足够的粮饷,户、兵二部采取了以下举措:

首先,户部通过多种途径筹措粮饷:

(1)动支仓粮或用官银籴买

再度东征后不久,明朝便发现了辽东储存的米豆数目和朝鲜报告的粮料数目总计仅有二十余万石,无法满足东征大军支用。在经略邢玠的奏请下,户部提出:"请行山东发公帑三万金,委官买籴……又借临、德二仓米各

---

① 折色,指饷银。

② 本色,指米、豆等粮料。

③ 《明神宗实录》卷307,万历二十五年二月壬申条,台北:"中央研究院"历史语言研究所,1962年,第5736页。

④ 参见《明神宗实录》卷308,万历二十五年三月甲辰条:"该国(朝鲜)备办本色,预待境上应用。"《明神宗实录》卷308,万历二十五年三月己未条:"令朝鲜整顿备办(粮物)以待大兵。"

二万石，运至登莱转运。”[①]此后，明朝多次动支山东预备仓粮并调拨临、德二仓储粮运往朝鲜。督饷侍郎张养蒙还提出：“就近和籴短盘更为省便，宜许该镇（蓟镇）于部发年例银内动借三万两，差官赍赴宽奠、金复、辽阳、广宁、永平一带平籴。”[②]但通过实践发现：“转输数十万，经历数千里，民既大扰，费亦不赀，且缓不济急。”于是户部提出修正措施，即“请于通州、蓟州、永平暂借仓粮共十万石，责令本道兵备官造车督发，押赴义州，如或仓粮不足，听督饷官转行天津司道抵补。”[③]

（2）增盐引以充军饷

辽镇每年有淮盐海盐引六万三千九百二引二十斤，其中每引折官价银五钱，明朝凭借盐引招募商人运粮前往辽镇。壬辰战争爆发后，为筹集粮饷，明朝政府于万历二十二年（1594）增加辽镇盐引四万四百三十三引八十斤。直至万历二十四年（1596），因战争早已进入封贡和议阶段且明军也已撤出朝鲜，明朝才将增加盐引这一举措终止。然而，当“丁酉再乱”发生后明军再度东征，户部为了筹措粮饷于万历二十五年（1597）九月再次奏请增加盐引：“今议照旧开中，海、盖各开一万五千引，召商上纳本色，以备御倭支用。”[④]万历二十六年（1598）二月，天津巡抚万世德奏请在天津地区实行增盐引筹军饷，户部将万世德的奏疏转呈给明神宗，不久明神宗便批准了这一奏请。于是，长芦运司增开盐引十万，每引纳银三钱，共得银三万两，运赴天津饷司存贮。此外，每引还征余没银六钱，共得银六万两，运到兵部存贮。[⑤]

在增盐引充军饷的实施过程中，还出现了一些弊端。如在讨论盐政时，巡按直隶御史毕三才指出，“增盐引充军饷”的推行使盐商受到严重压榨，甚至出现难以维持经营的状况。今盐引较之先前加倍，但行盐之地不加广，食盐之民不加多，因此造成增开的盐引往往积压在盐商手中。此外，盐商自己出资制造的运盐海船被征募用于东征运粮，进而耽误盐商及时开展运盐贸易。更有甚者，征募的运盐海船在运粮途中遭遇风暴沉没，所运粮米损失令商人照价赔偿。[⑥]

（3）增关税

万历二十五年（1597）十月，明朝政府决定通过增收关税来筹集明军的粮饷。“增关税，充军饷”的具体操作方法见于户部回复督饷侍郎张养蒙的

① 《明神宗实录》卷310，万历二十五年五月乙巳条，第5797页。
② 《明神宗实录》卷319，万历二十六年二月壬申条，第5939页。
③ 《明神宗实录》卷319，万历二十六年二月壬申条，第5940页。
④ 《明神宗实录》卷314，万历二十五年九月丁未条，第5874～5875页。
⑤ 参见《明神宗实录》卷319，万历二十六年二月丙子条，第5943页。
⑥ 参见《明神宗实录》卷322，万历二十六年五月戊子条，第5980～5981页。

奏疏中：

河西务原额四万六千余两，今增一万五千两；临清八万三千余两，今增二万五千两；浒墅四万两，今增一万二千两；九江一万五千余两，今增五千两；北新三万三千余两，今增一万两；扬州一万三千余两，今增五千两；淮安二万二千余两，今增一万两。①

表1 各处关税增收统计表

	原额（两）	增额（两）	增幅（%）
河西务	46000余	15000	约32.61
临清	83000余	25000	约30.12
浒墅	40000	12000	30.00
九江	15000余	5000	约33.33
北新	33000余	10000	约30.30
扬州	13000余	5000	约38.46
淮安	22000余	10000	约45.45
总计	252000余	82000	约32.54

经过统计，共增收关税八万二千两，各处增收幅度超过百分之三十。

户部除通过上述几种途径筹集粮饷外，还通过鼓励开垦、节省地方开支等途径补充军饷。万历二十六年（1598）二月，张养蒙提出在辽阳兵备道所辖的鸭绿江边马二山一带，将未充分耕种的土地设法募垦，等到秋熟时平价收购粮米，再将购得的粮米转运至朝鲜，对于募垦有功的官员给予升迁褒奖。② 五月，户科给事中郝敬上书言及饷匮民穷，明神宗提出"宜酌盈济虚，通融处办"，并令户部会议商讨，得出数条可行举措。如"各府、州、县民壮抽十之四，巡简司弓兵、巡哨、堡兵、防夫抽十之二，官建书院、坟茔、祠堂看守人役一概查革，各项额派工食俱解充饷，各驿递自万历初年迄今裁禁冒滥，节省余银贮库者，悉查解接济；各处缺官俸薪除解部外，续有未解银两，并积余存留牌坊等项，备造册报，量解一半充饷，俱俟倭平停止"③。

① 《明神宗实录》卷315，万历二十五年十月辛酉条，第5883页。

② 参见：《明神宗实录》卷319，万历二十六年二月壬申条，第5939～5940页。

③ 《明神宗实录》卷322，万历二十六年五月庚戌条，第5991～5992页。

其次，兵部的粮饷支出则主要来源于太仆寺的收入。太仆寺，亦称“冏寺”，是我国古代掌管舆马及牧畜之事的国家机构，而明代的太仆寺则是在兵部领导下专管马政的中央行政机构。自明朝中叶以降，随着赋役折银的开展，太仆寺的资源亦通过各种途径转变为白银收入，太仆寺也因此成为兼具财政性质的机构。[①] 壬辰战争期间，兵部为筹措粮饷，多次动支太仆寺马价银。诚如太仆寺上言所述：“本寺之设原理马政，自种马卖而俵马行，于是始有本色与折色随宜派征，而马价、草料等银岁征大约四十余万，以待买马之需，是银马即屯马也。自后各边请发，始而借支，继而年例，而兵三之议岁取之马价矣……自东征议起，今日解发朝鲜，明日解发天津，今日支饷川兵，明日支饷广兵，多者二十余万，少者不下数万。”[②]据《明实录》记载，仅万历二十六年明军再度东征，从太仆寺老库马价银中动支一百万两[③]，足见其在明军粮饷筹措中的重要地位。此外，明朝还多次从太仆寺马价银中支出银两犒赏东征将士。通过对《明神宗实录》所载犒赏东征将士的统计，再次东征期间，发太仆寺马价银犒赏的就有以下几次：

表 2　太仆寺马价银犒赏东征将士统计

	数额	用途
万历二十五年五月丙申	二十五万七千两	水、陆各兵三月粮饷及防倭官兵犒赏[④]
万历二十六年正月己亥	五万两	犒东征将士。以釜山之捷，擒将获级数多，督抚奏：“乞破格赏犒，以鼓士气。”[⑤]
万历二十六年正月癸卯	五万两	东征又以捷闻……发太仆寺马价银，犒将士[⑥]

2.明朝粮饷的转运举措

再度东征之初，明朝就已开始积极谋划明军的粮饷转运事宜。经过明廷内部的商讨并与朝鲜交涉之后，明朝和朝鲜双方得出一致意见：“调发山

① 参见刘利平：《赋役折银与明代中后期太仆寺的财政收入》，《故宫博物院院刊》2010 年第 3 期。

② 《明神宗实录》卷 318，万历二十六年正月丙申条，第 5916～5917 页。

③ 参见《明神宗实录》卷 383，万历三十一年四月己酉条，第 7217 页。

④ 《明神宗实录》卷 310，万历二十五年五月丙申条，第 5794 页。

⑤ 《明神宗实录》卷 318，万历二十六年正月己亥条，第 5923 页。

⑥ 《明神宗实录》卷 318，万历二十六年正月癸卯条，第 5926 页。

东粮饷，水路则限义州，陆路则限平壤”①，“辽东见贮粮饷，该抚设法运至鲜界，听鲜抚自行挽运”②。因此，明朝只需按照约定，将山东、辽东等地的粮饷运至上述地方，与朝鲜方面做好转运交接即可。即便如此，明朝也因前期缺乏运粮的必要准备，而难以及时有效转运粮饷。辽东地区因海船数量不足，且造船耗时长，难解燃眉之急；加之毗邻朝鲜，陆路转运路途较近。邢玠便奏请支取备倭银两，增买千头骡子，通过陆路转运粮饷至朝鲜应急。保定巡抚负责操办具体事宜，要求真、顺、广、大、保、河六府地方，“动该府堪用银两，分派所属州县各一二十头，速买膘壮骡，每府二百头……仍限四十日内解赴辽东抚院，分发各道，驮运粮饷”③。此外，还将先前发给蓟、宣二镇使用的骆驼调回辽东，用于驮运粮饷。

相较于陆运，海运的运输量更大，且更为方便，故而从东征一开始明朝便积极筹划海运。万历二十五年(1597)五月，明朝户部就曾提出：委派干练官员前往山东地方，照时价籴买米豆，平价雇募马骡车脚，“运至登莱海口，令淮船运至旅顺，辽船运至朝鲜”④。邢玠也积极谋划山东海运，先是根据山东巡抚的报告，查得登州至旅顺口海运运道及里程如下：

> 自备倭城新河口开船，北望长山岛，西投沙门岛，湾泊共约六十里，为第一程；自沙门岛至鼍矶岛，约一百三十里，为第二程；自鼍矶岛至皇城岛，约一百四十里，为第三程；自皇城岛东北远望旅顺口即辽东地方，约二百三十里，为第四程。总计五百六十余里。中间山岛相连，俱可避风停泊依宿，并无哨徒作梗，如遇顺风，四五日可到。⑤

随着粮饷转运需求的增加，辽东地区疲于转运。为减轻辽东的转运负担，明朝政府通过补偿山东沿海运船脚价银两，令其直接运往朝鲜交卸，具体操作方法为：“取淮安大船可载五百石以上者三十余只，脚价比常稍厚，每石(从山东沿海)运至旅顺口一钱五分，运至鸭绿等处每石再加八分，若至平壤，照地里再加。”⑥

---

① 《朝鲜王朝实录·宣祖实录》卷85，宣祖三十年二月癸酉条，韩国国史编纂委员会网站点校本，http://sillok.history.go.kr/search/inspectionMonthList.do? id=kna。(浏览时间：2020年11月28日)

② 《明神宗实录》卷309，万历二十五年四月丁卯条，第5782～5783页。

③ (明)邢玠：《经略御倭奏议》，《御倭史料汇编》第4册，北京：全国图书馆文献缩微复制中心，2004年，第45页。

④ 《明神宗实录》卷310，万历二十五年五月乙巳条，第5797页。

⑤ (明)邢玠：《经略御倭奏议》，《御倭史料汇编》第4册，第56～57页。

⑥ (明)邢玠：《经略御倭奏议》，《御倭史料汇编》第4册，第58页。

然而，这一时期的粮饷转输能力仍十分有限，并不能满足前线明军的粮饷需求。据邢玠奏报所述：

今查山东之海运淮船三十只，每只可载五百石，岁可周六七运，总之可得十万余石。辽东之船亦三十只，每只可载三百石，岁可周十余运，总之亦可得十余万石。而加之以骡头，益之以骆驼，亦不过五万石有零。是一岁之间，水运无风波之险，陆运无损失之患，仅仅可得二十余万石耳。而况有意外之变，非今所能逆料者。[①]

根据经略邢玠的御倭计划，万历二十五年冬拟调十万兵马进剿日军，来年需用粮八十万石，其中十万石取办于朝鲜，七十万石酌派山东、辽东、天津三处筹集转运至朝鲜。[②] 为解决粮饷转运能力的不足，明朝不得不增加运粮船只的投入。“一面马上差人移咨浙江、南直、淮安各巡抚都御使，令各雇觅商船二十只，选募船夫撑驾前来，交付山东巡抚衙门，转发登莱二道装运粮饷；一面移咨工部转行辽东巡抚衙门，选委能干官员召募夫匠，前往宽奠地方采木，打造堪载五百石以上船三十只。随成随拨，无误接运。”[③]此外，海运还根据督饷侍郎张养蒙的建议，广求可通之路，要求山东、保定各巡抚将岁派粮饷分投各海道转运。“如山东登莱粮少，移就济南粮多之所，而济南兑运水次改赴利津，新改漕船即向利津领兑。”[④]

明朝政府还在经略的建议下，增设天津海运。自壬辰战争以来，明军的粮饷供给主要依靠山东和辽东两地筹集转运。随着派往朝鲜兵马数量的不断增多，兵粮料草的供给日渐困难。辽东买骡造船，海陆运输十分窘迫，军夫屯户徭役繁重；山东也是如此，且山东沿海产粮不足，海运的粮料需从临、德二仓借调，先用骡驮车载将粮料从德州、临清运至登莱海口，长途跋涉且陆路运量小，而百姓却苦于转输。天津则地处要冲，人烟凑集、四通八达，收买粮米更为方便，加之还可通过运河从水路调运临、德二仓储粮；海运粮道则可由大沽口出海，直达旅顺。鉴于此，明廷开始讨论增设天津海运来补充山东、辽东两地转运粮饷的不足。但天津兵备副使许守恩称天津海运艰难，相机拖延。许守恩遭到弹劾逮捕后，天津海运才被正式提上实施的日程。至于天津海运船只，可将先年原造战船加以改造。如果此船不可用，还可以招募沿海渔船、往来商船，或者从山东已经募集的船只中抽调三十只，由登

---

① (明)邢玠：《经略御倭奏议》，《御倭史料汇编》第4册，第96页。

② 参见《明神宗实录》卷316，万历二十五年十一月壬寅条，第5897页。

③ (明)邢玠：《经略御倭奏议》，《御倭史料汇编》第4册，第100页。

④ 《明神宗实录》卷325，万历二十六年八月戊辰条，第6033～6034页。

莱发往天津，用来转运天津海口的粮饷。经过兵部覆议后，由明神宗批准，保定巡抚及顺天巡按御史会同天津管仓郎中共同负责天津粮运。具体实施方法如下：

> 一面就近于河间府原欠本部二十四年京边税粮银内动支二万两，趁兹秋成，照时估召买粮石。一面借用天津仓米五万石，俱在该仓另廒收贮。再行临、德二仓管仓郎中、员外，各借该仓米一万石，查拨内河船只，陆续运至天津堪贮仓房内，设法堆囤。听本部咨行工部，严行该道将先年原造战船一百五十五只内，广召匠作改造运船，或召募商渔等船相兼装运。倘若前船不能凑集，即将先调淮安、吴淞、浙江各募商船内分拨三四十只，令其赴天津接运，至朝鲜界上交卸，听经理、巡抚委官转运支放。①

天津海运的增设，使得山东、辽东的民力物力较之前稍得以休养，同时也在一定程度上缓解了前线明军粮饷短缺的压力。

（二）朝鲜粮饷的筹措与转运

“丁酉再乱”发生后，朝鲜在寻求明朝给予全方位援助的同时，也在明朝的建议下采取了一系列举措来筹集与转运粮饷，以保障明军的粮饷供应。

1.朝鲜粮饷的筹集举措

根据朝鲜史书的记载，远在明朝洪武年间，朝鲜便年年遭受倭寇侵扰。只不过那时的倭患不及壬辰、丁酉年间规模大且持续时间久，但也时常会出现军饷不足的问题。为了筹措御倭军饷，朝鲜采取一系列措施，如“有令中外官及吏民、奴婢出谷有差者，有令州郡随职纳米谓之品米者，有于功臣田租三分取一、寺社田收其半、两殿所属官司田科敛外羡余并充军需者”②。因此，当战争再度发生时，朝鲜便在明朝的建议下，出台了一系列举措，积极筹备御倭粮饷。

（1）调整税赋的征收

首先是“征收新限”。自遭受战乱后，朝鲜民间税粮收入每年大约只有八万余石。而且根据朝鲜旧例，税粮的征收必须得等到次年正月方可开始。为解决明军的粮饷供给，朝鲜在综合考量各地庄稼成熟早晚的基础上制定了税粮征收期限：

---

① （明）邢玠：《经略御倭奏议》，《御倭史料汇编》第4册，第173～174页。

② 《事大文轨》卷23《户部咨朝鲜国王（户部粜办粮资）》，［韩］韩明基、李相薰等编：《壬辰倭乱史料丛书（对明外交）》第3册，第325页。

在平安、黄海、京畿、江原、咸镜五道，谷俱八月收获，定以十月初一日至初十日为头限，十月十一日（至二十日）为中限，十月二十一日至月终为末限；在忠清、全罗、庆尚三道，俱九月收获，定以十月二十一日至月终为头限，十一月初一日至初十日为中限，十一月十一日至二十日为末限。过限不纳者照旧例田主杖一百充军，过二十石脱欠不完者照旧例守令革职，俱各道观察使督查完欠，取仓收报，海防道查考，倭平之日仍听其便。①

通过将税粮征收时间提前到庄稼成熟之后，以及“过限者田主杖遣”“负多者守令革职”②等税粮征收责任制措施，确保了朝鲜在庄稼成熟后及时征收到应该征收的税粮。

其次是调整赋税征收额度。宣祖三十年（1597）十月粮谷收割后，朝鲜开始着手征收新的税粮来接济明军。户曹提出可以从岭南未遭受日军侵扰的礼基、荣川、醴泉、奉化、礼安、安东、真宝、青松、宁海、盈德、清河、兴海等处征办。关于税收征收额度，户曹提出：“今年农事，虽不至大段失稔，亦不至丰登，若以下之下定规，则不无民冤。就下之下，减一斗磨炼，每一结收三斗，则公私似为两便。虽经贼之处，非尽焚荡，得以收获，则又减一斗收税，亦为得中。”③朝鲜按照这个方法征收税粮，加上仓中所储旧谷，可以供给大军支用一段时间。

再次是“贡绸折米”。按朝鲜旧例，民户每年需根据各道所产向政府缴纳绵绸或苎布或绵布、粗布等赋役，缴纳数量为一、二匹各不相等。当壬辰战争发生后，织机多被废置，如仍强令征收绸布，百姓难以负担。面对这种情况，朝鲜采取“照价纳米以供军饷”，但考虑到朝鲜不用银钱，仅将绸布作为财物，不适合全部改为缴纳粮米，因此“照各道旧额各分半折征”④，这样既可以减轻百姓征办之苦，又可以多征米粮供给军饷。

(2)开纳拜爵

首先是“加纳赏职”。按照中国遥授冠带之例，朝鲜广泛采取输粟拜爵授予虚职，甚至授官三品纳米也不过十四石。这一时期，通过纳粟换得虚

---

① 《事大文轨》卷23《户部咨朝鲜国王（户部籴办粮资）》，[韩]韩明基、李相薰等编：《壬辰倭乱史料丛书（对明外交）》第3册，第329～330页。

② 《事大文轨》卷23《户部咨朝鲜国王（户部籴办粮资）》，[韩]韩明基、李相薰等编：《壬辰倭乱史料丛书（对明外交）》第3册，第330页。

③ 《朝鲜王朝实录·宣祖实录》卷93，宣祖三十年十月己未条。

④ 《事大文轨》卷23《户部咨朝鲜国王（户部籴办粮资）》，[韩]韩明基、李相薰等编：《壬辰倭乱史料丛书（对明外交）》第3册，第339页。

衔,已被乡里所不齿,于是朝鲜不得不进行变革。自参奉至寺正各职级的五府经历官,均准许以实职开纳。具体操作如下:

> 奉常寺参奉、军器寺参奉、礼宾寺参奉俱纳米十七石,奉常寺奉事、军器寺奉事、礼宾寺奉事俱纳米二十二石,奉常寺直长、军器寺直长、礼宾寺直长俱纳米二十七石,奉常寺主簿、军器寺主簿、礼宾寺主簿俱纳米三十五石,奉常寺判官、军器寺判官、礼宾寺判官俱纳米四十三石,奉常寺佥正、军器寺佥正、礼宾寺佥正俱纳米五十三石,奉常寺正、军器寺正、礼宾寺正俱纳米七十石。[①]

此外,还规定根据输粟时间的先后挨次候缺,听吏曹选补。

其次是"外官升迁"。朝鲜官员多重内而轻外,且旧例就有外官开纳升入朝中,于是再次实施"外官纳米升迁"。"京外官三品升进堂上者纳米五十石,纳米二百石者授从二品职衔,纳米三百石者除同知中枢府事,纳米四百石者除汉城府左右尹,纳米五六百石者升知中枢府事。"[②]宣祖三十一年(1598)二月,宪府奏称:"内外军饷渴乏,继用无路,特以储粟优数守令,或升堂上,或为升职,以劝他人,在所不已。"[③]此外,朝鲜官员还有想通过缴纳米豆调离日军侵扰之地,以避战乱。宣祖三十年(1597)十二月,军资监正尹昉奏称:"臣向见分户曹参议李时发,闻忠清道内两班辈,有欲以米豆纳官,而受出其代于平安、黄海等道者甚多。国家若听许,则可得万余石米豆云。数百里外,万余石输运极难,若许此事,则当此民生倒悬之时,可少减输运之弊,于公家本数犹在,亦无所损。"[④]

再次是"乞恩除赠"。朝鲜旧例,文武官员原系效用之人,可以通过输纳以达进取。此外,士族有为父祖追赠名衔,不仅能光孝道,且无妨典制,因此朝鲜认为可以广泛推行。于是有:

> 武举出身者,纳米五石除九品实职,纳米十石升七品,纳米二十石升六品;校生即中国生员,纳米四石除训导;士族为其父祖要追赠职名者,八品纳米二石,七品三石,逐石加品,至十五石赠堂上职名,二十五

---

① 《事大文轨》卷23《户部咨朝鲜国王(户部衆办粮资)》,[韩]韩明基、李相薰等编:《壬辰倭乱史料丛书(对明外交)》第3册,第331~332页。

② 《事大文轨》卷23《户部咨朝鲜国王(户部衆办粮资)》,[韩]韩明基、李相薰等编:《壬辰倭乱史料丛书(对明外交)》第3册,第333页。

③ 《朝鲜王朝实录·宣祖实录》卷97,宣祖三十一年二月癸酉条。

④ 《朝鲜王朝实录·宣祖实录》卷95,宣祖三十年十二月庚辰条。

石赠从二品职名。①

最后，还有“尚义输官”。自壬辰战争以来，一批富有正义感的官员尽自己所能输俸纳米，如指挥苏盛东输俸备倭、董应元等纳米济军。当这些事迹被宣传开后，有原任同知中枢府事李春阑、佥知中枢府事李春雨等慕古人输边之义，纷纷慷慨输纳。李春阑共向官仓输纳米、粟、稷、秫一千一百五十石，李春雨向官仓输纳米、豆共二百五十石。无论是经理都察院还是朝鲜政府均以此为典型，倡导百姓积极效仿，在赐尚义门扁的同时，还告谕百姓："若果倭患猖獗，谁能保其所有，与其蓄积被劫，孰若为国输忱，各量盖藏，佐彼军食，礼待表扬、收录效用咸属茂典。"②在劝导民众尚义输纳的同时，朝鲜也制定了相对应的奖励措施，"耆民、富老纳米二、三百石者，给与冠带荣身，有司另加优礼，不与该国上纳爵官等项相同；官宦、士夫纳米千石外者，为建坊扁表宅，仍查才力可用者，即便遇缺起用"③。

（3）赎罪免役

首先是"免罪纳赎"。按照朝鲜旧例，犯罪之人可以通过交纳布绢赎罪。壬辰战争期间，"若使（犯罪之人赎刑）尽从布绢则未免乏食，尽与改折则或致乏用"④，于是朝鲜政府根据实际情况制定出新的赎罪方案。除死罪不允许赦免外，杖笞之罪仍按照旧例缴纳布绢，徒流之罪则通过缴纳一定数额的大米获准免罪。具体实施细则如下：

若杖六十、徒一年者赎米十石，杖七十、徒一年半者赎米十二石，杖八十、徒二年者赎米十四石，杖九十、徒二年半者赎米十六石，杖一百、徒三年者赎米二十石，杖一百、流二千里者赎米四十石，杖一百、流二千五百里者赎米四十五石，杖一百、流三千里者赎米五十石。⑤

在这一政策实施过程中，各观察使需要做好详细记录以备日后核查。

其次是"乡吏免役"。所谓"乡吏"，即朝鲜国原先被指派专管伺候官员

---

① 《事大文轨》卷23《户部咨朝鲜国王（户部耎办粮资）》，[韩]韩明基、李相薰等编：《壬辰倭乱史料丛书（对明外交）》第3册，第333～334页。

② 《事大文轨》卷23《户部咨朝鲜国王（户部耎办粮资）》，[韩]韩明基、李相薰等编：《壬辰倭乱史料丛书（对明外交）》第3册，第344页。

③ 《事大文轨》卷23《户部咨朝鲜国王（户部耎办粮资）》，[韩]韩明基、李相薰等编：《壬辰倭乱史料丛书（对明外交）》第3册，第343页。

④ 《事大文轨》卷23《户部咨朝鲜国王（户部耎办粮资）》，[韩]韩明基、李相薰等编：《壬辰倭乱史料丛书（对明外交）》第3册，第335～336页。

⑤ 《事大文轨》卷23《户部咨朝鲜国王（户部耎办粮资）》，[韩]韩明基、李相薰等编：《壬辰倭乱史料丛书（对明外交）》第3册，第335页。

的乡民。朝鲜八道三百六十七州府郡县，除遭日军侵略之地外，尚有乡吏三千余人。凡朝鲜乡吏，“其户族子弟，俱役于官”，且劳役繁重。为筹集粮饷，朝鲜政府允许乡吏通过纳米获得终生免役。其实施方法为：“每名纳米十五石，终身免役”，同时也考虑到各地情况不同，“间有不愿纳免者，听从其便。”[①]

再次是“奴丁免役”。所谓“奴丁”，即朝鲜国原先被指派专管驿递服务之人。凡属奴丁，“累世阖族不许别业，又取其少妇、幼女专听官员拘留使唤，遍置官站，承应过客，即一户数十人，男、妇无一脱者”，“恣淫败度，大坏风俗”。[②] 在此情况下，朝鲜开始对驿递所使用的奴丁制度加以变革。“今议纳米二十石，许赎为良家子弟，应着为例，共计奴丁不止万余，又甚有益积贮。”[③]同时，强调有能力缴纳二十石的听其缴纳，没有能力缴纳的根据实际情况再予削减。

最后，还有“老军免役”。朝鲜建国之初，实行的军役制度为：“十五岁而应役，六十岁而免役”，且“例无纳免者”。[④] 近年来，由于受到倭寇的侵扰，朝鲜将军役改为终身制，直至服役者死才可免除。根据周朝与汉朝的制度，“夫五十不从力政，六十不舆服戎，载在《周制》；十五授兵，六十还之，见于《汉纪》”[⑤]，加之年龄达到六十岁的老人精神气力已大不如前，不适合继续服兵役。上了年纪的军人也希望通过交纳大米获得免役。在此情况下，朝鲜推行“老军免役”，即“幼军年十七岁以上者，方令承役；及五十五岁者，许纳米五石免役；其六十岁者，径得歇役，着为定例”。[⑥]

(4)其他举措

除上述所列举措外，朝鲜还施行了兴盐利、令老弱不能赴战者出粟纳米、刈取无主田禾、铸造铜钱、开采矿银等一系列措施。

万历二十五年(1597)五月，朝鲜备边司提议兴盐利。朝鲜四面滨海，海

① 《事大文轨》卷23《户部咨朝鲜国王(户部籴办粮资)》，[韩]韩明基、李相薰等编：《壬辰倭乱史料丛书(对明外交)》第3册，第336页。

② 《事大文轨》卷23《户部咨朝鲜国王(户部籴办粮资)》，[韩]韩明基、李相薰等编：《壬辰倭乱史料丛书(对明外交)》第3册，第337页。

③ 《事大文轨》卷23《户部咨朝鲜国王(户部籴办粮资)》，[韩]韩明基、李相薰等编：《壬辰倭乱史料丛书(对明外交)》第3册，第337～338页。

④ 《事大文轨》卷23《户部咨朝鲜国王(户部籴办粮资)》，[韩]韩明基、李相薰等编：《壬辰倭乱史料丛书(对明外交)》第3册，第339页。

⑤ 《事大文轨》卷23《户部咨朝鲜国王(户部籴办粮资)》，[韩]韩明基、李相薰等编：《壬辰倭乱史料丛书(对明外交)》第3册，第340页。

⑥ 《事大文轨》卷23《户部咨朝鲜国王(户部籴办粮资)》，[韩]韩明基、李相薰等编：《壬辰倭乱史料丛书(对明外交)》第3册，第340页。

盐储量巨大，但无人组织开采。当明朝军队缺乏食盐时，朝鲜才开始经理全罗、忠清等道的鱼盐出产，以供明军支用。多余的食盐则被用于贸换谷物，补充军饷。[①] 不久后，柳成龙也认为这一举措可行："若兴盐利，则可补军饷。"[②]

虽然朝鲜民间储粮已竭，但迫于形势的发展，领事金应南提出了："令民之不能赴战者，各出米一斗，贫者五升。"[③]到了新谷即将成熟之时，朝鲜户曹官员再次提出令老弱不能赴战者出粟，且制定了具体措施将其付诸实践。具体操作方法为：

> 行令各处管粮陪臣，凡在地方者，勿论文、武、官、公、私、贱及杂色人等老弱不堪从军者，各令出粟有差，定其期限。上限本年九月二十日，中限十月初十日，下限十月三十日。又虑其迟缓误事，每五州县差勤干委官一员往来催收，如有一处慢不奉令，有失期限者，本处官司并委官查问重治。[④]

虽然朝鲜努力筹备御倭粮饷，但所筹集到的粮饷也仅可以供给明军一两个月的用度。为保障明军粮饷供给，朝鲜政府甚至还征用了重修文庙的米币[⑤]，这一举措也招来了太学儒生们的反对。

十月十七日，求礼、全州、南原等地粮饷缺乏。于是，监司黄慎带人割取无主水田中的禾谷，以缓解粮饷短缺之困。[⑥] 十二月下旬，针对兵粮缺乏，明朝管粮郎中董汉儒提出收取全罗道无主水稻，即："窃闻全罗道溃散之后，成熟之谷大半不为收获云。若自官监刈无主之稻，则多得军粮，继饷之策无过于此。"[⑦]二十三日，董汉儒再次催促朝鲜，"贵国烦差贤能官员，严以期限，令其速往全罗、庆尚僻处州县搜括粮草，仍令居民及挑留老弱军丁收获残余菽稻，陆续搬运用兵之所"[⑧]。

万历二十六年(1598)四月，为筹集明军粮饷，朝鲜将铜钱的筹造与发行提上了日程，户曹对此不是十分支持，但仍然提出了较为可行的举措。户曹

---

① 参见《朝鲜王朝实录·宣祖实录》卷88，宣祖三十年五月戊戌条。

② 《朝鲜王朝实录·宣祖实录》卷88，宣祖三十年五月乙巳条。

③ 《朝鲜王朝实录·宣祖实录》卷88，宣祖三十年五月己未条。

④ 《事大文轨》卷28《朝鲜国王咨监军梁祖龄(回咨)》，[韩]韩明基、李相薰等编：《壬辰倭乱史料丛书(对明外交)》第4册，第277～278页。

⑤ 参见《朝鲜王朝实录·宣祖实录》卷90，宣祖三十年七月丁酉条。

⑥ 参见《朝鲜王朝实录·宣祖实录》卷93，宣祖三十年十月戊寅条。

⑦ 《朝鲜王朝实录·宣祖实录》卷95，宣祖三十年十二月丁丑条。

⑧ 《朝鲜王朝实录·宣祖实录》卷95，宣祖三十年十二月己卯条。

认为，朝鲜不产铜铁，铸造铜钱必然耗费许多人力物力，“前启请阁锺之毁，后启请寺刹之器，实为此也”。[①] 加之，朝鲜正值物力匮乏之时，发行铜钱难以收到预期效果。但朝鲜户曹还是竭力推行铜钱流通之策，并认为：“若料理得宜而出入有方，虽未知流行之无弊，亦不至全无所用。”[②]铜钱的具体发行流通之策如下：

> 铸钱之后，分送各道，许人买取。如奴婢身贡一应杂税，布物纳官者，一半用本色，一半纳铜钱，赎木、作纸皆用铜钱，则收入之路已广；而百官散料及下人、诸色工匠等口粮，一半用米布，一半用铜钱，则发散之路亦广矣。[③]

此外，朝鲜还在明朝的建议下尝试开采矿银以助军饷。如万历二十六年七月，明朝指挥黄应阳就曾向朝鲜国王上言：“开取端川之银，以助军饷，至如城北山及东大门外，皆有产银之处矣。”[④]然后，再将生产的银子拿到市场购买粮米补给军需。

朝鲜粮储空虚，加之运粮船只转运愆期，明军粮饷已无供给之策。对此，持平宋应洵提出：“堂上正三品实职以上各员散料，量减斗数，以补国用。”[⑤]不久后，朝鲜国王再次提到百官削减散料问题：“今粮饷垂绝，天兵有枵腹之忧。而至于百官，不得受散料云。此岂独有司之罪哉？实由予冒居之致，不觉涕下。予一日再食足矣，不必三时。该司供上饭米，减半进排。且内有米石少储，今下五十石，令户曹受去。”[⑥]由此可以看出，为了筹措粮饷，不仅朝鲜百官削减散料，甚至连朝鲜国王的饭食标准也有所削减。

2.朝鲜粮饷的转运举措

万历二十五年六月初一日，都司宁国胤向朝鲜国王提出，明朝运输粮饷，水路运至江华，陆路运至义州，然后交由朝鲜转运至明军各军驻扎之处。朝鲜国王对都承旨李好闵言：“其意不过以天朝船，载到义州之后，我国船只交替转输尔。若要天朝船便至江华，则于事未安矣。”[⑦]经过协商后，明朝与朝鲜最终一致同意，明朝运粮船只仅需将粮饷转运至平壤即可，无须远至江华。不久，朝鲜请求明朝速运粮饷接济在朝明军，明朝派遣管粮同知陈登前

① 《朝鲜王朝实录·宣祖实录》卷99，宣祖三十一年四月壬戌条。
② 《朝鲜王朝实录·宣祖实录》卷99，宣祖三十一年四月壬戌条。
③ 《朝鲜王朝实录·宣祖实录》卷99，宣祖三十一年四月壬戌条。
④ 《朝鲜王朝实录·宣祖实录》卷102，宣祖三十一年七月己亥条。
⑤ 《朝鲜王朝实录·宣祖实录》卷99，宣祖三十一年四月甲申条。
⑥ 《朝鲜王朝实录·宣祖实录》卷100，宣祖三十一年五月庚子条。
⑦ 《朝鲜王朝实录·宣祖实录》卷89，宣祖三十年六月庚申条。

往朝鲜，考察运粮船只的运输路线。经过考察，陈登发现三和县所辖广梁镇位于平安道与黄海道之间的大同江海口，且水流较为平缓，便于船只停泊。因此，他建议将广梁镇定为海运交卸之所，明朝运粮船只将粮饷运到此处交卸。这样既可以就地存贮，又可以由朝鲜船只转运至江华府储存，同时也方便朝鲜方面再从江华府分路搬运至各军驻地。如驻扎忠州的吴惟忠营可用平底船从汉江转运，驻扎南原的杨元营及公州、全州两地则可以沿海转运。此外，还将海道远近开列如下：

> 自鸭绿抵广梁，约四百余里；自广梁抵江华，约六百余里；又自江华府抵忠州，约三百里；抵忠清、全罗沿海交卸地方，约四五百里。自两道沿海交卸地方，递运各营驻扎处所，则公州从白马江船运交卸，全州、南原从旱路驮运交卸，所据水路、旱路俱不过一二百里。大概海路远近，当以风汛顺否为定。风汛甚顺则一日行四五百里，稍顺则一日行一二百里，不顺则虽相望之地亦不得前进，道里远近不可为准。①

朝鲜还采取一系列举措修补仓房用于储粮。广梁镇不仅城墙较为坚固，还有水军同佥节制使防护，但仓房小而难以大量存储。于是，朝鲜责令观察使韩应寅督修增补仓房。江华府位于汉江海口，处于诸路要冲，在原有城墙仓房的基础上，朝鲜责令陪臣观察使洪履祥严督添修。另外，阿郎镇系水军万户防守驻扎之地，城防、仓库均有，由旅顺发粮经海运直达阿郎镇交卸存贮也较为方便。

鉴于战争形势的发展，日军已攻入朝鲜腹地，庆尚右道及左道沿江地方也不够安全。在此情况下，只有江华一处系京畿要口，且有城墙仓房，因此可以将明朝海、陆二运粮饷及朝鲜平安道米、豆转运至此处存贮，然后再向明军驻地转运。于是，平壤、安州的粮饷直接运至江华府；义州转运的辽粮、定州的粮饷及山东海运粮均需先运至广梁镇，再由朝鲜方面转运至江华府。② 此时，为便于粮料的筹集转运，朝鲜还根据明朝要求查明庆尚道地方的屯兵、进兵之地以及行军经过之所。据朝鲜户、兵二曹调查后，回复如下：

> 窃查庆尚左道安东、大丘，庆州右道尚州、星州、晋州，俱有形势，可以屯兵。而左道庆州、密阳路通西生、釜山，右道晋州、咸安路通竹岛、安骨、加德，俱系进兵之地。其经过之所，自京城历京畿、忠清逾竹岭至

---

① 《朝鲜王朝实录·宣祖实录》卷89，宣祖三十年六月壬申条。

② 参见《事大文轨》卷22《经理朝鲜监军按察使萧应宫咨朝鲜国王(萧按察酌运粮饷)》，[韩]韩明基、李相薰等编：《壬辰倭乱史料丛书(对明外交)》第3册，第238页。

庆尚左道庆州等处谓之东路，历京畿、忠清逾鸟岭至庆尚左道大丘等处谓之中路，历京畿、忠清逾秋风岭至庆尚右道星州等处谓之西路，又有一路历京畿、忠清、全罗左道踰八良峙至庆尚右道晋州等处。①

并根据屯兵和行军的需要，商讨出粮饷转运的具体路线：

自江华从陆路则历京畿、忠清至庆尚左道长鬐县约一千余里，至庆尚左道大丘府约八百余里，至庆尚左道灵山县约九百余里；从水路则历京畿至忠清道忠州下卸，逾鸟岭至庆尚右道尚州，复从水路至金海府约一千余里……又自江华从海路历京畿、忠清、全罗至庆尚右道巨济县管内闲山岛约一千四百余里；又照江原道江陵、三陟等处粮饷可运至庆尚左道长鬐海口，从水路约七八百里；本道近地宁海、青松等处俱系僻路，原非大兵往来，亦非屯住之所，见有粮饷虽十分不敷，亦可从便拨运本处备用。②

朝鲜国王还专门选派官员负责接运明朝运往朝鲜的粮饷。朝鲜知中枢府事柳根前往沿海地方专管海运，负责督促各处官员整点船只、水手，等候接运。平安道管粮陪臣赵挺前往义州，专管接收由辽东陆路运来的粮米。但朝鲜陆路转运苦于沿途驿站缺少牛马，加之地方民力耗尽，难以驮载转输。于是征调广梁迤北沿海遗留船只，将义州粮米先运至广梁镇，再转运至各处军前。朝鲜担忧的是，从明朝运来的粮饷均汇集于广梁镇，而广梁迤南船只、人力难以及时将粮饷转运至各军驻地，于是提出明朝海运粮船直接运往江华交卸更为方便。③

此外，布政张登云还就海运粮道应当作何防护向朝鲜提出交涉。根据当时的形势，陆路转运较为安全。而海运粮船从金州旅顺口出发前往朝鲜广梁、江华等地，倘若有日军泛海西来，则需要水兵加以保护。于是，朝鲜严令该管官司调拨水兵驾快船给运粮船只护航，如发现倭情，粮船则驶入近海港湾避险。④ 广梁有黄海道所江镇佥节制使柳止信统领管内水兵防护，江华

---

① 《事大文轨》卷22《朝鲜国王咨经理萧应宫（回咨）》，［韩］韩明基、李相薰等编：《壬辰倭乱史料丛书（对明外交）》第3册，第241～242页。

② 《事大文轨》卷22《朝鲜国王咨经理萧应宫（回咨）》，［韩］韩明基、李相薰等编：《壬辰倭乱史料丛书（对明外交）》第3册，第243～244页。

③ 参见《朝鲜王朝实录·宣祖实录》卷89，宣祖三十年六月壬申条。

④ 参见《事大文轨》卷23《分守辽海东宁道兼理边备屯田张登云咨朝鲜国王（张布政堤备海运粮路以防贼变）》，［韩］韩明基、李相薰等编：《壬辰倭乱史料丛书（对明外交）》第3册，第424～425页。

则有京畿水军节度使李思命统领管内水兵防护，保证过往海运粮船的安全。①

二、明鲜双方围绕明军粮饷问题的交涉

当明朝决定再度援朝御倭后，明朝与朝鲜在“封贡体系”的大背景下，为了解决好前线明军的粮饷供给，围绕粮饷本折色分担、朝鲜粮饷筹措、催督朝鲜运粮、朝鲜运粮船只及雇船脚价等问题展开了一系列交涉。

（一）关于粮饷本色与折色分担的交涉

饷为三军司命，内地尚难供给，时常有缺乏之患，更何况远赴域外援朝御倭的明朝军队。当明朝筹划再度出兵时，兵部左侍郎李祯等就提出：“行、月二粮折色取给中国，本色折办朝鲜……择历练知兵者，速往朝鲜，料理该国（朝鲜）兵食、策应、戍守事宜。”②这一提议的出发点是保证前线明军的粮饷供应，同时也使明朝免受千里馈粮之苦，因而提出要朝鲜承担本色，明朝承担折色。

万历二十五年三月初九日，明朝九卿科道官员奉圣旨在东阙商讨东征御倭事宜，主要议题之一便是明军的粮饷筹办问题。当时的礼部尚书兼翰林院学士范谦等提出：

> 应援之师，在鸭绿以西，我自转饷亦已疲矣。渡鸭绿以东，则宜于饷朝鲜，不宜疲民以自敝也。彼倭夷之入朝鲜，不杀其民，即驱之而屯种，因粮于敌故能持久，所驻经年尚有余粮，常以逸而待劳。古云：“千里馈粮，士有饥色。”况间关万里，梯航绝域，翻（反）以主而为客，其何能谷？故议兵先须议饷，议饷先须议转饷之民，不可以空谈也。③

都察院左佥都御史郭惟贤认为：

> 其粮饷听计部（户部）会同兵部议处以后，责令朝鲜接济，或即以我兵屯田彼地，为善后之图亦可也。④

通政使司通政使田未等认为：

---

① 参见《事大文轨》卷23《朝鲜国王咨分守辽海东宁道兼理边备屯田张登云（回咨）》，［韩］韩明基、李相薰等编：《壬辰倭乱史料丛书（对明外交）》第3册，第426页。

② 《明神宗实录》卷307，万历二十五年二月壬申条，第5736页。

③ 《事大文轨》卷20《辽东都指挥使司咨朝鲜国王（都司咨会九卿科道会议东征）》，［韩］韩明基、李相薰等编：《壬辰倭乱史料丛书（对明外交）》第3册，第16～17页。

④ 《事大文轨》卷20《辽东都指挥使司咨朝鲜国王（都司咨会九卿科道会议东征）》，［韩］韩明基、李相薰等编：《壬辰倭乱史料丛书（对明外交）》第3册，第27页。

> 以兵至万计，日费不赀，计以岁月，更为不赀之甚者。故为今目前燃眉之计，必须借山东等处附近地方挽输转运，以济一时兵食急用，然不可以常维也，于此而求经久之策。臣等尝阅辽东舆地图及彼中土人讲说，闻辽自宽奠至夹江一带与朝鲜义州仅隔一水，中有田万余顷，号为鱼米膏腴上地，即李唐时东征屯牧之所。其间九连城基址尚在，请于此处添设一大将，如刘綎其人者驻扎防御，即将所征川、浙兵于此戍焉，令无事立屯耕垦，有事出征攻战，如汉赵充国屯金城故事，以其将驭兵，以其兵防倭，以其地之所出者养兵。夫兵以万计，则每岁所获亦当以万计，田可久则兵亦可久。庶下可以免挽输之劳，上可以省帑藏之发，不惟东可以为朝鲜保障，西亦可以为御虏应援，所谓兴兵结局、善后机宜大都或不越此。[①]

廷臣们有关粮饷筹办的意见可以总结为："饷宜预计，而行、月二粮俱责办于中国，转运甚难，不若令朝鲜协济之为便者"[②]，或者选取适当地方屯田以接济军饷为宜。但商讨的最终结果还是认为：

> 行、月二粮，俱照督臣条议，折色取给于中国，本色责办于朝鲜，毋得推诿误事。各官公费俱如议，行三处协办。新额饷一听户七兵三之例，除本部见存银十三万八千四百两已足原额，余饷俱听户部另行酌议补给。所有安家犒赏及行粮料草，难以预定，应候临期酌请……乞敕吏部即为推选历练知兵之人，速往朝鲜，料理该国兵食、策应、戍守事宜。[③]

不久后，明朝政府在催促救援兵将火速出发的同时，还责令朝鲜筹备粮饷本色，供明朝军队行军经过时支用。如果朝鲜粮饷不足，明朝再从山东海运接济。[④] 然而，朝鲜方面粮饷筹备的实际状况与明朝预先设想的情况存在着较大出入。

万历二十五年三月二十二日，孙鑛奉旨召集群臣商讨东征兵饷事宜。经过讨论，明朝官员一致认为应亟咨朝鲜，"乘大兵未集之时，选委才能陪

---

① 《事大文轨》卷20《辽东都指挥使司咨朝鲜国王(都司咨会九卿科道会议东征)》，[韩]韩明基、李相薰等编：《壬辰倭乱史料丛书(对明外交)》第3册，第29～31页。

② 《事大文轨》卷20《辽东都指挥使司咨朝鲜国王(都司咨会九卿科道会议东征)》，[韩]韩明基、李相薰等编：《壬辰倭乱史料丛书(对明外交)》第3册，第57页。

③ 《事大文轨》卷20《辽东都指挥使司咨朝鲜国王(都司咨会九卿科道会议东征)》，[韩]韩明基、李相薰等编：《壬辰倭乱史料丛书(对明外交)》第3册，第58～59页。

④ 参见《明神宗实录》卷308，万历二十五年三月甲辰条，第5761页。

臣，将各道粮饷备查，某粮可支几时，某粮不足于用，作何运借、作何处顿？”①如果朝鲜果真粮饷本色匮乏，明朝再及时援助。四月十日，明朝收到朝鲜回复：自义州起至草溪郡，沿途贮藏的米豆数目已经查明造册上报明朝经略。同时，朝鲜还强调已经派遣陪臣前往各地筹粮，虽卖鬻劝借、百计措办，但所筹得的米豆数量仍然不多，恳请明朝及时催运粮料，资助朝鲜本色，以保证明军粮饷供给。②

万历二十五年三月二十六日，孙鑛就明军粮料本色问题与朝鲜国王进行交涉。孙鑛指出，即将有一万余名明朝官兵抵达朝鲜防守要害地方，中国虽已筹办粮饷本色，但因转运不便，难以供给，而朝鲜筹办粮料更为方便。加之近年来朝鲜年年丰收，所存米粮、料草可供五万大军一年支用。因此，朝鲜户曹应于明军经过地方筹办粮草，供给明军。③ 针对明朝提出的“粮饷本色责办朝鲜甚为便宜”，朝鲜派往明朝的陪臣禀称：“（朝鲜）见粮止有五万余石，本国兵食亦在其中，委不足用。”④此时，明朝军队还尚未前往朝鲜支取粮料，而朝鲜使臣已禀称粮饷匮乏。这引起了明朝的担忧：“目今一兵未见开支，而该国告匮已如此。设天兵俱到，彼国仍以残破为辞，比时刍粮不继，仍责之朝鲜乎？将运之中国乎？责之朝鲜，各兵有庚癸之呼；运之中国，则辽左有飞挽之苦。”⑤对此，明朝提出的解决方案是：“今期迫途远，输运艰难。令督抚转行该国，遵议备办本色，预待境上，兵到应用。中国再从便发粮，由山东海运，往彼接济。”⑥直到五月，孙鑛才得到朝鲜国王的明确回复：朝鲜沿路收贮米只有118800石，豆只有123900石。此外，还特别强调朝鲜兵祸之余，人民死亡殆尽，田土抛荒，民间所存米粮仅够百姓生活，军粮难以筹办。朝鲜国王还借此机会再次提出，朝鲜日夜盼望明朝海运山东等处粮饷接济明军。⑦

四月初五日，明朝布政张登云就朝鲜粮饷筹办与朝鲜国王展开交涉，要求朝鲜国王“速委能干陪臣，将各道粮饷备查，某处存有若干，可够兵马若干

① 《事大文轨》卷19《朝鲜国王咨经略孙鑛（回咨）》，[韩]韩明基、李相薰等编：《壬辰倭乱史料丛书（对明外交）》第2册，第339页。

② 参见《事大文轨》卷19《朝鲜国王咨经略孙鑛（回咨）》，[韩]韩明基、李相薰等编：《壬辰倭乱史料丛书（对明外交）》第2册，第341～342页。

③ 参见《事大文轨》卷20《总督蓟辽保定等处军务兼理粮饷经略御倭孙鑛咨朝鲜国王（孙军门军饷咨）》，[韩]韩明基、李相薰等编：《壬辰倭乱史料丛书（对明外交）》第3册，第80～81页。

④ 《朝鲜王朝实录·宣祖实录》卷87，宣祖三十年四月乙亥条。

⑤ 《朝鲜王朝实录·宣祖实录》卷87，宣祖三十年四月乙亥条。

⑥ 《朝鲜王朝实录·宣祖实录》卷87，宣祖三十年四月乙亥条。

⑦ 参见《事大文轨》卷20《朝鲜国王咨经略孙鑛（回咨）》，[韩]韩明基、李相薰等编：《壬辰倭乱史料丛书（对明外交）》第3册，第82～83页。

几时支用,某处不足亟当运借某处粮料接济,仍要顿放得法、给散无弊,倘彼中本色十分匮乏,仍听督抚并管粮衙门量处资助”[①]。对此,朝鲜国王强调:“小邦酷被凶祸,地方十分残破,各处州县一样殚竭”,所储米豆只够大军经过时食用,决不得接济留住兵饷,乞求明朝“将已经题准山东粮饷作速船运,以济军兴”。[②] 除此之外,还将平安道义州府起至庆尚道庆州府沿路各站收贮米豆情况统计如表3、图1所示:

表3 朝鲜各处收贮米豆情况统计[③]

	府名	存粮数量
平安道	义州府	米五千四百五十石,豆六千一百石
	定州	米三千六百五十石,豆四千石
	安州	米三千五百五十石,豆三千九百石
	平壤府	米一万两百五十石,豆一万一千一百石
黄海道	黄州	米四千一十一石,豆四千石
	瑞兴府	米三千二十石,豆二千九百六十石
	平山府	米二千六百七十二石,豆三千三百五十三石八斗
京畿	开城府	米三千一百八十二石,豆三千六百六十八石
	京城	米二万四千六百四十一石七斗五升,豆二万八千三百六十三石八斗
	水原府	米二千四百九十二石九斗,豆四千四百一十一石
忠清道	稷山县	米二千二百二石,豆三千五百三十三石
	公州	米六千三十四石,豆八千六百八十石
	恩津县	米三千八十七石,豆三千二百六十六石
全罗道	全州府	米九千二百七十一石,豆九千八百一十五石
	南原府	米一万八千一百二十八石,豆一万三千二百五十二石

① 《事大文轨》卷19《整饬金复海盖兵备带管分守道事张登云咨朝鲜国王(布政咨议饷粮)》,[韩]韩明基、李相薰等编:《壬辰倭乱史料丛书(对明外交)》第2册,第386~387页。

② 参见《事大文轨》卷19《朝鲜国王咨整饬金复海盖兵备带管分守道事张登云(回咨)》,[韩]韩明基、李相薰等编:《壬辰倭乱史料丛书(对明外交)》第2册,第389页。

③ 参见《事大文轨》卷19《朝鲜国王咨整饬金复海盖兵备带管分守道事张登云(回咨)》,[韩]韩明基、李相薰等编:《壬辰倭乱史料丛书(对明外交)》第2册,第389~393页。

续表

道名	府名	存粮数量
庆尚道	咸阳郡	米二千七百八十三石，豆九百七石
	陕川郡	米三千三百九十一石，豆二千八十七石
	庆州府	米二千石，豆二千四百石
江原道		僻在山海之间，税粮十分尠少，专供庆尚左道防守官兵犹且不敷
咸镜道		税粮专供沿山沿江防备达贼官兵
其中，全罗道税粮除沿路各站分置米九千七十四石、豆八千一百五十二石，留贮罗州等处拟补天兵留驻时支用外，以上总计大米共一十一万八千八百九十二石一斗五升，豆一十二万三千九百四十八石一斗。		

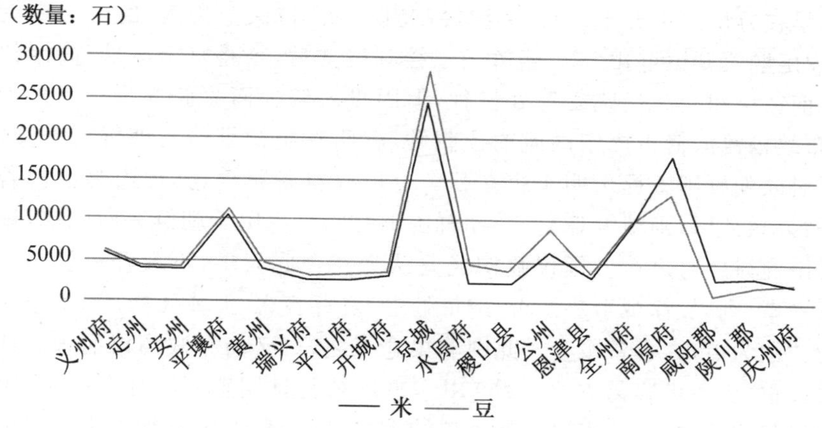

图1　朝鲜各府收贮米豆统计

由上图可以看出，首先，朝鲜各地筹办到的米豆数量差异较大，其中以京畿与全罗道储量最多，这也与当时的战争的形势息息相关。京畿是朝鲜的都城，而全罗道是战争的最前线，均需要大量屯兵，故需要储备大量的米豆。其次，各地米与豆的数量基本相同，正相关性极强，在一定程度上说明这是按照各处供给兵马所需粮料的数量进行人为调配的结果。

四月二十六日，邢玠以后续派往朝鲜的明军尚多为由，要求朝鲜在行军沿途多备粮饷，待明朝军队经过驻扎时支用。五月十九日，朝鲜国王回复称：

小邦残破，赤立沿途。粮料渴取公私所有，其所准备者只是若干数，仅支经过应给之需。如各营兵马久驻境内，相持旷日，则粮饷一事万无接济之策。小邦昼夜遑遑，罔知所出，惟日望天粮海运，登时输到，得以添补，以济军兴。小邦既冒死乞恩，劳天兵再举，兵出而又告粮乏，实深惶愧，无地自容，但痛愤切身，不容无声，烦乞贵部院曲加轸念，从长计处，督并海运本色，前来添补，俾无缺乏之患。[①]

该回复向明朝说明朝鲜粮饷本色十分匮乏，难以供给明军。但是，从明朝海运本色接济明军也十分困难，于是明朝官员开始将关注的重点转移到屯田上。此时，经理杨镐提出一条万全之策，"莫若于在开城、平壤二处开府立镇、练兵屯田"，用汉法教朝鲜之人通商、惠工、开利源。[②] 但这一提议并没有得到朝鲜方面的积极响应。

(二)关于朝鲜粮饷筹措的交涉

关于朝鲜粮饷的筹措问题，明朝与朝鲜双方主要围绕着屯田、税粮征收、开纳拜官或赎罪、刈取无主稻粮等举措开展了一系列的交涉。

早在万历二十五年三月，孙鑛在《特陈(属国)保全长策》的咨文中就提到"阁臣题议开镇屯田"[③]。朝鲜国王接到咨文后，令将官金应瑞、高彦伯等领兵前往庆州、宜宁、咸安等处耕种，但因投入较少而收获亦少。三月十四日，布政杨镐派遣指挥宁国胤前往朝鲜，就明军粮饷供给与朝鲜展开交涉。宁国胤向朝鲜国王提出明军应在朝鲜屯田以自备军食，其理由为："倭若不去，而天兵久留，则粮饷难矣。"[④]朝鲜国王对明军屯田于朝鲜有所顾虑，遂召集群臣商讨应对之策。领议政柳成龙认为："今此大事，不敢轻易议……而屯田一事，则以'徐观事势便否，酌量处之'之意答之，似或无妨。"[⑤]备边司则认为："欲为屯田，自备军食。此则非渠仓卒之言，必与布政商议而来。此事所关极重，决不可容易许之。"[⑥]屯田一事遂被暂且搁置。四月九日，宁国胤再次询问朝鲜国王，并指出："朝鲜粮饷若敷，则天兵屯田不须为之。"但朝鲜国王却以屯田需要与群臣商议后才能答复，加以敷衍搪塞。[⑦] 四月十三日，朝鲜国王与大臣商讨国事，又提及屯田一事。朝鲜国王认为可以在平安等

---

① 《事大文轨》卷20《朝鲜国王咨经略邢玠(回咨)》，[韩]韩明基、李相薰等编：《壬辰倭乱史料丛书(对明外交)》第3册，119～120页。

② 参见《事大文轨》卷20《朝鲜国王奏(仰陈经理便否奏文)》，[韩]韩明基、李相薰等编：《壬辰倭乱史料丛书(对明外交)》第3册，第89～90页。

③ 《事大文轨》卷19《总督蓟辽保定等处军务兼理粮饷经略御倭孙鑛咨朝鲜国王(孙军门特陈保全长策)》，[韩]韩明基、李相薰等编：《壬辰倭乱史料丛书(对明外交)》第2册，第370页。

④ 《朝鲜王朝实录·宣祖实录》卷86，宣祖三十年三月甲辰条。

⑤ 《朝鲜王朝实录·宣祖实录》卷86，宣祖三十年三月乙巳条。

⑥ 《朝鲜王朝实录·宣祖实录》卷86，宣祖三十年三月乙巳条。

⑦ 参见《朝鲜王朝实录·宣祖实录》卷87，宣祖三十年四月己巳条。

道试验屯田，但又担心明朝会乘机长期占据朝鲜。[①] 经过商讨，朝鲜君臣认为可以作一尝试，不过只能派遣一名官员进行试点。朝鲜因“土地硗确，林薮山泽居十之六七，无平原沃野可收大利”[②]，故而无法大规模经营屯田。就土品而言，庆尚下道及全罗、南原等处最为肥饶，地宜五谷；平安道肃川、安州之间，黄海道沿海地方，有可耕田土，决渠灌溉，亦可经营。[③]

至万历二十六年初，朝鲜备边司对倭情做出判断，认为“此贼（倭）不可一朝一夕讨平”，于是提出“以天兵分守南方山城，仍为屯田事”。[④] 然而，朝鲜地方官员对推行屯田并不热心。据接伴使李德馨奏报，布政杨镐出示庆尚、忠清两道屯田播种石数单子，曰：“庆尚水田播种只四百余石，旱田二百三十一日耕；忠清道水田播种三百余石，旱田二百十九日耕”，认为屯田数额太少，朝鲜需加快实施进度。[⑤] 明朝御史陈效在离开朝鲜返回明朝时，向朝鲜国王献御倭之策，认为可屯田于朝鲜南部，秋成收粮五十余万石，明朝只需再转运三十万石，便可足供大军一年之用。[⑥] 到了下半年，明军先后败于南原、蔚山、泗川，大学士赵志皋对朝鲜战事提出异议，认为应将东征事宜委派于经理万世德，量留精兵若干，择膏腴之地屯垦，其余兵马尽数撤回。[⑦] 此外，他还奏请容许万世德用明朝法规对那些不尽心尽责的朝鲜官员予以治罪。由此可以看出，明军试图在朝鲜兴办屯田供给粮饷的计划并未得到很好的实施。

万历二十五年七月，经理杨镐就“及时征办糗粮以便接济事”与朝鲜展开交涉。朝鲜屡次向明朝陈述“粮饷特乏”，要求明朝转运粮饷供给明军，明朝也筹办了一定数量的粮饷，但“陆挽辽粮阻于道里之远，摘运南饷苦于风涛之艰”。[⑧] 此时，明朝大军已陆续向朝鲜进发，如果朝鲜无法提供必要的粮饷供给，势必会对明军士气产生严重影响。经略杨镐听闻朝鲜“征粮率于深

① 参见《朝鲜王朝实录·宣祖实录》卷 87，宣祖三十年四月癸酉条。

② 《朝鲜王朝实录·宣祖实录》卷 92，宣祖三十年九月丁未条。

③ 参见《朝鲜王朝实录·宣祖实录》卷 93，宣祖三十年十月癸亥条。

④ 参见《朝鲜王朝实录·宣祖实录》卷 96，宣祖三十一年一月乙巳条。

⑤ 参见《朝鲜王朝实录·宣祖实录》卷 97，宣祖三十一年二月辛酉条。

⑥ 参见《朝鲜王朝实录·宣祖实录》卷 98，宣祖三十一年三月己酉条。

⑦ “朝廷之钱粮，百姓之膏血，为博功名之儿戏也……倭以逸待劳，以近制远，而我裹粮束刍，野栖露宿，安见其能胜也？不如令督臣邢玠，仍归本镇，以东事悉委经理万世德，择一大将，与之协同，兵将择其精健，量留若干，其余悉令撤归，将所留之兵，分布全、庆要害之处，择其膏腴之地，广行开垦，久则彼食自足，我饷可以免运矣。”（《朝鲜王朝实录·宣祖实录》卷 107，宣祖三十一年十二月己巳条）

⑧ 《事大文轨》卷 22《经理朝鲜军务杨镐咨朝鲜国王（杨经理及时征税）》，［韩］韩明基、李相薰等编：《壬辰倭乱史料丛书（对明外交）》第 3 册，第 147 页。

冬，出令民间输纳，大抵因循愆期”[①]，认为这种情况可施行于平常无事之时，而不应出现在军粮供办缺乏之际。加之日军欲乘秋熟抢谷，因此朝鲜须迅速组织人力，将成熟禾谷尽早收割存贮，做到坚壁清野。鉴于此，杨镐提出：“请将今年应收税粮，先期责令百姓出办，俱于九月一齐运赴兵马经行及屯驻处所，不宜如前，怠缓误事；若僻处郡县运道迂回者，每粮一石不妨量减升斗，准作正数，少资车脚之费，庶人心乐于输纳。”[②]朝鲜国王同意并支持杨镐提出的“及时征收税粮接济明军”的建议，要求户曹组织各道观察使按照杨镐的建议积极筹办粮饷。[③]

与此同时，明朝按察萧应宫就“酌定锾赎事规”与朝鲜国王进行交涉。萧应宫认为，师行粮从乃兵法大计，而今东征兵马陆续进发，需用行粮、米豆日过千石，但朝鲜粮料储备不足，难以供给支放，且明朝粮运艰远，难解一时燃眉之急。[④] 据此，萧应宫认为就便经营、开例措置较为妥当，于是建议朝鲜“富家入粟拜官，犯罪之人纳米减免”。具体操作方法如下：

> 开纳一节，照依彼中官品高下，裁定米石多寡，大破往昔遥授之例，并从实除。内而各寺官应纳米若干，外而州牧使应纳米若干，府使应纳米若干，郡守应纳米若干，州判官应纳米若干，县令应纳米若干，县监应纳米若干。交纳掣关之日，吏曹即准以次铨选到任，管事不得抑勒淹滞，重拂人心事宁，停止前例，以杜滥觞。又该国犯罪五等，死、流、徒、杖、笞是已。除真正死罪不宥外，若情有可矜、事干深入者，在中朝且犹原之合，听查审明白，照例纳米若干。与减流罪、减徒徒、减杖笞者，各以轻重定米，视昔一切从宽。[⑤]

此外，还要求朝鲜具体经办官员按照入粟拜官、纳米减罪分类记录造册，作为日后核查凭证。

经理杨镐也曾就“开纳拜官或赎罪事宜”与朝鲜陪臣李德馨展开交涉：

---

① 《事大文轨》卷22《经理朝鲜军务杨镐咨朝鲜国王(杨经理及时征税)》，[韩]韩明基、李相薰等编：《壬辰倭乱史料丛书(对明外交)》第3册，第147页。

② 《事大文轨》卷22《经理朝鲜军务杨镐咨朝鲜国王(杨经理及时征税)》，[韩]韩明基、李相薰等编：《壬辰倭乱史料丛书(对明外交)》第3册，第148页。

③ 参见《事大文轨》卷22《朝鲜国王咨经理杨镐(回咨)》，[韩]韩明基、李相薰等编：《壬辰倭乱史料丛书(对明外交)》第3册，第150～151页。

④ 参见《事大文轨》卷22《经理朝鲜监军按察使萧应宫(萧按察酌定锾赎事规)》，[韩]韩明基、李相薰等编：《壬辰倭乱史料丛书(对明外交)》第3册，第153页。

⑤ 《事大文轨》卷22《经理朝鲜监军按察使萧应宫(萧按察酌定锾赎事规)》，[韩]韩明基、李相薰等编：《壬辰倭乱史料丛书(对明外交)》第3册，第154～156页。

> 中朝（明朝）有纳米除官、赎罪之规，尔国当此粮饷乏急之时，宜且破格从权。其纳粟多者，文官除某职，武官除某官，秀才除某职。其有知县、知府能纳米而又能多运者升某级，且有罪者许除，有役者许免，以广得粟之路。[①]

朝鲜也意识到："今日御敌之策，粮饷最急。"在明朝咨文未到之时，朝鲜各筹粮官员就已着手实施开纳一事：

> 苟可以得粟，即毋论正大从权之体，可暂可久之政，率意行之。至于鬻狱则不敢并免死刑，而官爵则至不惜宰枢重秩。自户、刑、工三曹参判下至九品参奉，视所纳多少为之差除，就其中稍有才干者，俱为实授，已经到任管事。[②]

据朝鲜户曹奏称，户曹判书金睟在忠清、全罗等道遵照总督、经理的吩咐，按照规例劝谕军民纳粟拜官、纳米免罪以筹办粮饷，并将忠清道筹得的米、豆分贮于忠州、公州等处，将全罗道筹得的米、豆分贮于全州、南原等处；京畿观察使洪履祥、黄海道观察使柳永询等亦按照规例在各自辖区内劝谕百姓筹办粮饷。经过各方的努力，共筹得米 13727 石、豆 24707 石，具体情况如表 2 所示：

表 2　朝鲜各处纳粟拜官、纳米免罪筹得米豆数量统计[③]

	米（石）	豆（石）
忠清道	3525	8183
全罗道	4763	10234
京畿	2521	856
黄海道	2918	5434
总计	13727	24707

万历二十五年十二月，因深冬时节海面结冰，明朝粮饷一时难以运到。

① 《事大文轨》卷 22《朝鲜国王咨经理萧应宫（回咨）》，[韩]韩明基、李相薰等编：《壬辰倭乱史料丛书（对明外交）》第 3 册，第 158～159 页。

② 《事大文轨》卷 22《朝鲜国王咨经理萧应宫（回咨）》，[韩]韩明基、李相薰等编：《壬辰倭乱史料丛书（对明外交）》第 3 册，第 159～161 页。

③ 参见《事大文轨》卷 22《朝鲜国王咨经理杨镐（本国加备粮饷）》，[韩]韩明基、李相薰等编：《壬辰倭乱史料丛书（对明外交）》第 3 册，第 208～209 页。

加之，屯兵之地粮饷不足一月用度，且明军计划南下攻取全罗，川贵兵马也即将抵达朝鲜，粮饷缺乏已经对整个战局产生影响。于是，经略邢玠与朝鲜国王进行交涉，要求朝鲜“先送王京之粮，促义州之运，仍于邻近全庆别道之粮亦运屯兵之处”①。但朝鲜国王却认为王京只存有少量粮饷，无法接济明军，应督令各管粮官员星夜催运义州以及全庆别道所存贮的粮饷供给明军。在此情况下，由于计划攻取的全罗道附近的田野中尚有未收割的无主稻粮，邢玠要求朝鲜派遣管粮官员核查各处在地稻粮，凡离日军稍远的地方，组织人力快速收割，并委派明朝游击董正谊等统兵保护。此外，邢玠还要求朝鲜将收割到的稻谷搬运至城中捣成米，清点出数量用于供给明军。朝鲜国王在接到咨文后，迅速派遣兵曹佐郎南晫赶往全罗道，会同全罗道节度使李光岳实地查看各处未收稻粮，催督百姓收割离日军较远的稻粮并运至城堡存贮。②

（三）关于催督朝鲜运粮的交涉

万历二十五年八月，明朝按察萧应宫就粮饷转运向朝鲜提出交涉，要求朝鲜查明“庆尚道地方某处应屯兵，某处系进兵之地，某处经过之所”，并据此回复“某处应备粮若干……储积所是否坚城，堪否固守”。③ 经过户曹和兵曹的商讨后，朝鲜认为明朝大军可分四路征讨日军，但屯兵、进兵所经之处全都遭受兵燹，粮饷殆尽，只有忠清道忠州、公州，庆尚道安东、庆州，全罗道全州、南原等地存有少量粮饷。忠州、公州、全州、南原因明朝副总兵杨元、吴惟忠及游击陈参驻军支用，消耗已多。④ 在综合考虑各处屯兵、存粮以及粮饷贮存安全的基础上，朝鲜提出：

> 本处（庆尚道）见有倭贼驻扎，如要转运交卸，虽地方残破，须调夫马船只及水站船只驮载接运，仍令本处官司照数交付储积处所；唯庆州有城子堪为固守，而大丘、灵山二处原无城子不可储峙。⑤

万历二十五年十二月，明朝同知王徕吉为催运兵粮前往开城，督理朝鲜

---

① 《事大文轨》卷24《总督蓟辽保定等处军务兼理粮饷经略御倭邢玠咨朝鲜国王（军门咨收稻粮）》，［韩］韩明基、李相薰等编：《壬辰倭乱史料丛书（对明外交）》第4册，第148页。

② 参见《事大文轨》卷24《朝鲜国王咨经略邢玠（回咨）》，［韩］韩明基、李相薰等编：《壬辰倭乱史料丛书（对明外交）》第4册，第150～151页。

③ 参见《事大文轨》卷22《经理朝鲜监军按察使萧应宫咨朝鲜国王（萧按察酌运粮饷）》，［韩］韩明基、李相薰等编：《壬辰倭乱史料丛书（对明外交）》第3册，第239～240页。

④ 参见《事大文轨》卷22《朝鲜国王咨经理萧应宫（回咨）》，［韩］韩明基、李相薰等编：《壬辰倭乱史料丛书（对明外交）》第3册，第242～243页。

⑤ 《事大文轨》卷22《朝鲜国王咨经理萧应宫（回咨）》，［韩］韩明基、李相薰等编：《壬辰倭乱史料丛书（对明外交）》第3册，第243～244页。

黄州、平山一带运粮事务。经核查，他发现：自黄州至平山二百里内的粮运由督运官朴灵叙负责管理，自平山至王京二百七十里内的粮运由督运官赵存性负责管理；黄州由明朝经历与黄州太守共同管理，粮运较为通畅；而黄州转运出来的米豆到达瑞兴时，瑞兴太守赵庭坚却迁延怠慢推迟转运；平山因太守黄琇做事勤恳，故而粮饷转运通畅，但因其冒犯朝鲜国王被捕，致使平山粮运无人管理，虽有观察使往来催督仍无济于事；平山转运出来的米豆需经长湍亭子浦中转，再运至王京交卸存贮，而亭子浦既无京官督管收发，也无人夫接替转运。[①] 针对上述问题，王徕吉要求朝鲜：对瑞兴太守赵庭坚加以申饬，并将朴灵叙派驻瑞兴，监督瑞兴太守催促人夫及时转运粮饷；平山太守黄琇暂且赦免，令其催运粮饷，如有功则将功赎罪，如无功仍听国王处治；督运官赵存性派往亭子浦驻扎，监督长湍、坡州、高阳等处郡县太守催调人夫输运军粮。[②] 朝鲜国王在接到咨文后，及时做出处理。十二月十日，朝鲜国王令朴灵叙驻扎瑞兴催调人夫转运粮饷，令陪臣边以中从江华移驻亭子浦专管收发催运，仍令赵存性往来催赴；黄琇准以戴罪催运粮饷，赵庭坚则因将千包米豆暂缓转运延误军机而被捉拿治罪。[③]

十二月下旬，经略邢玠为催调兵粮与朝鲜展开交涉。当时正值明朝大军向庆尚道进发，全罗道也有兵马驻防，但据督粮官员报告称："今不惟全罗粮少，而庆尚兵用之处……粮料不足一月之用，乞行急催转运接济……数万之众正在攻剿之际，若使粮料稍有缺乏，则万口嗷嗷祸何可言。"[④]为此，邢玠催促朝鲜加速转运粮饷接济明军。他提出应同时实施三种举措来解决粮饷缺乏的问题：一是督令各陪臣将王京储存的粮饷星夜速运至屯兵之处接济军用；二是差人令义州等处各陪臣将粮料速运至王京，以便转运至军前；三是督令百姓将全罗、庆尚附近各道存贮的粮料速运至屯兵处所，以助兵食。同时，他还着重强调接到咨文后务必迅速实施，不可贻误军需。[⑤] 朝鲜各处管粮陪臣所报存粮情况与督粮官员所报存有差异。全罗道管粮陪臣吕佑吉报称："本月（十二月）初十日以前，全州见收军饷，米一万石零，豆五千石

---

① 参见《事大文轨》卷24《料理兵粮王徕吉咨朝鲜国王（王同知催运粮饷）》，[韩]韩明基、李相薰等编：《壬辰倭乱史料丛书（对明外交）》第4册，第102～103页。

② 参见《事大文轨》卷24《朝鲜国王咨料理兵粮王徕吉（回咨）》，[韩]韩明基、李相薰等编：《壬辰倭乱史料丛书（对明外交）》第4册，第104页。

③ 参见《事大文轨》卷24《朝鲜国王咨料理兵粮王徕吉（回咨）》，[韩]韩明基、李相薰等编：《壬辰倭乱史料丛书（对明外交）》第4册，第105页。

④ 《事大文轨》卷24《总督蓟辽保定等处军务兼理粮饷经略御倭邢玠咨朝鲜国王（军门催调兵粮）》，[韩]韩明基、李相薰等编：《壬辰倭乱史料丛书（对明外交）》第4册，第143页。

⑤ 参见《事大文轨》卷24《总督蓟辽保定等处军务兼理粮饷经略御倭邢玠咨朝鲜国王（军门催调兵粮）》，[韩]韩明基、李相薰等编：《壬辰倭乱史料丛书（对明外交）》第4册，第143～144页。

零”,以全罗道现有兵马计算,可供支用两三个月。庆尚道系大兵进剿之地,而管粮陪臣柳永庆、成泳、尹承勋等相继报称:“一个月粮犹或可继,此外更无责办去处。”①据此,朝鲜国王做出安排:首先,令忠清、全罗等道观察使及各管粮陪臣将各自管辖区域内所储米豆运至军前接济;其次,鉴于稷山、公州两地所收贮的粮饷已足够接济经过兵马食用,今后将各处应运往两地的米豆移运至忠州,原应运至忠州的米豆直接运往尚州、大邱等处;再次,江原道观察使及各管粮陪臣将沿海郡县筹办的米豆运至庆尚道屯兵处。此外,朝鲜国王还差人令平安、黄海等道观察使及各管粮陪臣将该运粮料运至王京,以便再转运至军前。②

到了万历二十六年八月,明朝管粮经历吴瑞麟查得东、中、西各路兵马数及其每月所需米豆情况如表 3 所示:

表 3　各路兵马及其每月所需米豆数目统计③

	驻防官兵数	马匹数	所需米豆数/月
东路	二万六千七百余名	七千七百余匹	一万六千三百八十石
中路	二万一千余名	七千七百余匹	一万六千三百八十石
西路	二万六千七百余名	五千余匹	一万六千五百一十五石

此时,明军分路进剿,粮饷供应万分紧急。朝鲜需将义州、弥串所储粮饷经海、陆二运搬运至江华及龙山仓交卸,再由江华转运至公州、恩津、全州及罗州,由龙山仓转运至忠州,然后再分发至各处军前接济。④ 粮饷转运历经二千余里,陆运有飞挽之苦,水运有风涛之险,为保证及时转运粮饷,朝鲜做出如下安排:

检察使柳根经理平安、黄海水运;而其陆运则赵挺、尹安性照管平安道,朴灵叙照管黄海道,星夜催赴;又遣司宪府执义金涌往来二道催督;又节遣弘文馆校理李尚信、侍讲院文学宋应洵查考两道州县运粮勤

---

① 《事大文轨》卷 24《朝鲜国王咨经略邢玠(回咨)》,[韩]韩明基、李相薰等编:《壬辰倭乱史料丛书(对明外交)》第 4 册,第 145 页。

② 参见《事大文轨》卷 24《朝鲜国王咨经略邢玠(回咨)》,[韩]韩明基、李相薰等编:《壬辰倭乱史料丛书(对明外交)》第 4 册,第 146～147 页。

③ 参见《事大文轨》卷 28《整饬辽阳宽奠等处海防兵备兼朝鲜中路监军梁祖龄咨朝鲜国王(梁参议查催兵粮)》,[韩]韩明基、李相薰等编:《壬辰倭乱史料丛书(对明外交)》第 4 册,第 263 页。

④ 参见《事大文轨》卷 28《朝鲜国王咨监军梁祖龄(回咨)》,[韩]韩明基、李相薰等编:《壬辰倭乱史料丛书(对明外交)》第 4 册,第 275～276 页。

慢，不许暂刻怠缓；又遣弘文馆典翰金盖国驰往庆尚地方查考运粮勤慢；当再加申谕，着令各尽心力，以期接济。①

但明军粮饷供给仍然得不到有效保障，于是明朝和朝鲜双方围绕着西路和东、中路粮运展开具体交涉。

首先是西路粮运问题。因从义州转运至西路军前的粮料无法满足西路军马的需求，为此，明朝多次向朝鲜国王提出交涉，要求朝鲜各陪臣多方着手尽心运粮。但朝鲜负责转运粮饷的官员分工不明，仅将“船只有备、夫畜类齐、装载经发”视为职责所在，其他事务一概不问，遇到检查还相互推脱责任。② 更有甚者，运粮官员虚报、捏造转运粮饷数目。当南下兵马云集之时，朝鲜粮饷筹备却因“水运迂远、陆运零星，任凭水手、夫畜泊岸涣散，耽延月日，或假不测，因而侵没”，致使明军粮饷短缺；加之，时已临近寒冬，海道即将结冰而无法转运。③ 鉴于此，明朝提出粮运整顿办法，具体操作方法为：自义州运至江华的粮饷，由饷司三道经行检察使柳根负责查究，其中交卸数额有短少的务必追赔。运至江华的粮饷，由江华陪臣边以中负责计算全州、南原等处马步官兵以及鸭绿以南上路、以西下路水兵各需粮饷多少，分别装运发送；马步官兵粮料限以五日运至全州新仓交卸，水兵粮米限以六日运至罗州滢山浦交卸，并将运船字号、米豆数目、管押官员职名、行过限过日期等及时上报；陪臣李民觉、崔东立负责忠清、全罗二道沿海防范催运工作。全州新仓由陪臣尹敬立负责接运，责令督同观察使金信元、黄慎再运至全州、南原等处军前，并将字号、米豆数目、发行限过日期及时上报；罗州滢山浦由陪臣金尚寯负责接运，督促地方官及时转运，并将收过字号、米豆数目及时上报。全州新仓、罗州滢山浦至军前的粮饷转运，由运同吴良玺、陪臣韩效淳负责督催稽查。④ 此外，全州有府尹金轶，南原有府使郑应星，谷城以下有县监崔忠俭，罗州有牧使南瑜，负责粮饷的监收支放工作；“令各官置立循环文簿……以本年（万历二十六年）六月终支剩米豆为旧管，以七月初一日起至本月（八月）十五日止，陆续运到扣还者为新收，陆续支过者为开除，本月十五日止见存者为实在”，分别填入簿内留待核查，且往后每半月填报一次；指挥

---

① 《事大文轨》卷28《朝鲜国王咨监军梁祖龄（回咨）》，［韩］韩明基、李相薰等编：《壬辰倭乱史料丛书（对明外交）》第4册，第279页。

② 参见《事大文轨》卷28《西路御倭监军王士琦咨朝鲜国王（王布政责定运饷期限）》，［韩］韩明基、李相薰等编：《壬辰倭乱史料丛书（对明外交）》第4册，第250页。

③ 参见《事大文轨》卷28《西路御倭监军王士琦咨朝鲜国王（王布政责定运饷期限）》，［韩］韩明基、李相薰等编：《壬辰倭乱史料丛书（对明外交）》第4册，第250～251页。

④ 参见《事大文轨》卷28《西路御倭监军王士琦咨朝鲜国王（王布政责定运饷期限）》，［韩］韩明基、李相薰等编：《壬辰倭乱史料丛书（对明外交）》第4册，第252～254页。

张彦池负责新仓、全州、南原等处，典史黄三台负责澘山浦、罗州等处，协同各处大小陪臣催运、发放粮饷。[①] 若出现“夫船已备而米豆过限不到”或“米豆已至而无夫船”以及粮料收放不明、接支不继等情况，参与转运粮饷的各官员要互相协调，不得相互推诿。[②] 同时，还要求运粮陪臣注明粮饷转运进度及日期，为打击拖延运粮提供依据。朝鲜国王在接到咨文后，很快做出回复，对于明朝提出的“委官分理运粮”“限定运粮期限”采取积极支持的态度，同时对其中一些具体做法做出修正。根据户曹的报告，陪臣李民觉长期在全州管理陆运且管理成效较好，因此，朝鲜让李民觉继续负责西路粮饷陆运工作。同时，委派张彦池管理陆运，委派尹敬立、崔东立负责海运。[③]

其次是东、中路粮运交涉。东、中路兵马发放的米豆需要从龙山仓转运至忠州。汉江上有大、中、小运船共计二百二十余只，每次能转运米豆约四千一百五十八石，每月能运两次，计一月可运送米豆八千三百一十六石，再加上通过陆运转输来的米豆，一月可运总数不超过九千石[④]，不足以供给明军兵马用度。因而，明朝通判陶良性提出了加速转运米豆的办法。其一，增加运船。添造三百一十只可载五十石的运船，加上已有的二百三十余只运船，若一同转运，每月可运米豆三万八千余石，足供东、中二路兵马食用。其二，朝鲜应选派风力宪臣前往各地，督促各州县竭力转运粮饷。[⑤] 此外，朝鲜粮饷转运拖延迟误的情况也较为严重。据督粮官张三捷禀称：李德馨原议共有海运船六十五只，至今仅有石城太守延忠辅报称收卸海运船四只，所载米豆仅八百石，其余船只尚不知何时可到。即便六十五只运船全到，所载米豆也只有一万三千石，且运来的全是小米，加之有部分因海水浸泡而腐坏，根本无法满足明军粮饷所需。因此，张三捷提出：乘朝鲜水稻丰收，要求户曹根据忠清道年例收取米豆，并要求观察使金信元随收随运，发往军前接

---

① 参见《事大文轨》卷28《西路御倭监军王士琦咨朝鲜国王（王布政责定运饷期限）》，[韩]韩明基、李相薰等编：《壬辰倭乱史料丛书（对明外交）》第4册，第254～255页。

② 参见《事大文轨》卷28《西路御倭监军王士琦咨朝鲜国王（王布政责定运饷期限）》，[韩]韩明基、李相薰等编：《壬辰倭乱史料丛书（对明外交）》第4册，第256～257页。

③ 参见《事大文轨》卷28《朝鲜国王咨监军王士琦（回咨）》，[韩]韩明基、李相薰等编：《壬辰倭乱史料丛书（对明外交）》第4册，第259页。

④ 参见《事大文轨》卷28《整饬辽阳宽奠等处海防兵备兼朝鲜中路监军梁祖龄咨朝鲜国王（梁参议查催兵粮）》，[韩]韩明基、李相薰等编：《壬辰倭乱史料丛书（对明外交）》第4册，第263～264页。

⑤ 参见《事大文轨》卷28《整饬辽阳宽奠等处海防兵备兼朝鲜中路监军梁祖龄咨朝鲜国王（梁参议查催兵粮）》，[韩]韩明基、李相薰等编：《壬辰倭乱史料丛书（对明外交）》第4册，第265～266页。

济；同时，要求朝鲜国王火速转运义州粮料，接济明军。[①] 参议梁祖龄在了解上述情况后，就加速转运粮饷向朝鲜国王提出交涉：

> 烦为选差练达老成大臣一员，即日起程前去，总督该国原差各管运陪臣，限以日期，严立考成簿籍，定以赏罚之规，务要依期交卸，不得似前延迟；至于各道催收新粮官员，亦要立限，责成随完即运军前，急济军需，俱听中国总委官通判陶良性查究，希将选差过大臣职名并起程日期回复本道，以凭转报施行。[②]

朝鲜吏、户二曹则提出：以本处郡县及江原、咸镜二道各州县所贮米豆支放接济东路官兵，在海边的用海船运到宁海及迎日兄山江接济，在江原右道的用人、畜运至忠州再分送东、中二路。[③] 此外，经批准，总管粮饷的柳永庆负责管理庆尚左、右道及江原、咸镜、忠清等道的粮饷收运工作，查考调度使等官的运粮工作，各处分管粮饷官员均听其差遣。鉴于秋冬季海面风浪大，船只难以通行，故须于九月以前尽可能多的将粮料从江华及龙山仓运至各处军前，为此，做出如下安排：

> 其一，自义州弥串至江华及龙山仓，自江华至公州、恩津及全州、罗州，自龙山仓至忠州，于沿海沿江去处每三四十里差定赴运官一员，各执小旗一面，往来催赴，凡有经过粮船，勿令暂刻迟留，仍令各具经过船只数目及经过时日每五日一报管粮官处，转呈本曹，以凭查考处置。
>
> 其二，添造江船。责令龙津别将许售、原任万户李敏成于汉江上流产林去处，添造江船堪载四五十石者二十只，又令忠清、江原、京畿等道州县督造运船五十只，随完随运。
>
> 其三，差遣大臣。选差重臣一员，前往黄海地方，查照柳根总理催运事例，催督各该管粮陪臣限以日期，又置考成簿籍以行赏罚。[④]

为避免运粮船只逃脱迁延，明朝和朝鲜双方还围绕运船字号展开交涉。

---

① 参见《事大文轨》卷28《整饬辽阳宽奠等处海防兵备兼朝鲜中路监军梁祖龄咨朝鲜国王（梁参议查催兵粮）》，[韩]韩明基、李相薰等编：《壬辰倭乱史料丛书（对明外交）》第4册，第268～269页。

② 《事大文轨》卷28《朝鲜国王咨监军梁祖龄（回咨）》，[韩]韩明基、李相薰等编：《壬辰倭乱史料丛书（对明外交）》第4册，第274页。

③ 参见《事大文轨》卷28《朝鲜国王咨监军梁祖龄（回咨）》，[韩]韩明基、李相薰等编：《壬辰倭乱史料丛书（对明外交）》第4册，第276～277页。

④ 参见《事大文轨》卷28《朝鲜国王咨监军梁祖龄（回咨）》，[韩]韩明基、李相薰等编：《壬辰倭乱史料丛书（对明外交）》第4册，第280～281页。

明朝提出，在粮饷转运时将运送中国米豆的船只定为天字号，运送朝鲜米豆的船只定为地字号，具体操作方法为：

> 自义州装载，则该黄经历、陪臣赵挺即以同日一起发行者为计，勿论数之多寡，总编作天字一号，共计船若干只，共装大小米豆各若干，差委某官分领，限以几日押运到弥串。随将字号、船只米豆数目、委过职名、发行限过日期，具揭通报饷司，并三路监军道知会，及移总理海运检察使柳根督同平安、黄海、京畿三路沿海防范催赴。再移知弥串，委官经历王观生、陪臣李好义接运。①

这样可以保证运粮船只按照规定将所运粮料转运至该运之处，而朝鲜并不支持这一做法。朝鲜方面认为："小邦漕运……自有原行规例，今若更分字号，则知委变更之际，日月稽延，前后紊乱，于事无甚利害，而纷扰必多。"②最终，这一举措并未得到实施。

（四）关于朝鲜运粮船只及雇船脚价的交涉

陆运粮饷需要耗费大量民力，鉴于朝鲜人民大量逃亡、民力不足，朝鲜境内的粮运便以海运或者水运为主，这就要求朝鲜筹集大量船只来保证粮饷运输。而据《朝鲜王朝实录》关于朝鲜现有运船情况的记载："小邦（朝鲜）沿海去处，只有哨贼兵船，更无别项公船，可以调集搬运。只靠各处渔、商等户，访出私造船只，俱系海风船只，而体样狭小，大者仅载五六百，小者一二百石。又虑避役之民，藏匿岛屿，未易拘唤。"③由此可见，朝鲜官方并无运粮船只，民船征调工作亦困难重重。迫于粮饷转运形势的需要，明朝和朝鲜双方围绕新造运船、征调运船、运粮船只使用以及雇船脚价等几个方面展开交涉。

1.新造运船的交涉

万历二十六年初，经理杨镐与朝鲜吏曹判书李德馨交涉朝鲜造船事宜。杨镐提出："平安、黄海、忠清、全罗有材木处，急速造船，以图海运。今春冰渐开，漕转甚急，若行文各道而已，则必然稽缓，另差刚明干事人，观其处事何样，造船多少，明示赏罚。"④要求朝鲜抓紧派遣干练之人前往木材丰富处迅速造船，并根据造船数量进行奖惩。当杨镐向李德馨询问朝鲜造船一事

---

① 《事大文轨》卷28《西路御倭监军王士琦咨朝鲜国王（王布政责定运饷期限）》，［韩］韩明基、李相薰等编：《壬辰倭乱史料丛书（对明外交）》第4册，第251～252页。

② 《事大文轨》卷28《朝鲜国王咨监军王士琦（回咨）》，［韩］韩明基、李相薰等编：《壬辰倭乱史料丛书（对明外交）》第4册，第259～260页。

③ 《朝鲜王朝实录·宣祖实录》卷89，宣祖三十年六月壬申条。

④ 《朝鲜王朝实录·宣祖实录》卷97，宣祖三十一年二月丁巳条。

由谁具体负责时，还着重强调："必须择人，责成干事，事可了矣。"[①]不久后，管粮郎中董汉儒又向朝鲜国王询问造船情况。他强调"水运之便易，十倍于由陆"，待冰冻消融后，粮饷转运还得依靠运粮船只，因此要求朝鲜积极筹备运船。当他问及义州、大同江、临津及京江各有船只数目时，朝鲜国王对此并不了解，只能答以"新造之船，有陪臣柳根在黄海道句管焉。当待春冰之解，一时驱发，大为漕运之计耳"[②]。到了二月底，根据朝鲜统计，各地造船完成情况（见表4）如下：

> 平安道铁山，造船该数二十只，而已完八只，加造十二只；黄海道长山串，该数五十只，而已完四十只，加造十只；忠清道安眠串，该数十只，而今方始役；全罗道边山，该数二十只，而前日属公船十三只，仍加修补，加造七只。[③]

表4　朝鲜各处造船完成情况统计　　单位：只

	派定船数	已完成数	尚需修补数	尚待建造数
平安道铁山	20	8		12
黄海道长山串	50	40		10
忠清道安眠串	10			10
全罗道边山	20		13	7
总计	100	48	13	39

由上表可看出，至二月底，朝鲜各处完成的造船数尚不及杨镐所规定数额的一半。由此可知，朝鲜各地并未坚决执行杨镐的决策，造船效率非常低。

2.征调运船的交涉

明朝将援朝粮饷运至义州堆积，只待天气转暖、冰冻消融后，令朝鲜船只将义州存粮运至朝鲜南部接济明军。朝鲜方面因船只筹备不足，开始担忧粮饷无法及时转运，以致明军粮饷供给难以维系。诚如朝鲜备边司奏称："一船容载者无几，而各道船只不多，兼且海道悬远，往返之间，势经时月，所运之粮，必不如所支之数。"[④]为解决运粮船只的不足，朝鲜除根据明朝的要

① 《朝鲜王朝实录·宣祖实录》卷97，宣祖三十一年二月辛酉条。
② 《朝鲜王朝实录·宣祖实录》卷97，宣祖三十一年二月壬戌条。
③ 《朝鲜王朝实录·宣祖实录》卷97，宣祖三十一年二月丁丑条。
④ 《朝鲜王朝实录·宣祖实录》卷97，宣祖三十一年二月庚午条。

求新造运粮船只外，还临时征调运船转运粮饷。

朝鲜的运船征调工作并不顺利。据户曹判书金睟报告称："各处船只……或称司饔院渔夫船，或称诸宫家船，或称内需司所属，多般谋避。此船只若开放送之路，终至于无一船可运军粮。"①朝鲜史臣则认为："户曹请内需司、诸宫家舟艘窥避者治之，其言则似矣，而其实则塞责虚文，当时避役之船，非但内需宫家而已，上而宰相之家，岂尽无一只船，下而台、郎之家，亦岂尽无一只船哉？无一言及于此，而如徒曰内需而已、宫家而已，则是为一纸空谈，而无为国之实政。"②由此可见，征调运船这一做法并未得到很好的实施，朝鲜自上而下都在逃避征调。杨镐在了解情况后就征调运船问题与朝鲜展开交涉，责问经理都监："(朝鲜)各官都有船，何不发运粮米？"得到的回复却是："各官安有船？只海口以下，至黄海道、平安沿海，有渔采人，以捕鱼为生业，故各有之矣。且打鱼船，则皆行使于海者，汉江以上，则不得上矣。"③对于朝鲜权贵的私船征调不力一事，经理都监不仅加以搪塞，还设法追究杨镐如何得知朝鲜各官有私船，认为必是平安、黄海道船运之人揭发。此外，江上查船执旗官也称："朝鲜大官多有私船，而不肯发出载粮。"④为打击朝鲜私船不听征调，杨镐甚至亲率水师出江，数日之内便捉到逃匿船只八艘。⑤

四月，忠州所驻明军急需军粮供给。为此，朝鲜征调大、中、小各型民船共计三十六只，经过先后两次转输，共运送小米一千二百三十一石六斗、豆子五百六十八石十二斗五升，而所运送到的米仅可供四万八千名士兵食用一日半，豆仅可供二万三千匹马一日之用。这个转运速度难以供给大军所需。经理每天派遣旗鼓官到江上查看运过船只，始终不见京畿、江原、忠清等道船只运送粮料。⑥ 迫于运粮形势的发展以及来自明朝方面的压力，朝鲜户曹及司宪府纷纷上奏，提出船只征调"应勿论公私、大小，一一搜括，俾无隐漏之弊"⑦。在司宪府的建议下，朝鲜采取严厉措施，不仅严惩隐漏船只的官员，甚至还打压征船不力的官员。据《朝鲜王朝实录》的统计，兴宁君秀荃、光山守孝胤、监司柳永立、正郎柳东立均因隐漏船只而获罪，舟师将及京

---

① 《朝鲜王朝实录·宣祖实录》卷97，宣祖三十一年二月乙丑条。
② 《朝鲜王朝实录·宣祖实录》卷97，宣祖三十一年二月乙丑条。
③ 《朝鲜王朝实录·宣祖实录》卷99，宣祖三十一年四月己巳条。
④ 《朝鲜王朝实录·宣祖实录》卷99，宣祖三十一年四月己巳条。
⑤ 参见《朝鲜王朝实录·宣祖实录》卷100，宣祖三十一年五月壬辰条。
⑥ 参见《朝鲜王朝实录·宣祖实录》卷99，宣祖三十一年四月丙寅条。
⑦ 参见《朝鲜王朝实录·宣祖实录》卷99，宣祖三十一年四月丙寅条；卷100，宣祖三十一年五月丁亥条。

畿、黄海道监司因搜括船只不力(隐漏权势家船只)而获罪。[①]（见表5)司宪府官员如大司谏李宪国、掌令吴百龄、持平宋应洵等,因官员隐漏船数甚多未能及时纠察而罢职。[②] 为防止船只脱漏,朝鲜还令京畿、黄海、平安等道公私船只模仿忠清道海船给帖之例,前往官府登记领取火印字号。“海船则书某邑某人海船,某字号第几船,津船则亦书某地津船,如无字标火印的者,使不得通行。”[③]自此令推行后,船主不敢隐匿,船只亦无须搜括。

表5　朝鲜船只隐匿情况统计

隐漏船只官员	具体情况
兴宁君秀荃	前日往在延安,因私其船只,不许军粮输运,曾被台论,犹不自惩,今又隐漏被捉[④]
光山守孝胤	船只亦在被捉之中,请并命推考治罪[⑤]
监司柳永立	曾玷宰列,不念时艰,徒知利己,隐漏其船,见捉于御史[⑥]
正郎柳东立	以朝官,亦漏其船,并为见捉[⑦]

3.运粮船只使用的交涉

明朝和朝鲜双方围绕运粮船只使用展开交涉,最为典型的事例便是关于朝鲜西路海运粮船的使用。起初,明朝经理衙门要求朝鲜将筹集到的运粮船只不论海路远近,全部送至弥串装运粮饷。据西路督运陪臣崔东立呈报:

催督忠清道大船十只,于五月初二日差县监成准领去黄海道;又催督忠清道大船四十五只,全罗道大船三十五只,于五月十二、十七、二十五等日,六月初一、初九、十九等日差县监闵孝良、郡守元士立、奉事李硕男、县令罗大用并入送领去平安道;又催督忠清道大船三十一只,全罗道大船二十二只,于七月初一、初三、十三等日差从事官姜仲龙、县监

① 参见《朝鲜王朝实录·宣祖实录》卷100,宣祖三十一年五月丁亥条;卷99,宣祖三十一年四月丙寅条;卷100,宣祖三十一年五月丁未条。

② 参见《朝鲜王朝实录·宣祖实录》卷100,宣祖三十一年五月壬辰条。

③ 《朝鲜王朝实录·宣祖实录》卷100,宣祖三十一年五月壬辰条。

④ 《朝鲜王朝实录·宣祖实录》卷100,宣祖三十一年五月丁亥条。

⑤ 《朝鲜王朝实录·宣祖实录》卷100,宣祖三十一年五月丁亥条。

⑥ 《朝鲜王朝实录·宣祖实录》卷100,宣祖三十一年五月丁亥条。

⑦ 《朝鲜王朝实录·宣祖实录》卷100,宣祖三十一年五月丁亥条。

郑峻庆领去江华。各候接运,以上船只容载米豆三万余石。[①]

但西路粮饷的转运并未达到预期效果,军前米豆仍然缺乏,于是明朝派出经历王观生前往督查粮运事务。经王观生查得,凡自中国发往朝鲜的运粮船只均在弥串交卸,再从弥串经朝鲜粮船转运至明军驻扎之地。弥串因此成为朝鲜海运枢纽,但其仓房有限,需朝鲜粮船及时转运。根据朝鲜海运检察使柳根的安排,平安、黄海二道船只前往弥串接运粮饷至龙山仓交卸,再由全罗、京畿、江原、忠清四道船只转运至各处军前发放。但在弥串的实际转运中,只有忠清道十四只运粮船装运三千五百一十石山东小米运往忠清道锦江交卸。[②] 西路御倭监军道了解这一情况后,立即向朝鲜国王提出交涉:

今照王经历报称,止有忠清道船十四只接运,其余船只置之何处?若非崔东立虚报,必系总理海运检察使柳根、判书韩应寅或令运致别处,或系徇情脱放,但本道催发前船甚艰,即当专载西路之饷,岂容偏亏至此?及照先奉经理抚院牌,开西路粮料,拟于江华接运,计至全罗八百余里,何乃又令船至平安、黄海、王京?既违定议,又不督发西路,似此军前何以接济?……严行总理海运检察使柳根、判书韩应寅、陪臣李好义,速查前项船只,既已如彼,因何不行装载督发西路接济,即今见泊何处?倘或无船,则崔东立乃敢虚报,并查西路粮饷,已定于江华以南接运,而柳根、韩应寅等何又勒至平安、黄海、王京交替,各该陪臣孰违不遵?[③]

朝鲜国王在接到咨文后,根据户曹的意见做出回复:"忠清、全罗水手不惯迤西海路,平安、黄海水手不惯迤南海路,故再禀于经理都院改定应运地界,平安、黄海船只则自弥串运到江华,京畿、忠清、全罗船只则自江华分运公州、全州、罗州等处。因此,督运陪臣崔东立所催船只或只到江华,将弥串运卸米豆接载而去;仍又各起船只俱系渔商私船或多腐朽,不堪远涉西洋,原委官元士立拣选牢固船一十四只,经赴弥串装运米豆,其余船只俱于黄海道龙

---

① 《事大文轨》卷28《西路御倭监军王士琦咨朝鲜国王(王布政催督海运粮船)》,[韩]韩明基、李相薰等编:《壬辰倭乱史料丛书(对明外交)》第4册,第226页。

② 参见《事大文轨》卷28《西路御倭监军王士琦咨朝鲜国王(王布政催督海运粮船)》,[韩]韩明基、李相薰等编:《壬辰倭乱史料丛书(对明外交)》第4册,第224~225页。

③ 《事大文轨》卷28《西路御倭监军王士琦咨朝鲜国王(王布政催督海运粮船)》,[韩]韩明基、李相薰等编:《壬辰倭乱史料丛书(对明外交)》第4册,第226~228页。

鱼渊海口替载平安陆运米豆，运到全罗等处。"[①]从朝鲜西路运粮船只使用的交涉中可以看出：明朝和朝鲜双方具体负责粮饷转运的官员与职能部门间缺乏及时而有效的组织与沟通，致使忠清、京畿、全罗船只聚集于江华海口等待弥串粮船到泊后接运粮料至驻军处所，而弥串处粮饷积压却缺乏船只转运至江华。

4.雇船脚价的交涉

随着运粮船只的征调与使用，朝鲜备边司奏请征调船夫转运粮饷，但检察使柳根认为："欲给船价与格军粮饷，则恐无办出之路，不为给价又不给粮，则非但致小民失业呼怨，而虽有欠缩之数，亦难望其及时生征"[②]，此事还需再行商议。但雇船脚价似乎并未引起朝鲜方面的足够重视，直至征调的船夫在运粮过程中不仅偷吃所运粮食甚至还将粮食弄湿致使所运大米腐坏，朝鲜才不得不重视。到了万历二十五年六月，判中枢府事尹斗寿提到，虽不能支付运粮船价，但至少应保证供应运粮船夫生活所需的粮食。[③] 次年四月，朝鲜再次讨论支给运粮船夫脚价。户曹启曰：

> 运粮一事，既收廷议，而其中除出天粮，给价船运之说，最为紧切……目今正值农务方殷，陆运之事，既不能如意为之，其所输挽，无补万一。唯此水运，或冀小纾庚癸之急，而船只格军，既失生业，又不给价，不得不怨苦。不得已优给船价，以慰其心，然后连续迭运，庶使粮道不绝。[④]

此时，由明朝转运到朝鲜的粮饷多堆积在义州，急需运至朝鲜南部接济明军，加之赶上农忙时节陆运缺乏民力，只能依靠海运。朝鲜户曹认为，与其任由粮料堆积义州，还不如通过增加船夫脚价，吸引船夫前往转运，将粮料运至军前，以解前线粮饷缺乏之困。

根据饷司先前的规定，朝鲜境内粮饷海运每运七石支给雇船脚价一石。但据朝鲜海运检察使柳根查得，自义州龙川发运粮饷每七名水夫支给脚价一石，而官船用水军做水手，每三十名支给脚价一石。朝鲜担心海运雇船支付的脚价米豆需朝鲜补还，明朝都察院对此做出批示：运船脚价按照饷司商议发放，且不需朝鲜补还，但要求朝鲜加速转运粮饷。为加快粮饷的转运，

---

① 《事大文轨》卷28《朝鲜国王咨监军王士琦（回咨）》，[韩]韩明基、李相薰等编：《壬辰倭乱史料丛书（对明外交）》第4册，第229～230页。

② 《朝鲜王朝实录·宣祖实录》卷87，宣祖三十年四月丁亥条。

③ 参见《朝鲜王朝实录·宣祖实录》卷89，宣祖三十年六月丁丑条。

④ 《朝鲜王朝实录·宣祖实录》卷99，宣祖三十一年四月癸亥条。

朝鲜户曹判书韩应寅提出通过增给运船脚价募集渔商船转运粮饷。他认为："渔商船自黄海道长渊、瓮津、海州等处载运京(畿)、江(华),每十石讨一石,自平安道则程途倍之,故加讨一石,闻此而争出应募甚多,不比前日怨苦逃匿,此海运庶快。"①针对朝鲜提出的增加运船脚价以招募民间船只转运粮饷的做法,明朝负责转运粮饷的官员认为这是陷自己于两难境地:"中国既为该国(朝鲜)遣兵,又为该国(朝鲜)备饷,而脚价之费至以二万而止,恃八万恐难以闻之庙堂也。然不从其请,则彼得以借口误事。"②备倭通判陶良性却积极支持这一建议:"今大兵云集,输粮为先,且山东等处水陆运送弥串,义州米豆堆积,不能运至军前,虽多何用?皆因船只雇价短少,民怨逃匿,故有迟滞。今韩应寅所呈渔商船运准给脚价十石之二,则官雇与民雇相同,船户得沾实惠,争相应募,转输自速,得济目前。虽日后额运之粮不免因雇价亏少,而该国秋成原来输助无分彼此,所议似应俯从。"③经过双方的交涉,明朝最终同意了朝鲜的建议。对此,朝鲜迅速做出回应,向明朝表示感激并表达了催督海运、竭力输助的决心:

> 天朝钦赐军粮,小邦自当输运,而至于发给水夫脚价口粮,并免补还,小邦之人无不感激,今又俯念雇价亏小,转运不快,特令每十石加给二石,使运道不滞,军饷具济,当职不胜感激,即令户曹将各报海运,星夜催督,仍于秋成,竭力输助,以通融接济。④

经过明朝和朝鲜双方围绕粮饷本折色分担、朝鲜粮饷筹措、催督朝鲜运粮、朝鲜运粮船只及雇船脚价的一系列交涉,我们可以看出,虽然朝鲜在粮饷的筹措与转运方面存在着不足,但最终还是在双方的共同努力下保障了明军粮饷的基本供应,从而为战争取得最后胜利奠定了物质基础。

三、壬辰战争后期朝鲜在粮饷供给中存在的问题

根据"丁酉再乱"朝鲜请兵时明朝和朝鲜双方的约定,明军在朝鲜境内所需粮饷本色(即粮料)应由朝鲜供应接济。然而,在明朝军队尚未到达朝

---

① 《事大文轨》卷28《整饬辽阳等处海防兵备兼朝鲜中路监军梁祖龄咨朝鲜国王(查给雇船脚价)》,[韩]韩明基、李相薰等编:《壬辰倭乱史料丛书(对明外交)》第4册,第215页。

② 《事大文轨》卷28《整饬辽阳等处海防兵备兼朝鲜中路监军梁祖龄咨朝鲜国王(查给雇船脚价)》,[韩]韩明基、李相薰等编:《壬辰倭乱史料丛书(对明外交)》第4册,第217页。

③ 《事大文轨》卷28《整饬辽阳等处海防兵备兼朝鲜中路监军梁祖龄咨朝鲜国王(查给雇船脚价)》,[韩]韩明基、李相薰等编:《壬辰倭乱史料丛书(对明外交)》第4册,第216页。

④ 《事大文轨》卷28《朝鲜国王咨监军梁祖龄(回咨)》,[韩]韩明基、李相薰等编:《壬辰倭乱史料丛书(对明外交)》第4册,第219~220页。

鲜之前，朝鲜就已开始担忧明军粮饷难以供给的问题。当朝鲜得知三万明军已经出发至辽阳即将进入朝鲜境内时，朝鲜高层就已认识到明军行军沿途的粮饷应加速筹办，不过朝鲜各衙门对于米麦是“知其入而不知其出，徒拥虚器……虽神运鬼输，而亦不能支矣”[①]。此时，虽然救援朝鲜的明朝军队尚未进入朝鲜境内，但朝鲜连本国军队所需粮饷都已无法供给。高彦伯率领朝鲜军队南下，途径丹阳等地时，就面临着无粮可供而忍受饥饿的困境，致使其所部军士因粮饷缺乏而瘦困。[②] 朝鲜无法保证粮饷的充足供应，不仅增加了军队的行军负担，也严重影响了军队的战斗力。领议政柳成龙对此也有较为深刻的认识，他认为“调兵运粮、守御信地，一边农作，可以措置，而贼若急发，则国事危迫”[③]。此外，朝鲜因粮饷缺乏也决不能养兵。守令与把总之间的相互推诿，体察使与都元帅之间的号令不一，“非如李提督主兵、宋应昌主粮之事”，也是造成朝鲜粮饷匮乏的重要原因之一。[④]

鉴于壬辰战争前期明军粮饷供给困难，当“丁酉再乱”发生后，明朝在国内积极筹措粮饷，并于正式出兵后就源源不断地将粮草运至朝鲜境内，但位于朝鲜南部前线的明军仍始终面临着粮饷供给不足的问题。其原因是多方面的，诚如陈尚胜教授在《壬辰御倭战争初期粮草问题初探》一文中将战争初期明军粮饷匮乏的原因归纳为四个方面：一是朝鲜国内粮食征集不易；二是朝鲜运输能力太弱；三是朝鲜行政效率低下；四是当时朝鲜贪风甚行，一些人借筹办粮饷肆意贪污。[⑤] 这四个方面的因素同样适用于战争后期，而且后期相较于初期表现得更为明显。到了战争后期，朝鲜因长期遭受战乱，百姓困苦不堪，公私赤立、村落萧条、物力荡竭，粮饷难以征办；百姓苦于转运军粮，流离逃亡，征发的力役已不足以转运明军所需粮饷；为逃避筹办粮饷，朝鲜官员纷纷称病、相互推诿，更有甚者肆意侵占粮米。因此，除以上四点外，笔者认为还有两点：一是朝鲜用人不当，二是朝鲜组织管理不力。这也是造成战争后期明军粮饷供给不足的关键性因素。

（一）朝鲜用人不当

壬辰战争后期，朝鲜用人不当以致官员贪渎、推诿的事件时有发生。通过对《朝鲜王朝实录》进行统计，其情形大略有以下几端：

---

① 《朝鲜王朝实录·宣祖实录》卷 84，宣祖三十年一月乙未条。

② 参见《朝鲜王朝实录·宣祖实录》卷 84，宣祖三十年一月壬子条。

③ 《朝鲜王朝实录·宣祖实录》卷 84，宣祖三十年一月戊午条。

④ 参见《朝鲜王朝实录·宣祖实录》卷 84，宣祖三十年一月戊午条。

⑤ 参见陈尚胜：《壬辰御倭战争初期粮草问题初探》，《社会科学辑刊》2012 年第 4 期。

(1)据负责纠核百官的司宪府调查后,报告称官员贪渎、所用非人的事件有:

灵岩郡守李庆裕:擅出官谷,贩贸于济州……而全船致败于洋中,并与人物而尽死。①

南海县令高忠卿:领军南下时,平安道军士,亦有被抄于其中者。忠卿尽征绸布而放送,及到防所,又为移文以督,至列名呈状于都体察使。②

兴宁君秀荃:今以数年军粮输载船只之际,称其自己之船而不给,至于他人船只,亦受其赂,冒称己物,使色吏不得下手,米、太千有余石,积置水边久矣,而不得输运。③

(2)由政院、谏院以及官员相互之间揭发等途径见载的有:

大司谏金时献为忠清道召募使时,置复仇军粮于槐山郡……抄军追击之时,欲以此谷支放,郡守李逢及掌谷有司蔡有喜,牢拒不给。④

金睟为备边有司之任,稍涉异己者,或托以管粮,或诿以重边,一一区别而出之外,其心术可见……睟于斯时(丙申、丁酉年间),连主度支,岂无贸迁裕国之道,而未见有干办之计,文移郡县,俱是增赋抑募之政而已,适足以虐民取怨,而未有分寸实效。所以为恃者,只是天粮,而亦不思趁时运到,及至燃眉之后,催运沿路,急于星火。冠盖检督,项背相望,使男不得耕,妇不得织,负戴道路,颠坑仆谷。以数三路孑遗残氓之力,千里给五六万天兵之食,其势难能。⑤

海西宣谕官李贵,多率卒徒,横行列邑,恣行己欲,略不忌惮,侵虐穷民,无所不至,一道之民,视如仇。⑥

洪履祥、禹俊民等,当此危急之秋,受运粮之任,称病不行,情甚可恶。⑦

文川郡守权灏,自知见罢,官库杂物,移置民间……米、太、杂谷八十余石。⑧

庆尚右水使李纯信,贪纵奸黠,乃其素性。前为湖西水使,偷窃官谷,满载以归……及授本职,贪京江舟师之利,回徨厌惮,不即就途,已

① 《朝鲜王朝实录·宣祖实录》卷90,宣祖三十年七月甲辰条。
② 《朝鲜王朝实录·宣祖实录》卷90,宣祖三十年七月甲辰条。
③ 《朝鲜王朝实录·宣祖实录》卷93,宣祖三十年十月丙寅条。
④ 《朝鲜王朝实录·宣祖实录》卷95,宣祖三十年十二月戊午条。
⑤ 《朝鲜王朝实录·宣祖实录》卷99,宣祖三十一年四月己巳条。
⑥ 《朝鲜王朝实录·宣祖实录》卷100,宣祖三十一年五月乙酉条。
⑦ 《朝鲜王朝实录·宣祖实录》卷100,宣祖三十一年五月辛卯条。
⑧ 《朝鲜王朝实录·宣祖实录》卷103,宣祖三十一年八月壬戌条。

为可骇。贼退之后，忝权行统制之任，不顾国事之急，敢肆滥滑之手，鱼肉余氓，不为抚绥，遗在军粮，不为照管，以致南海生聚，荡为赤地，累万粮饷，尽归灰烬。①

明朝官员对朝鲜用人不当、官吏贪渎事件也有着较为清楚的认识。如指挥黄应阳曾出示经理手书密帖，指出尹承勋措办粮饷不力便以抱病推脱，汉江以南居民自愿备牛马转输粮饷却被金睟私下阻止。② 此时，朝鲜形势诚如大司谏金时献所言："经乱之后，纪纲解弛，人不知朝廷之可尊，以一有司而凌轹使命"，有的官员甚至连军粮的主意都敢打。③ 更有甚者，朝鲜各处守令闻倭寇至而逃窜的也比比皆是。据备边司的统计，除明朝捉住的朴庆新外，尚有文武官员逃窜者多达三十余人。④

（二）朝鲜组织管理不力

壬辰战争后期，明军粮饷的供给不足在很大程度上是朝鲜缺乏有序的组织管理造成的。根据朝鲜司谏院的报告，这一时期领军作战的将军也时常有临阵逃跑的，且并未受到军法严惩。此外，朝鲜人心涣散，农时将尽，百姓却尚未有耕种之意，皆怀有逃避之计。由此也可看出朝鲜组织管理不力，诸如粮饷供应之类的后勤补给工作的执行情况也就可想而知。通过对《朝鲜王朝实录》所记涉及此方面情况的梳理，也可窥见一斑，其具体表现如下：

1. 组织管理不力致使粮饷筹措失当

万历二十五年十二月，针对兔山县监李贵以宣谕官的名号管理筹粮事务，并未完成任务而被授予守令，史官评论道："乱离以来，苦多官号。十官异号，而所管则一事也；一民孑遗，而所侵则十官也。"⑤由此可以看出，在朝鲜的粮饷筹措过程中，因组织管理不力致使官制混乱，进而造成筹粮失当、百姓遭受侵渔。万历二十六年一月，掌令宋骏报告称："募粟一事，在今日最急，而但募粟衙门甚多，非但号令多门，或以无识庸杂之辈，称为募粟官，搜括民间，罔遗锱铢，至于分管一邑，掌内多有侵扰勒募之弊。"⑥五月，谏院也

---

① 《朝鲜王朝实录·宣祖实录》卷107，宣祖三十一年十二月甲戌条。

② 参见《朝鲜王朝实录·宣祖实录》卷99，宣祖三十一年四月辛未条。

③ 参见《朝鲜王朝实录·宣祖实录》卷95，宣祖三十年十二月戊午条。

④ 参见《朝鲜王朝实录·宣祖实录》卷95，宣祖三十年十二月乙丑条："其于大贼卷土，人民溃散之日，不能终守其邑，则情势都是一样……韩述、李桂男、李含辉，则禁府以为先分拣，已为启辞；裵应褧、李稹、林忠干所犯，与朴庆新无异，亦贷其罪赦出，使之从行立功宜当；柳梦经、洪祉、龙天泽、赵应瑞、朴瑾、南彦祥、张麟、金希温、金应诚等，乃是武人也，使赴战所，立功自效；郑应铎、李毂、朴知述、俞大禧、南巀、宋柟寿、文希凯、李山辉、丁至、韩守性，皆是荫官，或令纳粟，或为运粮为当。"

⑤ 《朝鲜王朝实录·宣祖实录》卷95，宣祖三十年十二月丙戌条。

⑥ 《朝鲜王朝实录·宣祖实录》卷96，宣祖三十一年一月丁未条。

认为:“差官募粟,本为国计,而近来一道之内,任募粟者多至十余,凭借侵责,靡有纪极。”[①]因组织管理不力致使粮饷筹措失当最为典型的事例,当属禾谷满野而无人收割:

忠清道观察使金信元启曰:“一枝天兵,已为南下,大军亦将下去。湖西一道,新经兵火,居民死亡,十无一二,禾谷在野,无人可以收拾,调度、接济,百计无策。”[②]

上御别殿,接见同知郑文彬。同知曰:“无在野禾谷乎?”译官李海龙曰:“虽有之,人民死亡,无与收获者。”[③]

董郎中(董汉儒)曰:“窃闻全罗道溃散之后,成熟之谷,大半不为收获云。若自官监刈无主之稻,则多得军粮,继饷之策,无过于此。”上曰:“当如大人之分付,但人力不足,事不如意,闷虑。”[④]

由上述事例可以看出,在粮饷筹措过程中,朝鲜虽有满野禾谷但却无人收割。禾谷收割乏人这一困境的出现,虽与战乱发生后人口减少有关,但更为关键的因素还应是朝鲜管理失当、组织不力。战乱发生后,面对百姓流离失所,朝鲜地方官员并未及时采取措施安抚流民,反而大肆苛征暴敛,导致百姓甘愿抛弃成熟禾谷而纷纷逃亡。

2. 组织管理不力致使粮饷转运混乱

献纳金荩国启曰:“……狗鼠偷窃之弊,近来尤极,漕船到江,则下吏之侵索,光棍之攫夺,无有纪极。”[⑤]

判中枢府事尹斗寿曰:“……此辈(船人)例为偷食,而以水和之,故米多腐败。”[⑥]

延安府上来军粮米豆,多积水边,而非但无船只,趁不输运,府使身死,无主管之人,必多虚疏之事[⑦]

户曹启曰:“西边出来唐粮,多滞于黄州、凤山之故,令本道监司,驰

---

① 《朝鲜王朝实录·宣祖实录》卷100,宣祖三十一年五月乙酉条。
② 《朝鲜王朝实录·宣祖实录》卷92,宣祖三十年九月丙辰条。
③ 《朝鲜王朝实录·宣祖实录》卷93,宣祖三十年十月戊午条。
④ 《朝鲜王朝实录·宣祖实录》卷95,宣祖三十年十二月丁丑条。
⑤ 《朝鲜王朝实录·宣祖实录》卷87,宣祖三十年四月乙酉条。
⑥ 《朝鲜王朝实录·宣祖实录》卷89,宣祖三十年六月丁丑条。
⑦ 《朝鲜王朝实录·宣祖实录》卷93,宣祖三十年十月丙寅条。

去检督，而今闻监司，尚不驰到黄州，米豆如前积滞，一路各站，绝无人夫，输运形止。"①

通判陶良性曰："义州所积峙，已有七八万硕，催运前来，足以接济，而但平壤以下，如瑞兴、平山、开城等处，无官吏无夫马，不得输来云。"②

持平李必亨启曰："……唐粮收纳一事，朝廷申饬，非止一再，而该捧仓官，专不惕念，奉纳后时，使船人滞苦。又不能禁戢，下人肆其侵责，至有卖衣鬻舟之怨。米豆之和水者，亦不致察，蒙然囚贮，以致应受军兵嗔责不受。"③

经理接伴使许筬启曰："即刻经理招黄应阳分付，南边诸将皆告急，而朝鲜管粮官无形影……（天朝粮饷）过了鸭绿江，无人输运，堆积露处，几时运来而可吃？柳根何无载送文簿，崔东立下去日久，何无一字禀报乎？如是退托，必误大事。"④

谏院启曰："……当今运粮，惟靠船运，而船夫之役，极苦难堪，弃其船只，相继逃避，水运之事，极为可虑。"⑤

由上述事例可以看出，在粮饷转运过程中，因朝鲜组织管理不力致使粮饷转运不及时以及粮料被私下偷盗、侵占的事件时有发生，甚至有船夫将粮料和水使其腐败而不能食用。此外，还存在因官员掣肘及不良习俗等造成的组织管理无序，致使粮饷转运混乱的情况。如军资监正尹昉启曰："一道之内使命太多，左右中三路各有主管宰臣，而爵秩相等不相关由，转运粮饷之际事多掣肘，列邑之人疲于奔命，左旋右顾，莫适所向。"⑥司谏院报告称："民之颇有恒产，不至于贫乏者，亦熟于习俗，相继移避"，且这些避役之民"不必远去数十里之外，只逾一岾一溪之近而换境"即可，更有甚者相互间交换室庐而居，"为守令者亦喜其安集流民之声而不加驱使"。⑦ 但这却给粮饷转运带来了巨大危害，使得本就不充裕的民力纷纷躲避，以致运粮乏人。

3. 组织管理不力致使粮饷支放冒滥

自壬辰战争发生后，朝鲜就存在着因组织管理不力致使粮饷支放冒滥的情况。诚如备边司启曰："支粮一事，自壬辰大军出来时，句管无法，不独

---

① 《朝鲜王朝实录·宣祖实录》卷94，宣祖三十年十一月己亥条。
② 《朝鲜王朝实录·宣祖实录》卷95，宣祖三十年十二月己卯条。
③ 《朝鲜王朝实录·宣祖实录》卷98，宣祖三十一年三月戊申条。
④ 《朝鲜王朝实录·宣祖实录》卷99，宣祖三十一年四月己巳条。
⑤ 《朝鲜王朝实录·宣祖实录》卷100，宣祖三十一年五月乙酉条。
⑥ 《朝鲜王朝实录·宣祖实录》卷95，宣祖三十年十二月庚辰条。
⑦ 参见《朝鲜王朝实录·宣祖实录》卷96，宣祖三十一年一月庚子条。

唐兵有冒支之弊,自为散失于文簿间者不知其数。"[①]此外,朝鲜还存在着将千方百计筹措到的粮饷运至前线后,因组织管理不善未能及时发放到士兵手中而被贼兵抢夺的情况,更有甚者,为避免粮料资敌继而放火焚烧。如万历二十五年七月二十一日,都元帅权栗书状:"闲山岛兵败逃亡军官传说:'军粮万余石,一时不得载运,除出焚火。'"[②]十一月初八日,朝鲜备边司奏称,前线军粮被散置于无城之处、不守之地,筹措到的军粮随时有被日军掠夺的可能。"今措置粮饷之处,忠州、公州、安东则距贼稍远矣,若全州、南原一路则贼兵朝夕出没,至于密阳、庆州、宜宁等处尤甚迫近。"[③]在明朝大军尚未来到之时,先将筹措到的粮饷转运到受日军威胁的上述地方,致使本就不充裕的军粮处在危险之下。

壬辰战争后期,朝鲜在粮饷供给的整个过程(即粮饷筹措、转运及发放)中均存在组织管理不力的情况。当永川的吴惟忠"粮饷久绝三日不食"、星州的茅国器"粮饷缺乏日不再食"时,不仅明朝官员指责朝鲜,朝鲜上至国王下至大臣对此亦有清醒的认识。朝鲜国王认为:"事势则然矣,慢忽亦有之。"[④]户曹判书金睟认为:"天粮虽积于义州,尚未登时输运,大概中原则一人专委措置,故事事便易,我国(朝鲜)则不然,议论多而成功少矣。"[⑤]综合考量各方面的意见,可以将其归结为因朝鲜组织管理不力而造成的不良后果。诚如朝鲜史官所述:

> 我国(朝鲜)之患,常在于官多而偾事。兵燹之后,百为涣散,大兵连年,凶荒荐仍。凡调粮运饷之策,既失其头绪,零星辏合,抹东涂西。管粮之官,星驰四路,换面催趱,旁午州县,以至一道之内,多至四五。总管、调度,名号之不一;督运、催运,句管之各异。项背相望,文移号令之掣肘;东西迎送,厨传供亿之糜费。各该地官,疲于奔命,莫适所从,一斛之粮未输,而生民之力先惫。运粮之官虽多,而乏粮之报继至。[⑥]

综上所述,朝鲜在壬辰战争后期粮饷供给的应急过程中,存在着用人不

---

① 《朝鲜王朝实录·宣祖实录》卷88,宣祖三十年五月辛亥条。
② 《朝鲜王朝实录·宣祖实录》卷90,宣祖三十年七月乙卯条。
③ 《朝鲜王朝实录·宣祖实录》卷94,宣祖三十年十一月乙未条。
④ 《朝鲜王朝实录·宣祖实录》卷99,宣祖三十一年四月癸未条。
⑤ 《朝鲜王朝实录·宣祖实录》卷99,宣祖三十一年四月癸未条。
⑥ 《朝鲜王朝实录·宣祖实录》卷104,宣祖三十一年九月戊戌条。

当与组织管理不力两大问题，并由此直接导致粮饷供给事事迟误、效率低下[①]，给前线明军的粮饷供给带来严重问题。但如前文所述，明朝和朝鲜双方通过不断交涉，及时调整举措，最终基本保证了明军的粮饷供给，直至战争取得最后的胜利。

壬辰战争后期即万历二十五年“丁酉倭乱”发生后，在朝鲜的请援下，明朝再次派出大规模的军队前往朝鲜援朝御倭。战争初期因明朝和朝鲜双方未能解决好粮饷的供给问题致使战争走向和议，因此，战争后期明朝和朝鲜双方为保证明军的粮饷供给均采取了一系列措施。如明朝采取动支仓粮或用官银籴买、增盐引、增关税、支用太仆寺收入等方式筹办粮饷以保证供给充足，更积极筹划海陆二运、增设天津海运以保证粮饷的运输及时有效。朝鲜则通过调整税赋的征收、开纳拜爵、赎罪免役等举措筹办粮饷，并积极筹划粮饷的转运，以保证前线明军的粮饷供给。这些举措的实施，虽在很大程度上减轻了前线明军的粮饷供给压力，但也并未能彻底解决粮饷供应不足这一问题，这就要求明朝和朝鲜双方在“封贡体系”的大背景下就明军粮饷这一具体问题展开交涉。

明朝和朝鲜围绕明军粮饷问题展开了一系列交涉，包括粮饷的本色与折色分担、朝鲜的粮饷筹措、催督朝鲜运粮、朝鲜运粮船只新造征调使用及雇船脚价等方面的交涉。在交涉的过程中，明朝和朝鲜根据双方的实际情况均做出了相应的妥协，最终保障了明军粮饷的供给。但这并不能掩盖朝鲜在壬辰战争后期的粮饷供给中存在着比较严重的问题，除朝鲜国内粮食征集不易、运输能力太弱、行政效率低下、贪风甚行外，朝鲜方面用人不当与组织管理不力更是造成战争后期明军粮饷供给困难的关键性因素。

从壬辰战争后期明军的粮饷问题中我们可以看出，无论是明朝还是朝鲜，实际上都无法凭借一己之力解决好明军的粮饷供给。明朝千里馈粮，其粮食筹集、转运和补给能力受到一定限制；而朝鲜则受制于自身国力、兵燹及战争消耗巨大等因素，本国境内的战场支援能力大大削弱。明朝和朝鲜

---

① 粮饷供给效率低，为明朝和朝鲜双方所共知。如《朝鲜王朝实录·宣祖实录》卷88，宣祖三十年五月庚子条中，杨总兵对李恒福等曰：“尔国事体，我都知得信，然行文事必不成……尔国凡事怠慢。”《朝鲜王朝实录·宣祖实录》卷88，宣祖三十年五月乙巳条中，上（朝鲜国王）曰：“我国事，弛慢不成矣。”领议政柳成龙曰：“今日事势，比如中风人，心虽欲动，四肢不应。”《朝鲜王朝实录·宣祖实录》卷94，宣祖三十年十一月甲午条中，经理（杨镐）谓臣（李德馨）曰：“李舜臣处，使问驻兵处所及行兵之事，而经月无回音，金应瑞使之急速招来，讲议用兵、哨探、向导诸事，而至今不来，权栗处各项军机，使之急速酌议来报，而限过累日，漠然不答……尔国则稍为高官，自尊自专，亦不怕国王之令，国王召之而不来。国王有法而不得行，则何事可成哉？兵家事机，急于风火，而事事迟误，奈何奈何。”《朝鲜王朝实录·宣祖实录》卷97，宣祖三十一年二月丁巳条中，经理接伴使吏曹判书李德馨驰启曰：“经理招臣谓曰：‘我观朝鲜，都尚虚文、空谈，未有一件实效。’”

均无法独立完成好明军的粮饷供给，只有进行合作方能解决问题，故需要双方在粮饷问题上各自付出努力并通力合作。据前文分析，明朝和朝鲜双方各自在粮饷的筹集和转运方面均采取了一系列的措施，做出了很多的努力，然粮饷供应仍有较大缺口，故仍需进行更为密切的合作。为更好地开展合作，明鲜双方又开展了一系列的交涉。粮饷问题的合作交涉，实际是在朝贡体制内明鲜双方结合自身的实际情况、现实考量及各自筹集粮饷的措施进行的交涉和对接。两国粮饷交涉的任务，是在“封贡体系”大框架下双方各自现实利益分歧的消弥，以具体落实两国的军事合作。事实上，明朝和朝鲜均需要平衡“封贡体系”中“事大字小”的道德责任与各自国家利益二者之间的关系。另外，“封贡体系”虽然是维系两国的纽带，但在双方具体事务合作方面并没有做出过多的规定，故只能遇事临时协调，这其中，“事大”和“字小”的要求同样适用于具体事务的交涉。但在具体协调的过程中，因为朝鲜自身粮饷供给能力有限，故明朝按照“字小”的原则将自己的利益更多地向朝鲜让渡，以实现交涉合作的具体落实。

壬辰战后援朝明军善后事宜研究（1599～1601）

万睿祯

发生于1592～1598年的壬辰战争，由于事涉明朝、朝鲜和日本三个国家，因此倍受学界关注。其中，明朝援军的相关情况是中国学者研究较多的问题之一。就目前的研究成果来看，前辈学者们在明朝做出出兵决策的过程、明军在战争中发挥的积极作用、援朝明军中的特定群体、战争期间情报网络的建设、明朝内部政治生态与战争的相互影响、明军后勤供应的困境等方面的研究，已经使我们对壬辰战争期间明军的相关动态有了一个相对全面的认识。①

对战后援朝明军动态的关注，学术界主要从两个方面展开：一是战后明朝防御体系的建设②；二是某一具体参与者在善后中所发挥的作用。③ 此外，韩国学术界对战后援朝明军的动向也有所关注。④ 总体来看，目前学界已经注意到援朝明军在战后曾暂住朝鲜善后，对朝鲜战后局势的稳定有一定的积极作用。但细较之下，对于援朝明军在战后的动态，仍然存在进一步探讨的空间和价值。

---

① 对于目前学术界研究动向的总结，参见自陈尚胜、赵彦民、孙成旭、石少颖：《地域性历史与国别性认识——日本、韩国、中国有关壬辰战争史研究述评》，《海交史研究》2019年第4期。

② 参见赵树国：《明代北部海防体制研究》，济南：山东人民出版社，2014年。

③ 参见杨海英：《域外长城：万历援朝抗倭义乌兵考实》，上海：上海人民出版社，2014年，第225～227页；刘展：《邢玠与明代援朝抗倭战争》，山东师范大学硕士学位论文，2011年。

④ 参见[韩]柳承宙：《壬乱后明军的留兵论与撤兵论》，《千宽宇先生还历纪念韩国史学论丛》，韩国首尔：正音文化社，1985年；[韩]洪性德：《丁酉倭乱以后明日停战协商与朝明关系》，[韩]《全北史学》第18辑，1995年；[韩]李启煌：《壬乱后明军留撤问题上的朝鲜与明朝》，[韩]《东西文化论丛》第2辑，1997年；[韩]金囧泰：《壬辰倭乱以后明朝驻军问题与朝鲜的应对政策》，[韩]《东方学志》2009年第147辑。

从相关的史料来看，明朝内部对援朝明军善后举措的讨论，主要集中在撤兵归国、留兵朝鲜和明确东征明军赏罚三个方面。[①] 因此，本文将试图从这三个方面出发，对援朝明军善后问题进行更为细致的讨论。[②]

一、从战争到撤兵

壬辰战争结束初期，鉴于朝鲜王朝孱弱的国防能力，援朝明军需要暂时留驻朝鲜，协助朝鲜方面提升防倭能力，以巩固已经取得的战果。但总体来说，明朝并无在朝鲜长期驻留的意愿，援朝明军依然要尽早撤回国内。所以，战争结束之后，如何在防御日军再次进攻的基础上，完成在朝明军的顺利撤归，就成为援朝明军善后的主要议题。[③] 不过，从明朝方面的史料来看，早在壬辰战争第三阶段[④]后期，明朝内部就已经出现了有关撤兵的讨论。因此，为了更好地讨论援朝明军的善后问题，我们需要首先对战争后期明朝内部出现撤兵呼声的背景、原因及其影响有一个较为全面的认识。

1.战争后期明朝撤兵议论的出现

(1)战火重燃与东征明军的失利

战争第二阶段，明朝和日本曾展开过和谈，但并没有顺利地进行下去。到万历二十五年(1597)初，朝鲜半岛战火重燃。

和谈破裂后，丰臣秀吉迅速向朝鲜增兵，意图再次通过战争获得自己在和谈中无法获得的利益。随着日军威胁的再次来临，朝鲜方面对自身实力进行了分析，认为“今此倭贼，以我国之兵，决不能抵当”[⑤]，随即向明朝请兵。与此同时，明廷也通过自身及朝鲜的情报体系获知了日本增兵朝鲜的信

---

① 参见《明实录·明神宗实录》卷329，万历二十六年十二月丁丑条，台北：“中央研究院”历史语言研究所校印本，1966年，第6091～6092页；《明实录·明神宗实录》卷330，万历二十七年正月庚子条，第6102～6104页。

② 在表述时间时，本文统一使用明朝的纪年方式。

③ 参见《明实录·明神宗实录》卷329，万历二十六年十二月丁丑条，第6091～6092页；《明实录·明神宗实录》卷330，万历二十七年正月庚子条，第6102～6104页。

④ 壬辰战争前后长达七年，过程曲折。为了表述方便，本文按时间节点将整场战争分为三个阶段。万历二十年(1592)四月战争正式爆发，至二十一年(1593)二月碧蹄馆之役结束，为战争第一阶段(韩国史学界一般称为“壬辰倭乱”，日本史学界一般称之为“文禄之役”)。万历二十一年(1593)三月，在碧蹄馆之役结束后，明日双方均意识到在短时间内无击败对手的可能性，因此至二十四年(1596)十二月，战争进入休战及和谈阶段，也就是战争第二阶段。万历二十五年(1597)正月，随着和谈的失败，朝鲜半岛战火重燃，直至万历二十六年(1598)十二月，壬辰战争正式结束，为第三阶段(韩国史学界一般称之为“丁酉再乱”，日本史学界则称之为“庆长之役”)。

⑤ 《朝鲜王朝实录·宣祖实录》卷84，宣祖三十年正月癸丑条，韩国国史编纂委员会网站点校本，http://sillok.history.go.kr/search/inspectionMonthList.do。(浏览时间：2020年12月15日)

息[①]，意识到已经无法通过和谈达到结束战争的目的，最终做出出兵援助朝鲜的决定。

在做出援助决定之后，明廷一方面通过“命原任镇守延绥等处总兵官署都督同知麻贵以原官充备倭总兵官”[②]，“命兵部侍郎李祯署本部印务”[③]，“升山东右参政杨镐为都察院右佥都御史，经理朝鲜军务”[④]，“升兵部左侍郎邢玠为兵部尚书兼都察院右副都御史，总督蓟辽保定军务兼理粮饷，经略御倭”[⑤]，建立起了从中央到前线的指挥体系；另一方面，开始逐渐向朝鲜前线增兵。由于明廷此前试图通过册封日本的方式结束这场战争，因此对于再次出兵的准备并不充分。从《明神宗实录》的记载来看，在邢玠接替孙鑛成为明朝援朝总负责人之初，孙鑛所征调的援朝明军仅有一万九千余名，不到战争第一阶段明军援兵人数的三分之一，且调动需要时间。[⑥] 为满足战争的需求，邢玠不得不从明朝其他地方抽调军队前往朝鲜。再加上之前期粮草准备不足[⑦]，总兵麻贵率领的后续部队又在中朝边境由于“四五十日来，大雨如注，昼夜不停，平地起波”[⑧]而无法前进，使得明朝援军主力向朝鲜集结的速度被大大拖后。至万历二十五年六月，抵达朝鲜王京的东征明军仅有杨元部[⑨]和吴惟忠部[⑩]，总人数在七千人左右[⑪]。

由于明军在进入朝鲜之后属于客军，对于朝鲜的地理、人文、气候条件以及敌情等都不够了解，所以在充分征求朝鲜意见的基础上，首先抵达王京的杨元率军前往全罗道战略要地南原驻守，以遏制日军的北进。

然而，朝鲜方面向明朝提供的情报信息并不准确。南原确实是防御日军北上的战略要地，但本身年久残破，并非坚城，且朝鲜方面“近日又专治山城，而本城则几于相忘”[⑫]，使得杨元在进驻之后不得不对南原城进行加固。

---

① 参见《明实录·明神宗实录》卷307，万历二十五年二月丙寅条，第5732～5733页。

② 《明实录·明神宗实录》卷307，万历二十五年二月丙子条，第5742页。

③ 《明实录·明神宗实录》卷307，万历二十五年二月丁亥条，第5747页。

④ 《明实录·明神宗实录》卷308，万历二十五年三月乙巳条，第5762页。

⑤ 《明实录·明神宗实录》卷308，万历二十五年三月己未条，第5771～5772页。

⑥ 参见《明实录·明神宗实录》卷308，万历二十五年三月己未条，第5774～5775页。

⑦ 参见《朝鲜王朝实录·宣祖实录》卷89，宣祖三十年六月己巳条。

⑧ （明）邢玠：《经略御倭奏议》卷2《申明进止机宜疏》，《御倭史料汇编》第4册，北京：全国图书馆文献缩微复制中心，2004年，第27页。

⑨ 参见《朝鲜王朝实录·宣祖实录》卷88，宣祖三十年五月癸卯条。

⑩ 参见《朝鲜王朝实录·宣祖实录》卷89，宣祖三十年六月癸酉条。

⑪ 参见《明实录·明神宗实录》卷307，万历二十五年二月戊寅条，第5744页。

⑫ 《朝鲜王朝实录·宣祖实录》卷88，宣祖三十年五月戊戌条。

直到日军进攻前夕，杨元才勉强将南原主城修缮完毕。① 而且，在朝鲜宣祖国王与杨元就驻守南原问题进行交流时，宣祖国王曾表示南原地形适合马兵作战。但实际上，当杨元抵达南原之后，却发现南原附近缺少马场，无法为马匹提供充足的草料，不得不抽出一部分马兵驻扎全州，进一步削弱了南原城的防守力量。②

与明军相比，这一时期的日军虽然也存在着后勤保障不足的问题③，但其军队规模和行动速度仍在明朝之上。万历二十五年八月，日军率先向北发起进攻。日军首先在闲山岛附近击败朝鲜水军主力，解除了南原城防守的屏障，随后以重兵围困了南原城。

由于上文提到的原因，此时明军孤军驻守南原城，力量薄弱。加之主将杨元个人指挥上的失误，以及朝鲜友军未能给予相应的配合④，最终南原城失陷，明军将领杨元仅以身免，陈愚衷弃全州城向北逃遁。⑤ 日军乘胜继续向北进军，兵锋直指王京，朝鲜国内一片恐慌。此时抵达王京的明朝官员杨镐临危受命，率军于稷山击退日军，取得稷山大捷，阻止了日军向北进军的步伐。⑥ 自此之后，随着东征明军主力的抵达，明朝和朝鲜逐渐掌握了战场的主动权，开始转向反攻。

通过搜集相关情报，明朝和朝鲜注意到日军内部并非铁板一块，“清正、行长，相为矛盾者，行长见败于平壤之事，清正常言之，且行长欲为讲和，而清正则不可，故以此不相得”⑦。因此，到万历二十五年十一月，明军策划兵分三路，“令大帅麻贵同经理杨镐督左右协自忠州、马岭向东安趋庆州，专攻清正。恐行长自金山来援，令中协兵马近宜城，东援两协，西扼援倭”⑧。同时“又于三协中摘马兵千五百与朝鲜合营，由天安、全州、南原而下，大张旗鼓，诈攻顺天等处，以牵行长”⑨，以期消灭此时军力最强、对明朝和朝鲜威胁最大的加藤清正部，夺取战略要地蔚山。面对明军的大举进攻，加藤清正部

---

① 参见《朝鲜王朝实录·宣祖实录》卷 90，宣祖三十年七月戊戌条。

② 参见《朝鲜王朝实录·宣祖实录》卷 89，宣祖三十年六月己巳条。

③ 参见《朝鲜王朝实录·宣祖实录》卷 87，宣祖三十年四月癸酉条。

④ 参见陈尚胜：《论丁酉战争爆发后的明军战略与南原之战》，《安徽史学》2017 年第 6 期。

⑤ 参见《明实录·明神宗实录》卷 313，万历二十五年八月丁丑条，第 5858～5859 页。

⑥ 《朝鲜王朝实录·宣祖修正实录》卷 31，宣祖三十年九月己丑条，韩国国史编纂委员会网站点校本，http://sillok.history.go.kr/search/inspectionMonthList.do。（浏览时间：2020 年 12 月 15 日）

⑦ 《朝鲜王朝实录·宣祖实录》卷 93，宣祖三十年十月庚申条。

⑧ 《明实录·明神宗实录》卷 317，万历二十五年十二月丁亥条，第 5911 页。

⑨ 《明实录·明神宗实录》卷 317，万历二十五年十二月丁亥条，第 5911 页。

节节败退，最后龟缩在新近构筑的蔚山倭城[①]内。但到万历二十六年（1598）一月初，明军仍然未能攻克蔚山倭城。随着日军援兵的到来，以杨镐为首的明军将领认为，“我之士马疲倦，难复与之决。一朝久之，恐其不利也”[②]，于是决定撤兵休整，以图再战。至此，蔚山之役告一段落，东征明军并未达成歼灭加藤清正、夺取要地蔚山的作战目标。

蔚山之役结束之后，邢玠上奏了题为《贼首几擒，外救猝至，谨便宜还师休息，以图再举，以靖海邦事》的奏疏，向明廷汇报了明军在蔚山之役中取得的成绩和下一步的作战计划，认为虽然未能完成战前制定的作战目标，但仍然有效地打击了日军加藤清正部，战果颇丰。在日军援军到来之后，明军已经失去了歼灭加藤清正部的机会，于是主动选择撤军休整。[③] 在接到邢玠的奏疏之后，万历皇帝非常满意，称赞“邢玠督率忠勤，杨镐亲冒矢石，麻贵贾勇当先，俱不负朕简任，候功成优叙”[④]，并要求邢玠“还宜益加奋励以收荡平，一切战守悉听便宜处置”[⑤]。

然而，同年六月，东征赞画主事丁应泰却上书参劾指挥蔚山之役的杨镐、麻贵、李如梅等将领，称其隐瞒了明军失利的实情。事实上，由于杨镐等人指挥上的失误，东征明军在撤退中损失惨重。[⑥] 来自前线的两份奏疏对蔚山之役的描述存在巨大的矛盾，使得明朝内部不可避免地对前线情报的真实性产生了怀疑。最终，明廷一方面对丁应泰奏疏中所参劾的官员进行了处置，下令“杨镐革任回籍，著邢玠速赴王京，暂兼经理军务。麻贵、李如梅姑着策励供职，候勘明处分”[⑦]；另一方面决定派出大臣前往前线，对前线真实军情进行核查。到六月初九日，明朝最终决定“差兵科给事中徐观澜往朝鲜，会勘东征功罪”[⑧]。

丁应泰的参劾奏疏在明朝内部引起轩然大波的同时，也使得东征明军和朝鲜陷入了极大的被动。但东征明军在朝鲜的军事行动并没有因参劾而停止。随着后续部队的到来，经过休整的东征明军的实力进一步增强，拥有了再一次发动反攻的能力。根据朝鲜史料记载，在蔚山之役之后，朝鲜“唯

---

① 因蔚山新建倭城修筑于地势险要的岛山，所以蔚山倭城在史料中也被称为岛山城。

② 《朝鲜王朝实录·宣祖实录》卷97，宣祖三十一年二月辛未条。

③ 参见（明）邢玠：《经略御倭奏议》卷4《岛山撤兵疏》，《御倭史料汇编》第4册，第195～210页。

④ 《明实录·明神宗实录》卷319，万历二十六年二月庚申条，第5934页。

⑤ 《明实录·明神宗实录》卷319，万历二十六年二月庚申条，第5934页。

⑥ 参见《明实录·明神宗实录》卷323，万历二十六年六月丁巳条，第5995～5998页。

⑦ 《明实录·明神宗实录》卷323，万历二十六年六月丁巳条，第5997页。

⑧ 《明实录·明神宗实录》卷323，万历二十六年六月壬戌条，第6000页。

庆尚左道蔚山、梁山、东莱，右道金海、昌原、熊川、固城、巨济、晋州、泗川、昆阳、南海，全罗左道顺天等州府郡县，尚被沦陷”①。在这种情况下，援朝明军于万历二十六年八月有针对性地兵分四路南下②，意图毕其功于一役，收复朝鲜所有失地。其中，中路明军由董一元率领，进军晋州、泗川一线；麻贵率领东路明军再攻蔚山；刘綎率领西路明军负责攻击小西行长；陈璘则负责指挥明朝和朝鲜水军配合西路大军行动。

起初，明军进展顺利，中路董一元在攻陷晋州之后，乘胜追击，“泗川、东阳之贼，不战而散走”③，再次躲入新修建的倭城之中。董一元随即率兵攻击倭城，“以大炮打破城门，大兵欲入之际，茅游击阵火药失火，阵中扰乱。倭贼望见开门，迎击左右，伏兵四起，大兵苍黄奔溃，死亡之数几至七八千，提督退晋州”④。随着中路明军的溃败，其他两路明军也选择了后撤，东征明军又一次未能达成作战目标。

泗川之役结束后，邢玠将援朝明军“中路将帅轻敌失防，因惊丧师”⑤的军情如实地上奏明廷。从结果上来看，明朝在这一时期发动的两次对日作战，均未能完成战前制定的作战目标。战场局势较战前未发生根本性的变化，日军主力仍然盘踞在朝鲜半岛南部。⑥ 东征明军的连续两次失利，使得明朝内部对前线的战况产生了极大的忧虑。正是在这样的背景下，明朝内部出现了撤兵回国的声音。

(2)“撤兵论”的初现

明军两次大举进攻，却均未达成作战目标，至此“朝议以东征师久无功，汹汹谓当撤兵”⑦。从史料来看，明朝内部此时出现的撤兵议论并非要将明军全部撤回，而是对明朝目前援朝战略的一种调整。其认为，援朝明军从南原到蔚山再到泗川，三战三败，损失惨重，足以证明明朝现有的援朝战略存在问题。为此，明廷内部有不少朝臣认为应该调整目前的作战策略⑧，而调整内容主要包括以下三个方面⑨：

---

① 《朝鲜王朝实录·宣祖实录》卷104，宣祖三十一年九月庚戌条。

② 参见《朝鲜王朝实录·宣祖实录》卷103，宣祖三十一年八月戊寅条。

③ 《朝鲜王朝实录·宣祖实录》卷105，宣祖三十一年十月庚申条。

④ 《朝鲜王朝实录·宣祖实录》卷105，宣祖三十一年十月庚申条。

⑤ 《明实录·明神宗实录》卷327，万历二十六年十月庚辰条，第6064页。

⑥ 参见“台湾三军大学”编：《中国历代战争史》第14册，北京：中信出版社，2013年，第444页。

⑦ 《明实录·明神宗实录》卷328，万历二十六年十一月壬辰条，第6071页。

⑧ 参见南炳文、吴彦玲辑校：《辑校万历起居注》，天津：天津古籍出版社，2010年，第1610～1611页。

⑨ 明朝撤兵议论的内容，可参见《明实录·明神宗实录》卷328，万历二十六年十一月壬辰条，第6071页；南炳文、吴彦玲辑校：《辑校万历起居注》，第1609～1612页。

其一，整合援朝明军现有资源，挑选精锐部队驻守朝鲜全罗道和庆尚道的战略要地，阻止日军的北进，其余明军撤兵归国、固守辽东。同时，在朝鲜土地肥沃之处设置屯田，以减轻明军的后勤压力。

其二，协助朝鲜训练军队，修筑防御工事，将日军封锁在朝鲜半岛南部。

其三，待朝鲜军事实力恢复之后，以朝鲜军队为主力，完成收复朝鲜领土的任务。

在撤兵声音出现之后，万历皇帝要求“兵部便会同五府六部九卿堂上科道等官”[①]就明朝是否要调整援朝策略展开讨论。

要求调整现有援朝计划的声音在明朝内部引起了极大的争议，其反对者将撤兵的声音与明朝在战争和谈阶段的一系列举动联系在一起，认为“东征之役，凡议罢兵者，不过欲掩前日封贡之失，无复愿国家之安危”[②]。

壬辰战争和谈阶段，明朝在传统“封贡体系”的思路下，试图通过对丰臣秀吉进行册封的方式结束这场战争。结果谈判失败，明朝非但没能在传统框架下解决危机，反而不得不再次耗费巨大的人力物力出兵援助朝鲜。万历皇帝对此极为不满，明朝内部也有大量反对的声音要求万历皇帝对支持和谈的人员进行惩处。主推与日本和谈的石星被捕入狱，最终病死于狱中[③]；前线具体负责与日军谈判的沈惟敬被斩杀，妻、子被充为家奴[④]；未奉旨羁押沈惟敬的萧应宫被流放。[⑤] 因此，当战火重燃之后，与和谈相关的话题逐渐成为明朝官场上的禁忌。在这种背景下，将撤兵言论与主和联系在一起，确实会引起明朝内部尤其是万历皇帝的警觉，进而达到反对撤兵议论的目的。

但从上文撤兵议论的内容来看，战争后期，明朝内部的“撤兵论”并非是战争第二阶段和谈思路的重现。支持调整援朝策略的赵志皋也在给万历皇帝的奏疏中表明：“至于臣近日条议东事一疏，因目擘连岁进兵与今四路之师，俱遭挫跌，诚不忍征调浩繁、转轮空竭，故议将朝鲜屯种选练，以图再举，初未若文蔚所称撤兵弃朝鲜以媚倭也。”[⑥]因此，在战争第三阶段，明朝内部“撤兵论”的出现有更为深层的原因。

---

① 南炳文、吴彦玲辑校：《辑校万历起居注》，第1612页。

② 《明实录·明神宗实录》卷328，万历二十六年十一月癸巳条，第6072页。

③ 参见《明实录·明神宗实录》卷339，万历二十七年九月乙卯条，第6290页。

④ 参见《明实录·明神宗实录》卷327，万历二十六年十月癸亥条，第6057页。

⑤ 参见《明实录·明神宗实录》卷317，万历二十五年十二月癸亥条，第5905页。

⑥ 南炳文、吴彦玲辑校：《辑校万历起居注》，第1625页。

2.明朝撤兵议论出现的原因

(1)明朝军事压力不断加重

首先,前文已述,战火重燃之后,明军的表现并不亮眼,耗费巨大代价发动的几次进攻也没有达成消灭日军有生力量、收复朝鲜失地的战略目标,反而与日军渐成对峙局面。若要继续进攻,达成战略目标,就必须要进一步加大明军在朝鲜前线的军事投入。

其次,对明朝而言,更为可虑的是随着明军入朝作战,辽东军事防御压力逐渐增大。

自建国起,为了抵御北方游牧民族的南下侵扰,明朝沿长城先后布设九个军镇,屯军驻守,构建起了一条庞大的军事防御线,史称“九边”。而辽东镇一直是明朝防御压力最大的边镇之一。明朝辽东镇“三面濒夷,一面阻海”①,辽东都司直接管辖的区域仅为辽河流域的南部,其东北、西北和北部活跃着大量的少数民族。明朝初期,明军一直在辽东保持着积极主动的进攻态势,加之辽东都司和游牧部落之间有上百公里的缓冲地带,因此辽东的防御压力并不大。② 但到明朝中后期,随着实力的下降,明军的军事防御战略日趋保守,建州女真和海西女真逐渐南下,开始劫掠辽东边镇。到嘉靖年间,建州女真已经多次入边进犯,“辽之东西几困”③。

明朝在修筑辽东边墙时,并没有将位于辽东西北部的辽河河套地区纳入辽东的管辖范围之内,使得大片肥沃的土地被弃置关外,在减少耕地面积的同时,也增加了军事防御压力。明代中期以后,以兀良哈三卫为主的蒙古各部落开始频繁进入辽河河套地区游牧,并不时掠夺边内人口和财产。到壬辰战争爆发前,辽河河套地区已经成为数十个蒙古部落侵扰辽东的根据地。④ 由此可见,在壬辰战争爆发前,明朝辽东地区就已经承受着较大的军事防御压力。

当然,明朝为了抵御这些来自边外的军事压力,选择在辽东置以重兵。根据《全辽志》的记载,辽东一镇领饷官军大致为九万八千三百多人⑤,从规模上来看,确实不小。但不论是女真还是蒙古诸部落,都具有流动性。为了防御这些游牧部落的劫掠,辽东近十万边军不得不分散驻守在辽东的近百

---

① (明)王在晋:《三朝辽事实录·总略》,《续修四库全书》第 437 册,上海:上海古籍出版社,2002 年,第 33 页。

② 参见张士尊:《明代辽东边疆研究》,长春:吉林人民出版社,2002 年,第 263～266 页。

③ (清)计六奇撰,魏得良、任道斌点校:《明季北略》卷 1,北京:中华书局,1981 年,第 2 页。

④ 参见张士尊:《明代辽东边疆研究》,第 82～87 页。

⑤ 参见(明)李辅编:《全辽志》,金毓绂主编:《辽海丛书》第 1 册,沈阳:辽沈书社,1985 年,第 575 页。

座堡城、墩台中，因此明朝在辽东实际能够调动的机动部队规模并不大。万历二十七年，辽东巡抚李植在给万历皇帝的奏疏中提到，在不影响防御的情况下，辽东边镇能够集结的作战部队在两万人左右。[①]

壬辰战争爆发之后，由于地理原因，辽东军队总是作为率先奔赴战场的明朝军事力量。从目前的研究成果来看，战争第三阶段奔赴朝鲜战场的辽东兵力在六千人左右。[②] 虽然规模不大，但这一人数已经占到了辽东机动兵力的三成，极大地影响了辽东的防御能力。从战争第一阶段的第一次平壤之战、碧蹄馆之役，到战争第三阶段的南原之战，辽东精锐骑兵的战场伤亡率一直居高不下。虽然明朝也在辽东不断招募新军，但其战斗力已经随着辽东军队在朝鲜的损失不断下降。

与此同时，壬辰战争爆发后，辽东成为明军支援朝鲜的后方基地。基于援朝御倭的迫切性，辽东的军事重点开始转向朝鲜。朝鲜半岛战火重燃之后，为了减少前线军事指挥方面的掣肘，原来为防御北方少数民族而设的蓟辽总督，兼任了援朝御倭的最高军事长官。为了指挥方便，此时的蓟辽总督邢玠选择进入朝鲜并最终进驻王京。这样将明军指挥中心前移的军事安排更加利于邢玠协调明朝和朝鲜之间的军事合作，但相应地，也使得邢玠无法及时对辽东面临的其他军事威胁做出反应。

事实上，当时的明朝大臣对于这一状况已经有一定的认识。巡按直隶监察御史蒋汝瑚曾上奏朝廷，称“救朝鲜之兵，大都取之辽蓟，平日用以备虏者。我之锐卒既东，虏必将窥伺，乘虚入犯，奈何又从而挑之。况永平、马兰路等处纷纷开采，招虏启衅，尤为可虞”，希望朝廷能够“请行督抚诸臣，将近边各兵速为募补，东征完日，原调各兵，系台者仍补台，系营者仍发营，并停近边开采，无生虏心”[③]。

在这种情况之下，将明朝用于援朝的部分军队撤回辽东屯驻，以减轻辽东不断加重的军事压力，就成为部分明朝官员的想法。

(2)粮草困局与明朝自身经济压力的增大

蔚山之役中，在明军围困倭城期间，朝鲜接伴使观察到：明军“大概与贼相持，马不吃草已九日，唐马倒死者千余匹，军兵亦皆饥冻。倘有外援，则事极可虞”[④]。从结果来看，朝鲜官员的判断极为精准，粮草供应问题已经成为

---

① 参见(明)李植：《请留征倭将士协力剿除东虏疏》，陈子龙等选辑：《明经世文编》卷 425，北京：中华书局，1962 年，第 4640 页。

② 参见郑洁西：《兵额、兵源、兵种及兵力配置——丁酉再乱期的援朝明军》，山东大学第二届壬辰战争研究(国际)工作坊论文，济南，2018 年，第 204～235 页。

③ 《明实录·明神宗实录》卷 308，万历二十五年三月戊戌条，第 5752 页。

④ 《朝鲜王朝实录·宣祖实录》卷 96，宣祖三十一年正月庚子条。

影响战局走向的重要因素。事实上，整个壬辰战争期间，援朝明军的粮草供应问题一直是明朝和朝鲜重点讨论的问题之一，学术界对这一问题也多有关注。

从前辈学者的研究来看，战争爆发之后，朝鲜残破不堪，根本无力保障援朝明军的粮草供应。因此，为了确保援朝明军的后勤供应，明朝不得不从国内筹集粮草运往朝鲜。而过长的运输距离、明朝和朝鲜后勤供应体系的不同，都使得援朝明军的粮草供应困难重重。明朝和朝鲜在战争后期也采取了一些手段，试图提高粮草的运输和补给效率，但收效甚微。粮草供应困难的问题，在战争期间始终存在。[①] 但目前的研究多从后勤供应的角度出发，来探究援朝明军粮草供应的相关问题，这使得我们很难去了解此时明朝内部对这种运输方式的态度。因此，本文将从明朝经济压力这一角度，来探讨战争第三阶段援朝明军的粮草供应困局，以及明朝内部对这种困局的态度。

战争后期，援朝明军的粮草运输，大体上由明朝和朝鲜两方面协同负责。首先，从明朝方面来看：

为提升粮草运输的及时性和可靠性，明朝方面在人事安排上以户部右侍郎张养蒙作为督饷大臣，专门负责援朝明军的后勤供应问题。在运输路线上，分为陆运和海运两条路线。陆运路线大致是就近将蓟州、密云、永平等地仓粮运至山海关贮藏，接着由辽东方面将粮草运过鸭绿江运抵义州。[②] 而海运路线则从天津、山东登州等地运至旅顺，再从旅顺经石城岛、东历猪岛、腊岛等运抵大同江入海口处的三和县广梁镇，之后沿江而上可直抵平壤。[③]

与陆运相比，海运的运输能力强、成本低，而且明朝此前也有通过海运从山东向辽东运送粮饷的经验[④]。因此，战争第三阶段明朝主要依靠海运来解决前线后勤供需困难的问题。但在具体实施的过程中，却存在不少问题。

第一是运输工具的问题。在战争爆发之前，明朝在渤海湾沿岸并无大规模的货物运输。因此，战争爆发之后，明朝只得一方面从天津雇觅盐船、渔船，另一方面在天津、南京等地打造船只。据张养蒙奏疏所述，明朝起初

---

① 粮草供应问题的相关研究参见陈尚胜：《壬辰御倭战争初期粮草问题初探》，《社会科学辑刊》2012 年第 4 期；孙卫国：《万历朝鲜之役前期明军粮饷供应问题探析》，《古代文明》2019 年第 4 期；董建民：《壬辰御倭战争后期（1597～1598）明军粮饷问题研究》，山东大学硕士学位论文，2016 年。

② 《明实录・明神宗实录》卷 320，万历二十六年三月戊申条，第 5957～5958 页。

③ 参见（明）邢玠：《经略御倭奏议》卷 2《酌定海运疏》，《御倭史料汇编》第 4 册，第 51～70 页。

④ 参见王栋：《明代辽东军食供给体系研究》，复旦大学硕士学位论文，2014 年。

在南京新造沙船四十只，在天津募集盐船六十只用以转运粮草。[①] 之后，由于粮船数量依旧不足，张养蒙计划在天津新造沙船五十只。然而，天津并非船只木材产地，加之冬季气候严寒，不适宜动工，张养蒙最终选择在更为便捷的南京新造沙船一百只。每只沙船的造价为白银三百两，为此，仅新造一百只沙船一项，张养蒙就需要户部和工部拨银三万两。[②] 同时，张养蒙还希望户部能够拨款在淮安、登莱等地再雇用盐船、渔船百只以上，以确保运力的充足。[③] 此外，海船需要专业人士的驾驶方能确保海上航行的安全。为此，张养蒙以每只新造沙船需舵工、水手二十名的标准，请求户部拨银三万两为新造的一百只沙船雇用人手。建造沙船、募集渔船和盐船、雇佣水手都使得明朝在尚未将粮草运往朝鲜之前，就需要耗费极大的成本。而新雇佣的水手和新下水的船只又需要相互适应，因此海运的速度不断放缓，督饷大臣张养蒙也承认，"东师大集，需饷甚多，恐海运未必如期"[④]。

第二是气候和海况问题。受大陆性气候影响，在冬季，除旅顺为天然不冻港外，不论是明朝还是朝鲜沿海，都会出现海冰和封冻现象，船只无法出海，自然也谈不上海运。天津兵备道按察使汪应蛟在募集盐船六十只后，即刻装载粮草发往朝鲜。但就在出海之时，"忽遇飓风大作，一夜冰合，遂不能前进"[⑤]，不得不等待来年春季解冻之后运粮出海。同时，由于明朝使用的风帆船只基本不具备逆风行驶能力[⑥]，因此明朝的海运除受冬季封冻影响外，还受到风向的影响。冬季渤海湾的封冻，加之风向的限制，使得海运无法持续为明军提供后勤供应。且在此之前，明朝也未有过从旅顺等地运输物资前往朝鲜的先例。在这种情况之下，明朝方面并不了解朝鲜附近海域的海况，"广梁镇虽称在朝鲜三和县，平壤入海去处，从来未履，其地远近险夷俱不得知"[⑦]，自然容易出现事故，其安全性要低于陆运。张养蒙在奏疏中对海运的危险性有过贴切的描述，认为"万里烟波，四望无际，飓风一起，则倒海

① 参见(明)张养蒙:《张毅敏公集》卷4《议明春运船疏》,沈乃文主编:《明别集丛刊》第4辑第16册,合肥:黄山书社,2016年,第481页。

② 参见(明)张养蒙:《议明春运船疏》,《张毅敏公集》卷4,沈乃文主编:《明别集丛刊》第4辑第16册,第482页。

③ 参见(明)张养蒙:《议明春运船疏》,《张毅敏公集》卷4,沈乃文主编:《明别集丛刊》第4辑第16册,第482页。

④ (明)张养蒙:《又议陆运疏》,《张毅敏公集》卷4,沈乃文主编:《明别集丛刊》第4辑第16册,第494页。

⑤ (明)张养蒙:《议明春运船疏》,《张毅敏公集》卷4,沈乃文主编:《明别集丛刊》第4辑第16册,第481页。

⑥ 参见王冠倬:《中国古船图谱》,北京:生活·读书·新知三联书店,2011年,第210～261页。

⑦ (明)邢玠:《经略御倭奏议》卷2《酌定海运疏》,《御倭史料汇编》第4册,第60～61页。

排山；浊浪一卫，则吞天络日。兼之石礁岛屿交列横铺、鲸鳄潜藏、蛟龙出没，谭之者色变，望之者心寒，而当之者魄散魂飞，非人所乐趋也”①。

第三是在海运政策执行过程中，还存在诸多积弊。张养蒙曾在奏报户部的奏疏中提到运户“装载之后，湾泊近岛，阴盗粮以肥己，明撞石以欺官。有微一磕撞，而云捞救仅半者；有尽数盗卖，而将朽船撞碎者；有遁迹远去，而云人船飘没无存者。仍又置卖货物，夹带经商，私货不售，则公事不完”②。除此之外，新造船只不仅不能按时完工，“甚至有孔无钉，缝开篷软，每只费银几二百八十两，曾不得其一日之用”③。

运输船只的缺乏、气候和海况的限制以及海运政策执行过程中的积弊，使得明朝在耗费大量财力的情况下仍然无法通过海运及时为援朝明军输送粮草。为了弥补海运的不足，明朝不得不通过陆运向援朝明军供应粮草。

相对于海运而言，陆运受气候的影响较小，持续性较好，是一种较为安全的运输方式。但由于运输时需要大量的人力物力，因此其经济性无法与海运相比。为此，张养蒙起初计划采用分段运输的方式从内地运输粮草，经辽东运往朝鲜。但考虑到这种做法仍然不够便捷和经济，最终张养蒙上奏朝廷，希望从辽东就近籴买粮草。此外，为运输粮草，明朝还需从辽东征调人员、骡马和车辆。张养蒙的方案可以在缩短运输距离的情况下，降低粮草在运输中的损耗，提高运输的效率。但同样的，这一方案也会给原本就较为脆弱的辽东经济带来更大的负担。张养蒙也注意到了这一问题，因此还建议以朝廷出资的形式雇用运夫，“彼原该效力于转搬，今出其值而雇之，是劳而获赏，亦民之利也”④。这样确实可以在一定程度上减少民弊，提高运夫的积极性。但受困于战事，明朝陆运的规模大、持续时间长，因此若以朝廷出资的方式雇用运夫，对于明朝而言也是一笔不小的开支。

综合来看，不论是陆运还是海运，明朝都得在付出巨大经济代价的前提下，完成向前线运输粮草的任务。

其次，从朝鲜方面来看，明朝运至朝鲜的粮草主要集中在义州和平壤。但援朝明军在与日军交战的过程中，其战线不断向南推移，因此必须再经过一轮运输，才能将粮草运送到正在前线作战的明军手中。为了降低运输成

---

① 《朝鲜王朝实录·宣祖实录》卷97，宣祖三十一年二月辛未条，中国古船图谱。

② （明）张养蒙：《张毅敏公集》卷4《遵旨回部条议饷务疏》，沈乃文主编：《明别集丛刊》第4辑第16册，第514页。

③ （明）张养蒙：《张毅敏公集》卷4《遵旨回部条议饷务疏》，沈乃文主编：《明别集丛刊》第4辑第16册，第515页。

④ （明）张养蒙：《张毅敏公集》卷4《议陆运疏》，沈乃文主编：《明别集丛刊》第4辑第16册，第493页。

本，提高运输效率，明朝希望朝鲜能够接替明朝负责粮草在朝鲜境内的运输工作。对于朝鲜方面来说，他们也认为让明朝直接将粮草运往前线“于事未安”①。在明朝和朝鲜双方达成共识的情况下，从明朝运入朝鲜的粮草由朝鲜方面负责供给前线。

朝鲜在协助输送粮草时也选择了陆运与海运相结合的模式。相应地，明朝在运输过程中存在的各类问题在朝鲜同样存在。而与明朝不同的地方在于，由于战争的破坏以及自身国力水平的限制，朝鲜面临着更为窘迫的境况。

在海运方面，朝鲜为集结足够的运输船只，下令建造粮船，并从朝鲜沿海征调民间船只。到万历二十六年二月，朝鲜已建漕船 58 只、修补漕船 13 只、在建漕船 29 只。② 但由于朝鲜此时实力和技术的限制，朝鲜漕船的运力极为有限。③ 同时，征调民船的计划也不顺利。在征调过程中，大量属于朝鲜权贵之家的船只被刻意忽略，并没有加入朝鲜运输粮草的序列中。④ 而朝鲜已经征调的民船又因为“既失生业，又不给价”⑤而苦不堪言，出现了出工不出力的情况。

与海运相比，陆运存在的问题也不少。为了提升陆运能力，朝鲜开始在境内搜集可用于驮运粮草的驮马。但由于战争的破坏，朝鲜此时的马匹数量严重不足。为了完成任务，在无马的地方出现了强征耕牛而耽误春耕的情况，极大地损害了朝鲜普通百姓的利益。⑥ 而除了被强征耕牛之外，此时朝鲜普通百姓还承担着极为繁重的赋役负担。“如两口之家，身既赴战，而又责刷马，又责徒役，又征军粮，又督唐粮之运，故人不聊生，争相窥避。有粟卒岁者，分寄邻家，而身则逸游于山南山北矣。”⑦普通百姓的大量出逃又进一步削弱了朝鲜向前线运输粮草的能力，以至于出现了“辽东，则运粮之人连络达夜行走”，而“过了鸭绿江，无人输运，堆积露处”⑧的情况。

粮草供应能力的不足，使得援朝明军在交战中不得不随时面临粮草匮

① 《朝鲜王朝实录·宣祖实录》卷 89，宣祖三十年六月庚申条。

② 参见《朝鲜王朝实录·宣祖实录》卷 97，宣祖三十一年二月丁丑条。

③ 根据朝鲜史料的记载，龙山仓米豆一千一百八十石十二斗五升就需要朝鲜各类规格船只五十艘运输。参见《朝鲜王朝实录·宣祖实录》卷 99，宣祖三十一年四月壬戌条。而三万明军仅仅一月当支大米就已达一万八千石，由此可见，朝鲜仅靠已造船只根本无法满足援朝明军的粮草需求。参见《朝鲜王朝实录·宣祖实录》卷 97，宣祖三十一年二月甲子条。

④ 参见《朝鲜王朝实录·宣祖实录》卷 100，宣祖三十一年五月丁亥条。

⑤ 《朝鲜王朝实录·宣祖实录》卷 99，宣祖三十一年四月癸亥条。

⑥ 参见《朝鲜王朝实录·宣祖实录》卷 91，宣祖三十年八月丙寅条。

⑦ 《朝鲜王朝实录·宣祖实录》卷 96，宣祖三十一年正月庚子条。

⑧ 《朝鲜王朝实录·宣祖实录》卷 99，宣祖三十一年四月己巳条。

乏的问题。这不但对援朝明军的军心士气产生了负面影响,还直接削弱了明军的战斗力。同时,粮草的匮乏也使得援朝明军在与日军交战时可选用的战术手段极为有限,后勤供应的限制根本不允许明军与日军展开拉锯战。因此,若想提升援朝明军的战斗力,解除明军在战术选择上的束缚,就必须保证明军粮草供应的充足。要达成这一目的,就需要明朝和朝鲜进一步加强粮草运输的强度。

但明朝内部提出撤兵的官员,对于这一问题又有不同的看法。明朝为应对来自北方的强大军事压力,一直在九边军镇维持着庞大的军队规模。在初期,明朝主要通过屯田解决边军的粮草供应。但到明朝中后期,随着军屯的瓦解,以及募兵制下士兵饷银的提高,仅靠边境的屯田已经无法满足边军对粮草的需求。因此,每年由明朝中央发放的年例银逐渐代替屯田,成为边军粮饷的主要来源。[①] 同时,明朝又在北方边境修筑了规模庞大的边墙,以抵御游牧民族的劫掠。为此,明朝每年还要支付一笔为数不少的维护费用,用以确保这一防御体系的有效运行。到万历年间,明朝花费在军需上的费用已经占到国库收入的80%以上,成为明朝财政的巨大负担。[②]

壬辰战争爆发之后,为征调军队、向前线运输粮草,明朝花费了大量白银,财政危机进一步加重。然而,即便是在明朝内部财政危机日渐加重的情况下,前线粮草匮乏的问题依然存在。为了完全解决这一问题,使其不再成为制约明军战斗力发挥的因素,明朝就需要投入更多的资金,用以扩大粮草运输规模,提高粮草运输的效率。但明朝日益加重的经济压力根本不允许其在粮草运输中投入更多的力量。事实上,就现有的运输规模而言,明朝也无力确保其能够长期运行。因此,在明军进攻失利,即将与日军进入长期对峙之际,明朝官员自然对从国内运输粮草的政策产生了反思。在这种情况之下,将部分明军撤回国内并在朝鲜实行屯田,就成了减轻明朝经济负担的策略之一。

(3)明朝和朝鲜对战场形势的不同认识

壬辰战争爆发后,明朝、朝鲜和日本均牵涉其中。但三方对于这场战争的感知并不相同。对于朝鲜来说,入侵朝鲜半岛的日军准备充足、实力强悍,其战斗力远非之前骚扰朝鲜沿海的倭寇所能比拟。因此,在战争爆发后不久,承平日久的朝鲜军队节节败退,大半国土沦入敌手。若没有明朝的介入,朝鲜王朝的覆灭只是时间的问题。在这种情况下,入侵朝鲜的日军已经

---

① 参见范中义:《论明代军制的演变》,《中国史研究》1998年第2期。

② 参见赖建成:《边镇粮饷:明代中后期的边防经费与国家财政危机(1531～1602)》,台北:联经出版事业股份有限公司,2008年,第40页。

成为朝鲜王朝政权最大的威胁。只有消灭了日军，朝鲜王朝才能收复失地，确保自身政权的安全与延续。然而，仅凭朝鲜自身的力量，根本无法与日军抗衡。为此，朝鲜选择借助明朝的力量来实现自己的目标，自然希望明朝在朝鲜投入的力量越多越好。

对于明朝而言，情况则又有所不同。学术界在研究壬辰战争时，参照史料中明朝官员的叙述，一般认为明朝内部有关壬辰战争的纷争，与主战派和主和派之间的党争有关。① 然而，现有研究成果对于党争中两个阵营的代表人物，及其主张上的不同，并没有做进一步的说明和分析，这使得其所得出的结论并不全面和完善。

我们对相关史料进行更深入的考察可以发现，可以将明朝内部对壬辰战争的不同意见简单归结为主战和主和的做法并不严谨。在明朝，"党"字并非指现在意义上的政治党派，而是一种带有贬义的说法②，并不被舆论所认可。战争第三阶段，部分明朝官员在奏疏中确有将其他官员称为朋党的描述。③ 但这实际上是一种行文手法，其目的是为了渲染对方错误的严重性，并不能将此作为明朝存在和、战两派党争的证据。

事实上，明朝出兵援助朝鲜主要出于两个目的：一是尽"上国"保护"藩属"之责，二是为了确保自身边疆的安全。④ 然而，当时对明朝安全造成威胁的因素，并不只有入侵朝鲜的日本。

壬辰战争爆发之初，明朝出兵朝鲜的两个目的具有一致性。但随着战事的发展尤其是在战争第三阶段援朝明军的多次失利之后，明朝在经济和军事方面承受了更大的压力，自然削弱了自身应对其他威胁的能力。至此，明朝出兵朝鲜的两个目的之间出现了矛盾，一些明朝官员开始反思现行的援朝计划。因此，在战争后期，明朝内部关于壬辰战争的讨论并非是围绕和与战，其实际上大多是对明朝援朝方式的争议。

明朝部分官员认为，现在的援朝策略非但没能维护明朝辽东地区的安全，反而削弱了明朝应对其他威胁的能力。所以，明朝需要调整援朝策略，

---

① 参见黄修志：《万历朝鲜之役后期的中朝党争与外交》，《韩国研究论丛》2013 年第 1 辑，第 171～183 页；杨海英：《域外长城：万历援朝抗倭义乌兵考实》，第 196 页。

② 参见[美]牟复礼、[英]崔瑞德编：《剑桥中国明代史》，杨品泉等译，北京：中国社会科学出版社，1992 年，第 575～576 页。

③ 参见《明实录·明神宗实录》卷 323，万历二十六年六月丁巳条，第 5996 页；《明实录·明神宗实录》卷 328，万历二十六年十一月癸巳条，第 6072～6073 页；（明）邢玠：《奏办东征始末疏》，《经略御倭奏议》卷 6，《御倭史料汇编》第 5 册，北京：全国图书馆文献缩微复制中心，2004 年，第 71～132 页。

④ 有关明朝出兵目的的分析，可参见陈尚胜：《字小与国家利益：对于明朝就朝鲜壬辰倭乱所做反应的透视》，《社会科学辑刊》2008 年第 1 期。

将援朝明军主力撤回国内，仅留一支规模适中的军队协助朝鲜驻守战略要点，阻止日军的再次北进，为朝鲜自身军事力量的恢复争取时间。同时，明朝可以帮助朝鲜训练军队，并根据实际情况提供一定的经济援助。随着朝鲜国力的恢复，明军可以渐次撤回，也可以协助朝鲜作战，最终在朝鲜的主导下完成对故土的收复。[①] 对于提出“撤兵论”的明朝官员而言，这样的支援模式可以在达成战略目标的前提下，有效地减轻明朝的军事和经济压力。

从整体来看，战争后期明朝内部的撤兵议论反映了此时明朝在现实中面临的诸多困题，是对明朝现有战略的正常讨论。由于朝鲜惨遭兵祸、经济凋敝，无法保障援朝明军的粮草供应，明朝不得不从国内征调粮草运往朝鲜。这种大规模、远距离的粮草运输使得明朝在付出巨大经济代价的前提下，仍然无法确保援朝明军对粮草的正常需求，前线随时面临粮草上的匮乏。再加之军事优势的丧失、力量整合的不足以及士气的衰落，援朝明军在前线进展缓慢，渐与日军在朝鲜半岛呈长期对峙之势。在明朝和朝鲜对战场形势认识并不完全一致的情况下，明朝内部出现了调整现有援朝计划、将援朝明军主力撤回国内的声音。

3.战争的结束与善后的开始

(1)撤兵议论的停止与战争的结束

虽然“撤兵论”源于明朝面临的现实困境，但这并不意味着其能够解决明朝面临的困境。

首先，这一讨论对明朝现有援朝计划的转变过大。在明朝内部就是否撤兵进行讨论时，援朝明军和日军在前线一直处于交战状态，战事焦灼。在这种情况下，突然将处于进攻状态的明军撤出战场，会给前线带来极大的混乱。一旦被日军找到可乘之机，可能会使明军的撤兵变成一场大规模的溃败，将明朝付出巨大代价才取得的战果拱手让给日本。事实上，援朝明军在泗川之役后期的溃败，很大程度上与自身的混乱和日军的反击有关。

其次，明朝内部出现的撤兵议论实际上是一种消极保守的战略方案。这一方案不再追求在短时间内消灭日军，而是希望暂时将日军封锁在朝鲜全罗和庆尚两道，使其不再北进。等明军支持下的朝鲜军队恢复实力之后，就可以以朝鲜军队为主力收复失地。至于粮草，可以参考明朝在北边的做法，设立军屯，就地取粮。明朝部分官员认为，通过这一方案，明朝可以在减轻经济和军事压力的情况下完成援助“属国”的目的。这一方案看似可以减轻明朝的军事和经济压力，但会大大延长壬辰战争的时间。并且，朝鲜军队

① 参见南炳文、吴彦玲辑校：《辑校万历起居注》，第1609～1612页。

恢复实力的时间并不可控。在此之前，明朝不得不在持续援助朝鲜的同时，加强自身沿海的防御，以免日军开辟第二战场。随着时间的推移，为防御日军而建立的防线很可能会成为明朝的第二个九边，给明朝带来更大的危害。

最后，援朝明军虽然在前线进展缓慢，但自稷山之役之后，已经掌握了朝鲜战场的主动权。只要保持对日军的进攻态势，步步紧逼，日军的败退只是时间问题。在这种情况下，只有在最短时间内解决来自日军的威胁，才能够确保朝鲜和明朝北部边防的安全，真正起到减轻明朝军事和经济压力的目的。

事实上，明朝内部一些官员已经意识到了撤兵议论的不妥之处，并从维护辽东安全的角度，建议皇帝取消讨论援朝计划的会议，一意进剿。[①] 最终，万历皇帝下令："东征屡有旨，朝廷不遥制，还着一意进剿，务收荡平之功，不必会议"[②]，结束了明朝内部对于撤兵问题的讨论。

在明廷因明军进攻失利而出现撤兵议论的同时，日军也在朝鲜苦苦挣扎。壬辰战争持续多年，入侵朝鲜的日军非但未能完成最初制定的战略目标，反而在明军的进攻下节节败退。虽然在战争后期，日军抵挡住了援朝明军的两次进攻，给明军造成了不小的伤亡，但无益于战场局势的逆转，只得做困兽之斗。[③] 到万历二十六年八月，丰臣秀吉病逝，日军开始逐步撤兵。十二月十五日，明廷接到邢玠的奏报，称："值穷寇之思归，乘胜兵而攻逼，致令贼势窘促，扫穴而逃，祸本既拔于穴中，游魂复歼之海上。至是而皇上字小之义有终，属国效顺之心益固矣。"[④]十二月十九日，在丁应泰参劾蔚山功罪后，被派往前线查勘功罪的徐观澜也上书朝廷，认为明军虽然未能剿灭日军主力，但随着日军的撤退，已经完成了彻底收复朝鲜失地的目标，战争结束。[⑤] 通过前线两条不同的情报线传回的消息，明朝基本认定日军撤退、明军彻底收复朝鲜失地的信息为真。

从万历皇帝对撤兵议论的最终意见可以看出，明朝的目标是要求明军全歼入侵日军，彻底收复朝鲜失地。因此，到十二月二十九日，当万历皇帝阅览完邢玠的《余倭荡平报》后，称："览奏，朝鲜南海余倭悉皆荡绝，东征始收完局，此乃皇天助顺，俾朕得行诛暴之义，兴继绝之仁。"[⑥]至此，对于明朝而言，其已经完成了自己的战争目标，整场战争以明军的胜利而宣告结束。

---

① 参见《明实录·明神宗实录》卷328，万历二十六年十一月癸巳条，第6072～6073页。

② 《明实录·明神宗实录》卷328，万历二十六年十一月癸巳条，第6073页。

③ 参见"台湾三军大学"编：《中国历代战争史》第14册，第444页。

④ 《明实录·明神宗实录》卷329，万历二十六年十二月丙寅条，第6085页。

⑤ 参见《明实录·明神宗实录》卷329，万历二十六年十二月庚午条，第6087～6089页。

⑥ 《明实录·明神宗实录》卷329，万历二十六年十二月庚辰条，第6094页。

随着战争的结束,明廷自然要开始考虑下一阶段援朝明军的动态。

(2)撤兵与留兵:战后明朝的现实需求

首先,撤兵是战后明朝的必然选择。在前面分析明朝后期出现撤兵议论的原因时就已经提到,在战争期间,为了援助朝鲜,明朝已经背负了沉重的经济和军事压力。但由于尚处于战时,日军的威胁仍在,明朝不得不继续支持援朝明军在朝鲜的军事行动。随着战争的结束,明朝完成了自己的战略目标,阻碍明军撤退的因素已经不复存在。因此,战争刚刚结束时,尚在前线查勘功罪的明朝官员徐观澜便上奏万历皇帝,称由于战损较大、粮草匮乏,战后援朝明军处境堪忧。徐观澜希望明朝内部立刻就善后问题进行讨论,在酌留部分明军协助朝鲜防守的前提下,尽快将援朝明军主力撤回国内,一方面可以减轻明朝在军事和经济上的负担,另一方面也可避免援朝明军因缺粮而对朝鲜造成二次伤害。[①] 在这种情况之下,明廷开始考虑从朝鲜撤军。明朝内部一直存在的危机,又加快了撤军的速度。

明代播州地区地处四川、贵州、湖南三省之间,地势险峻、自然条件优越,在当时处于杨氏土司的统治之下。自唐末杨端入播至明万历年间,杨氏家族统治播州已达七百年之久。在这七百余年间,杨氏家族一直与中央王朝保持着密切的联系,成为整个西南地区实力最强的土司之一。但到杨应龙接任第二十九任播州土司之后,播州和明朝中央之间的关系开始逐渐恶化。到万历二十一年,双方之间爆发了第一次冲突,杨应龙击退了明军的进攻。明朝随后改变策略,以兵部侍郎邢玠总督贵州,对杨应龙进行了招抚。但到万历二十四年七月,杨应龙与明朝之间的冲突再次爆发。由于此时明朝的军事重心在朝鲜半岛,因此明军在西南战场始终处于守势,播州问题一直悬而未决。但随着壬辰战争的结束,明朝的军事力量从朝鲜战场上解放出来。明廷决定对播州用兵,意图彻底解决播州问题。[②]

战争结束后不久,明朝便于万历二十七年(1599)二月二十四日命令"征倭总兵刘綎以所部土汉官兵还四川防剿"[③],以参与明廷对杨应龙的进攻。

接着,此时负责援朝明军善后的邢玠和万世德又上奏兵部,要求重新安排驻朝鲜善后的将领人选。他们认为,在朝鲜的明军主要将领中,麻贵和陈璘劳苦功高,"委当与之暂假休沐"[④];刘綎已经奉旨率军回防四川;董一元则

---

① 参见《明实录·明神宗实录》卷329,万历二十六年十二月庚午条,第6087~6089页。

② 播州之役的相关研究可参见(清)谷应泰:《明史纪事本末》卷64,北京:中华书局,1977年,第993~997页;陶军舟:《播州之役后播州地区善后研究》,吉首大学硕士学位论文,2012年;陈季君、陈旭:《论明代播州杨氏土司的历史终结》,《云南师范大学学报》(哲学社会科学版)2014年第5期。

③ 《明实录·明神宗实录》卷331,万历二十七年二月甲戌条,第6131页。

④ (明)邢玠:《经略御倭奏议》卷6《善后大将疏》,《御倭史料汇编》第5册,第158页。

由于“失事戴罪，议论未定”[①]，无法胜任。于是，邢玠与万世德“拟用李承勋、周于德转移调代”[②]。兵部将此提议呈报万历皇帝，万历皇帝同意了邢玠与万世德的要求，“命征倭总兵麻贵、陈璘、董一元俱撤回听用。李承勋以原官提督南北水陆官兵，充防海御倭总兵官，往朝鲜任事。周于德调镇守山东备倭总兵官”[③]。同月，为彻底击败杨应龙，万历皇帝又下令：“起前都御使李化龙兼兵部侍郎，节制川、湖、贵三省兵事，决意进剿。调东征诸将南征，刘綎督川兵先发，麻贵、陈璘、董一元相继回兵。”[④]

至此，在尚未对援朝明军善后事宜做出规划之前，明廷就已经决定将刘綎、麻贵、陈璘和董一元等部撤回国内。

其次，留兵是战后明朝的防御需求。朝鲜半岛战火重燃之后，援朝明军在朝鲜的进攻实际上并不顺利。因此，明廷在停止撤兵讨论之后，对于明军和日军之间出现对峙的可能性以及战事的焦灼程度有一定的预估。但随着丰臣秀吉的死亡以及日军的回撤，战争的进程偏离了明朝和朝鲜的估计。虽然后世的史学家知道日军在归国后不久，就因为日本国内新一轮的内乱再无力侵犯朝鲜。但对于这一时期的明朝和朝鲜而言，搜集有关日军的准确情报，尤其是日本国内的准确情报是极为困难的。

对于明朝而言，在壬辰战争初期通过福建和辽东两条情报线准确了解到了日军入侵朝鲜的信息，有力地支持了东征明军的作战行动。但长期的海禁限制了明朝在整个东亚地区情报网络的建设，明朝情报获取渠道的不稳定、情报人员的不专业都使明朝获取的情报真假难辨，并且在时效性上严重滞后。[⑤] 为此，在进入朝鲜之后，明朝曾寄希望于能够通过朝鲜的情报网络了解日军的具体动向。但仅从战争第三阶段来看，朝鲜方面的情报体系也极为混乱。第三阶段战争端倪刚刚出现之际，朝鲜方面希望能够掌握日军的具体动向，以便做出应对。然而，朝鲜大臣柳成龙认为：“此贼来寇我国，今已六年，而不得见其军粮及军数。彼贼之谋，固难测矣。近见我国之事，将多卒少，令出多门，不得成事矣。”[⑥]之后，明朝要求朝鲜提供侵朝日军的具体人数。朝鲜虽提交了日军的具体人数，但同时告知明朝方面：“本贼去来无常，朝夕异形，各处边臣驰报，多得于走回人等传说，前后不同，委难

① （明）邢玠：《经略御倭奏议》卷6《善后大将疏》，《御倭史料汇编》第5册，第158页。
② （明）邢玠：《经略御倭奏议》卷6《善后大将疏》，《御倭史料汇编》第5册，第157页。
③ 《明实录·明神宗实录》卷332，万历二十七年三月乙未条，第6148页。
④ （清）谷应泰：《明史纪事本末》卷64，第997页。
⑤ 参见陈志刚：《明朝在朝鲜之役前后的军事情报活动论析》，《学习与探索》2011年第4期。
⑥ 《朝鲜王朝实录·宣祖实录》卷84，宣祖三十年正月甲寅条。

的指。”[①]在无法准确搜集日军情报的状况下，明朝对于战后日军的动向自然有所疑虑。

再加之战争结束时，日军主力部队及其主要将领并未被明军歼灭，而是撤回了日本本土。因此，对明朝而言，日本有再一次入侵朝鲜的能力，而朝鲜此时虚弱的军事力量显然无法应对再次入侵的日军。在这种情况下，明朝从确保自身和“属国”安全的角度出发，就必须考虑在朝鲜留兵，帮助朝鲜恢复自身军事实力。

总之，在壬辰战争刚刚结束之际，明朝需要在撤兵归国的同时确保自身和“属国”的国防安全。因此，明朝就需要将部分援朝明军暂时留驻在朝鲜半岛，协助朝鲜恢复国防实力，以巩固已经取得的胜利果实。

二、援朝明军留兵问题的讨论

在确定需要留兵之后，明廷将制定具体计划的权力下放给了此时援朝明军的最高指挥官邢玠与万世德，并要求他们在充分征求朝鲜君臣意见的基础上，妥善制定善后方案。同时，万历皇帝还敕谕宣祖国王，要求其“卧薪尝胆，无忘前耻”[②]，与邢玠和万世德商议善后计划。当然，计划最终仍然要上奏朝廷，在获得万历皇帝和明朝中枢的首肯之后方可施行。从流程上来看，明朝善后计划的制定涉及明廷、前线善后大臣以及朝鲜君臣三方。明廷将权力下放给实际负责此事的前线官员，避免了因后方不了解前线状况而制定脱离实际的善后计划。同时，与朝鲜方面的商议一方面体现了明朝的大国风范，尊重朝鲜方面的意见；另一方面也有利于增强双方之间的信任，确保最终制定的计划能够顺利实施。但在实际运行的过程中，留兵方案的制定并不顺利，明朝和朝鲜围绕这一问题展开了前后两个阶段的讨论。

1.援朝明军留兵问题的第一次讨论

(1)明朝留兵计划的出炉

战争第一阶段后期及第二阶段的误判，使得明朝在战争第三阶段付出了极大的代价。为此，明朝方面对石星等相关负责人员做出了极为严苛的惩处。为了避免重蹈石星等人的覆辙，维护明朝已经取得的战果，战后负责具体制定善后留兵计划的邢玠和万世德自然极为谨慎。

首先，作为战争第三阶段援朝明军的实际负责人，邢玠对于明军在战场上的表现以及日军强悍的战斗力均有较为深入的了解。南原之战中，杨元以三千明军扼守要地南原，最终却未能阻止日军北上的步伐。虽然杨元指

① 《朝鲜王朝实录·宣祖实录》卷104，宣祖三十一年九月庚戌条。

② 《明实录·明神宗实录》卷334，万历二十七年闰四月丙戌条，第6182页。

挥上的失误是南原之败的重要原因，但不可否认的是，日军战斗力的强悍确实也加速了南原城的陷落。因此，如果明军留兵人数过少，将无法对日军的再次入侵形成有效防御。

其次，朝鲜在战后的现实状况也是邢玠和万世德在制定计划时不得不考虑的因素。壬辰战争对朝鲜军事体系造成了毁灭性的打击，使得朝鲜上下对日军产生了极大的畏惧心理。在南原之战之后，日军挥师北上，朝鲜军队和地方官员在尚未与日军接触的情况下，就出现了大面积的溃逃。朝鲜王朝司宪府在给宣祖的报告中称："南原败没之后，两湖人民望风溃散，列邑守令，在在逃窜，直路数百里之地，尽为无人之境。而战守之计，惟仰天兵。"[①]同时，战争期间规模庞大的朝鲜义兵虽然也参与了抵御日军的作战，但作为战时组织起来的民间武装力量，在武器装备、训练水平乃至军纪上仍然与正规军队有较大差别。朝鲜史官在评价其中一支义军时，称其："作队之后，未尝攻一阵杀一贼，徒侵扰贫民，勒束为兵，聚敛为粮，闾巷间愚夫愚妇之有亲仇者，不胜其苦"[②]。因此，战后的朝鲜根本无力在短时间内构建可以用以防倭的国防体系，相反还可能会因为日军的再次入侵而完全崩溃。

此外，对于社会秩序被基本摧毁的朝鲜而言，其所受威胁不仅仅来自外部。战争开始之后，朝鲜原本相对稳定的社会秩序遭到了极大的破坏，各地开始出现流寇侵扰地方的情况。在战争第一阶段，援朝明军将领王必迪便在致朝鲜大臣柳成龙的书启中描述了流寇的相关情况。王必迪称："更忠州一带，盗贼蜂起，不拘有物与否，遇孤旅单行，即便杀害，往来官军屡为寒心。"[③]朝鲜兵曹判书洪汝谆在壬辰战争刚刚结束时，也曾密启宣祖国王，称："侧闻裴楔，前秋行败于罗州地，今来忠清道与玄梦合党，广聚无赖，踪迹已着，而人畏其祸，莫敢指说云。"[④]因此，在制定善后留兵计划时，邢玠和万世德还需要保留一部分兵力，以防范流寇对援朝明军留驻军队和朝鲜地方的侵扰。

总的来说，日军在战争中表现出来的强大战斗力与战后朝鲜残破的现实状况，使得邢玠和万世德需要制定一个较为周全的计划。万历二十七年五月十五日，明朝中央接到邢玠和万世德呈报的东征善后事宜十事：

御倭经略邢玠条陈东征善后事宜十事。一留戍兵。议留副总兵茅

---

① 《朝鲜王朝实录・宣祖实录》卷91，宣祖三十年八月乙酉条。

② 《朝鲜王朝实录・宣祖实录》卷87，宣祖三十年四月戊寅条。

③ （朝鲜王朝）柳成龙等著，郑诚整理：《惩毖录（外一种）》，上海：上海交通大学出版社，2019年，第207页。

④ 《朝鲜王朝实录・宣祖实录》卷107，宣祖三十一年十二月甲戌条。

国器等步兵一万五千，游击季金等水兵一万，副总兵解生等马兵五千，而抚臣标下选兵三千，及巡捕杂流等共计合兵三万四千一百人、马三千匹，分戍朝鲜。一定月饷。官兵盐菜及新造唬船每年共该银九十一万八千九百六十余两，各文武公费廪银尚俟酌议。一定本色。合用米豆分派辽东、天津、山东等处，除起运及见贮者，尽数催发。外另每年分派米豆十三万石，俟朝鲜收成之后徐议停运。一留司府。议裁东西二监军，独留中路海防道，即以新推杜潜改任。此外第设一同知、一通判以省多官之费。一裁饷司。兵额既定，出纳有经督饷司官相应议裁。一重将领。参将俞尚德宜复副总；守备姜良栋、左聪量加游击，以隆责任，且示鼓舞。一添巡捕。自鸭绿至王京、自王京至釜山，地方寥远，寇盗克斥。前议留捕兵六百名，即以把总李开先、杨拱二人统之，分地巡警。一分汛地。朝鲜要害，首釜山、次巨济、次竹岛及闲山、南海，应以水、步兵分驻扼要，以马兵居中驰援。而总兵李承勋驻札安东，提衡水陆之冲。至于明斥堠、谨烽火，如加德、天城、绝影岛等处所宜设立烽台，多置火炮，以使侦探策应者也。一议操练屯种。择于宽便处所，设立教场。天兵、丽兵相兼操练，训以教师，将官月试为小操，镇道季临为大操，抚臣春秋二汛为合操，酌定赏格以为鼓舞，分附汛地。内有荒芜屯土者，责开垦屯，种出于朝鲜，牛具给于官帑，庶足兵足食两得之矣。一责成朝鲜，中国之兵不能久戍。乞天语叮咛，彼国君臣亟图绸缪，一二年后殚力自完，使东征士卒早慰室家之思。事下部议。[①]

从这段史料来看，邢玠和万世德的善后计划非常详细周全。首先，留驻朝鲜的人数达三万四千一百人。从人员构成来看，包括步兵、水兵和骑兵。其中，步兵和水兵驻扎在朝鲜境内的战略重地，负责要地防御；骑兵负责对各要地进行机动支援；总兵李承勋则驻扎在辽东境内的安东，总领全局。同时，还规划在朝鲜设立教场，为朝鲜训练新军；在加德、天城、绝影岛等处设立烽台，训练斥候，从而尽可能地为朝鲜建立起一个较为完善的军事预警体系。其次，对驻扎军队的粮草供给数目、来源进行了说明。驻军前期的粮草仍旧由明朝负责，后期的粮草补给可由朝鲜政府及军队自身开垦的屯田解决，以减轻国内的经济压力。再者，除驻扎战略重地的明军之外，还专门设置了一支人数在六百人左右的巡捕，以防范朝鲜流寇对驻留明军的侵扰。最后，邢玠和万世德还建议万历皇帝应该责成朝鲜自强自立，尽快恢复国力，使得留朝明军能够在一两年内完成任务，撤军归国。

---

① 《明实录·明神宗实录》卷335，万历二十七年五月壬戌条，第6211～6213页。

总体而言，从军事角度来看，这份留兵计划考虑得较为周全。一方面立足于对日军战斗力与目前朝鲜国内现实状况的清晰认知，为防御日军和稳定战后朝鲜国内局势提供了强有力的保障；另一方面，也有助于帮助朝鲜重建国防体系，使得明朝撤军之后的朝鲜有独立承担防倭任务的能力。但对此时的明廷来说，这份方案则存在不少问题。

（2）明朝内部的顾虑与留兵计划的修改

在讨论留兵问题时，明廷显然有着不同的顾虑。首先，在壬辰战争爆发前，北边军镇的支出就已经导致明朝财政无法健康运行。在壬辰战争爆发后，为了调兵和运粮，明朝的军事支出再一次扩大，使得财政危机进一步加重。因此，战争结束之后，明朝内部尤其是户部自然希望能够减少军费支出，以避免财政的崩溃。援朝明军的粮草供应由于花费巨大，正是户部想要削减的开支之一。

其次，万历二十七年，“春夏以来，亢旱连月，每当云合，辄起大风，间得微雨，无救枯槁，来年绝收成之望，黎豆鲜发生之期，自京师以至辽东、山东、河南、山西、陕西，皆称不雨，米价日贵，民心惶惶”①，明朝亟需拨粮、拨钱赈灾。与此同时，皇长子大婚的筹备也需要大量银钱，但此时“查得太仓银库仅存银七万七千余两，因商人绕讫尽作商价，犹未敷数，此外并无存积”②。

再者，明朝自开国就承继了传统中原王朝一直秉持的“守在四夷”的治边思想，讲求“守内虚外”“守中治边”，将内地与边疆的关系比作主体与枝叶的关系，认为只有维持国家腹地的稳定和繁荣，才能令“四夷”信服，真正确保边疆的安全。③ 这种传统的“治边思想”，使得明朝国内一直有反对增加援朝力量的声音。在这些明朝官员看来，这样的做法有些舍本逐末，无法真正维护明朝的边疆安全。壬辰战争期间，由于明朝和朝鲜有着共同的利益，这种声音最终并没有改变明朝的援朝御倭战略。但战争结束之后，情况就与战时不同了。援朝明军并没有替朝鲜戍守边境的义务，明朝留兵的目的也只是为了协助朝鲜恢复防御能力。因此，东征明军的留兵规模不应过大，以免影响到明朝自身的稳定与安全。

最后，随着播州之役的开始，明朝的军事重心开始转向西南地区，并不打算再在朝鲜耗费过多的人力和物力。

在这种背景之下，明朝内部自然希望能够以较低的代价完成善后任务。邢玠和万世德留兵三万余人的方案，显然不符合明朝内部对于留兵计划的

① 南炳文、吴彦玲辑校：《辑校万历起居注》，第 1664 页。

② 南炳文、吴彦玲辑校：《辑校万历起居注》，第 1668 页。

③ 参见方铁：《古代“守中治边”“守在四夷”治边思想初探》，《中国边疆史研究》2006 年第 4 期。

期望。所以，邢玠和万世德的留兵计划遭到了明朝内部的强烈反对。[①] 到万历二十七年五月二十九日，万历皇帝下旨否决了这份留兵计划，要求"督抚同国王斟酌停妥来奏"[②]。

在得到万历皇帝的回复之后，邢玠和万世德又对计划进行了调整。邢玠认为，朝鲜在此时的明朝防御体系中地位显著。虽然明廷觉得留兵三万四千余人过多，但留兵人数也不能少于两万五千人。留驻军队的撤退应该按照"待春汛过，撤五千；来岁春汛后，撤五千；秋汛后，撤五千；再岁则倭情亦定，朝鲜之气力亦可自存，春汛后则官兵当尽撤"[③]的方案来执行。只有这样，才能够使"所留之兵可战、可守，既可免意外之隐祸；所撤之兵不急、不徐，亦可免外夷之乘隙"[④]。邢玠的这份计划仍然是从军事角度出发制定的，以稳妥为主。

经过调整的留兵方案到达明廷之后，再一次遭到了否决。兵部认为邢玠和万世德的计划在军事上确实有助于确保朝鲜的安全，但明军留驻规模仍然过大。在兵部看来，日军是否会再次入侵朝鲜仍然是个未知数，且"向年恃有釜山之巢，其强在彼，其入犯也易；而今已失釜山之窟，其险在我，其登陆也难"[⑤]。只要朝鲜方面选练精兵扼守要害，就足以防范日军。因此，兵部再次要求邢玠与万世德"于二万之内再行抽撤，量留精锐实数，足以夹持鲜兵而已"[⑥]。此外，兵部还否决了驻留明军渐次撤退的方案，要求其在万历二十八年春汛结束之后全数归国，"庶朝廷字小之义可终，而宅中之体不失矣"[⑦]。与此同时，明朝户部则表示，朝鲜至今没有呈递请求留兵的奏疏，或许是暗示其并不需要明朝留兵。[⑧]

在这种情况下，万历皇帝认为："留兵非难处，饷为难。该国若能供给，多留亦所不惜。必资朝廷，只可量助。"[⑨]他下令邢玠和万世德必须尊重朝鲜方面的意见，由朝鲜方面根据自身实际情况决定明军留驻的规模。

至此，明朝内部有关留兵问题的讨论暂告一段落。邢玠和万世德的两

---

① 参见《明实录·明神宗实录》卷335，万历二十七年五月丙子条，第6218～6219页。

② 《明实录·明神宗实录》卷335，万历二十七年五月丙子条，第6219页。

③ （明）邢玠：《经略御倭奏议》卷9《酌议留兵粮饷疏》，《御倭史料汇编》第5册，第244页。

④ （明）邢玠：《经略御倭奏议》卷9《酌议留兵粮饷疏》，《御倭史料汇编》第5册，第244页。

⑤ （明）邢玠：《经略御倭奏议》卷9《酌议留兵粮饷疏》，《御倭史料汇编》第5册，第251～252页。

⑥ 《明实录·明神宗实录》卷337，万历二十七年七月己未条，第6245页。

⑦ （明）邢玠：《经略御倭奏议》卷9《酌议留兵粮饷疏》，《御倭史料汇编》第5册，第252～253页。

⑧ 参见《明实录·明神宗实录》卷337，万历二十七年七月辛酉条，第6246页。

⑨ 《明实录·明神宗实录》卷337，万历二十七年七月辛酉条，第6246页。

份留兵计划虽然从军事角度出发并无问题，但西南战事的发生不可避免地影响了明朝在朝鲜的善后，分散了明军对东线的投入。再加上明朝内部日益加重的财政危机和传统“治边思想”的影响，使得明廷最终否决了邢玠和万世德的善后方案。之后，明廷将留兵人数的决定权又交到了朝鲜手中。

（3）朝鲜君臣的疑虑

上文主要是从明朝视角出发来分析战后留兵问题。事实上，作为主战场的朝鲜，也非常关心战后援朝明军的动向，从一开始就参与到了有关明军留兵问题的讨论中。同时，朝鲜方面并非明朝户部所预测的那样不愿留兵，而是对邢玠和万世德提出的留兵计划存在疑虑，尚未考虑好如何回应。

一方面，朝鲜方面对于明朝军队在朝鲜境内的活动一直保持着较为谨慎的态度，既怕引狼入室，使得明朝军事力量在朝鲜半岛长期存在，又担心军纪不够严明的明军可能会对朝鲜社会造成二次伤害。随着战争的结束，明朝和朝鲜的后勤保障工作出现松懈，导致援朝明军缺粮问题更为严重，进一步加剧了援朝明军和朝鲜君臣之间的矛盾。明军将领甚至认为朝鲜过河拆桥，“贼在境上，待之极厚；贼才撤渡，便言粮乏”[①]。在这种情况下，为了避免明军出现动乱，杜绝引狼入室的可能性，朝鲜自然也希望援朝明军早日撤归。但另一方面，战后朝鲜的实际状况又需要援朝明军的支持。对外，朝鲜需要借助明朝的力量来防御日军的再次入侵。对内，朝鲜君臣尤其是宣祖国王又需要依靠明军来弹压地方军事力量，重塑政权的威信。宣祖国王担心明军撤归之后，“设有啸聚之徒，则军兵、器械，可以御之乎？民怨已极，岂皆良民？外贼不畏，内祸可虑”，认为“天兵若留，则人心有赖；今若撤还，则两南人心，必皆危惧”。[②] 在此情形之下，朝鲜又需要明军留兵以确保自身政权的内外安全。

正是在这样矛盾的心态下，朝鲜备边司在万历二十六年十二月便早于明朝提出了自己的善后计划，其中提道：“明军疲顿无用者，早宜撤还。而今又凶贼尽退，不可一向仍留，徒费粮饷。如天将之夸大伪功，遇贼失利者，不可不使之西还，以省浮费。而只留诸将中，显有勇略功效者数人，使率数万精锐，屯守境上，以待我国兵力之自强为当。”[③]

这份计划完全呈现出了朝鲜在对待援朝明军时的矛盾心理。一方面，朝鲜认为战后应该提早要求援朝明军回撤，以减少后勤消耗；另一方面，为了确保自身的安全，朝鲜又希望明军选取精锐部队驻扎朝鲜，替朝鲜防范日

---

① 《朝鲜王朝实录·宣祖实录》卷108，宣祖三十二年正月癸卯条。
② 《朝鲜王朝实录·宣祖实录》卷109，宣祖三十二年二月壬子条。
③ 《朝鲜王朝实录·宣祖实录》卷107，宣祖三十一年十二月癸丑条。

军，以等待朝鲜军事实力的恢复。从内容上来看，这份计划与明朝的善后规划在思路上具有一致性，并非没有可取之处。然而，这份善后计划仅仅是从朝鲜自身的角度做出的规划，并没有考虑明朝此时对善后问题的态度，因此并不具备可行性。宣祖国王也认为这一计划缺乏实际的可操作性，称“我国之人，素不事国事，其所事者，不过论议而已，而私情又为之梗焉。若以朝中之谈锋击贼，则足以直捣扶桑，秀吉之头已枭于北阙矣”[①]。这份善后计划虽然缺乏可行性，但从中可以看出，朝鲜君臣起初认定明朝会在战后留兵驻守朝鲜。

战争后期，明朝出现的撤兵议论只持续了很短的时间，因此也未引起朝鲜方面的注意。直到战争结束后，郝敬和赵志皋在战时要求明军撤兵的奏疏于万历二十六年十二月才传入朝鲜[②]。郝敬和赵志皋的奏疏内容使得朝鲜意识到随着战争的结束，明朝并不一定会在朝鲜留驻军队，援朝明军存在全部撤离的可能性。朝鲜对此极为忧虑。为此，万历二十七年正月初一日，宣祖国王拜会邢玠，以期能从邢玠口中探听出战后明朝对于东征明军的安排。邢玠告知宣祖国王，“天朝兵马，不可久留，未久当撤”[③]，希望朝鲜能够提早着手增强自身防御。这样的回答自然是期待明朝留兵的宣祖国王不可接受的。宣祖国王随即向邢玠表达了希望明军留兵的请求，但邢玠并未给予明确的答复，而是告知宣祖国王留兵问题必须等“南下将官齐聚，然后方可议定”[④]。此后，宣祖国王多次前往明朝军官的住所商谈此事，但均未得到明确的答复。

直到万历二十七年二月，宣祖国王才从明军将领陈璘处了解到了援朝明军留兵的相关信息。[⑤] 这个由邢玠和万世德制定的善后计划完全出乎朝鲜君臣的意料，明朝不但决定留兵，而且还将留兵规模扩大到了三万余人。自此，朝鲜君臣的顾虑由明朝是否留兵转变为了明朝留兵过多的问题。朝鲜方面认为，若明朝留兵三万，则粮草供应问题难以解决，很可能非但无法确保自身的内外安全，反而会给朝鲜带来更大的负担。因此，朝鲜方面必须与明朝善后大臣进行交涉，以减少驻军人数。

在这一时段，由于朝鲜君臣对于自身军事防御体系的需求没有一个明晰的认识，因此在与明朝的交涉中极为为难。宣祖国王曾多次在与明军将

---

① 《朝鲜王朝实录·宣祖实录》卷107，宣祖三十一年十二月癸丑条。
② 参见《朝鲜王朝实录·宣祖实录》卷107，宣祖三十一年十二月己巳条。
③ 《朝鲜王朝实录·宣祖实录》卷107，宣祖三十二年正月壬午条。
④ 《朝鲜王朝实录·宣祖实录》卷108，宣祖三十二年正月壬午条。
⑤ 参见《朝鲜王朝实录·宣祖实录》卷109，宣祖三十二年二月辛亥条。

领接触的过程中提道:“第小邦,七年不得耕种,地方荒墟,人民散亡,无以支待大兵。三万三千则粮饷似难,亦诸大人之所共知也。”[①]宣祖国王希望减少明军驻留的数量,但均被明朝将领从军事需求的角度予以否决,总兵祖承训更是以“天朝兵士,谁无父母妻子?久留外藩,岂其所欲?但若非三万,难以捍御”[②]来反驳朝鲜。在无法清晰表达自己需求的情况下,仅凭没有能力确保明军粮草供应的理由,朝鲜很难说动要为善后方案负责的明军高级将官减少留兵数量。

正在双方僵持之时,来自援朝明军中下层军官的意见使得朝鲜方面转变了自己的沟通策略。

(4)明军内部的分歧与朝鲜留兵计划的出炉

明朝方面负责制定具体留兵计划的是邢玠和万世德,他们必须对援朝明军善后事宜的效果负责。因此,由他们制定的善后方案源于对朝鲜局势的全盘考量,但这并不意味着援朝明军内部不存在不同的看法。

受制于史料,在研究战争时,我们很难对军队中下层军官乃至普通士兵的心理活动有一个清晰的认知,进而很容易将军队作为一个整体进行研究。但由于壬辰战后的善后事宜涉及明朝和朝鲜,因此通过朝鲜史料的补充,我们可以对战争结束后援朝明军中下层军官对善后计划的态度做一个简单的分析。

壬辰战争期间,前线的粮饷供应始终处在一个较低的水平。再加上第三阶段的日军倭城防御加强之后,前线战事艰苦,医疗水平低下,给明军造成了巨大的伤亡。因此,军队的士气一直不高。战争结束后,前线明军的后勤供应水平更为可虞,已经出现“两营兵船一时鼓噪,南北部卒讹言蜂起”[③]的状况。对于援朝明军中下级军官和普通士兵而言,“个个思归,不可久驻”[④]。明朝将领姜良栋在和宣祖国王交谈的过程中,就提到了此时明朝军队的困境以及自己作为底层军官的担忧,认为:“西路三百余里,人家断绝。如有雨雪,将士露处,则怨咨必多。今作草家,以为留宿之所何如?众兵作乱,则虽经理、军门十人,何以制之?”[⑤]在这种状况之下,援朝明军中下层军官自然希望能够早日归国。只是在明朝内部讨论善后问题的体系中,这些中下层军官并没有足够的话语权。因此,他们选择通过影响朝鲜君臣来达

① 《朝鲜王朝实录·宣祖实录》卷109,宣祖三十二年二月辛亥条。
② 《朝鲜王朝实录·宣祖实录》卷109,宣祖三十二年二月壬子条。
③ (明)邢玠:《经略御倭奏议》卷9《催发东征行月钱粮疏》,《御倭史料汇编》第5册,第268页。
④ 《朝鲜王朝实录·宣祖实录》卷108,宣祖三十二年正月丙戌条。
⑤ 《朝鲜王朝实录·宣祖实录》卷108,宣祖三十二年正月癸卯条。

到自己的目的。

万历二十七年二月初三日，与朝鲜王室有着密切关系的明朝将领吴宗道在与朝鲜都监官员交谈的过程中，向朝鲜方面分析了此时明朝主要将领对留兵朝鲜这一决策的态度，并为朝鲜提供了相应的应对措施。[①] 吴宗道表示，在邢玠与万世德都同意留兵三万多人的情况下，朝鲜这种直接利用粮饷问题来阻止明军的做法，在援朝明军高级将领看来更像是朝鲜厌恶明军的表现，自然不会得到他们的积极回应。吴宗道建议朝鲜应该首先对明军的留驻表示欢迎，紧接着，再向明朝说明目前朝鲜存在的诸多困境，进而希望明朝大力支援。据吴宗道的分析，大规模驻军所带来的粮饷耗费如果由明朝单方面承担，明朝户部必然会极力反对，这样邢玠与万世德的善后计划自然无法实行。[②] 较之朝鲜君臣，吴宗道作为一名明朝将领，对明朝内部的实际情况以及政治运作方式自然有更为清晰的认识。他的建议，一方面可以缓解朝鲜君臣与援朝明军将领之间的对立状况；另一方面又可以利用明朝内部窘迫的经济现状与不同部门之间的掣肘，使朝鲜缩小明军留驻规模的愿望得以实现。

在这一策略的指导下，万历二十七年二月初九日，宣祖国王正式向明朝方面呈报了朝鲜的善后留兵计划[③]。在文中，宣祖首先对明朝的援助和驻兵表示感谢，接着便向明朝方面说明了朝鲜方面存在的困难：一无粮饷，二无白银，希望明朝进行援助。在末尾，宣祖国王提出了朝鲜的真正需求，即“得水陆兵一万五千余数，协同小邦将卒，操练防戍”[④]。但这份朝鲜发给邢玠、万世德和陈效三人的咨文，并未能真正发挥作用。朝鲜孱弱的军事防御能力，使得需要担负善后之责的邢玠、万世德等人无法认同朝鲜的留兵方案。因此，在双方之后的交涉中，明军将领和朝鲜君臣始终未能在留兵人数上达成共识。

到万历二十七年六月，在经过数月讨论之后，善后留兵计划仍然未能敲定。为此，明军将领韩初命主动联系朝鲜方面，向朝鲜提议道：“尔国无粮

---

① 有关吴宗道与朝鲜的特殊关系，参见杨海英：《山阴将吴宗道的浮沉启示录》，中国明史学会、中共文成县委、文成县人民政府编：《第十四届明史国际学术研讨会论文集》，昆明：云南人民出版社，2013 年，第 600～614 页。在这篇文章中，杨海英认为，明朝的复杂社会背景使得吴宗道成为朝鲜了解明朝政府内部相关情况的重要渠道之一，而吴宗道与朝鲜的特殊关系又有助于他所在的吴氏家族控制中朝边境及东北亚沿海地区的贸易通道，这是一种相互利用的关系。

② 参见《朝鲜王朝实录·宣祖实录》卷 109，宣祖三十二年二月甲寅条。

③ 参见《朝鲜王朝实录·宣祖实录》卷 109，宣祖三十二年二月己未条。

④ 《朝鲜王朝实录·宣祖实录》卷 109，宣祖三十二年二月己未条。

草，天兵久留无益，尽数撤去可也。”[①]韩初命向朝鲜方面详细解释了明军驻兵的危害，认为留驻少数明军并不能帮助朝鲜抵御日军，反而是在徒费粮草。万一粮草无法得到及时供应，还可能引起兵祸，对朝鲜社会产生负面影响。至于朝鲜关心的防倭问题，可以请求明朝将撤回的军队驻留在辽东，一旦有警，就可迅速进入朝鲜救援，“如此则天朝与你国，粮草都省，军兵休息，以补后日之用，不亦可乎？”[②]韩初命告知朝鲜，他并不是明军中唯一持这一观点的将领，海防监军道副使杜潜也同意自己的说法。

朝鲜一直担心明军在朝鲜久驻不撤，又供给縻费。韩初命的建议打消了朝鲜方面的顾虑，并给朝鲜提供了新的思路。朝鲜开始意识到，将明军大部撤回到辽东驻扎，可以在减少自身压力的同时，又起到确保朝鲜和明朝边境安全的目的。因此，在收到韩初命的建议之后，朝鲜大臣认为“今蒙老爷洞察小邦事情，谆谆开谕，有同一家，小邦之人，谁不感激？”[③]朝鲜内部随即再次就留兵问题展开讨论。根据讨论的结果，朝鲜以留兵五千，并希望撤归明军屯驻辽东来回应邢玠和万世德。[④]

（5）留兵计划的实施

万历二十七年十月初三日，经过多次调整后的留兵计划再一次抵达北京，援朝明军善后大臣[⑤]希望“留朝鲜戍兵八千，以三裨将统之。并留同知一员，纪功司饷。抚镇道臣以次撤回”[⑥]。随后，十月十二日，明朝内部期盼已久的朝鲜请求留兵的奏疏也抵达北京。朝鲜方面请求明朝“请留水兵八千，以资戍守。其撤回官兵，乞驻扎辽阳，有警听调”[⑦]。从两份奏疏的内容来看，此次留兵八千的计划应该是万世德和朝鲜方面经过详细讨论的结果。

根据万世德奏疏所包含的信息来看，在明朝和朝鲜讨论留兵的过程中，除计划留驻的明军外，其余东征明军一直在源源不断地撤回国内。邢玠与万世德于七月间将宣府大同的五千名士兵、游击蓝芳威所率领的二千六百多名士兵以及蓟永营的二百一十多名士兵撤回国内；八月，两人又将“守备姜良拣兵一千四百余员名、左总兵三百余员名、千总李应昌船兵一千七百五

---

① 《朝鲜王朝实录·宣祖实录》卷114，宣祖三十二年六月丁酉条。

② 《朝鲜王朝实录·宣祖实录》卷114，宣祖三十二年六月丁酉条。

③ 《朝鲜王朝实录·宣祖实录》卷114，宣祖三十二年六月丁酉条。

④ 参见《朝鲜王朝实录·宣祖实录》卷114，宣祖三十二年六月丁酉条。

⑤ 由于辽东局势的紧张，身为总督的邢玠率先返回辽东负责辽东防务，万世德继续留驻朝鲜负责善后，成为了实际意义上的明朝善后大臣。但从明朝和朝鲜两方的史料来看，邢玠虽然返回了辽东，但仍然参与了援朝明军善后的相关事宜。

⑥ 《明实录·明神宗实录》卷340，万历二十七年十月己卯条，第6306页。

⑦ 《明实录·明神宗实录》卷340，万历二十七年十月戊子条，第6313页。

十员名、把总李天常船兵二千八百余员名、游击季金兵一百二十余员名”[①]撤回国内；九月，游击茅国器麾下的四千一百多名士兵也按照计划撤回了国内。根据计划，十月即将撤回国内的是张榜麾下的四千多名士兵。[②]援朝明军只留水兵，包含“游击陈蚕之四千余员名，张良相、白斯清、坐营贾祥之四千八百余员名，共该八千八百余员名”[③]。李承勋部三千六百余人将于十一月撤回国内，除管粮都司韩初命之外，万世德和杜潜等也将随明军撤回国内。[④]按照万世德的计划，援朝明军战后留驻在朝鲜的兵力为水军八千八百余人，由韩初命会同陈蚕、张良相、贾祥等人管理，次年入夏之后全部撤离朝鲜。

对于这份留兵计划，兵部认为其条理清晰，相比之前也极大地减少了明朝的开支，但缺乏统制之臣。作为明朝设立的善后大臣，万世德应当在善后任务结束之后与留驻明军一体撤离，以便圆满完成善后任务。与之前不同，面对留兵仅八千人的计划，兵部又认为留兵人数过少，决定“将张榜步兵四千余，并提督标兵三千余及本院标兵，并杂流二千余，连先留陈蚕、张良相等水陆之兵，共该一万七千有奇，暂留驻防”[⑤]。由于张榜的步兵此时已经离开驻地向国内撤退，因此明朝又对留兵的组成进行了调整。最终，留驻的兵力为“抚臣标兵八百员名，并各项杂役、塘拨、哨夜八百员名，吴宗道船兵二千员名，李承勋标兵三千六百余员名，及水陆原留八千八百余员名”[⑥]，共计一万六千余人。至于这支明军的撤离时间，兵部将其定到了来年春汛结束之后的夏季。

随着明朝的决定于十月十九日传回朝鲜，万世德将兵部的意见告知朝鲜方面，称：“贵邦新复，兵部不欲撤兵，恐明春贼来，慎重万全计也。”[⑦]但朝鲜仍然想继续坚持此前的留兵计划，引来了此时在朝鲜的明朝官员的反对。明朝将领贾祥认为兵部的计划完全是在为朝鲜着想，且此时距离春汛结束仅有数月，留兵的耗费并不大。至于朝鲜希望明朝将撤还明军驻扎在辽东的做法，是“推养兵之费于天朝，收养兵之利于本国”[⑧]，并不妥当。

---

① 《朝鲜王朝实录·宣祖实录》卷118，宣祖三十二年十月癸巳条。

② 参见《朝鲜王朝实录·宣祖实录》卷118，宣祖三十二年十月癸巳条。

③ 《朝鲜王朝实录·宣祖实录》卷118，宣祖三十二年十月癸巳条。

④ 参见《朝鲜王朝实录·宣祖实录》卷118，宣祖三十二年十月癸巳条。

⑤ 《朝鲜王朝实录·宣祖实录》卷118，宣祖三十二年十月癸巳条。

⑥ （明）邢玠：《经略御倭奏议》卷9《酌议留撤兵数并催粮饷疏》，《御倭史料汇编》第5册，第333页。

⑦ 《朝鲜王朝实录·宣祖实录》卷118，宣祖三十二年十月乙未条。

⑧ 《朝鲜王朝实录·宣祖实录》卷118，宣祖三十二年十月壬寅条。

朝鲜君臣对明朝官员的反对声音极为敏感，认为这不仅是某个明朝官员的意见，而是此时明朝官员集体的看法。朝鲜君臣经过讨论，认为："盖经理身担东事，受任留此，其欲多留防守之兵，是实其责，亦岂知我国匮竭之势至于此极乎？今则天朝已有成议，虽更申烦，必无所益，恐徒伤事。"[①]再加之驻留明军粮草仍旧由明朝供应[②]，朝鲜君臣最终接受了明军留兵一万六千余人的计划。

然而，由于兵部在制定最终的留兵计划时，并未对春汛结束后驻留明军的动向做出详细的规划。因此，随着春汛的结束，驻朝明军的留撤问题又一次成为明朝和朝鲜讨论的焦点。

2.援朝明军留兵问题的第二次讨论

(1)朝鲜请求延长明军驻留时限

援朝明军的留兵计划实质上是一种暂时性的措施，其目的在于为朝鲜防御力量的恢复争取时间，明朝并未在朝鲜长期驻军的打算。为了达到最终能够顺利撤兵的目的，明朝就必须帮助朝鲜训练军队、提升防御能力。事实上，自战争第二阶段起，明朝就以南兵为蓝本，着手帮助朝鲜训练军队。[③]到战争第三阶段，朝鲜的军事实力有了一定程度的恢复，已经可以动用两万多名正规军协助明军作战。[④] 然而，从战后的实际需求出发，朝鲜防御力量的恢复速度仍然远远低于明朝和朝鲜的预期。

从客观上来讲，朝鲜是壬辰战争的主战场，人口损失严重，社会经济凋敝，并不存在快速恢复防御力量的物质基础。明朝曾计划从全罗道和庆尚道征调朝鲜普通百姓组成新军，由明朝协助训练，以增强战后朝鲜的军事实力。但实施的过程中却发现，这一计划在朝鲜的战后现实面前无法实现。全罗道和庆尚道位于朝鲜半岛南端，是壬辰战争第三阶段的主战场，在战争中被破坏的程度远甚于其他地方，战后人烟稀少，民生凋敝，所以"目下招集军兵，协守要害，而该数不满千百。括尽公私，要济军粮，而本色常告缺乏。雕残之状，凭此可知"[⑤]。为此，朝鲜请求明军将领"俯谅小邦事情，再与院道衙门商议，将该选炼之举，姑行停罢，以苏地方，以便汛防，不胜幸甚"[⑥]。由于朝鲜方面反映的是战后朝鲜面临的真实困境，因此明军将领最终不得不停止组建新军的计划。由此可见，战后虚弱的朝鲜在短时间内根本无法为

---

① 《朝鲜王朝实录·宣祖实录》卷119，宣祖三十二年十一月辛亥条。

② 参见《明实录·明神宗实录》卷344，万历二十八年二月戊寅条，第6393～6394页。

③ 参见杨海英、任幸芳：《朝鲜王朝军队的中国训练师》，《中国史研究》2013年第3期。

④ 参见《朝鲜王朝实录·宣祖实录》卷105，宣祖三十一年十月甲子条。

⑤ 《朝鲜王朝实录·宣祖实录》卷121，宣祖三十三年正月辛酉条。

⑥ 《朝鲜王朝实录·宣祖实录》卷121，宣祖三十三年正月辛酉条。

自身防御体系的建设提供坚实的物质基础。

从主观上来看，掌控国家的朝鲜君臣并没有强烈的危机意识，也没有从壬辰战争中吸取足够的教训。战后，朝鲜君臣围绕善后问题展开了一系列的讨论，但最终很少有真正付诸实践的举措。明朝将领吴宗道在撤兵归国之际，曾与宣祖国王就朝鲜自身防御问题进行过交流。吴宗道提醒朝鲜方面，“今将撤回，而不见都城修筑、粮饷储峙等事。今见所为，无异壬辰。但壬辰则国家完全，故得以收合余烬，保有今日矣。今时则残败无形，日复一日，若不缮完措置，恐无以振起也”[①]。同时，并非只是明军将领有这样的感受。事实上，朝鲜史官也对于朝鲜君臣在战后的表现极为失望，认为：“当国家残破之后，所当卧薪尝胆，日讲恢复之策，而君臣上下，玩愒姑息，无异平日，使二百年宗社，日就危亡，终不得自振。”[②]

此外，在壬辰战争初期，日军强悍的战斗力使得承平日久的朝鲜军队毫无招架之力，大半国土在数月之间落入敌手，宣祖国王不得不仓皇北撤。但随着明军的介入，日军在朝鲜的攻势被迅速遏止。因此，对于朝鲜而言，明朝在朝鲜的军事存在不仅可以对外御敌，而且对内还可以起到稳定人心的作用。在这种情况下，不论是对内还是对外，朝鲜都需要援朝明军延长驻留时限，以确保自身的安全。

在确定要向明朝请兵之后，朝鲜充分吸取了第一次讨论期间的经验教训，对自身后勤供应能力做出了一个大体的判断，认为其最多可以保证三千明军一年的粮草供应。于是，朝鲜准备请兵三千，粮草由自己供应。这样，朝鲜一方面可以确保驻留明军不会因为粮草不足，而对朝鲜社会秩序造成负面影响；另一方面，也可以避免明朝因粮草供应问题回绝留兵请求。

但为了明军能够继续留驻在朝鲜，除了解决其粮草供应外，还要为其提供俸饷。明中期以后，随着白银流通的增大以及商品经济的发展，明军官兵对于俸饷的需求不再限于粮食。再加之军屯的瓦解和官府运粮的困难，俸粮折饷成为明朝的新选择，明军供需逐渐由本色粮食和折色白银组成。[③] 由于朝鲜不出产银矿，不使用银两作为交易货币，所以朝鲜还是无法解决明军折色月饷的问题。

万历二十八年三月二十二日，宣祖国王上奏万历皇帝，向明朝方面陈述了自己目前面临的窘境，称：“留兵之请，实系存亡，万不可已。”[④]在留兵数量

---

① 《朝鲜王朝实录·宣祖实录》卷122，宣祖三十三年二月戊子条。

② 《朝鲜王朝实录·宣祖实录》卷122，宣祖三十三年二月戊子条。

③ 参见赖建成：《边镇粮饷：明代中后期的边防经费与国家财政危机（1531～1602）》，第198页。

④ 《朝鲜王朝实录·宣祖实录》卷123，宣祖三十三年三月乙丑条。

上，朝鲜向明朝解释了自己后勤供应能力的极限，只希望留兵三千。至于折色月饷，则希望仍然由明朝提供。

（2）明朝内部对驻朝明军留撤的讨论

在朝鲜讨论如何向明朝请兵的同时，明朝内部也在讨论驻朝明军的撤留问题。与朝鲜一意请兵不同的是，明朝内部对这一问题的看法有很大的分歧。

明朝兵部在最终敲定留兵计划时，将留驻明军撤离朝鲜的时间定到了万历二十八年春汛结束后的夏季。但对于负责具体善后事宜的邢玠而言，兵部制定的撤兵规划仍然过于简陋，没有规定驻朝明军撤离的详细步骤。驻朝明军此时驻扎在朝鲜半岛的各个战略要地，集结撤离需要较长的时间，而且在撤离过程中还要保证军队能够有稳定的后勤供应，以免出现意外。因此，其撤退是一个较为复杂的过程，需要提前规划。真正负责决策的明朝兵部又远在千里之外，撤归计划从制定到最终在前线付诸实施尚须时间。为了避免出现混乱，邢玠早在万历二十八年三月便上奏朝廷，希望兵部就明军撤离朝鲜的细节进行商讨。但兵部在收到邢玠的奏疏之后，并没有立即着手制定撤兵方案，反而认为明朝后方对前线的具体情况一无所知，并不能决定驻朝明军是否撤离，这一问题应该交由邢玠、万世德会同朝鲜方面决定。“如果倭奴远遁，海氛全消，朝鲜振衰起弱，足自为守，如期撤还，先发后闻。倘有意外之虞，宁为过慎之计，虽三军归志有难久违，而数年成功当善结局。”[①]

从明朝兵部的回复以及其在第一次讨论中对最终留兵方案的调整可以看到，明朝内部对于援朝明军的撤留极为矛盾。明朝自身面临的经济与军事压力，使得其不想再为壬辰战争善后工作付出更多的人力、物力，驻留明军撤兵归国已是必然。但同时，兵部又担心明军撤离之后，日军会再次入侵朝鲜。为避免因决策失误而导致自己承担责任，兵部官员将决定驻朝明军是否撤离的职责又推给了前线的邢玠和万世德。至此，邢玠要求兵部制定撤退细节的目的非但未能实现，兵部反而再次要求邢玠、万世德等人就明军是否撤回的问题展开讨论。

邢玠等人在收到兵部的命令之后，认为兵部所谓“海氛全消”的界定太过笼统，“夫朝鲜八道一倭不留，已是海氛全消。然对马系倭国一郡，相望釜山，譬如九边之夷环牧边外，何能远驱？况倭奴从来狡诈不常，朝鲜积弱不振，此不待议而后知者。所当议者惟外藩与中国利害轻重，官兵与粮饷撤留

---

① （明）邢玠：《经略御倭奏议》卷9《会题撤兵疏》，《御倭史料汇编》第5册，第426页。

难易耳”[①]。邢玠认为,如若不撤兵,一方面明朝和朝鲜没有能力保障驻留明军的后勤供应;另一方面,现有的一万六千余名明军军力单薄,也无法完全保证朝鲜的安全。因此,邢玠建议收缩明军的防线,在辽东、天津、山东、南京等地屯驻防倭明军,沿明朝传统疆界建立一套防倭体系。这样既可以确保当危机再次发生时明朝有一定的应对措施,又可以降低明朝的经济负担。两三年之后,等朝鲜恢复元气,即可再将留驻明朝边境的防倭军队撤回原籍。在对明军撤留问题发表完自己的观点之后,邢玠希望明朝内部对是否继续留兵早做决定,以免增加驻留明军的耗费。

万历皇帝在收到邢玠的奏疏之后,下令兵部组织九卿科道官会议此事。[②] 明朝大臣纷纷上书,就此事发表意见。然而,明朝内部的讨论虽然热闹,但并没有实质性的进展。谈留驻之人,无法回避此时明朝已经千疮百孔的经济状况和四处狼烟的军事危机;谈撤兵之人,则无法承担明军撤回之后,日军卷土重来所造成的灾难性后果。经过会议,兵部上奏万历皇帝,称:“其议留者十之二三,议撤者十之六七,而令督抚决事,不宜推诿,内廷亦人人言之。”[③]至于是否撤兵,兵部也没有给出肯定的答复,反而再次建议将此事交予邢玠、万世德,要求其在与朝鲜方面会商之后解决。兵部的回答令万历皇帝极为不满:“今廷议纷纷,然兵部又难拟覆,欲行督抚等官与该国君臣从长议奏,内外推诿,何时可定?”[④]然而万历皇帝在表达不满的同时,也未能对在朝明军的撤留问题做出决策。最终,万历皇帝只得再次下令,要求兵部会同明朝善后大臣妥善处理驻朝明军的撤留问题。但万历皇帝还是为此划定了底线:若朝鲜请求明军留驻,其粮饷必须由朝鲜方面供应;“若称贫乏,全靠天朝转输之理,阃外之事,朝廷既不中制,自当忠谋勇任,以保成功,何得互相顾望怀情?”[⑤]

此后,明朝内部对驻朝明军撤留问题的讨论暂告一段落。直至朝鲜请兵奏疏抵达北京,明廷再一次就驻朝明军的撤留问题展开讨论。

(3)明朝和朝鲜的争论与驻朝明军的撤回

万历二十八年五月初六日,朝鲜请兵奏疏到达北京,“乞留水兵三千防

---

① (明)邢玠:《经略御倭奏议》卷9《会议东师撤留疏》,《御倭史料汇编》第5册,第436～437页。

② 参见《明实录·明神宗实录》卷346,万历二十八年四月庚寅条,第6456页。

③ (明)邢玠:《经略御倭奏议》卷9《会议东师撤留疏》,《御倭史料汇编》第5册,第501～502页。

④ (明)邢玠:《经略御倭奏议》卷9《会议东师撤留疏》,《御倭史料汇编》第5册,第507～508页。

⑤ (明)邢玠:《经略御倭奏议》卷9《会议东师撤留疏》,《御倭史料汇编》第5册,第509页。

守，以镇人心、以摄贼情，愿办本色粮饷”[①]。由于奏疏内用大量笔墨描述了此时朝鲜面临的窘境，万历皇帝将其交由兵部议处。

从整体上来看，明朝内部对朝鲜的请兵计划基本持否定态度。对于前线的明军将领而言，留兵三千并不具备可行性。南原之战已经证明，小规模明军在应对日军入侵时能够发挥的作用非常有限，起不到加强朝鲜战后防御的目的。明军将领李承勋也在和宣祖国王的交流中表示：“南征将士，虽至五六千之多，尚有惧心，况三千乎？天朝虽许三千之请，留此军兵，必无乐留之心矣。”[②]再加之，到万历二十八年六月十九日，受极端天气影响，明朝驻扎在朝鲜的水兵又损失惨重，“五部沙唬船共计八十五只，过半覆破，或沦覆于中洋，或为怒浪所驱，挂破边岸，舳舻糜解弥数里，浮尸相望于海口。游击及我国兵船，亦多毁破，变异非常”[③]。因此，前线的明军将领自然不会同意朝鲜留兵三千的要求。

驻朝明军高昂的后勤保障费用，是明廷在讨论其留撤问题时始终绕不开的话题。对处于北京的明朝官员而言，他们并不了解此时驻留明军战斗力不断衰减的事实，也无法体会东征明军急欲归国的心态。因此，若朝鲜能够承担驻留明军的粮饷供应，那么再次留兵并非不可接受。但朝鲜的留兵计划只负责承担明军的粮食供应，至于折色军饷则仍然希望由明朝承担，这在明朝朝臣看来是不可接受的。再加上之前万历皇帝已经为留兵问题划定底线，所以明朝内部对于朝鲜的留兵计划也持否定态度。

在明朝上下一致反对的情况下，兵部上奏万历皇帝，称“我兵断不可留，我饷断不能给”[④]，要求驻朝明军全体撤还，万历皇帝同意了这一计划。此后，虽然朝鲜方面有请兵一千的想法[⑤]，但并未动摇明朝撤兵的决心。到万历二十八年十月，根据万历皇帝“诸兵尽撤”[⑥]的命令，经理万世德、提督李承勋等率领驻留明军开始正式从朝鲜撤兵。除吴宗道、贾祥、张良相率领的水兵因风向和渤海封冻的原因直至万历二十九年四月起程归国之外[⑦]，其余明军于万历二十八年底均已撤回至国内。万历二十九年七月十一日，万历皇

① 《明实录·明神宗实录》卷347，万历二十八年五月戊申条，第6476页。

② 《朝鲜王朝实录·宣祖实录》卷123，宣祖三十三年三月壬申条。

③ 《朝鲜王朝实录·宣祖实录》卷127，宣祖三十三年七月甲辰条。

④ 《明实录·明神宗实录》卷350，万历二十八年八月丙子条，第6559页。

⑤ 参见《朝鲜王朝实录·宣祖实录》卷128，宣祖三十三年八月乙未条。

⑥ （朝鲜王朝）申炅：《再造藩邦志》卷6，韩国古典综合数据库，https://db.itkc.or.kr/dir/item?itemId=BT#dir/node?dataId=ITKC_BT_1335A_0060_000_0010&viewSync=OT。（浏览时间：2020年12月15日）

⑦ 参见《朝鲜王朝实录·宣祖实录》卷136，宣祖三十四年四月庚寅条。

帝以“朝鲜善后事竣”[①]，对参与明朝善后工作的邢玠、万世德等人进行了嘉奖。

至此，对于明朝而言，壬辰战争的善后工作宣告结束。

三、援朝明军功罪的赏罚

在战争第三阶段，援朝明军的功罪问题一度成为明朝内部争论的焦点。为此，明廷在战时便派出大臣前往朝鲜对援朝明军的功罪进行查勘。但这一查勘并没有随着战争的结束而终止，反而成为援朝明军善后工作的一部分，在明朝内部引起了更大的争议

1.援朝明军功罪的查勘与万历皇帝的态度

(1)战时有关援朝明军功罪的查勘

对于援朝明军功罪的查勘，最早要追溯到蔚山之役。蔚山之役结束后，邢玠上书兵部，称：“蔚山之役取城破寨，擒斩焚溺大小贼将一百余人，获级一千二百有奇，与死于水火围困者不可胜计。且窘清酋于岛山旬有余日，至使餐雨饮溺，穷蹙已极矣。天心稍一厌乱，彼酋亦不知碎首何所。奈何风雨为阻，士马久疲，且倭贼水陆之援兵俱至。当此之时，解围撤兵，养精蓄锐，再俟我兵全集，另图剪灭，似未晚也。”[②]同时，邢玠还在奏疏中对杨镐、麻贵等明军将领的功绩进行了说明。万历二十六年二月初五，奏疏抵达北京后，万历皇帝下旨：“今两次攻坚馘众，国威大彰，养锐再举，诚得万全之荣。邢玠督率忠勤，杨镐亲冒矢石，麻贵贾勇当先，俱不负朕简任，候功成优叙。还宜益加奋励以收荡平，一切战守悉听便宜处置。”[③]但到同年六月初四日，明朝方面突然收到东征赞画主事丁应泰的奏报，参劾“辽东巡抚杨镐、总兵麻贵、副将李如梅等蔚山之败，亡失无算，隐漏不以实闻。而次辅张位、三辅沈一贯与镐密书往来，交结欺弊也”[④]。其中，杨镐的罪行尤为详细，“所当罪者二十八事，可羞者十事”[⑤]。

前后两份内容完全相反的奏疏，使得明廷对援朝明军的战绩产生了怀疑。万历皇帝更是认为明朝为出兵朝鲜付出了巨大的代价，前线统军将领却对此毫不珍惜，不但轻敌失策，致使明军失利，而且还隐瞒损失，目无法纪。因此，万历皇帝下令：“杨镐革任回籍，着邢玠速赴王京，暂兼经理军务。

---

① 《明实录·明神宗实录》卷 361，万历二十九年七月丙午条，第 6740 页。
② 《明实录·明神宗实录》卷 319，万历二十六年二月庚申条，第 5933～5934 页。
③ 《明实录·明神宗实录》卷 319，万历二十六年二月庚申条，第 5934 页。
④ 《明实录·明神宗实录》卷 323，万历二十六年六月丁巳条，第 5996 页。
⑤ 《明实录·明神宗实录》卷 323，万历二十六年六月丁巳条，第 5996～5997 页。

麻贵、李如梅姑着策励供职，候勘明处分。仍举风力科臣一员，会同督抚、监军及原奏主事丁应泰将兵马钱粮从公严勘，分别功罪。”[①]最终，朝廷派遣兵科给事中徐观澜作为特使前往朝鲜，与督抚邢玠、监军陈效以及丁应泰会勘东征功罪。

万历二十六年七月，邢玠上书朝廷，希望能够免去对前线明军的会勘，以免对战事造成负面影响，但遭到了万历皇帝的拒绝。[②] 由于朝鲜前线距离北京千里之遥，再加之查勘过程本身也较为复杂，因此，还未等徐观澜将蔚山之役的查勘结果上报朝廷，泗川之败的消息又传入明朝，使得明廷进一步明确了会勘的必要性。同时，会勘的内容也进一步扩大到了泗川之役。

从明朝的安排来看，其对前线功罪的调查实际上分为两个部分，即查勘和会审，合称会勘。兵科给事中徐观澜作为特使，其任务主要是对蔚山之役的相关情况进行全面的查勘，其查勘结果则需要与督抚邢玠、监军陈效以及原奏参劾者丁应泰共同审核。明朝这样安排的目的是为了在情报信息不一致的情况下兼听则明，确保最终结果的准确性。具体到实际操作中，就需要查勘大臣与前线官员的相互配合。

从明朝朝廷的意图来看，之所以在此时对援朝明军功罪进行查勘，一方面是为了掌握前线明军的真实状况，了解蔚山之役胜败的真相；另一方面，也是希望通过查勘实现有功必赏、有过必罚，以激励明军奋勇抗敌。

(2)战后查勘的继续与争论

到万历二十六年十二月，壬辰战争发生了戏剧性的变化，日军撤退，明军顺利完成了收复朝鲜失地的任务，战争结束。按照明朝出兵的目标来看，援朝明军已经取得了壬辰战争的胜利。但此时距离明军的两次失利并不远，蔚山之役和泗川之役的查勘尚未完成。明廷急于了解两次失利的实际情况，于是对蔚山之役和泗川之役功罪的查勘自然就成为善后工作的一部分。

同时，当邢玠上书称朝鲜半岛的日军被全部肃清后，万历皇帝随即下令要求邢玠将“文武将士功次，着上紧叙来”，且“念其远征久劳，许其从宽拟叙，咸使沾被庆典”。[③] 因此，战后援朝明军功罪的查勘范围不再仅限于蔚山之役和泗川之役，而是成为对战争第三阶段明军整体表现的勘验。

战争期间，援朝明军官兵对朝廷的查勘一直持拒绝态度。但随着战争的结束和明军的胜利，查勘的目的就不再仅限于对战时的失利进行处罚，明

---

① 《明实录·明神宗实录》卷323，万历二十六年六月丁巳条，第5997页。

② 参见《明实录·明神宗实录》卷324，万历二十六年七月丙戌条，第6015页。

③ 《明实录·明神宗实录》卷329，万历二十六年十二月庚辰条，第6094页。

军的功绩也在其查勘范围内。在这种情况下，前线官兵对查勘的态度自然也就发生了变化。

然而，丁应泰的一份奏疏，却将本可以顺利进行的查勘变成了明朝内部的一场争斗。万历二十七年正月，在战争结束后不久，丁应泰便再次上奏朝廷，称："总督邢玠等赂倭卖国，尚书萧大亨与科道张辅之、姚文蔚等朋谋欺罔"[①]，将日军撤退与战争结束的原因归结为邢玠等人对日军的贿赂。蔚山之役和泗川之役中明军的表现确实不佳，因此在朝廷查勘功罪时，援朝明军虽然颇有怨言，却也无充足的理由拒绝查勘。但丁应泰参劾邢玠等人赂倭卖国的奏折则完全不同。援朝明军不远万里赴异域作战，在付出巨大代价的情况下才取得了最后的胜利，自然希望自己的功绩得到朝廷的认可。而丁应泰却上书朝廷，将日军撤退的原因归结为前线将领与日军的私自和谈。作为战争期间查勘事件的引发者，丁应泰这种屡次参劾援朝明军将领、全面否定援朝明军功绩的做法，使得本就对其不满的前线将领开始上书反击。

邢玠在给万历皇帝的奏疏中直接将丁应泰指斥为"和党"，称其裹挟查勘大臣徐观澜处处刁难前线官兵。邢玠认为此二人非但没有尽心尽力地查勘功罪，反而借查勘之机极力削弱明军，一意求和。其与战争和谈阶段的沈惟敬、萧应宫等人类似，都属于欺君卖国的"和党"成员，"臣见之不觉怒发上指，恨不得一时尽啖狂酋与和党之肉"[②]。

在本文第一章分析明朝内部对撤兵议论的争议时就曾提到，战火重燃之后，随着万历皇帝对涉及和谈的主要人物的处理，和谈逐渐成为明朝内部的政治敏感话题，被明朝官员频频当作攻击对方的政治话术加以使用。丁应泰在参劾邢玠等人时，称其赂倭卖国，就是在指责对方与日军和谈。而邢玠在驳斥丁应泰时，也将丁应泰划归到了所谓的"和党"之中。

事实上，被攻击的对象不一定是所谓的"和党"，明朝在战时也并不一定存在真正意义上的"和党"。但通过这种将对方定性的方式，有利于增强自己奏疏的攻击性，以便更好地达到自己的目的。从这一时段明朝官员的奏疏来看，这已经成为官员群体常用的策略之一。随着前线将领反击的开始，万历皇帝下令要求"吏、兵二部会同府部九卿、科道一并看议来说"[③]。自此，战后援朝明军功罪的查勘非但未能顺利进行，反而在明朝内部引起了更加广泛的争论。

---

① 《明实录·明神宗实录》卷330，万历二十七年正月丙午条，第6109页。

② （明）邢玠：《经略御倭奏议》卷6《奏办东征始末疏》，《御倭史料汇编》第5册，第89页。

③ （明）邢玠：《经略御倭奏议》卷6《题科部会勘未竟疏》，《御倭史料汇编》第5册，第34页。

（3）争论持续的负面影响

壬辰战争结束后，对援朝明军功罪的查勘本应成为善后工作顺利开展的润滑剂，可是在实际操作过程中却变成了一场争论，对战后明朝面临的局势造成了极大的负面影响。

首先，有关援朝明军功罪的争论严重影响了援朝明军善后计划的实施。壬辰战争给明朝的经济和军事带来了极大的负担，因此战争结束后明廷职责亟需对援朝明军的善后工作进行安排，以达到“息兵节费”的目的。而明廷之所以在战后要求邢玠等人配合徐观澜迅速完成明军功罪的勘合，其目的之一也是希望通过对参战官兵的升赏来确保善后工作的顺利开展。但在会勘需要多方协作完成的情况下，总督邢玠却和丁应泰以及徐观澜产生了极大的矛盾，会勘工作根本无法顺利完成，近十万大军被迫闲置在朝鲜半岛徒耗粮饷。在查勘问题得到妥善解决之前，作为利益相关者的邢玠等人根本不会将注意力集中到明军留撤问题上来。

其次，有关援朝明军功罪的争论对明朝和朝鲜关系产生了负面影响。作为主战场的朝鲜与明朝相比，对于日军凶悍的战斗力有更深的体会。因此，在战争后期援朝明军两次进攻失利后，朝鲜也认定战争进入了相持阶段，不会在短时间内结束。但随后，战争迅速结束，在朝鲜半岛为害多年的日军主力却渡海而去，并未被歼灭。这使得朝鲜君臣极为愤懑，认为“虽有南洋之捷，不足以泄此愤，岂不痛哉？”[①]在这种情况下，援朝明军中却传出了明军将领赂倭卖国的消息，这使得本就对战争结果不甚满意的朝鲜官员将矛头指向了援朝明军，宣祖国王甚至也认为：“倭贼战胜天兵之后，无端一时俱退，揆之于势，固无其理。实非畏天兵而然也，此必天将甘言乞和，诱而退之，而我国未能尽得其间事状耳，后日必有其尾。”[②]这种对援朝明军的不满和怀疑，使得明朝援朝的效果大打折扣，进而也对援朝明军的善后留兵工作，乃至明朝在辽东地区的防御产生了负面影响。

最后，战后对于功罪问题的长时间讨论也增加了援朝明军兵变的可能性。由于克扣粮饷、待遇不公、屯田被夺、劳役繁重等原因，明朝中后期的兵变此起彼伏，已经成为明朝内部最主要的危机之一。根据前人的统计，截至万历二十八年，仅万历一朝就已经发生九次成规模的兵变。[③] 对于远赴异域作战，缺乏粮草供应的援朝明军而言，其兵变的可能性也不小。

---

① 《朝鲜王朝实录·宣祖实录》卷107，宣祖三十一年十二月壬申条。

② 《朝鲜王朝实录·宣祖实录》卷106，宣祖三十一年十一月庚戌条。

③ 参见韩大成：《明代城市研究》，北京：中国人民大学出版社，1991年，第375～391页。

事实上，在战争第三阶段，援朝明军就已经出现了两次小规模的骚乱[①]。而战争结束后，随着明朝和朝鲜后勤供应的松懈，援朝明军的处境更加艰难。明朝游击姜良栋便在与朝鲜宣祖国王的交谈中提到，援朝明军风餐露宿、粮草短缺，处境极为艰难，一旦"众兵作乱，则虽经理、军门十人，何以制之？"[②]此外，邢玠在奏疏中控诉丁应泰为了搜集明军将领的罪行，随意打骂士兵，严刑逼供，引起了士兵的不满，以至于"营伍人心大乱矣"[③]。虽然邢玠也是这一事件的当事人之一，其奏疏不免对丁应泰的举动有夸大之嫌，但依然可以看出明军内部上层的斗争已经影响到了底层的普通士兵。

在这种情况下，援朝明军极有可能发生兵变。与之前发生在边镇的兵变不同，此时的援朝明军集结了明朝各地的精锐部队，是明朝战斗力最强的机动部队。一旦这支部队在朝鲜发生兵变，一方面会给刚刚脱离兵祸的朝鲜社会带来二次伤害，另一方面也会给本就虚弱的明朝造成更为沉重的打击。

(4)万历皇帝的态度

当然，随着争论的不断升级，明朝不少官员也逐渐认识到了争论的负面影响。阁臣沈一贯便上书万历皇帝，认为让刚刚取得胜利的援朝明军等待查勘并不合理。"此十万人者久劳于外，瞻望恩泽，如农之望有秋也，一旦失其所望，而又加之以罪，窃恐人心怨忿，不可强制，万一激变为梗，是一倭去而一倭生，损国威重亦不可知。"[④]沈一贯借用《尚书·大禹谟》中"罪疑惟轻，功疑惟重"的观点，认为援朝明军在战争期间的功罪已无足轻重，万历皇帝应该"务从宽厚，博加恩泽，以慰士卒久劳之心，以平各官相持之情，且将天兵无敌之威、皇上庙算之神，宣布天下，而使夷狄盗贼绝其轻侮窥伺之意，光于史册，震耀千古，圣德美功垂之无穷，此其所得为最大也"[⑤]。此外，刑部尚书萧大亨也上书万历皇帝，认为援朝明军因查勘功罪孤悬海外，不仅徒费粮饷，并且很容易失去军心，而"失其心将来何以用人？"[⑥]

为避免明朝内部仍在持续的争论产生更大的负面影响，万历皇帝接受了沈一贯"罪疑惟轻，功疑惟重"的原则，一方面对丁应泰弹劾邢玠等人赂倭

---

① 参见《明实录·明神宗实录》卷321，万历二十六年四月壬戌条，第5966页；邢玠：《土兵喧嚷，议处各将申饬处置事宜疏》，《经略御倭奏议》卷4，《御倭史料汇编》(四)，第345～380页。

② 《朝鲜王朝实录·宣祖实录》卷108，宣祖三十二年正月癸卯条。

③ (明)邢玠：《经略御倭奏议》卷6《题科部会勘未竟疏》，《御倭史料汇编》第5册，第17页。

④ 南炳文、吴彦玲辑校：《辑校万历起居注》，第1633页。

⑤ 南炳文、吴彦玲辑校：《辑校万历起居注》，第1633页。

⑥ 《明实录·明神宗实录》卷331，万历二十七年二月辛酉条，第6122页。

卖国的奏疏进行了评断，认为“七年狂寇岂五千金能买其退败？”[①]，“丁应泰举动乖谬，几误大事，姑令回籍听勘”[②]；另一方面下令：“徐观澜奉有专命，还赴王京会勘，务须秉公持正，以称任使。行督抚详列四路功罪，善后、留撤事宜，星夜驰奏朝鲜王”[③]，以确保援朝明军诸项善后工作的顺利进行。万历二十七年四月，万历皇帝又派刑科左给事中杨应文前往朝鲜代替徐观澜查勘东征功罪，以减少查勘大臣与前线将领之间的矛盾。[④]

至此，明朝内部的争论宣告结束，援朝明军功罪的查勘工作得以顺利开始。

2.援朝明军功罪的查勘结果与奖罚

（1）援朝明军功罪的查勘结果

起初，代替徐观澜查勘蔚山之役功罪的杨应文上奏朝廷，称蔚山之役中杨镐和李如梅确有隐匿明军伤亡的情况。但随后，杨应文又上奏朝廷，认为杨镐在稷山之役中表现突出，希望功过相抵，对杨镐酌情处理。之后，兵部根据提交的查勘结果，认为蔚山之役属于先胜后败，杨镐确实应该为蔚山之役的失败负一定的责任，但过不掩功。杨镐领兵入朝鲜时，正是朝鲜局势最为紧张之时。而杨镐临危不乱，以稷山大捷、青山大捷阻止了日军的北进，确保了朝鲜王京的安全。同时，蔚山之役中，明军虽最终未能全胜，但杨镐等将领在战斗中表现出了极大的勇气，仍然不失为有功之臣。万历皇帝也褒奖了稷山和青山大捷，并认为“蔚山虽失，今已荡平，俱宜叙录”，其中杨镐“功罪自不相掩，命吏部议处”。[⑤]

至于泗川之役，由于过程清晰，因此在战争结束后不久便被查明。根据总督邢玠的查勘，认为泗川之役中明军的失败起于轻敌失防，对火药武器的管理不够严格。具体到各级将领，彭信古、茅国器等治军不严，致使明军火药在战时发生爆炸；都司马呈文和游击郝三聘在见敌反攻之后，非但未能稳定阵线，反而率先逃跑，致使明军全线崩溃；至于总兵董一元，则存在轻率失算的问题。[⑥] 在收到邢玠的查勘结果之后，万历皇帝下令：“斩马呈文、郝三聘以徇。彭信古等充为事官，董一元革官衔、降府职三级，各戴罪立功。”[⑦]

---

① 《明实录・明神宗实录》卷331，万历二十七年二月丁卯条，第6125页。
② 《明实录・明神宗实录》卷331，万历二十七年二月辛未条，第6129页。
③ 《明实录・明神宗实录》卷331，万历二十七年二月辛未条，第6129～6130页。
④ 参见《明实录・明神宗实录》卷333，万历二十七年四月辛亥条，第6155页。
⑤ 《明实录・明神宗实录》卷339，万历二十七年九月乙卯条，第6292页。
⑥ 参见《明实录・明神宗实录》卷328，万历二十六年十一月壬午条，第6067～6068页。
⑦ 《明实录・明神宗实录》卷328，万历二十六年十一月壬午条，第6067～6068页。

(2)援朝明军功罪的奖罚

对援朝明军蔚山之役和泗川之役功罪进行查勘后,秉持着"功疑惟重,罪疑惟轻"的原则,万历皇帝于万历二十七年九月初九日"以东征功成,大赉文武诸臣"[①]。

从史料来看,万历皇帝赏赐的范围极广,并不局限于在前线作战的援朝明军。(详见表1)

表1 壬辰战后相关人员叙功表[②]

壬辰战争期间身份	姓名	赏罚情况
战争前线		
蓟辽总督、经略	邢 玠	加太子太保,荫一子世锦衣卫指挥佥事,赉银八十两,大红纻丝蟒衣一袭,给诰命
督饷户部右侍郎	张养蒙	赉银币,荫一子入监读书
都察院右佥都御史、朝鲜经理	万世德	升右副都御史,赉银币,荫一子入监读书
御倭总兵官	陈 璘	以舟师歼倭功最,升俸荫子,赉银币
征倭总兵官	刘 綎	曳桥之功次之,升俸荫子,赉银币
备倭总兵官	麻 贵	功浮于罪,升俸荫子,赉银币
御倭总兵官	董一元	罪不掩功,复原职,赉银币
中下级军官	副参等官戴延春等十三员,游击叶邦荣等十六员,参游等官杨廉等二百一十八员,中军孙堂、祖承训等,运同等官吴良玺等	升俸复职,赉银各有差

① 《明实录·明神宗实录》卷339,万历二十七年九月乙卯条,第6288页。

② 相关数据来源:《明实录·明神宗实录》卷339,万历二十七年九月乙卯条,第6288~6292页;《明实录·明神宗实录》卷339,万历二十七年九月己未条,第6294页;《明实录·明神宗实录》卷340,万历二十七年十月庚寅条,第6314页;《明实录·明神宗实录》卷341,万历二十七年十一月甲子条,第6328页;《明实录·明神宗实录》卷342,万历二十七年十二月甲申条,第6343页;张德信编著:《明代职官年表》,合肥:黄山书社,2009年。

续表

壬辰战争期间身份	姓名	赏罚情况
战死军官	副参邓子龙等十三员，坐营方时新等八员	各赠官赐荫，厚恤其家
普通士兵	—	遣户部主事俞维宇解银十二万，往永平给散东征回兵；遣户部主事杨材解银八万，往辽东给散东征回兵；兵部题发冏寺马价一万一千两，犒东征回兵
京官		
内阁大臣	赵志皋	加兼太子太师，进中极殿大学士，荫一子尚宝，赉银币，给诰命
内阁大臣	沈一贯	加少保，改吏部尚书，荫一子中书舍人，赉银币，给诰命
刑部尚书兼理兵部事务	萧大亨	复原衔如故，赉银六十两，大红纻丝蟒衣一袭
兵部左侍郎，后因弹劾被勒令致仕	李祯	遇缺起用
户部尚书（至万历二十七年）	杨俊民	赠加兼太子太傅
户部尚书	陈蕖	赉银六十两，大红纻丝四表里，给诰命
兵部尚书（万历二十七年任）	田乐	荫一子国子生，给授勋阶，赉银八十两，大红纻丝蟒衣一袭
兵科都给事中	张辅之	于四品京堂推用，赉银有差
兵科给事中	徐观澜	令吏部优录，赉银有差
刑科左给事中	杨应文	升都给事中，赉银有差
郎中	杨应聘	升京堂用，赉银有差
地方督抚		
宣大总督	王世扬	劳最，升兵部尚书
顺天巡抚	李颐	劳最，升右都御史

续表

壬辰战争期间身份	姓名	赏罚情况
巡抚	汪应蛟（天津）、梅国桢（大同）、王象干（宣府）、刘元霖（浙江）、李植（辽东）	次之，各升俸一级
山东巡抚	尹应元	给诰命，仍与各督抚褚铁
其余督抚	孙鑛（原蓟辽总督）、陈大科（广东巡抚）、赵可怀（应天巡抚）、李盛春（保定巡抚）、房守士（大同巡抚，万历二十六年接任梅国桢）、万象春（山东巡抚，万历二十六年离职）、张思忠（辽东巡抚，万历二十六年离职）、李汝华（南赣巡抚）、金学曾（福建巡抚）等	各赉银三十两，纻丝二表里
其余地方官员	部臣韩子廉等，道臣张登云等，有司官王猿吉等	升职纪录，赉银各有差

从叙功表来看，明朝最终确实遵循了“功疑惟重，罪疑惟轻”的原则，除泗川之败之外，并没有对参战人员作过多地苛责。

从奖罚的范围和内容则可以看出：其一，壬辰战争对于明朝而言，并不是局限在朝鲜半岛和明朝辽东边境的一场战争。为了能够集结一支规模可观的远征部队，明朝不得不从北边军镇、东南沿海乃至西南地区调集军队。为了保证这支军队的粮草供应，明朝从辽东、山东、天津等地筹集了大量粮草。为了避免战争期间日军在中国沿海开辟第二战场，明朝又加强了整个沿海地区的海上防御。就这一角度来看，壬辰战争已经影响到了明朝后期的整体防御部署。其二，明朝中后期一直坚持“以文制武”的原则，武官在政治地位和战后叙功上与文官均有较大的差别。从上表中就可以看出，身居要职的高级文官在赏赐力度上要高于指挥军队作战的武官，并且随着职级的下降，这种差距会逐渐增大。对于援朝明军中的基层军官和普通士兵而言，战后的叙功升赏与他们并无过多关系，他们得到的至多是钱币上的奖赏。从此时明朝军队内部严重的贪污情况可以预想到[1]，这笔赏金通过层层剥削，最终到达普通士兵手中时也所剩无几。

四、结 论

作为一场国际战争，壬辰战争事涉日本、朝鲜和明朝三方势力。战争中，明朝和朝鲜通过合作，在付出巨大代价后，取得了最后的胜利。但战争的结束并没有为明朝和朝鲜的合作画上句号。相反，明朝和朝鲜均认为日军有能力再次入侵朝鲜，而残破的朝鲜显然无力单独抵御日军。为了避免丢失已经取得的战果，维护自身及“属国”的安全，明朝只得命令本应在战后撤兵归国的援朝明军继续留驻在朝鲜，为朝鲜军事力量的恢复争取时间。

与此同时，在战争后期，援朝明军进攻的失利与前线情报之间的矛盾，使得明廷决定在战时就对前线的功罪进行查勘。战争的仓促结束使得这一问题延续到了战后，并引起了明朝内部的争论。为了确保撤兵、留兵工作的顺利进行，安抚苦战数年的明军将士，明朝需要尽快完成对援朝明军功罪的查勘，并对其进行相应的奖罚。

在这种大背景下，撤兵、留兵以及功罪赏罚三个方面的工作便成为战后初期援朝明军在朝鲜善后的主要任务。其中，撤兵是明朝的必然选择，留兵是援朝明军善后的主要内容，而对明军功罪的赏罚则是确保善后工作顺利完成的关键。

从时间来看，援朝明军在朝鲜的善后工作持续了数年之久。但事实上，援朝明军留兵方案真正实施的时间仅有半年左右，其余时间都耗费在了留兵计划的讨论上。之所以会出现这种状况，究其原因，除了明朝日益衰弱的军事和经济力量的掣肘外，还有以下三个因素的影响。

其一，在“封贡体系”下，明朝和朝鲜对双方应该承担的职责都有不同的认知。在该体系中，明朝是朝鲜的“上国”，而朝鲜是明朝的“属国”。[2] 朝鲜定期前往北京朝贡，而明朝除对朝鲜国王进行册封之外，一般不介入朝鲜内政。但壬辰战争爆发后，情况发生了变化。

对于明朝而言，出兵援助朝鲜抗击日军，主要出于两个目的：其一，尽“上国”保护“属国”之职责；其二，确保明朝自身的安全。但在传统“治边思想”中，明朝的这两个目的之间存在主次。确保明朝自身的安全是明朝的根

---

① 参见赖建成：《边镇粮饷：明代中后期的边防经费与国家财政危机（1531～1602）》，第 251～252 页。

② 参见陈尚胜：《朝贡制度与东亚地区传统国际秩序——以 16～19 世纪的明清王朝为中心》，《中国边疆史地研究》2015 年第 2 期。

本利益，是主；尽上国保护“属国”的职责为次。在明朝看来，“上国”只有在确保自身安全的情况下，才可能对“属国”提供帮助。如果反过来，就是“虚内实外”，不符合明朝的利益。因此，当明朝在朝鲜前线的投入影响到明朝自身的军事和经济安全时，明朝内部自然就出现了调整现有援朝计划的讨论。不过，在战争期间，这两个目的的冲突尚不凸显。因此，明朝最终选择集中力量，以期一举解决日军威胁。战争结束之后，虽然日本依旧是明朝和朝鲜重点防范的对象，但其对明朝边境安全的威胁性已经大大降低。在这种情况下，明朝自然希望通过“息兵节费”的方式在确保自身军事和经济安全的基础上，继续履行“上国”的职责。在明朝官员看来，明朝并没有为“属国”长期戍守疆土的责任。

但在朝鲜看来，在“封贡体系”之下，其作为“属国”遵奉明朝，而明朝自然需要在朝鲜面临危机时提供帮助。所以壬辰战争爆发后，朝鲜选择借助“上国”的力量来阻止日军的进攻。为了确保早日收复失地，朝鲜自然希望明朝能够在朝鲜战场上投入更多的力量。至于加大投入是否会对明朝自身造成危害，就不再是朝鲜需要考虑的问题了。战争结束后，朝鲜本希望明军尽早撤离。但不论对内对外，仍然都需要明朝的支持。在请求明朝留兵时，朝鲜自然还会从自身利益出发，希望“上国”能承担更多的职责。

总的来说，在“封贡体系”下，明朝和朝鲜对自我及对方的定位、应该承担的职责都有不同的认知。这种认知上的差异，再加上战后双方不同的利益诉求，最终导致明朝和朝鲜围绕留兵问题展开了漫长的讨论。

其二，明朝后期军事指挥体系的运作模式存在问题。明朝自建国开始，就面临着来自北方少数民族的强大军事压力。初期，明朝国力强大，军力鼎盛，因此多采取主动出击的方式解决北疆军事威胁。但到中后期，随着国力的衰弱，明朝的战略开始从进攻转向防守。为此，明朝在北疆布设九个军镇，置重兵用以防守。但北方游牧民族的流动性，使得明军在与其交战时常常需要多镇协同。为了解决这一问题，自正统年间起，明朝开始逐渐在北部边镇设立总督，以重臣统数镇兵权。[①] 在应对突发安全危机时，明军又在总督之外暂设经略一职。经略一职一般由位高权重之臣担任，以统筹多方力量解决危机。[②] 总督的设置和经略一职的出现，是明朝中后期军事指挥体系的一次重要变革。

在战争第三阶段，明朝决定由蓟辽总督兼任御倭经略，作为援朝明军的最高统帅。这种将暂设的经略与常设的总督相结合的安排，一方面增强了

---

① 参见肖立军：《明代省镇营兵制与地方秩序》，天津：天津古籍出版社，2010年，第129页。

② 参见肖立军：《明代省镇营兵制与地方秩序》，第128页。

援朝明军最高军事长官的权柄，以便指挥来自全国各地的军队进入朝鲜作战；另一方面也可确保蓟辽二镇作为后勤基地，能够全力支持前方战事。同时，在战争中，万历皇帝还多次下旨赋予总督邢玠便宜之权，以避免因朝廷遥制而错失战机。战争结束之后，明廷又要求邢玠在与朝鲜方面充分商议之后，根据前线实际状况确定善后方案。因此，从明廷对援朝明军善后工作的设想来看，其应该是一个迅捷的过程。但实际上，善后计划的制定却颇为曲折。这与明朝后期军事指挥体系运行模式存在的问题有一定的关系。

总督这一职位高权重，掌握着强大的军事力量。对于皇权而言，总督的设立实际上是一把双刃剑，对外，它确实有利于提高明朝的防御能力；对内，其也可以对皇权构成威胁。为了避免出现藩镇割据的局面，明朝对总督的管理极为严格，其权力总受到科道、兵部、户部和宦官的限制。同时，一旦前线战事出现问题，皇帝多会对总督加以重处。因此，虽然皇帝大多会授予总督便宜之权，但总督在实际行使权力的时候多有顾忌。为避免承担责任，总督宁可请示远在千里之外的朝廷，也不愿做出抉择。[1] 就援朝明军善后计划的制定过程来看，最终决定善后方案的并非是总督邢玠，而是真正掌握军权的兵部和掌握财权的户部。为了符合户部和兵部的要求，邢玠不得不一次又一次地修改留兵方案。这种运作模式，使得留兵计划的制定过程持续了近一年的时间。

同时，这一体系还存在权责不明的问题。当面临棘手状况时，无人能够或愿意承担责任。在留兵计划的第二次讨论中，作为善后大臣的邢玠和万世德无权决定军队的去留，因此只能将这一问题交由明廷讨论。然而，兵部经过廷议，却以不清楚前线具体情况为由将问题再次踢给邢玠和万世德。虽然万历皇帝对兵部这种推卸责任的做法极为恼火，但对前线情况的陌生使得掌握最终决定权的皇帝本人也无法直接做出决定，只得再次让兵部就这一问题与前线善后大臣展开讨论。

明朝基于现实需求，逐渐建立起的这套自中央到地方的军事指挥体系，本意是为了将处事之权交到前线督抚手中，以便其更好地处理紧急事务。但为了避免督抚威胁到皇权，朝廷又在其行使处事之权时处处设限。这种对权力的一收一放相互矛盾，极易导致因为权责不明而出现相互推卸责任的情况。这也正是援朝明军善后工作进展缓慢的深层次原因之一。

其三，壬辰战争善后具有其特殊性。壬辰战争并不是明朝在这一时段需要应对的唯一危机，因此其不是明朝在这一时段所经历的唯一善后。万

① 参见肖立军：《明代省镇营兵制与地方秩序》，第515～516页。

历二十六年，三边总督李汶、甘肃巡抚田乐发动松山之役，进攻占据甘肃镇咽喉大、小松山的宾兔部。松山会战前后历时半年之久，最终以明朝收复松山宣告结束。松山之役结束后，甘肃总兵达云根据明廷善后决策修筑了新的长城和堡城，将易守难攻的松山地区重新纳入了明朝版图，使得原由甘肃、固原、宁夏共防的一千四百公里长的防线减少为四百里，极大地减轻了三镇的防御压力，巩固了明朝在此地的统治。[①] 在播州之役结束后，明朝也通过改流设府、丈量土地、推行儒学教育、设置屯卫与驿站等手段有效地加强了对广大西南地区的管理。[②]

从松山之役和播州之役的善后举措来看，在战争结束之后，明朝均挟胜利之势，迅速通过政治和军事手段，有效地加强了对战场所在区域的控制与管理，巩固了自己的统治。

相较于这两场战争，壬辰战争的性质有着很大的不同。壬辰战争中，明朝出兵援助朝鲜，是为了尽保护"属国"之责，维护自身边境的安全，并不是为了在战后对朝鲜地区实行有效统治。因此，明朝并不需要像其他两场战争一样，在战后采取相应的政治和军事手段来加强对朝鲜的管理与控制。在这种情况下，援朝明军在朝鲜进行的善后工作就较为单纯，只包含协助朝鲜防守、撤兵归国等军事方面的内容。同时，援朝明军在处理善后问题时需要与朝鲜方面达成共识，这必然会增加援朝明军善后方案的讨论时长。

虽然援朝明军善后事宜的讨论过程耗费了过多的时间和精力，但其对战后的明朝和朝鲜而言，仍然有非常大的积极作用。对于朝鲜而言，援朝明军在朝鲜的善后稳定了朝鲜战后的社会秩序，推动了朝鲜军事力量的初步恢复，为朝鲜自身的善后工作提供了一定的帮助。对于明朝来说，一方面，在朝鲜的暂时驻留巩固了壬辰战争的胜利果实，维护了自身边境的安全；另一方面，援朝明军功罪的顺利查勘和大规模封赏也缓和了军队内部的矛盾，稳定了援朝明军的军心，最终避免了大规模兵变的发生。

---

① 参见郭泰宗:《三碑述功——明万历"松山、松役、松边"考略》,《陇东学院学报》2018 年第 6 期。

② 参见陶军舟:《播州之役后播州地区善后研究》,吉首大学硕士学位论文,2012 年。